■ 浙江省社科规划后期资助项目（22HQZZ36YB）

浙江省哲学社会科学规划
后期资助课题成果文库

论善恶心理
与善的教育

郭晓飞　著

ZHEJIANG UNIVERSITY PRESS
浙江大学出版社
·杭州·

图书在版编目（CIP）数据

论善恶心理与善的教育 / 郭晓飞著. — 杭州：浙江大学出版社，2023.7（2024.11重印）

ISBN 978-7-308-23820-5

Ⅰ．①论… Ⅱ．①郭… Ⅲ．①善恶－伦理学－研究 Ⅳ．①B82

中国国家版本馆CIP数据核字（2023）第091098号

论善恶心理与善的教育

郭晓飞　著

责任编辑　杨　茜

责任校对　许艺涛

封面设计　周　灵

出版发行　浙江大学出版社

　　　　　（杭州市天目山路148号　　邮政编码　310007）

　　　　　（网址：http://www.zjupress.com）

排　　版　杭州林智广告有限公司

印　　刷　广东虎彩云印刷有限公司绍兴分公司

开　　本　710mm×1000mm　1/16

印　　张　20.75

字　　数　306千

版 印 次　2023年7月第1版　2024年11月第2次印刷

书　　号　ISBN 978-7-308-23820-5

定　　价　68.00元

序

善恶问题与每个人息息相关，重视善的研究，研究怎样让人变得更加善良和高尚，是现代心理学重要的研究主题。多年来，该领域的研究既涉及诸如爱、感恩、责任感、良知、亲社会行为、侵犯行为、欺凌行为等与善恶相关的内容，也对善恶人格和善恶观念进行了非常有价值的探讨。然而，善恶问题原理复杂，且具时代特征。当前恶或冷漠的现象时有发生，要消除恶和避免冷漠仍非易事。从心理学视角系统研究善恶本质，探索善的培养机制，探索消除恶和避免冷漠的措施仍然非常必要。郭晓飞老师选择善恶主题进行系统研究，兼备理论意义和现实价值。

此书结合中国传统文化中的善恶思想及西方伦理学的善恶研究资料，基于直观经验和理性思考，辨析了善恶的心理本质及其相关规律，解析了善恶行为的影响因素及善的教育方式。此书也结合了心理学领域关于善恶的实证研究，解析了善恶现象及善恶行为的成因，探析了善的认知、善的情感和善的人格的本质，并对善的心理的发展机制、善的心理的教育机制和教育方式进行了探索性研究。

《论善恶心理与善的教育》一书提出了一些有价值的观点，主要有：一是心理学意义上的善指善的认知、善的观念、善的情感、善的人格等善的心理及相关的善的行为，是得到社会认可、有利于他人和社会的心理状态和行为方式；二是善恶判断的心理机制表现为遵循道德和法律的底线原则，遵循善意原则、公正原则和仁爱原则等；三是认为同情、感恩、仁爱等善的情感特征能发展成为仁义人格，互惠、公平、公正等善的理智特征能发展成为正义人格，正义人格和仁义人格是善的人格的核心特征；四是善的心理发展机制是个体学习社会规则、认同并且遵奉善意原则的结果；五是善的教育需要家长和教师以身作则，教育孩子形成规则意识，引导和要求他们认同和内化善意原则，培养其善的情感，培养其善的人格，养成亲社会行为。

　　郭晓飞老师经过多年潜心研究，终于完成了一项艰巨的任务，给我们呈现了有价值的研究成果。这项成果从心理学角度对善恶问题及善的教育问题进行了系统研究，不仅有助于我们系统认识善恶心理的本质及其规律，也有助于学校开展有效的善的教育。同时该研究也能为我们深入探索善恶问题和开展善的教育提供理论支持和方法参考。

沈模卫

浙江大学求是特聘教授

教育部高等学校心理学教学指导委员会副主任委员

中国心理学会原理事长

　　我们经常疑惑，应该如何评价我们所生活的世界。毫无疑问，无论从满足人类基本的生存需要的视角考量，还是从满足人类精神享受的角度分析，没有人会怀疑这个时代是历史上最好的时代，我们也可以说这是历史上最伟大的时代。人类在这一百年间取得的成就是如此辉煌，社会生活发生了翻天覆地的、令人眼花缭乱的变化，以至于我们每个人都感到难以置信。许多人生活得比历史上任何一个年代的人都更加富足，不需要为满足衣食住行等方面的基本生存而苦苦挣扎，而是有机会享受更现代化和更高科技的生活。对于这样的生活状态，我们完全可以称之为幸福。

　　这是变化最快的时代，也是历史上最好的时代，但不是一个完美的时代。经济发展和科技进步试图最大限度地满足人的生理和心理欲望，但是人性的本质总是要最大限度地满足自己的欲望。人的欲望容易被激发，这是人的本性，人需要发展理性和良知以抑制欲望，控制欲望膨胀伴随的冲动，而社会也需要有配套的规范以抑制人们因欲望膨胀而表现出来的自我中心、自私自利和恣意妄为倾向。而经济发展和科技进步总是不平衡的，人们的生活境遇和生存状态也天差地别。这个世界上许多人没有享受到科技进步和经济发展带来的好处，仍然生活在贫穷困扰和疾病痛苦中，仍然身处于残酷战争和恐怖屠杀的阴霾中，仍然没有机会享受到幸福美好的生活，不要说衣食住行等基本生活难以为继，甚至连生命安全与医疗服务都不能得到有效保障。

　　中国在改革开放后取得的经济和科技成就有目共睹，在国家安定和经济繁荣的现实情势下，许多人更加具有善意，更加具有亲社会倾向。但是，还是有一些人在"仓廪实"的情况下并没有自然地"知礼节",在生活富足的情况下,欲望也膨胀了,变得更加地关注自我和自私自利,对他人的关注关心关爱并没有因为生活的富足而有所增进。当发生见死不救的社会冷漠现象时,人们的良知和良心在拷问:这些人怎么可以对他人的不幸这样漠不关心、无动于衷?当面对老人摔倒、小孩被车碾压时,扶不扶、救不救本不应该成为人们纠结的问题,现在却成了人们的极大困扰。自我中心、自私自利、冷漠无情的问题成为社会需要关注和解决的难题。这是一个伟大的时代,但还不是我们所期望的完美时代。

这些年,中国政府在重视经济建设和科技发展的同时,高度重视和谐社会建设,切实提高社会文明程度,倡导培育和践行社会主义核心价值观。2013年,中共中央办公厅印发的《关于培育和践行社会主义核心价值观的意见》,正式明确提出个人层面的核心价值准则是爱国、敬业、诚信、友善,友善是个人层面的核心准则之一,是中国现实社会最需要倡导和弘扬的价值准则之一。党的十九大报告明确提出要实施公民道德建设工程,弘扬社会正能量,构建善意的交往关系。报告要求:"深入实施公民道德建设工程,推进社会公德、职业道德、家庭美德、个人品德建设,激励人们向上向善、孝老爱亲,忠于祖国、忠于人民。"[①]

当我们看到各种恶的举动正在被谴责被惩罚,当我们看到法律法规越来越倾向于保护善意的人们时,当我们看到越来越多的人表现出善意时,应该感到抑制恶、弘扬善是完全有可能的。当我们看到普通民众挺身而出保护受到凶徒威胁的小学生时,当我们看到老师为了保护学生而被失控车辆碾断双腿时,当我们看到公交车起火时那些勇敢冲上去抢救乘客的路人时,当我们看到人们给素昧平生的贫困孩子或受灾群众捐款捐物时,当我们看到致命疫情肆虐而医护人员不顾自身安危救助病人时,我们感到善良的人非常多,善具有广泛的群众基础。

---

① 习近平.决胜全面建成小康社会　夺取新时代中国特色社会主义伟大胜利——在中国共产党第十九次全国代表大会上的报告 [M].北京:人民出版社,2017:43.

善是伦理学的核心问题，也是一个纯粹的心理学问题。石里克在讨论到善时说："我们必须将其置于伦理学中核心的这个问题，是一个纯粹的心理学问题。因为，毫无疑问，揭示某些行为的动机和规则，就是说，揭示道德（行为的动机和规则），这纯粹是一个心理学的事情。"[①] 善通常被认为是伦理学研究领域的问题，考虑到伦理学与心理学一脉相承的历史渊源，将善置于心理学范畴加以分析显然不是特别唐突的事情。何况，心理学作为一门研究怎样让人变得更好的学科，研究怎样让人变得更善的学问完全符合心理学的研究宗旨。

马克思在他的《1844 年经济学哲学手稿》中写道："工业的历史和工业的已经生成的对象性的存在，是一本打开了的关于人的本质力量的书，是感性地摆在我们面前的人的心理学。"[②] 社会已经从工业化时代发展到了信息化时代，而心理学也已经从哲学领域分离出来，成为一门兼具自然科学和社会科学性质的独立学科。从心理学角度深度考察或科学研究与人的心理相关的种种问题的本质已经成为一种必然趋向。弗洛姆在谈到心理学的早年使命时说："前现代心理学谋求对人的心灵的理解，其旨趣是让人们变得更好一些。"[③] 弗洛姆认为当前的心理学关注的核心不再是如何使人变好，而是如何使人变得成功。他说："这种心理学有着不同的目标。它的目标不是理解心灵以便使我们成为'好一点'的人，它的目标（坦率地讲）是理解心灵以使我们成为'更成功'的人。"[④] 心理学研究如何使人更成功，这样的目标虽然功利，但是不能说是错的。然而，心理学领域也应该高度重视研究怎么样让人变得更好、变得更加善良、变得更加高尚，这应该成为现代心理学研究的核心课题，忽视这方面的研究肯定是不合理的。

几乎没有人会愿意生活在冷漠、恶意，以及人们之间互相算计、互相伤害的人际环境中，在这种人际环境中生活，人没有安全感，也不容易获得幸福感。

---

① 石里克. 伦理学问题 [M]. 孙美堂，译. 北京：华夏出版社，2001：23.
② 中共中央马克思恩格斯列宁斯大林著作编译局. 1844 年经济学哲学手稿 [M]. 北京：人民出版社，2014：85.
③ 弗洛姆. 生命之爱 [M]. 王大鹏，译. 北京：国际文化出版公司，2003：76.
④ 弗洛姆. 生命之爱 [M]. 王大鹏，译. 北京：国际文化出版公司，2003：77.

人们都希望社会更和谐，希望人们更友善，希望自己的生活更加幸福。人们都希望这个世界能够少一些恶行、多一些善意，少一些伤害、多一些理解和支持，少一些冷漠、多一些情义，少一些歪门邪道、多一些公平正义。好人希望自己变得更好，善的人能看到人性的善，也希望每个人变得更善更好。恶的人也不会一成不变地恶，有契机成为真正具有善意的人。这个世界，人们相信好人或善人更多，而且绝大多数人愿意对人有善意，愿意过一种充满善意的生活。基于人们的美好愿望，基于对世界变得更加美好的向往，基于维护社会公序良俗的需要，我们研究和分析善、恶、冷漠的原因，研究和分析消除恶、避免冷漠的方法，研究和分析使人具有更多善意的方法，研究和分析善的发展机制，研究和分析善的教育的方法，这些都是非常有价值的研究项目。从心理学角度考察能够导向善的行为的各种心理因素，考察善的认知、善的情感、善的人格和善的行为培养的规律，考察导向恶的行为的各种心理因素，考察避免和消除恶的行为的各种可能，这是心理学研究能够做出的贡献。

明朝学者冯从吾在讲学时，特意写了一篇短文《谕俗》，文中说："千讲万讲不过要大家做好人，存好心，行好事。"善是德育的核心主题，善的教育目的是使人不再生活在自我中心、自私自利的狭小天地里，使人不会利欲熏心、损人利己、损公肥私，使人能够关注关心关爱他人，关注关心自然和社会，使人愿意维护社会公序良俗，使人愿意为他人和社会奉献绵薄力量。善是社会和谐的基石，善使人们互相关注、互相关心、互相关爱，善使人们互相帮助、互相扶持、互相守护、携手同行。善是消弭冲突和纷争的最好方式，能使人们不再为了自己的利益而危害社会和损害他人利益，不会做出伤害他人的行为。善是人成长的动能，善使人有美好向往和崇高追求，有和谐心态和美好情感，有崇高人格和高尚行为。

毛泽东在1963年3月5日题词"向雷锋同志学习"，雷锋全心全意为人民服务，毫不利己、专门利人的精神鼓励和鼓舞了一代又一代的人，引领了互帮互助、利他共赢的社会风尚。我们现在仍然需要学习雷锋那种无私奉献的品质，需要倡导和弘扬雷锋那种毫不利己、专门利人的精神。2001年发布的《公民道德建设实施纲要》提出："在全社会大力倡导'爱国守法、明礼诚信、团结友善、勤俭自强、敬业奉献'的基本道德规范，努力提高公民道德素质，促进人的全面发展，培养一代又一代有理想、有道德、有文化、有纪律的社会主义公民。"①《公民道德建设实施纲要》提出通过构建社会公德、职业道德、家庭美德等引导人们遵循善的原则和奉行善的行为。2019年发布的《新时代公民道德建设实施纲要》明确了新时代公民道德建设的总体要求："在全社会大力弘扬社会主义核心价值观，积极倡导富强民主文明和谐、自由平等公正法治、爱国敬业诚信友善。"②建设和谐文明社会，培养人的诚信友善的价值准则是公民道德建设的核心任务，在现实社会，善具有巨大的社会价值，善的教育具有现实的必要性。只有进行善的学习，才能够成为真正具有善的情感和善的人格的人，能够替他人着想，善意待人，为社会做出更大的贡献。

从现实的角度看，我们对善的思考和分析是有价值的，有助于从心理学领域揭示善的本质，有助于学校开展有效的善的教育，有助于促进青少年的善的学习，有助于更多人关注善、弘扬善和追求善，并且能够避免恶、避免冷漠，能构建人与人之间的善的关系，能维护社会公序良俗，能促进社会和谐发展。

客观地说，一本思考和分析善的书不是写给至恶之人看的，因为他们对于善的书肯定不屑一顾，对于善的主张和要求也会嗤之以鼻。善的书也不是写给已经达到大公无私和仁义正义的至善境界的人看的，因为他们已经不需要看这样的书。一本思考和分析善的书是写给希望变得更加善良、更加高尚，追求君子人格的人看的。一个人如果想要人们变得更善，想要这个社会变得更加和谐，也会对思考和分析善恶的书有兴趣，因为如何使人变得更善，如何避免恶和冷漠肯定也是他关注和关心的问题。作为教师，从教书育人的角度而言，应该对这样的书感兴趣，因为教师的重要职责是引导青少年学习善和修养善，引导他们心怀对善的向往和追求，能够形成善的认知、善的观念、善的情感、善的人格和善的行为。当然，善的思考和分析对于作者来说具有巨大的个人价值，一

---

① 公民道德建设实施纲要 [N]. 人民日报，2001-10-25.
② 新时代公民道德建设实施纲要 [N]. 人民日报，2019-10-28.

个人思考和分析善的过程也是善的内修过程，一定会使自己变得更具有善意，具有善的情感和善的人格，并努力达到至善的境界，甚至能够达到"一体之仁"的境界。如果关于善的思考和分析能够使更多人愿意存好心、做好事、成好人，我们做出的努力就不算白费。我们希望揭示善的本质和心理机制，揭示善的心理的教育机制和善的学习方式，促进学校的善的教育，促进青少年的善的学习。希望我们的研究确实能够有助于这个社会变得更加和谐，让生活在这个社会的人们变得更加友善，同时也能够帮到我们自己，使我们能够更加善良和高尚，也能生活得更加美好和幸福。

感谢这个伟大的时代，感谢不断进步的社会，感谢日新月异的生活，感谢展露真诚善意的人们，使我们具有更加美好的向往，也具有更加高尚的追求。感谢所有研究过善恶问题的同行，他们提供了重要的思想基础和主要的研究素材，否则要开展进一步的研究显然寸步难行。感谢我的家人、师长、朋友和学生给予的支持、鼓励和帮助，没有他们，要完成这样一本著作会困难重重。诚恳感谢沈模卫教授在百忙中抽出宝贵时间为本书作序。这里，我也要特别诚恳地感谢浙江大学出版社的杨茜女士，感谢她对本书出版的热情支持和辛勤付出。

目　录

第一章　心理学视域的善恶界定

夫爱人者，人亦从而爱之；利人者，人亦从而利之。

——墨子

荣格在为诺伊曼的《深度心理学与新道德》写的前言中说："没有一个人能置身善与恶之外，否则，他将会置身世界之外。"[①] 人的一生都生活在对善恶是非的认识和判断之中，人若无法辨析善恶，将无法很好地生存和生活。但是，对于什么是善、什么是恶的判定历来是一个难题。人们要准确无误地判明是非善恶是有难度的，有些事、有些人说不清是善还是恶，是好还是坏。每个人都希望生活在善的世界中，几乎没有人愿意生活在充满恶意的环境中。从生存需要看，人们总是希望自己遇到的人是善的，希望其他人具有善意，没有恶意，不会伤害自己。现实情况是，人们遇到的人有善有恶，有些人友善，有些人居心叵测，会伺机伤害自己，需要人们有清晰认知和理性判断。人们也要对自己的心理和行为进行分析，判断自己做出的行为是否会伤害他人和危害社会。善恶是道德的核心问题，具有社会属性，但本质上是一种重要的心理现象。基于心理学视角解构善恶本质，解析善的本质和规律，对于教育和培养人们形成善的心理、做出善的行为是有利的。

---

① 荣格. 前言 [M]// 诺伊曼. 深度心理学与新道德. 北京：东方出版社，1998：19-20.

第一节　伦理学视域的善的界定

当说到善恶的时候，人们会觉得这是道德的问题，是伦理学研究的主题，这样的反应显然没错。梯利提出："伦理学的对象是道德即有关善恶是非的现象。"① 伦理学的研究对象是道德现象，道德是社会约定俗成的善恶是非的衡量标准和基本要求，所谓的道德现象，简单说就是善恶是非的问题。伦理学要探究哪些行为是正确的或善的，哪些行为是不正确的或恶的，或者说要探究道德判断的合理性："当我们的陈述涉及〔到〕诸如'德性''恶习''责任''正确''应当''善''恶'这样的语词时，我们就是在做出一个伦理判断。"②

考察善的本质是基本的伦理学问题，但是对于绝大多数人来说，要确切地界定善的本质，是一项困难的任务。伦理学领域的研究者一直试图解析善的本质，界定善的内涵，明确与善有关的一切问题。伏尔泰说："善恶问题对于诚心研究它的人始终是一个不可解的谜，对于争论的人简直是一场思想游戏。"③ 约翰·穆勒说："自哲学诞生以来，'至善'的问题或者说是道德基础的问题，始终被认为是思辨领域中的主要问题，使得多少聪明才俊为它苦思冥想，因它而分成各个门派，相互攻讦，争论不休。"④ 善作为道德基础性的问题或伦理学的基本问题，无论是从哲学角度或伦理学角度，要解析它的本质都不是一项轻松的任务。

有的学者认定善不能被定义。摩尔明确提出："如果我被问到'什么是善？'我的回答是：善就是善，答案到此为止。或者如果我被问到'如何定义善？'我的回答是：善不可定义，关于善我只能说这些。"⑤ 摩尔认为善不能定义的原因在于善是一个简单概念，而且不能解释清楚善所指的对象或概念的真实性质，他提出我们应该把善看作一种简单的、非自然的现象，他认为伦理学家在对善进

① 梯利.伦理学概论[M].何意，译.北京：中国人民大学出版社，1987：4.
② 摩尔.伦理学原理[M].陈德中，译.北京：商务印书馆，2018：7.
③ 伏尔泰.哲学辞典（上册）[M].王燕生，译.北京：商务印书馆，1991：242.
④ 穆勒.功利主义[M].徐大建，译.上海：上海人民出版社，2008：1.
⑤ 摩尔.伦理学原理[M].陈德中，译.北京：商务印书馆，2018：13.

行界定时，通常倾向于以善可能具有的自然属性或现实表现角度界定善。这种自然主义倾向混淆了善作为一种伦理现象的本质，这样就使善变得更加难以进行科学界定。

绝大多数学者都认为善是可以被定义的。石里克确信善可以被定义，他说："借口'善'这个词的含义是最简单的，不可分析的，因此要给它下定义或陈述它的特点是不可能的，以此来逃避这种努力，这是很危险的。"[①] "对伦理学来说，即使它的基本概念是'不可定义的'，我们也必定能够准确地说明适合使用善这个词时的情形。"[②] 石里克相信我们能够把握那些被认定为是善的事物的彼此一致和相互类似的特征，这种情况下能够明确善的概念内涵，从而能够界定善的本质。

"如何定义'善'的问题，是所有伦理学中最为基本的问题。"[③] 善恶是非的问题是道德的根本问题，是伦理学中最基本的问题。了解善的本质，界定善的本质，是伦理学家首先面临的问题。探寻善的研究的历史轨迹，可以梳理思想家认知善和界定善的思想脉络。

善是中国古代儒家思想的核心主题，孟子形而上地阐释过善："'何谓善，何谓信？'曰：'可欲之谓善，有诸己之谓信，充实之谓美，充实而有光辉之谓大，大而化之之谓圣，圣而不可知之之谓神。'"（《孟子·尽心下》）孟子认为可欲是善，即满足欲望讨人喜欢值得追求的即是善的。孟子没有进一步剖析善的可欲本质，但他深入地分析过善的本性，认为善本质上是一个人的"恻隐之心""是非之心""辞让之心""羞恶之心"，即人的仁、义、礼、智四种德性。儒家倡导至善境界，这种至善也就是一种仁或仁爱的心态。儒家更加强调达到仁的状态的善，要求人具有仁爱之心，孔子提出的"仁"的本质就是"爱人"，就是"泛爱众"。孟子也认为仁与爱同："仁者爱人，有礼者敬人。"（《孟子·离娄下》）孔子与孟子关于仁的本质的阐释是一致的。朱熹在《论语》的解析中对

①　石里克.伦理学问题[M].孙美堂，译.北京：华夏出版社，2001：9.

②　石里克.伦理学问题[M].孙美堂，译.北京：华夏出版社，2001：9.

③　摩尔.伦理学原理[M].陈德中，译.北京：商务印书馆，2018：11-12.

仁爱的关系阐释比较明确："爱人，仁之施。"[①]朱熹肯定本原的善就是仁义之心，他说："良心者，本然之善心，即所谓仁义之心也。"[②]焦循提出相似观点，他说："良之意为善，良心即善心，善心即仁义之心。"[③]可以看到，儒家将善看作仁义之心。在《郭店楚简》的《五行》中提出，仁义礼智的统合，形成"善"，善是四行之和："德之行五，和谓之德，四行和谓之善。"[④]有仁有义，就会有恭敬之心，有知有仁有义有礼四行结合得天衣无缝，就具有善心，就成善了。

道家所谓的善不仅是利人的善，还被看作一种近于道的善。老子说："上善若水。水善利万物而不争，处众人之所恶，故几于道。"（《老子》第八章）老子心目中的最高层次的善与水相似，水利万物而不争，藏污纳垢而不怨，上善利人容物近于道。老子描述了他心目中的上善的本质，但没有界定善的本质，因为善的本质太复杂，太难明确界定了。庄子曾说："吾未知善之诚善邪，诚不善邪？若以为善矣，不足活身；以为不善矣，足以活人。"（《庄子·至乐》）庄子认为无法知道善之为善，不善之为不善，要对人做出善的评判太难了。

墨家主张的善是一种无差别的对所有人的兼爱。兼爱即人们不分亲疏远近、不分贫贱富贵，同等程度地爱一切人。"兼"有兼顾顾及的意思，"爱"是关爱、爱护的意思，"兼爱"意思便是爱所有人，不仅爱与自己亲近的人，而且爱那些与自己没有关系的人，如《墨子》所说："譬之日月见照天下之无有私也。"（《墨子·兼爱下》）墨家的兼爱是一种仁义的爱，这是毫无疑问的，墨家要求"视人之家若视其家，视人之身若视其身""视人之国若视其国"（《墨子·兼爱中》），墨家的兼爱是一种至善，表现为不仅爱自己的家人，也能爱他人及其家人；不仅爱自己，也能够爱每个人；不仅爱自己的国家，也能够爱他人的国家。

西方哲学家早年往往倾向于从更加宽泛的角度认识善和界定善。苏格拉底的研究兴趣主要在人，他的伦理学建立在善的知识观的基础上，认为美德即知

① 朱熹.四书章句集注 [M].北京：中华书局，2016：131.
② 朱熹.四书章句集注 [M].北京：中华书局，2016：310.
③ 焦循撰，沈文倬.孟子正义 [M].北京：中华书局，1987：776.
④ 刘钊.郭店楚简校释 [M].福州：福建人民出版社，2005：69.

识，德性即智慧。这个命题把真与善统一起来，使美德获得了客观的规定性而成为普遍的知识。苏格拉底提出存在具体的知识和具体的善，美德是一种具体的善，包含了人的公正、正义、善良、勇敢、节制等德性，在具体的知识之上存在着一般的、普遍的正式概念，这是一种一般的善或至善。在美德即知识的前提下，苏格拉底认为所有的美德都是智慧，人活着就要追求善，他说："善是我们一切行为的目的，其他的一切事情都是为善而进行的，并不是为了其他的目的而行善。"① 善是人们生活的真正目的，善就意味着快乐和幸福，而不是人们通常认为的那样，人们为了快乐才去行善，这样就颠倒了快乐和善的关系。他说："正是为了善我们才做其他事情，包括追求快乐，而不是为了快乐才行善。"② 苏格拉底没有界定善，他只是在描述善，他所谓的善并非纯粹的道德的善，而是生活意义上的善，这样的善与好、美好的含义接近。

柏拉图伦理哲学中最重要的主题之一是善，善在他的哲学中有着特殊地位，他认为每一种技术都有自己的善，科学或真理都类似于善但不同于善，可以说真理和知识都源于善，而人生的根本目的就是要达到至善。在一切的善之上，还有一个最高的、绝对的善，即善的理念。"这个给予知识的对象以真理，给予知识的主体以认识能力的东西，就是善的理念。"③ 善的理念是一切行为所要追求的目的，因此是一切价值的基础和源泉。宇宙中所有一切善的事物和行为，都是善的理念和善的性质的体现。柏拉图借苏格拉底之口承认自己无法给出关于善的满意界定。"他们不能充分了解善究竟是什么，不能确立起对善的稳固的信念，像对别的事物那样；因此其他东西里有什么善的成分，他们也认不出来。"④ 理念意义上的"善"是最真实的，具体的"善"都是它的摹本。人若想在实践中不仅主观上追求好的结果，而且客观上得到好的结果，至关重要的是必须知道最真实的"善"。善不是狭义的道德意义上的善，而是哲学意义上的完

① 柏拉图. 柏拉图全集（第一卷）[M]. 王晓朝，译. 北京：人民出版社，2002：392.
② 柏拉图. 柏拉图全集（第一卷）[M]. 王晓朝，译. 北京：人民出版社，2002：393.
③ 柏拉图. 理想国 [M]. 张竹明，译. 南京：译林出版社，2015：202.
④ 柏拉图. 理想国 [M]. 张竹明，译. 南京：译林出版社，2015：198.

善完美，到达善的理念的层次，是最美好、最完美，也是最幸福的状态。

　　亚里士多德认为有不同视角的善，善不仅是主体的道德属性，也包括了客体的审美属性，他认为善"在医术中是健康，在战术中是胜利，……如果我们所有的活动都只有一个目的，这个目的就是那个可实行的善，如果有几个这样的目的，这些目的就是可实行的善"①。亚里士多德界定了最高善，认为幸福就是最高的善："幸福是所有善事物中最值得欲求的、不可与其他善事物并列的东西。"②亚里士多德区分了三种类型的善，他说："善的事物已被分为三类：一些被称为外在的善，另外的被称为灵魂的善和身体的善。"③廖申白在注释中详述了亚里士多德阐述的善的具体形态，身体的善包括健康、强壮、健美、敏锐等，灵魂的善包括节制、勇敢、公正、明智等，外在的善包括财富、高贵出身、友爱、好运等。亚里士多德认为，灵魂的善最重要，身体的善和外在的善服务于灵魂的善。苏格拉底、柏拉图、亚里士多德一脉相承，他们都不是从纯粹道德的意义上界定善，这样，善就成为一个包含了复杂内涵的范畴。他们关于善的理念中，都认定善能满足需要，关注的是满足论角度的善。满足论角度的善可以是道德范畴的，也可以与道德不沾边。当然他们没有忘记和忽略道德视角的善，柏拉图、亚里士多德都站在道德德性的角度对善进行了解析。

　　霍布斯与亚里士多德的哲学思想的理论前提截然不同，他在人性自私论的理论前提下，相信善与个体的欲望满足相关，他说："任何人的欲望的对象就他本人说来，他都称为善，而憎恶或嫌恶的对象则称为恶；轻视的对象则称为无价值和无足轻重。"④这里的善在主观上是个体对客体满足自己欲望的反映，客观上，善不仅仅是针对人而言的，也是描述物的，善是一种真、一种美。善不仅指善的人，善的行为，也是指与人的需求挂钩，能够满足人的需要的物体和事情。霍布斯关于善的认识，在分析的切入点上与亚里士多德一样，属于满足

---

① 亚里士多德 . 尼各马可伦理学 [M]. 廖申白，译注 . 北京：商务印书馆，2003：17.
② 亚里士多德 . 尼各马可伦理学 [M]. 廖申白，译注 . 北京：商务印书馆，2003：19.
③ 亚里士多德 . 尼各马可伦理学 [M]. 廖申白，译注 . 北京：商务印书馆，2003：21.
④ 霍布斯 . 利维坦 [M]. 黎思复，黎廷弼，译 .. 北京：商务印书馆，1986：37.

论范畴的善。

　　休谟承继了亚里士多德的伦理学思想，在善的问题上，把善看作使个体产生有益情感的心理倾向："凡引起爱或骄傲的任何心理性质是善良的，而凡引起恨或谦卑的性质是恶劣的。"① 休谟也从满足论的角度分析善，但他基于人性论视角对善的德性的分析，已经非常接近现在基于道德评价角度对善的认识。康德论证和解读了休谟提出的一些哲学问题，在善的本质问题上，康德的阐释似乎也推进了一大步。他提出："善是借助于理性由单纯概念而使人喜欢的。"② 康德认为善就其本质上而言，是大家都公认的好的东西，是单凭"自身就令人喜欢的"，从情感上而言，善反映了个体愉快情感的表象，他认为在将善与快适、美的比较中可以认知到善的本质，"善是被尊敬的、被赞成的东西，也就是在里面被他认可了一种客观价值的东西"。③ 康德认为善仿佛是先天规定的人们价值追求的目标："这个终极目的就是通过自由而得以实现的、这个世界中最高的善。"④ 可以看到，康德想定义的是一种最高的善，一种绝对善，但是康德太想面面俱到，他既想定义满足论视角的善，也想定义道德意义上的绝对善的本质。康德的绝对善类似于儒家的至善，也是休谟所谓的人性本质的善，与孔孟的仁爱、墨子的兼爱本质上是相似的。康德对绝对善的描述抽象了些，似乎不如儒家思想家拿捏得恰到好处。

　　在康德看来，人的善的行为遵循绝对道德指令，他反对功利主义者将善看作趋乐避苦倾向的观点。边沁作为功利主义思想的先行者，他的思想受到康德的批判，虽然他比康德晚出生了20多年。边沁的功利主义思想表面上看与霍布斯的人性自私的本质论相似，实质上是不一样的。边沁认为人类的天性具有趋乐避苦的性质，他写道："自然把人类置于两位主公——快乐和痛苦——的主宰之下。"⑤ 他认为"善"就是快乐，快乐的形式区分为简单的快乐和复杂的快乐，

----

① 休谟. 人性论（下册）[M]. 关文运，译. 北京：商务印书馆，1996：617.
② 康德. 判断力批判 [M]. 邓晓芒，译. 北京：人民出版社，2002：42.
③ 康德. 判断力批判 [M]. 邓晓芒，译. 北京：人民出版社，2002：44.
④ 康德. 判断力批判 [M]. 邓晓芒，译. 北京：人民出版社，2002：307.
⑤ 边沁. 道德与立法原理导论 [M]. 时殷弘，译. 北京：商务印书馆，2000：57.

复杂的快乐可能由两种或几种简单的快乐构成。"恶"就是痛苦，善的行为能够带来快乐，恶的行为会造成痛苦，所以人们会趋善避恶，以获得快乐，避免痛苦。"所谓善便是快乐或幸福，所谓恶便是痛苦。因此，一种事态如果其中包含的快乐超过痛苦的盈余大于另一种事态，或者痛苦超过快乐的盈余小于另一种事态，它就比另一种事态善。在一切可能有的事态当中，包含着快乐超过痛苦的最大盈余的那种事态是最善的。"① 当从快乐和痛苦的角度讨论善时，可以说是侧重在效果方面，是明显的满足论范畴的善。

穆勒遵奉边沁功利主义关于人类本性追求快乐逃避痛苦的思想，他坚信："'功利'或'幸福'是检验行为对错的标准。"② 穆勒认为："按照功利主义的想法，美德便是这样一种善。人们原本并不欲求美德，也没有欲求它的动机，但它有利于产生快乐，特别是有利于抵御痛苦。"③ 美德与快乐、痛苦息息相关，美德使人们获得幸福感，感到快乐。功利主义思想家的善的观念是典型的满足论，他们看来，善的美德是人们能够追求的最大快乐，这样的快乐是人们祈求的最大利益，也使人们能得到最大满足。

叔本华开创了非理性主义哲学的先河，认为意志是伦理学的形而上学的基础，在唯意志论的框架下，叔本华相信善就是对于意志的迎合或顺遂，"只要满足意志的目的……就都把它看作善的……是把一切恰如我们所愿的都叫作善。"④ 叔本华的善的意志论还是一种善的满足论，是置于意志主义框架下的强调主观意志的满足论。尼采作为叔本华唯意志主义的继承者，基于绝对意志或权力意志视角认识善和界定善，他认为传统道德价值体系中的"善"与"恶"，是从"好"与"坏"这两个观念演化而来的，尼采从语源学角度分析善的概念，提出在德语国家中，不同的社会阶层有不同的善恶的含义和解释。对"善"的含义的阐释，不同阶层也有差异，上层社会将其解析为勇敢、奋斗、权力、斗争

---

① 罗素.西方哲学史（下卷）[M].马元德，译.北京：商务印书馆，1986：328.
② 穆勒.功利主义[M].徐大建，译.上海：上海人民出版社，2008：42.
③ 穆勒.功利主义[M].徐大建，译.上海：上海人民出版社，2008：38.
④ 叔本华.作为意志和表象的世界[M].石冲白，译.北京：商务印书馆，2004：525.

等；下层人士的解析往往是指和平、无害、好意、温和等。尼采基于其超人哲学角度界定善，认为超人具备主人道德，而善是"所有那些在人身上激起权力的情感、权力意志以及权力自身的东西"①。尼采是能够做到不偏不倚地从道德角度认识善、分析善的哲学家。

麦金太尔相信，应该在传统意义的德性论的框架下研究善，但他似乎并不想明确地界定善的本质："在一个社会里，不再有一个共同享有的共同体的善这样一个概念作为对人而言的善，也就不再会有为达到那种善而多少要贡献点什么的任何实质性观念。"②"除非有一个目的，一个借助构成整体生活的善，即把一个人的生活看成是一个统一体的善，而超越了实践的有限利益的目的。"③麦金太尔框定了认识善的本质的基本思路，认为将善放在个人整体生命的视角，放在社会生活实践的角度才能够认识善，而善本质上是超越了个人的社会的共同享有的共同体。

考察伦理学领域的学者关于善的本质的探讨，可以看到，善是一个含义复杂的概念，难以找到满意的定义。伦理学家也并非纯粹从道德角度认识和界定善，许多伦理学家从满足论的角度界定善，当这样对善加以界定时，虽然不能说完全偏离了道德的角度，但是总是使人觉得不能切中主题。梳理伦理学家关于善的主张，有两点体会：一是伦理学领域的研究者几乎无一例外地将善确定为思考和研究的核心主题；二是伦理学领域的研究者试图界定善的本质，但是这显然是一项困难的任务，所以关于善的本质，并没有令人满意的答案。考察伦理学家对善的界定，可以看到儒家、道家、墨家思想家关于善的本质的观点显然是基于对人的理想化要求提出来的，更倾向于形而下地认知善、界定善和要求善，界定的主要是待人的善，或者说是至善或仁爱的善，显得单纯和高贵。柏拉图和亚里士多德等关于善的本质的界定，强调了善的德性层面。尼采和康德界定的善类似于儒家、道家、墨家关于善的认识，他们界定的是绝对善或崇

---

① 尼采.权力意志——重估一切价值的尝试[M].张念东，凌素心，译.北京：商务印书馆，1991：136.
② 麦金太尔.德性之后[M].龚群，戴扬毅，等译.北京：中国社会科学出版社，1995：292.
③ 麦金太尔.德性之后[M].龚群，戴扬毅，等译.北京：中国社会科学出版社，1995：256.

高善。一些伦理学家在界定善的本质时，涉及了善的心理，霍布斯界定了情绪善，休谟、亚当·斯密界定了情感善和人格善，他们各说各理，侧重点有所区别。善是一种复杂的现象，不仅是一种社会伦理现象，也是一种自然现象，当然对人来说，本质上也是一种心理现象，善可以指善的人、善的物、善的事、善的关系，也可以指善的心理和善的行为。要对善的本质获得清晰认知，从心理学视角进行深入探析是必要的。

第二节　心理学视域的善的界定

道德属于社会伦理问题，作为道德问题核心的善的问题也是一个社会伦理问题，所以绝大多数心理学家不像伦理学家那样对善的研究感兴趣，通常不会对善加以界定。心理学家也很少像儒家、墨家一样关注至善问题，探讨仁义、仁慈、仁爱、兼爱等至善德性。西方伦理学家中，苏格拉底、柏拉图和亚里士多德关于善的本质的思考，揭示了善的现象的复杂性，以及从伦理学角度对善加以界定的难度。那么，从心理学角度界定善，或者更进一步说，从心理学角度研究善是否有必要呢？弗洛姆曾经说过："什么是前现代心理学的目标？我们的回答相当概括：前现代心理学谋求对人的心灵的理解，其旨趣是让人们变得更好一些。"[1] 弗洛姆认为伦理学可以看作一种前心理学，伦理学力求了解人的灵魂的本质，并且力图使人变得更好。心理学的目的与伦理学的目的是一致的，也是要探索使人变得更好的途径，或者更加明确地说，是要探索人向善的途径，以及人的善或至善的形态。

从心理学角度研究善，探究善的本质，有其学科优势，也有其方法论优势。第一，从社会的角度看，善是一个道德问题，是一种伦理现象。但是，从个体的角度看，善也是一种非常重要的心理现象，从心理学角度研究人的善的现象具有学科优势，有助于揭示善的心理本质和心理规律。第二，从心理学学科目的的角度分析，就像弗洛姆所说的，是为了理解和把握人的心理，在把握人的心

---

① 弗洛姆. 生命之爱 [M]. 王大鹏，译. 北京：北京文化出版公司，2003：76.

理本质和心理规律的基础上，使人变得更好和更善。从心理学角度研究善，对于让人变得更好更善，具有现实可能性。第三，善作为一种心理现象，可以从思辨的角度加以研究，但是结合实证方法研究善的心理和善的行为，有助于更加系统、科学地揭示善的本质和规律。

界定善的过程实质上也是一个对善的本质的认知过程。当我们界定善时要厘清以下两个问题：一是要将善与善人、善事区分开来。当我们讨论善时，虽然不可避免地会涉及善人和善事，但是从理论上来说，善不是指善人和善事，这样区分开来会有助于对善的界定。二是界定善不同于判定善人和善事。要判定善人是最难的，判定善事会相对容易些，界定善要从理论上对善可能涉及的维度和内涵加以界定。荣格曾经发出这样的疑问和感慨："'善'指的是什么呢？对他善？对我善？对他的亲属善？对社会善？我们的判断如此无能为力地陷入了次要因素和关系的纠缠之中，以至除非情况迫使我们以快刀斩乱麻的手段来解决难题，我们会设法不去管它。"① 要纯粹从理论上界定善不是一件容易的事，许多心理学家做出过努力，关注和研究了善或与善有关的问题，在一定程度上揭示了善的心理和行为的本质。

意动心理学家布伦塔诺从价值多元论的角度提出关于善的疑问："什么才是所谓'最好的'？什么才是我们称之为'好的'？我们怎样才能知道一个事物是'好的'，而且比另一个事物'更好'呢？"② 布伦塔诺将世界分为物理世界和心理世界，人的心理现象主要有表象、判断和情感（或情绪）三种形式，表象是判断和情感的基础，判断和情感是二元的。他认为关于判断和情感的二元分析能使我们认识和理解善的本质："我们到达了善恶概念的源头，这也是真假概念的源头。"③

善是一种复杂的情感，所以，布伦塔诺强调善的认知是基于人们的正确判

① 诺伊曼.深度心理学与新道德[M].高宪田，黄水乞，译.北京：东方出版社，1998：14.
② 转引自：黄涛.从"心理现象"到"善"——布伦塔诺的价值论思想及其心理学基础[J].北京师范大学学报（社会科学版），2006（4）：53-57.
③ 转引自：黄涛.从"心理现象"到"善"——布伦塔诺的价值论思想及其心理学基础[J].北京师范大学学报（社会科学版），2006（4）：53-57.

断："我们允许自己说某一善的事物比某一恶的事物'更好'，或者比另一完全同样善的事物'更好'。我们甚至可以说一个恶的事物比另一个恶的事物'更好'，在这种情形中，我们允许自己称一个事物'更好'，却并没有暗含'它是善的'意思。"① 布伦塔诺提出了他关于善的本质的认识："肯定的判断与正确性相联，我们称之为真；爱的情感与正确性相联，我们称之为善。就最广义而言，所谓善是值得爱，亦即能够被正确的爱所爱。"② 分析布伦塔诺的善的观念，可以看到他强调了善的认知层面和情感层面，善是基于正确判断基础上的包含了爱的情感。

人本主义心理学家必然会关注和关心人的善的问题。马斯洛认为，价值观的核心问题是善的问题，是要回答这样的问题："什么是善？什么是合乎需要的？值得想望的东西是什么？"③ 善的问题是最应该关心的问题，马斯洛说："第一个和冠盖一切的大问题是造就好人。"④ 马斯洛认为好人的含义很复杂："好人能同等地被称为自我演化的人，对自己和自己的演化负责的人，充分启蒙的或觉醒的或颖悟的人，充满人性的人，自我实现的人，等等。"⑤ 这里的好人涵盖了善的人，或者就是真正的、完全的善的人。

马斯洛从人的自我实现的需要角度讨论善，将善看作与真、美相同的概念。马斯洛相信自我实现者有一种超越性动机，这种动机使"自我实现的人都献身于某一事业、号召、使命和他们所热爱的工作"⑥。自我实现者追求的特殊事业或使命就是真善美，"人类个体最高的义务从某种程度上说就是真、善、美"。⑦ 马斯洛在真善美的相互关系中界定真与美，而且把善看作与美、真完全相同的

---

① 转引自：黄涛. 从"心理现象"到"善"——布伦塔诺的价值论思想及其心理学基础 [J]. 北京师范大学学报（社会科学版），2006（4）：53-57.
② 转引自：黄涛. 从"心理现象"到"善"——布伦塔诺的价值论思想及其心理学基础 [J]. 北京师范大学学报（社会科学版），2006（4）：53-57.
③ 马斯洛. 人性能达的境界 [M]. 林方，译. 昆明：云南人民出版社，1987：15.
④ 马斯洛. 人性能达的境界 [M]. 林方，译. 昆明：云南人民出版社，1987：24.
⑤ 马斯洛. 人性能达的境界 [M]. 林方，译. 昆明：云南人民出版社，1987：24.
⑥ 马斯洛，等. 人的潜能和价值 [M]. 林方，主编. 北京：华夏出版社，1987：210.
⑦ 马斯洛，等. 人的潜能和价值 [M]. 林方，主编. 北京：华夏出版社，1987：225.

形态，他说："要给真下一个充分的定义，就得这样说：真是美、善、完美、公正、单纯、有序、合法、生动、易解、一致、超越分歧、松弛、愉悦。美的完满定义是：真、善、完美、生动、单纯等。"①

弗洛姆认为伦理学可以看作一种前心理学，伦理学的目的是探索使人变得更好的途径，所以，心理学理应探索人变善的途径，以及人的善或至善的形态。弗洛姆描述过善的伦理价值，但没有尝试对善的本质进行界定，他肯定善对生命的价值，也从生命价值角度理解善："对人道主义伦理学来说，善就是肯定生命，展现人的力量；美德就是人对自身的存在负责任。恶就是削弱人的力量；罪恶就是人对自己不负责任。"②"一切对生命有利的事物都可谓之善。一切导致死亡的事物都可谓之恶。善，指生命，指促进生命的发展和表现生命的一切事物。恶则是对生命的窒息、扼杀和毁灭。"③可以看到，弗洛姆直观地从善的个人价值角度对善的本质进行了辨析，肯定善具有促进生命的生长和发展的价值，而恶则会毁灭或扼杀生命。

弗洛姆没有尝试从心理学角度明确地定义善的内涵，其原因在于无论从心理学的角度，还是从伦理学的视角分析，善的本质都显得过于复杂，要明确清晰地界定善的本质都相当困难。弗洛姆没有纠结在讨论理论上的善的本质，而是将注意力放到社会关系角度分析和讨论善。他认为善的本质认知一定会导出一个困扰已久的问题，即人们在社会关系的层面上来说，到底是一种狼与狼之间的关系，还是羊与羊之间的关系。弗洛姆相信，社会的改造，建设健全的社会有助于促进人性去恶向善，有助于构建和谐的善的关系。

积极心理学的研究者倡导人们形成健全的观念，培养积极人格和美好情感，构建健全的生活状态。善作为人的健全社会生活的核心要素，受到积极心理学家的关注，积极心理学领域的心理学家论述了善，但是也没有从心理学角度明确地界定善的本质。积极心理学领域的研究者关注善的性格层面，他们把善看

---

① 马斯洛，等.人的潜能和价值 [M].林方，主编.北京：华夏出版社，1987：223.
② 弗洛姆.为自己的人 [M].孙依依，译.上海：上海三联书店，1988：39.
③ 弗洛姆.人心：善恶天性 [M].向恩，译.北京：世界图书出版公司，2019：44.

作一个积极的性格力量加以阐释和分析，彼得森认为以下三种力量能够体现积极的人际特质：一是善良，助人为乐、与人为善，关心照顾别人。二是爱，重视与他人之间的亲密关系，尤其是彼此之间能够分享和关照；能够亲近他人。三是社会智慧，能够感知别人和自己的意图和感受，知道在不同的社会场合应该怎样做，知道什么会使他人不悦。①

马斯洛在他的著作中已经开始强调，要从积极心理学角度去研究各式各样的心理问题，在讨论到积极心理学的任务时指出，心理学应该关注并且研究善的问题，以下这些问题应该受到重视："人怎样才能无私呢？如何摆脱嫉妒？如何获得坚强的意志和性格？如何获得乐观精神、友好态度、现实主义态度？如何实现自我超越？从哪里获取勇气、真诚、耐心、忠诚、信赖、责任感？"②马斯洛认为积极心理学应该研究心理健康的人，包括善的人："积极心理学更强调对于健全的人的研究，如那些有安全感、自信心的，富有民主思想的、精神愉悦的、内心平和的、富于激情的、慷慨善良的人，以及那些创造者、圣徒、英雄、强人、天才等。"③

即使心理学家关注善的问题，大多也没有深入地去剖析善的本质。马斯洛明确指出了这种倾向："善良、慷慨、博爱、慈善，在社会心理学教科书中几乎没有被提及。"④结果导致了这样的现状："相对来说，我们对于暴君、罪犯、心理变态者的了解远比对圣徒、骑士、行善者、英雄、无私的领袖的了解多得多。"⑤心理学家在选择研究主题时，大多显得比较务实，考察心理学领域有关善的问题的研究，可以看到研究者就亲社会行为，同情、感恩、爱、侵犯行为，以及与道德心理有关的道德认知、道德判断等主题有大量理论与实践研究，但是很少有人尝试从心理学领域明确地界定善的本质。

我们对善的分析和探索，绕不开定义善的问题，善的研究的首要目的也是

① 彼得森.积极心理学 [M].徐红，译.北京：群言出版社，2010；103.
② 马斯洛.动机与人格 [M].许金声，等译.北京：华夏出版社，1987；356.
③ 马斯洛.动机与人格 [M].许金声，等译.北京：华夏出版社，1987；356.
④ 马斯洛.动机与人格 [M].许金声，等译.北京：华夏出版社，1987；354.
⑤ 马斯洛.动机与人格 [M].许金声，等译.北京：华夏出版社，1987；354.

要确切界定善的本质。但回答"善是什么"这样一个问题，即使是对于心理学研究者而言，也不是很容易完成的任务。心理学家没有明确地回答善是什么，因为当讨论善时，可以指善的人和善的人际关系，这通常是伦理学研究者最关心的主题。善也可以指我们耳闻目睹的善的行为，这是心理学家研究较多的问题。善也可能指善的心理，包括善的观念、善的情感和善的人格等，善的心理层面的问题非常复杂，这样就增加了分析和讨论的难度。

对于绝大多数人来说，要回答什么是善的问题不是容易的事情。从语义学的角度看，善的古体字为譱，构字形式为上羊，下面围绕两个言，在《说文解字》中，对善的注释为："善，吉也。《口部》曰：吉，善也。从誩羊。此与义、美同意。《我部》曰：义与善同意。《羊部》曰：美与善同意。按：羊，祥也。"[1]《说文解字》中将"义"的意思解释为威仪、情谊、仁义，"义"多解释为与"宜"相通，《二程集》中解析："义，宜也。"[2] 义即适宜的，引申为符合社会规范的，合乎道德规范或规则的。杨国荣解析道："义首先表现为普遍的规范，所谓以义正我，不外乎通过普遍规范对个体'我'的制约，以实现群体之'和'。"[3] 义不仅是约束人的言行的规范或规则，也是成就善的道德力量。

《说文解字》将美解释为甘，即甜美、好的意思。从《说文解字》看，善是一种美好、仁义。善字形的上羊下言结构非常形象地表达了一个意思，即人们吃着羊肉、喝着羊奶，心里很满足，夸赞着羊肉的美味可口。后来，夸赞的对象不再仅仅局限于羊或羊肉，而是变成了人，善的含义演化为吉祥、美好及对人的认可、夸赞，评价人的道德的善良、仁义。善用于描述一个人具有同情、感恩、友善、仁慈、关爱、仁义、正义等心理特性，意味着一个人具有美好、纯良、高尚、优美的心态，意味着一个人做出了扶老携幼、扶贫济弱、慈善捐助等利他助人的行为，意味着一个人能对他人关注、关心、关爱和守护，能维护社会公共利益。在中国人的语境中，早年使用"善"这个字时，其含义比较笼

---

① 许慎.说文解字 [M]. 段玉裁，注.上海：上海古籍出版社，1981：203.
② 程颢，程颐.二程集（第一册）[M]. 王孝鱼，点校.北京：中华书局，1981：14.
③ 杨国荣.善的历程——儒家价值体系研究 [M]. 上海：华东师范大学出版社，2009：188.

统，泛指美好、威仪，后来逐渐演变，开始带有鲜明的道德评价色彩。

《现代汉语词典》中关于善的解释大概可以分为两个方面：一是描述人的心理上的善，注释为善良、慈善、善行、友好、和好等；二是描述人的做事的能力，注释为办好、弄好、擅长、长于等。在英语中，善的含义为好的、优秀的，与汉语中用到的善字的含义并没有特别大的本质区别。在法语中，善的含义包括美好的、美妙的、善良的、好心的等。法文中的善的含义非常丰富，泛指一切符合人的需要的状态。

焦国成提出："善字可以在形容词、名词、副词、动词、感叹词等意义上使用。"[1] 善字的使用方式很复杂，善的含义也很复杂，界定善并非易事。在现实的框架下，换一种角度分析，具体地思考"什么是善"或者"哪些是善"，这些问题应该会好回答一些。从心理分析的角度看，我们就只需要单纯地讨论和辨析善的心理或行为的形式和表现，或者只是分析善的情感、善的人格或善的行为，这样会比较容易。通常人们更喜欢或习惯列举人们的善的行为，而当我们用列举善的行为方式回答善是什么时，善显得容易被认清，道家、佛家、基督教都用过这样的方式。日常生活中，人们在列举善的行为时，对善的认知更客观具体。举例来说，我们会说下面的行为都是善的，如对人真诚地微笑，对父母长辈孝顺，救护摔倒的老人，捡到钱物还给失主等。

生活中，善与好有时会混同，善的行为通常被认为就是好的行为，善的人通常被认为就是好的人。仔细地分析，两者还是有区别的，善具有道德评价的性质，善通常有一个前提——需要社会认可，即只有那些得到社会认可的，符合社会道德要求，未触犯社会的法律法规的、对他人好的行为才能称为善的行为。好的概念更倾向于是一种效果评价或状态评价，好人是对人好的人，但是不一定是善的人。

善作为一个经常被使用到的概念，一定表征了特定的含义，从人们对善的固有观念角度分析善，对于认识善的本质会有很大帮助。洛克将人们的固有观

---

① 焦国成. "善"语词考源 [J]. 伦理学研究，2013（2）: 28-34.

念称为习惯知识，心理学领域将人们对事物的已有看法称为内隐观，利用内隐观的方法，即由人们根据自己的固有理解对善做出界定或者列举与善有关的词语，这种方法有助于了解人们关于善的认知。我们做了这样的尝试，要求中小学生和大学生写出善恶是什么。从中小学生对善的描述看，他们对善的认知比较直观。小学生描述善时，绝大多数学生认定善就是做好事、帮助他人、让大家开心，低年级小学生会以具体的善行界定善，他们认为善就是扶老奶奶过马路、借给同学橡皮等。小学生具有明显的自我中心倾向，无法摆脱从对自己有利的角度认知善和界定善，认定对自己友好、帮助自己就是善。中学生在界定善时就显得较为概括、内涵更加丰富，能够在一定程度上摆脱自我中心倾向，他们肯定帮助人、助人为乐是善，善也是尊敬父母、团结友爱、关心爱护他人。大学生在认知善时显得更加抽象，他们以助人、救人为善，他们也认定善几乎等同于仁慈、良心、孝顺、善良、友善、同情、公正等。

我们相信在人类历史发展的长河中，人们为了求得更加有利的生存地位，发展了语言，在运用语言进行表达或沟通的过程中，善的本质会以与善有关的言语表征的方式得以传承。基于这样的假设，考察人们描述善的词语、列举描述善的词语的方式可以在一定程度上了解人们对善的本质的认识。我们要求大学生列举与善有关的词语，大学生列举的词语主要有善良、友善、诚信、慈善、仁慈、仁义、良心、良知、道义、情义、正义、孝顺、怜悯、同情、感恩、慈爱、公平、救死扶伤、助人为乐、拾金不昧、大公无私、精忠报国、鞠躬尽瘁、保家卫国、赤心报国等。

以上所列举的词语显示，善是一种复杂的心理现象和行为方式，通过分析可以看到这些描述善的词语主要涉及善的六个方面：一是良知、道义、公正、正义等描述了善的认知或观念；二是热情、慈善、仁慈、仁义、情义、怜悯、同情、感恩、慈爱等描述了善的情感或感情；三是良心、良知、道义、公正、正义等描述了善的人格的认知特征；四是热情、慈善、仁慈、仁义、情义、仁爱、慈爱等描述了善的人格的情感特征；五是善良、友善、慈善、仁慈、仁义、道义、情义、热情、诚信、宽容、厚道、公正、正义、忠诚、孝顺、怜悯、同情、感恩、慈爱、公平、负责、忠心耿耿、忧国忧民等描述了善的人格的态度特征；六是救死扶伤、助人为乐、拾金不昧、大公无私、精忠报国、鞠躬尽瘁、保家卫国、赤心报国等描述了善的行为。

结合这些与善有关的词语，根据善的对象的不同进行分析，可以看到善涉及四个方面。一是待人的善，这是人们最关注的善。待人的善主要表现为待人态度的善及相应的善的行为倾向，包括愿意贡献财物的善，愿意出力的善，愿意付出情感的善，愿意付出生命的善。我们可以找到许许多多描述待人善的词语，诸如善良、友善、友好、诚信、热情、仁慈、怜悯、同情、感恩、宽厚、仁爱等。二是关于做事的善，表现为做事态度的善及相应的行为倾向，是需要人付出体力和精力的善。做事与做人息息相关，做事最终也关涉到他人，有些描述待人善的词语同样描述了做事的善，相关的词语有公正、公平、正义、诚信、忠诚、负责、恪尽职守、兢兢业业等。三是对待国家民族的态度的善及相关的行为倾向，是需要付出体力、精力、财物甚至献出生命的善，忧国忧民、精忠报国、鞠躬尽瘁、保家卫国、赤心报国等都是善的举动。四是对待动植物和对待自然的态度的善及相关的行为倾向，这是我们现在越来越关注的善，善待小动物、爱护花花草草、保护自然生态等都是善的举动。

总结善的有关词语，可以看到，善的词语主要涉及认知的善、情感的善、人格的善、待人态度的善及相关的善的行为倾向。从心理学角度来说，善是一种复杂的心理现象和行为倾向，是一种得到社会认可的、被人们期望的、有利于他人社会的心理状态和行为倾向。善与爱的关系在于，善描述了人在认知、情感、人格、行为等各方面的特性，而爱只是善的情感或情感特征。善的心理状态和行为倾向简称善心，善的行为倾向成为一种现实的行为，称为善行或善举，那些具有善的心理和能够做出善举的人就是善人了。

第三节　心理学视域的恶的界定

善是有利于他人和社会的心理和行为，与善相反的心理和行为通常会被认为是恶。但其实说到恶，并非一定指与善相反的人的心理和行为，比如"恶心"可以指纯粹生理上的不舒服或难受，这就与道德评价几乎没有关系，即使是对他人的行为举止反感的"恶心"，可以是道德意义上的，也可以与道德不沾边。有些人看到有人穿得邋遢，显得肮脏，也会感到恶心，这种情况未必与道德沾边。霍布斯在描述恶时说："恶也有三种，一种是预期希望方面的恶，谓之丑；一种是效果和目的方面的恶，谓之麻烦、令人不快或讨厌；一种是手段方面的恶，谓之无益、无利或有害。"[1] 霍布斯描述的恶，也不是纯粹道德意义上的恶。

对善的本质的认识不是一件容易的事，我们很难明确地界定善，要明确地界定恶也是一项相当困难的任务。"恶是什么"的问题也不好回答。即使是伦理学家也不能够很确切地对恶的本质进行界定，绝大多数伦理学家通常将恶与善紧密地联系在一起加以描述，对善进行阐释时，常常会同时分析恶。

苏格拉底在美德即知识，德性即智慧，即"善"的知识性的前提下，提出无知的人不能认识善的本质，也就无法为善，推导出无知即是罪恶的理念。苏格拉底认为一个人无意中做的善事并不是美德，一个人由于无知的原因造成不良的结果也是一种恶。柏拉图认为人的灵魂由理性、激情、欲望组成，理性使人能够做出客观的思考和判断，激情是人的激动情感，欲望反映人们的身心需求，人的理性无法抑制其欲望和激情，反而受欲望、激情操控，若人的理性不能战胜和控制人的激情和欲望，将会使人变得不正义，就会"永远处在疯狂的欲望驱使之下，因此充满了混乱和悔恨"[2]。不正义是理性、欲望、激情的关系失调，是一种理性迷失。人处于激情和欲望的控制下，为宣泄自己的激情和满足自己的欲望而做出不利于他人的行为，是恶的行为。亚里士多德的善恶观，分析和界定了具体的善的德性，包括了道德德性和理智德性，在他看来，恶意味着一切与善的德性相反的品质："德性是与快乐和痛苦相关的、产生最好活动的品质，恶是与此相反的品质。"[3] 所以，在亚里士多德看来，与友善、诚实、慷慨、

① 龚群.善恶二十讲[M].天津：天津人民出版社，2008：112.
② 柏拉图.理想国[M].张竹明，译.南京：译林出版社，2015：272.
③ 亚里士多德.尼各马可伦理学[M].廖申白，译注.北京：商务印书馆，2003：40.

· 019 ·

负责等道德德性相反的不友善、不诚实、不慷慨、不负责等就是恶。可以看到，苏格拉底、柏拉图和亚里士多德讨论的是道德意义上的恶。苏格拉底站在效果论的视角界定恶，柏拉图站在理性、欲望、激情的关系角度界定了行为的恶，亚里士多德在道德德性的框架下界定了恶的德性。

边沁在苦乐人性观的基础上讨论恶，认为"恶"就是痛苦，他划分了恶的三个层次。一个行为产生的恶可以分为两部分，直接发生在特定人身上的使他们感到痛苦的那种恶是第一层次的恶，由第一层次的恶扩散到共同体，使共同体感到痛苦的恶是第二层次的恶。第一层次的恶又可以细分为本恶和派生恶，使受害的个人感受到痛苦的那种恶是本恶，由本恶所引起的后果影响了其他的人，就产生了派生恶。第二层次的恶可以被分为恐慌和危险，在这里，边沁认为"恐慌是一种肯定的痛苦，因看到落在另一个人身上的同一种恶所带来的痛苦而产生的痛苦。危险是一种本恶产生其他同样类型的恶的可能性"[①]。第三层次的恶是由第二层次的恶所引起的持续恐慌，能使人的主动能力受到损害。在边沁的理论中，第一层次的恶是道德意义上的，即他所谓的本恶，本恶是真正造成了对他人的伤害的恶。第二层次和第三层次的恶是由本恶引起的心理上的不良反应，即法律角度的精神上的伤害，不是道德意义上的恶。每一层次的恶还可以再细分为各种形式的恶，可以区分为本恶—派生恶，直接恶—间接恶，扩展恶—分割恶，永远恶—瞬间恶。

许多伦理学家在界定恶时，不是基于道德角度，而是基于情绪情感角度。霍布斯认为善是个体的欲望对象，恶是憎恨或嫌弃的对象："憎恶或嫌恶的对象则称为恶。"[②] 斯宾诺莎说："凡我们厌恶的一切事物，我们都叫作是恶的。所以每个人都是依据他的情感来判断或估量，什么是善，什么是恶，什么是较善，什么是较恶，什么是最善，什么是最恶。"[③] 当伦理学家基于情绪情感角度界定恶时，涉及的更像是喜好，即不喜欢的就是恶的。

① 边沁. 立法理论 [M]. 李贵方，等译. 北京：中国人民公安大学出版社，2004：64.
② 霍布斯. 利维坦 [M]. 黎思复，黎廷弼，译. 杨昌裕，校. 北京：商务印书馆，1985：37.
③ 斯宾诺莎. 伦理学 [M]. 贺麟，译. 北京：商务印书馆，1997：130.

尼采认为传统道德价值体系中的"恶"的概念，是从"坏"的观念演化而来的，他说："一种演化总是与另一种演化并行发展的，这就使'平凡''俗气''低级'等词汇最终演变成'坏'的概念。"[①]尼采从语源学角度分析善的概念，也探析了恶的概念，认为不同的社会阶层有不同的恶的含义和解释。上层社会的"恶"被解析为平凡、粗俗、庸碌、低劣；下层社会的"恶"往往被解析为残酷、危险、幼稚、伤害等。明显地，尼采是想从道德角度分析恶和界定恶的，但是，他也只是完成了一部分工作。

道德意义上的恶，可以称邪恶，有些研究者试图对邪恶进行理论上的界定，比如莫顿在他关于邪恶的论述中这样界定恶："当一个人的行为来自于某一策略或习得的过程且这一策略或过程允许人们在考虑对他人实施伤害或羞辱时，不受到选择上的阻碍，而这种选择本应经过深思熟虑，这种行为就称之为恶。"[②]莫顿考虑了导致恶行的心理因素及恶行的预期结果，他很好地界定了恶行。单纯地从恶行角度界定恶，具有现实价值，但是并不全面。因为恶不仅指恶行，也指恶的心理或恶的人。

对于绝大多数人来说，要对恶加以界定不是一件容易的事情，但是回答"哪些是恶"会相对容易些。在现实生活中，认识和了解恶的形式具有社会价值，也具有个人意义。列举恶的方法能够使人一目了然地认清恶，并且能够避免恶，通过考察恶的形式对于认识恶的本质也是有意义的。恶的界定是要认识恶，并且能够避免恶，所以，当抽象地讨论恶的本质时，并不能对人们认清恶的本质和避免恶有太大帮助，具象地描述恶的形式，对于人们了解恶的本质有更大帮助，也能够帮助人们避免恶。儒家思想家喜欢用这种方式，《论语》中论及恶的形式时，就非常具体，有针对性。当子张问政于孔子，如何才能从政时，孔子的回答是："尊五美，屏四恶。"（《论语·尧曰》）那么四恶是什么呢？孔子说："不教而杀谓之虐；不戒视成谓之暴；慢令致期谓之贼；犹之与人也，出纳之吝谓之有司。"（《论语·尧曰》）就从政角度而言，孔子认为要避免虐、暴、

[①] 龚群.善恶二十讲 [M].天津：天津人民出版社，2008：214.

[②] 莫顿.论邪恶 [M].文静，译.河南：河南大学出版社，2017：68.

贼、吝等四种恶。虐、暴、贼、吝四种恶可以指当政者的态度上的恶，也可以指施政方式的恶，是比较形象和明确的。孟子说："无恻隐之心，非人也；无羞恶之心，非人也；无辞让之心，非人也；无是非之心，非人也。"（《孟子·公孙丑上》）孟子的这段话，我们可以这样理解，无恻隐之心、无羞恶之心、无辞让之心、无是非之心，都不是人应有的状态，即不是人有良知、良心的状态，是不道德的形态。

《说文解字》中对恶的阐释为："过也，人有过曰恶。有过而人憎之亦曰恶。"[①]《说文解字》中从恶的形式角度界定恶，其中描述了两种形式的恶，一种是犯了过错，是恶，可以是违反了社会规范，伤害了他人，危害了社会等；二是犯了过错，被他人厌憎，是恶。

在心理学领域，也有心理学家分析和研究与恶有关的问题，并努力对恶做出界定。弗洛姆在分析善的伦理价值的同时，分析和阐释了恶，认为："恶就是削弱人的力量；罪恶就是人对自己不负责任。"[②]"一切导致死亡的事物都可谓之恶。"[③]"恶则是对生命的窒息、扼杀和毁灭。快乐是道德的，悲哀是恶的。"[④]可以看到，弗洛姆从个人价值角度对恶进行了分析，认为恶是扼杀和毁灭他人生命的力量，恶也是削弱自己的力量，是自我扼杀和毁灭的力量。

菲利普·津巴多在其模拟监狱实验中发现，特定环境下，人们会显露恶意，表现出暴虐攻击倾向，津巴多用类似列举的方式界定了邪恶："邪恶是建立于涉及伤害、虐待、命令、缺乏人性、毁灭无辜他者的刻意行为，或是使用权威、系统力量鼓励且允许他人这么做，并从中取得利益。"[⑤]津巴多所谓的邪恶就是我们要分析和探讨的恶，是纯粹道德意义上的恶。

心理学家通常都是务实的实践者，他们不会纠结在恶的本质界定上，就像

① 许慎.说文解字 [M].段玉裁，注.上海：上海古籍出版社，1981：912.
② 弗洛姆.为自己的人 [M].孙依依，译.上海：上海三联书店，1988：39.
③ 弗洛姆.人心：善恶天性 [M].向恩，译.北京：世界图书出版公司，2019：44.
④ 弗洛姆.人心：善恶天性 [M].向恩，译.北京：世界图书出版公司，2019：44.
⑤ 津巴多.路西法效应：好人是如何变成恶魔的 [M].孙佩妏，陈雅馨，译.北京：生活·读书·新知三联书店，2010：4.

他们没有费心思去界定善的本质一样。心理学家关注恶的原因，关注恶的生物学基础，关注恶的早期家庭影响和社会影响。精神分析学派的学者关注恶的本能基础，弗洛伊德相信人先天具有的性本能和破坏本能决定了人具有恶的倾向。行为主义学派关注恶的行为学习的机制，认定恶的行为由不当学习造成。认知心理学家关注错误观念、不良信念与恶的关系。探索恶的原因对于消除和避免恶具有实际的好处。所以，心理学关于恶的原因的探讨是务实的做派。

务实的心理学家也关注和研究诸如侵犯行为、犯罪行为、反社会行为、反社会人格这样基于现实需要必须加以研究的与恶相关的问题，也关注类似职场侵犯、校园欺凌这样的特殊领域的恶的行为。对于这些问题，许多研究者进行过系统研究，并且构建了相对完整的理论体系。像侵犯行为的研究，在社会心理学领域受到重视，有明确的界定。侵犯行为也称攻击行为，Elliot Aronson 等（2005）将它界定为以引起他人的身体的伤害及心理的痛苦为目的的伤害行为。金盛华（2005）将侵犯行为界定为一种有意地违背社会规范的伤害他人的行为。显然，侵犯行为就是一种恶的行为。在变态心理学领域，反社会行为的研究受到重视，张伯源（2005）将反社会行为界定为一种具有冲动性、攻击性和破坏性，既不顾行为的后果，也不能从中吸取经验教训的明显缺乏道德感、责任感的行为。

恶作为一个经常被使用到的与善相对应的概念，人们在使用这个概念时一定表征了特定的含义，基于人们对恶的固有观念角度去分析恶，对于认识恶的本质会有很大帮助。我们相信利用内隐观的方法，不仅能够认识善的本质，也有助于认识恶的本质。

我们在用内隐观的方法让学生根据自己的理解对善做出界定的同时，也让他们对恶做出界定，要求写出恶是什么。从中小学生对恶的描述看，他们对恶的认知比较直观。小学生在描述恶时，绝大多数认定恶就是不帮助他人、伤害他人，低年级学生会以具体的恶行界定恶，他们认为恶就是欺负别人、说人坏话、经常打人、随意拿别人的东西、不讲理、骂人、不听父母的话等。中学生在界定恶时，也表现出比较直观的倾向，但是内涵更加丰富。他们在描述恶时比较概括，既从恶行角度界定恶，强调不肯助人、欺负别人是恶，认为恶也是品德败坏、口是心非、瞒上欺下、对社会不利等。大学生在认知恶时显露出更加抽象概括的倾向，他们肯定危害社会和伤害他人、自私自利、损人利己为恶，他们认定恶一定是对他人和社会不利的行为。

我们要求大学生列举描述恶的词语，他们列举的词语主要有凶狠、残忍、自私、狠毒、狭隘、阴险、狡诈、毒辣、恶毒、贪婪、仇恨、邪恶、卑鄙、欺骗、暴力、下流、追名逐利、好逸恶劳、损人利己、忘恩负义、见利忘义、背信弃义、助纣为虐、卖国求荣、里通外国等，对这些描述恶的词语加以分析，可以看到这些词语涉及恶的体验、恶的态度、恶的人格、恶的行为倾向和行为方式等。显然，恶与善一样，是一种复杂的心理现象和行为方式，涉及恶的心理、恶的行为和恶的人，我们可以把恶看作一种不为社会认可的，对社会、对他人造成危害的不符合他人期望的心理状态和行为方式。

恶涉及恶的心理、恶的行为、恶的人等，逐一加以分析，可以看到，恶的心理包括了恶的认知、恶的情感、恶的态度、恶的人格等方面，恶的行为是能够造成对人的伤害和对社会的危害的行为。恶的行为很多，后面我们会加以分析。如果一个人具有恶的心理并做出恶的行为，通常会被认定为恶的人。但当真要认定一个人为恶人时会比较困难，一方面因为恶的心理难以明确把握，另一方面恶的行为也未必源于恶的心理，如果是好心办坏事，即使一个人的行为造成了对人的实际伤害和对社会的真实危害，通常也不会被认定为恶人。

对恶与坏的含义加以分辨是必要的，对恶与罪的关系也有必要进行辨析。生活中，恶与坏有时也会混同，恶通常被认为就是坏，恶的行为通常被认为就是坏的行为，恶的人通常被认为就是坏的人。仔细地分析，两者是不一样的，恶具有道德评价的性质，是一个道德概念，也是与法律范畴的罪关系最为密切、含义最接近的概念，法律意义的罪认定的是人的罪行，恶行被法律认定，就成为罪行。所以，罪行的范围比恶行的范围要狭窄些，恶行若触犯了社会的法律法规，就成为罪行，恶行若没有达到触犯法律的程度，只是违反了社会的道德规范，或者违反了社会的公序良俗，就不能算是罪行。恶与坏的关系在于，恶的一定是坏的，坏的却不一定是恶的，恶似乎包含在坏的内涵中。有时，两者的区别在于坏的概念更倾向于一种效果评价或状态评价，而恶更倾向于一种道德评价。这样，坏就不仅能评价人，也能够评价物，比如坏心情、坏苹果，坏心情没有道德偏向，只是一种不良的情绪状态，说成恶心情，就具有道德偏向了。坏苹果不能说成恶苹果，苹果是绝对没有善恶区分的。可以看到恶、坏、罪关系密切，但是具有明显的区别。认清楚恶、坏、罪的关系，对于我们把握恶的本质，是有积极意义的。

第四节 心理学视域的冷漠

如果我们对善恶问题进行深入剖析，就必然会产生一个疑问，善的对立面是不是恶？一个人不善是否就是恶呢？或者一个人不恶是否就是善呢？如果有老人不小心摔倒了，有人帮扶他，帮忙叫救护车，联系他的家人，这个人做出的是善的行为，他的善行证明他是善良的人。如果有人看到老人摔倒在地，没有采取措施救护他，而是趁机盗走了他的钱物，这种乘人之危、损人利己的行为无疑是恶的行为，这个人的恶行证明他是恶的人。如果有人看到老人摔倒了，很痛苦，但他只是在一旁看热闹，没有上前帮助的意思，也没有报警求助，这是一种善的行为吗？显然不是。但这是一种恶的行为吗？我们也很难把这种行为称为恶的行为。人们通常把这样的见死不救的行为称为冷漠的行为。

可以看到，在善与恶之间有第三种形态，这种形态被称为冷漠。从语义学角度分析，冷意味着冷冰冰、不关心、不热情，漠意味着无视、不关心、不经心，冷漠的意思是无视、不关心、不热情。从心理学的角度分析，冷漠不仅仅意味着不作为，不仅仅是表情的漠然和冷淡，主要体现出来的是情绪情感的冷漠和人格的冷漠。冷漠表现为个体对他人的不关注、不关心，是对他人的不幸和痛苦无动于衷的心态。

本质上分析，冷漠表现为冷漠的情绪情感、冷漠的态度、冷漠的人格或冷漠的行为，严格说来，冷漠不能算是一种情绪或情感。我们讲的情绪或情感都与需要的满足与否有关，是因为内心需要是否满足而产生的心理波动。情绪或情感都具有内心特定的体验，冷漠往往意味着无动于衷、无情无义、铁石心肠，所以真正的冷漠没有特定的内心体验，我们在人的冷漠中找不到需要是否满足的状态。冷漠仿佛是一个人将自己的内心包裹了起来，不受外界刺激的干扰。或者他们只是看到了那些能够使其他人产生感恩、同情的情景，但是，他们回避这样的情感形态，他们没有感受到那些情绪或情感。

詹姆斯认为情绪或情感都产生于个体对自己的身体变化的感知觉。他指出，对于激发我们的对象的感知觉，并不立即引起我们的情绪，在我们知觉以后，情绪之前，必须有身体上的变化产生。所以，关于情绪产生的"较合理的说法应为：我们觉得难过因为我们哭起来，觉得恼怒因为我们打起来，觉得害怕因为我们颤抖"[1]。用詹姆斯的理论理解冷漠，可以认为冷漠是因为个体没有体察到外部事物的刺激或没有体察到身体的变化导致的。

弗洛姆认为人终究不能摆脱生存环境的深刻影响，社会生活的影响甚至足以使人偏离其本性，导致马克思所强调的人的异化状态。弗洛姆认为人的异化意味着个体丧失了其独特性，使自己成为各种外在目标的工具。弗洛姆从心理学角度分析了异化的心理现象："所谓异化，是一种经验方式，在这种经验中，人感到自己是一个陌生人。"[2]弗洛姆认为异化是一个重要的心理学问题，是个体的一种心理体验，最典型的表现是个体体验到自己对自身的疏离感，仿佛自己成为一个陌生人。异化的心理倾向也使个体无法真正地自爱和爱人，他们的自我疏离和人际疏离，使他们变得不近人情，变得无法关注关心他人，变得冷漠无情。

弗洛姆认为异化现象在20世纪已经成为一种常态，人们表现得越来越冷漠，越来越自我疏离并处于矛盾的心理状态。弗洛姆认为异化的社会原因是无感情、无人格的官僚操纵了几乎所有的大企业和政府机构，人们越来越缺乏归属感和向心力，越来越多的人体验到无助和无奈。在物质财富高度丰富的现实

---

① 查普林，克拉威克.心理学的理论与体系（下册）[M].林方，译.北京：商务印书馆，1984：127.
② 弗洛姆.健全的社会[M].孙恺祥，译.上海：上海译文出版社，2018：97.

环境下，人们的消费欲望已经变得失控，人们不是为了满足基本需要而消费，而是把消费本身当作目的，人们也变得更加享受消费本身带来的满足感，消费满足感虽然并不能使人们获得持久的幸福感，但是最起码能够让人们获得暂时的满足，并且能够短暂麻痹人情冷漠下的情感痛苦。人成为琳琅满目的消费品的奴仆，在无限制无休止的消费中寻求满足，填补内心价值感缺失的空虚。人在消费过程中追求欲望满足，但欲望从来不能真正地得到满足，人们变得越发贪婪、越发急功近利，也越发地情绪化。在人关注自我欲望满足的同时，对于他人的情感变得淡漠，人与人之间的关系显得越发淡漠，越发地显现出功利和势利的倾向，仿佛交往对象成为可以待价而沽的商品，只有那些具有交换利用价值的人才会判定为值得交往，人与人之间蜕变成赤裸裸的利用关系。

基于个人遭遇到的令人绝望的生活困境，弗洛姆不禁感慨："十九世纪的问题是上帝死了，二十世纪的问题是人类死了。在十九世纪，不人道意味着残酷；在二十世纪，不人道意味着精神分裂的自我异化。过去的危险是人成了奴隶，将来的危险是人会成为机器人。"[1]人成为没有感情、人格存在缺陷的假人，他们陷入深深的厌倦状态，厌倦生活的无聊和自己的缺乏价值、缺乏支柱，他们无法忍受无意义的生活，但是无可奈何，也无所作为。

冷漠也可能是由于见到了太多不幸，情感变得越来越麻木，人们越来越无动于衷。化学中有一种钝化现象，金属由于介质的作用在表面生成腐蚀物，会形成一层看不见的薄膜紧密覆盖在金属表面，使金属表面性状稳定下来，不容易再被影响。冷漠可以看作一种心理钝化的结果，仿佛一个人对那些不幸的痛苦事件、不公的事件有了免疫力，再也不能产生内心情绪情感的波动。有些人不想帮助他人，是因为在他们看来，需要帮助的人太多了，自己根本无能为力，没有办法改变现状，做不做都没有多大意义，慢慢地他们就麻木了、无动于衷了，这种心理类似于心理学领域所谓的习得性无助。

冷漠的心理钝化现象的可能原因也与个体的自我保护倾向有关。"我们大

---

① 弗洛姆.健全的社会 [M].孙恺祥，译.上海：上海译文出版社，2018：309.

家都亲眼看到，为了'善'人们一点忙都不肯帮，除非他本人的生存直接受到威胁。然而，这表明个体或人们并没有被'善'激活，尽管那些个体或人们后来利用了善的思想；他们被激活，仅仅是由于被危险引起的自我保护的本能。"① 情绪也好，情感也好，都是心理上的波动，能够少受不利刺激影响，能够不受伤害，保持心态平稳，是人的自我保护本能。如果有可能，人们会本能地趋利避害，避免受到外物的不良影响。如果个体认同助人具有更多的不确定性，助人行为不独不会带给自己足够多的好处，相反可能使自己遭受损失，理性会让人回避助人的场景，从而使人显得冷漠无情，铁石心肠。

人们会直接地、自动地并且几乎不由自主地评价所遇到的任何事情，认知评价的结果决定了情绪感情体验的本质。当人们对遭受不幸的人表达冷漠的时候，他们一定进行了评估，他们可能想的是："我如果帮他的话，可以得到什么好处呢？"或他们也可能会想："我如果帮他的话，会不会惹上什么麻烦呢？"一个人即使有时看到助人的好处，也会因为怕惹上麻烦而抑制他的同情或感恩，为了避开麻烦，他会选择保持自己的冷漠。

冷漠通常发生于社会情境中，是针对不幸者或需要帮助者而言的，这种冷漠常被称为社会冷漠，也称为旁观者冷漠。社会冷漠的问题在心理学领域早就受到过关注，也有过一些研究，而且获得了一些重要结论。

20 世纪 60 年代，美国纽约城里一位叫凯蒂·吉诺维斯的姑娘遇刺身亡，人们开始正视人际之间的冷漠关系。因为事后的调查显示，当歹徒残忍地杀害凯蒂时，有 38 位邻居承认听到了她的呼救声，甚至有人走到自家窗口，从那里呆呆地观看凶手实施暴行。有关描述显示凶手先后袭击了 3 次，30 多分钟以后才完成了他那残忍的暴行。在这么长的时间里，竟没有人去帮助她，几乎是到了最后才有人打电话报警。这件事引起了心理学家的关注。人们怎么可以如此冷漠，对于自己同胞所遭受的痛苦和不幸如此无视和漠不关心？虽然战争的残酷和人类的种种暴行使人们对冷漠和残暴已有足够深刻的印象，但是心理学家并

---

① 诺伊曼 . 深度心理学与新道德 [M]. 高宪田，黄水乞，译 . 北京：东方出版社，1998：3.

没有真正地研究过人类的冷漠。凯蒂被杀事件成为一个契机，促进了心理学家对人类冷漠心理的研究。拉坦纳（Latane）和达利（Darley）从1968年开始对这种现象进行了研究，并提出"责任分散"概念来解释这种行为。

拉坦纳和达利等研究者关于旁观者的责任分散的一系列研究，一定程度上解释了人们的冷漠行为的群体影响。研究显示，冷漠本质上是人们在意识到责任分散情况下的逃避责任心理。在突发情况下，个体会不会助人受到周围他人的影响，当个体感到可以由其他人分担责任，即责任分散的情况下他们助人的可能性就会降低，会对他人的求助无动于衷，表现出冷漠倾向。

所以，在早年，心理学家假设，冷漠是一种由于责任分散导致的从众心理。他们提出，有人遇到困境时，如果目击者众多，在没有人主动上前助人的情况下，旁观者会有从众心理，因为受害者发生意外的风险或责任将由在场所有人承担，个人承担的风险很小，人们会选择冷漠旁观，这样受害者将不太可能得到救助。当目击者较少时，个人承担的风险较大，受害者遭遇不幸的责任将由在场不多的少数人承担，这种情况下受害者得到救助的可能性增加。研究者相信，责任分散是社会冷漠现象发生的根源。基于有关研究，责任分散可以界定为目击者众多时，受害者被害的责任将由所有在场的人分担，旁观者因为自己需要承担的责任较少而产生从众心理，选择与大多数人一样不介入、不作为的现象。

剖析冷漠的本质，可以看到冷漠本质上是一种负面的心理状态，从字面上理解是对人、对事缺乏兴趣或关注，内心冷淡漠然的心理状态。社会冷漠是一种社会心理现象，弗洛姆认为社会冷漠是竞争的社会环境下人们的孤立无助状态的反映，他在《逃避自由》中写道："现代人所有的人际关系特征进一步加深了他的孤立及无能为力感。一个人与他人的具体人际关系已失去了其直接性与人情味特征，而呈现出一种操纵精神与工具性特点。市场规律是所有社会及人际关系的准则。很显然，竞争对手之间的关系必须以人与人间的相互漠不关心为基础。否则，任何一个人都会寸步难行，无法完成其经济任务，即相互斗争。"①

　　罗洛·梅认为我们这个时代出现了一种不良的心理形态，表现为"疏远、虚与委蛇、异化、情感萎缩、冷漠、废弛、非人化"②。其核心是冷漠，他对冷漠进行了阐释，提出："使用'冷漠'这个字眼是因为，尽管其含义有限，它字面上的意义却接近于我所描述的情形即'感觉贫乏；缺少热情、情感与激情；漠不关心'。"③他进一步提出，冷漠是爱与意志的对立面，他说："恨并不是爱的对立面，冷漠才是爱的对立面。……冷漠乃是情感的萎缩，它开始可能表现为虚与委蛇，表现为不关切也不动心的旁观。"④

　　罗洛·梅从心理学角度对冷漠与爱、恨之间的关系的阐释可谓具有独特性，对现代社会冷漠现象原因的分析也相当深刻。一个人不愿意为貌似不相关的人承担责任，不愿意去为貌似不相关的人付出时间和精力，不愿意去关心关注貌似不相关的人，是缺乏爱的表现，也是意志丧失的表现。爱的缺失和意志的丧失使人缺乏正义之心和仁义之情，不能承担应尽的责任和义务。冷漠是爱的对立面，社会冷漠不仅仅是一种消极的对他人没有兴趣、漠不关心、缺乏关切关爱的心理状态，也意味着一种对他人漠视、不想关注的认知形态，同时也是一种怕惹麻烦、逃避责任、避免介入的行为倾向。可以说，冷漠启动了自我保护功能，可以避免自己受伤害，避免承担责任，冷漠是人的自我保护的安全需要的反映。人的自我保护的安全需要越强烈，就越有可能逃避责任和选择不介入他人困境，即具有自我安全本位心态的人更可能表现得待人冷漠。

　　在社会流动的大潮中，人们生活在陌生人群体中，生活环境中熟悉的、有情感纽带的人越来越少。伴随着信息化的发展和智能工具的普及，在这样的陌生人社会，人们更经常性地躲到网络世界中自娱自乐，人际互动及建立亲密关系的机会减少了，人们建立现实的交往关系的愿望显得不是那么强烈和迫切，

① 弗罗姆.逃避自由 [M].刘林海，译.北京：国际文化出版公司，2003：85.
② 梅.爱与意志 [M].冯川，译.北京：国际文化出版公司，1987：20.
③ 梅.爱与意志 [M].冯川，译.北京：国际文化出版公司，1987：20.
④ 梅.爱与意志 [M].冯川，译.北京：国际文化出版公司，1987：21.

因为网络虚拟世界可以弥补这些不足，而且可以避免面对面交往中的误会和纠纷。陌生人之间建立情感联系的机会少了，难以做到互相关注关心关爱，也难以做到互相守护扶持，人们通常需要自己独立应对各种问题。在经济高速发展、商业高度发达、产品极为丰富的社会背景下，人们总是被不断地激发起欲望，变得不容易满足，难得淡泊平静，内心骚动逼迫人们寻求刺激或做出改变。人们不满足、求改变的心态使一部分人有更高抱负并且特别努力，他们的追求和奋斗有助于社会的变革和发展，但人们的内心动荡和不安稳也使他们需要面对更多问题，造成了更大的心理压力。在陌生人社会，人们面临太多问题，对于自己的困境常感力不从心、束手无策，也会因为过度关注自我问题而漠视他人的困扰，因而对他人的不幸和痛苦无动于衷。社会分工的专业化和职业化，使人们有时容易产生责任固化意识，把帮助他人的责任定位为他人的责任和政府的责任，避免可能的麻烦和痛苦。当人的冷漠成为一种固定行为模式时，便固化成一种冷漠态度或冷漠人格。形成冷漠人格的人，也可以称之为空心人，即一种缺乏人际情感，对人不能够产生温情，也缺乏关注关心关爱的人。人的冷漠往往表现为对他人认知上的无视、情感上的疏离，及意志退缩和行为不介入的状态。总结而言，社会冷漠不仅仅体现了一个人对他人的漠视，也反映了人无动于衷的情绪、麻木不仁的心态、怠惰的意志状态和退缩的行为倾向，究其本质，所谓的社会冷漠也是指社会冷漠的态度。而且这种冷漠态度会固化为人的稳定行为倾向，即固化为人的冷漠人格。

理解人们对社会冷漠的感知和认识，并且在理论上对社会冷漠进行界定是必要的。但是要想直接就社会冷漠进行界定不是容易的事情。为了理解人们对于社会冷漠的真实看法，我们问学生："你认为社会冷漠是指什么？""你认为冷漠的社会是怎样的？""你认为不冷漠的社会是怎样的？"并且让他们分别用一些自己联想到的词语加以描述，学生用到的词语有麻木不仁、铁石心肠、冷漠无情、漠不关心、冷血动物、见死不救、无情无义、见义不为、各人自扫门前雪等。根据对冷漠有关描述的总结，从心理学的意义上来说，可以把社会冷漠界定为一种个体对他人不关注不关心，在他人遭遇伤害或不幸时无动于衷、漠不关心、不愿意相助的心理特征和行为倾向。

我们看到，善、恶、冷漠是相关的形态。善的对立面是恶，但是不善并不一定是恶，不恶也不一定是善。因为除了善和恶之外，还有不介入的无情无义的冷漠形态，当然我们也可以把冷漠看成一种恶，见义不为、见死不救又何尝不是一种恶呢？但是一定要说冷漠是一种恶，无论从理论上还是从实践上来说都会产生一些问题，还是把冷漠看成一种独立的形态比较好。善是一种仁慈、关爱、正义、利他、助人、感恩、同情等相关的心理倾向，恶是一种伤害他人、危害社会的心理倾向。社会冷漠是对他人的不幸漠不关心、逃避对他人的关切的心理倾向。我们将善与恶、冷漠的本质加以比较，才能更加深入地认识和理解善的本质和形态。

第二章　善的认知及其心理机制

　　人不是一件东西，他是一个置身于不断发展过程中的生命体。在他生命的每一时刻，他都正在成为、却又永远尚未成为他能够成为的那个人。

——[美] E·弗洛姆

　　梯利认为，人们总是倾向于从道德范畴认识世界："我们似乎是通过某种道德的方式或范畴来接触世界，从道德的角度来观察世界，给事物打上道德的印记。"[①] 道德两字从字面上解释，道指天道或人道，德指规范或规则，道德是指社会生活中人们相处的规范或规则，《现代汉语词典》对道德做出了类似的解释："人们共同生活及其行为的准则和规范。"[②] 道德是社会现象，也是社会对人的要求，道德的目的是构建一种遵循道德规范的人际关系。

　　人们能够遵循道德规范和遵守法律规范的基础是形成关于是非善恶的认识和观念，形成道德意识和法治观念。认识是非善恶的问题是最基本的道德问题。儿童是如何认识善恶的？成年人又是如何认识善恶的？儿童对善恶的认识与成年人对善恶的认识是不是相同呢？一个人对于同样的事件和同样的行为，在他成长的不同年龄阶段，他的善恶认知会是一样的吗？分析人们的善恶认知的形成和发展的规律，探索善的观念形成的心理机制是有价值的。

---

① 梯利.伦理学概论 [M].何意，译.北京：中国人民大学出版社，1987：4.
② 中国社会科学院语言研究所词典编辑室.现代汉语词典 [M].7 版.北京：商务印书馆，2016：269.

第一节　人的善恶认知

　　善的认知与日常生活中所谓的善意的含义相关，但又不尽相同。在不同的语境下，善意包含了不同的含义，字面上看，可能指善的意识、善的意愿、善的意图等。善的意识的含义复杂些，因为意识是复杂的抽象概念。威廉·詹姆斯在《意识存在吗？》中提出意识缺乏等价的存在物，不是一种真实存在的实体，他说："我一直不相信作为一种实体的'意识'。"[1] 在二元论的背景下，詹姆斯认为意识具有心理功能，这种心理功能称为认知。

　　罗素认为意识的概念很难说清楚，只能窥知其大概内涵，他说："'意识'是在于知道我正在有某事或已经有某事。这个定义中的'知道'其意义尚有待于研究。"[2] 罗素所谓的意识的第一层含义，即"经验"，是认知或认识的产物，或者说就是人们的思想观念。意识的第二层含义，是注意、思维等认知活动。罗素关于意识的分析，从心理学角度看是准确的，意识概念包含了认知过程及认知的产物，即经验或思想观念。当我们描述善恶意识时，是指对特定事件或特定行为的善恶认知和相应的善恶观念，善的意识也涉及人的善的意愿和善的意图，即指具有善的观念、遵循善的原则、愿意做出善的举动的心理倾向。笼统地说，善意包含了善的认知、善的观念和善的动机等成分。

　　从心理学视角辨析，认知的认指个体的感觉和知觉，以及分析和理解等思维过程，"认知"的"知"有知识、知道等含义。认知有两层含义：一是在感知基础上，分析和理解认知对象，获得有关认知对象的知识的过程；二是在感知、分析和理解基础上，识别或认清对象的本质和规律的过程。在心理学领域，认识与认知概念经常混用，"认识"的"识"有识别、理解等含义，认识概念字面上指感知、分析和理解认知对象，识别或认清对象的本质和规律的过程，认知和认识没有本质区别。

　　个体通过认知和评价构建关于世界和人生的个人构念，个体对人对事的善

---

① 詹姆斯.詹姆斯集 [M].万俊人，陈亚军，编选.上海：上海远东出版社，2004：393.
② 罗素.我的哲学的发展 [M].温锡增，译.北京：商务印书馆，1985：129.

恶认识和有关观念构成个体的善恶构念。构念的概念比较形象，从语义学角度解析，"构"是构造、建造的意思，指通过认知获取知识的过程。"念"指念头、观念，意指在认知获得知识的基础上形成的思想观念。构念概念包括了认知过程和经由认知活动获得的思想观念。善恶的构念包括了个体对善恶加以认知的过程及所形成的关于善恶的思想观念。个体已经形成的关于善恶的思想观念使他们以个人独特的方式感知和辨别善恶现象，做出独特的善恶判断。个人的善恶构念指个体的善恶意识，也指个体的善恶的认知及与善恶有关的思想观念。

分析儿童与成年人对善恶的认知，可以发现很大的差异，个体在其不同的成长阶段对善恶的认知也会存在明显差异。造成这种差异的原因是什么呢？认知风格、认识能力、思想观念和知识经验等会使人们在善恶认知上产生明显差异，人的认知的自我中心倾向、认识能力的局限、知识经验的缺陷和观念的偏见往往容易使人们在善恶认识上难以做到完全公允，人们对人对事的善恶认知可能是片面的，甚至可能是完全错误的。

人们的善恶认知，主要包括三个方面：一是对是非善恶的自我认知。人们反思自己的思想观念、情感形式、行为表现，会做出善恶评判，这个过程是善的自我认知过程，也是善恶的自我反省过程。二是对他人的善恶认知。人们会对他人的情感、观念、人格、行为进行分析和评判，做出是非善恶的分析和评价。三是对发生的种种现象的善恶认知。对于社会上发生的种种现象，个体也会依据自己已经形成的善恶评价的准则做出分析和评价。

梯利认为，当人们从道德范畴认识世界时，会给事物打上道德印记："人们称某些品质和行为为道德的或不道德的，正当的或错误的，善的或恶的，他们对它们表示赞成或反对，对它们进行道德判断和评价。"[①] 善恶认知的核心是是非善恶的道德判断。人们在善恶认知基础上形成善恶观念，意味着人们形成了道德意识，具有是非善恶观念，能够基于公认的道德规范判断是非善恶。可以说，道德意识是指人们具有是非善恶观念，能够做出是非善恶判断，具有行善

---

① 梯利. 伦理学概论 [M]. 何意，译. 北京：中国人民大学出版社，1987：4.

避恶意愿的认知系统和心理倾向。道德判断的本质是依据社会道德规范和个人的善恶意识对人的是非善恶做出评价和判断，是非善恶的判断是人的道德判断的核心。

如果我们问年幼的孩子："什么是善？"他们会茫然，不知道应该怎样回答，如果问他们："你是好人吗？""你的爸爸妈妈是好人吗？""老师是好人吗？"他们会感到容易回答，因为好坏是具体的、形象化的，善恶是抽象的、概括化的。好坏可以指人，也可以指物。善恶通常只能用于评判人，带有道德评判的倾向，评判依据是大众公认的社会规范。好人不一定是善的人，坏人不一定是恶的人。反过来，善的人通常是好人，恶的人通常是坏人。好人坏人的评判带有情感色彩，比较直观，评判依据通常为是否利于评判者。一般来说好坏容易判断，善恶较难界定。孩子长大一些后，随着知识经验的增长，他们的认知能力和判断能力得到了发展，不仅能够回答与好坏有关的比较直观的问题，也有可能回答与善恶有关的更加抽象的问题。

皮亚杰早在 20 世纪 30 年代就对儿童的善恶的道德判断进行了研究，并得到了一些有价值的研究成果。皮亚杰的研究方法是将两个故事配成一对作为对偶故事，研究者向儿童提出道德方面的问题，问儿童怎样的人是好的，怎样的人是不好的，通过了解儿童做出道德判断的依据，探索儿童道德判断的规律。对偶故事法的运用中，皮亚杰阐释了故事设计的初衷："我们试图让儿童比较两种类型的笨手笨脚的故事，一种类型完全是偶然的，甚或是出于好意的行动，但结果却造成了很大的物质破坏；另一种类型是出于恶意行为，但所造成的破坏的后果却微不足道。"[1] 皮亚杰在故事中有意识地突出了主人公的行为动机或行为结果，目的是了解儿童做出道德判断的依据。

皮亚杰的研究得到的结论是："直到十岁，同时存在着两种类型的回答。一种反应的类型是根据物质的后果来进行评价，不考虑动机；另一种类型是只考虑动机。"[2] 研究中，约翰因为撞倒了门而打碎了 15 个杯子，玛丽因为想要让母

---

[1] 皮亚杰.儿童的道德判断 [M].傅统先，陆有铨，译.济南：山东教育出版社，1984：138.
[2] 皮亚杰.儿童的道德判断 [M].傅统先，陆有铨，译.济南：山东教育出版社，1984：140.

亲高兴而去裁衣服，结果将自己的衣服剪了一个大窟窿的情形，都不是因为孩子主观上的原因造成了不良的结果，以此为依据做出善恶判断时，称为基于客观责任的推断。亨利因为想从碗橱里拿果酱而打碎了一个杯子，玛格丽特拿剪刀玩时因为不会很好地使用它而将自己的衣服剪了一个小洞的情形，都被看作孩子的主观原因造成了不良后果，以此为依据做出善恶判断时，称为基于主观责任的推断。皮亚杰的研究表明："我们得到的结论是，儿童的回答表现为客观责任的平均年龄是七岁，而主观责任的平均年龄为九岁。"[①]

皮亚杰认为，研究结果表明年幼的孩子通常基于客观责任做出推断，10 岁以后通常能做到基于主观责任做出推断。我们觉得，皮亚杰得出这样的推断有点武断，年幼的孩子进行善恶判断时关注的未必是客观责任，因为打破 15 只杯子和把衣服剪出一个大窟窿这样的结果对年幼孩子是具有震慑效果的。当他们听到约翰打破 15 只杯子和玛丽在衣服上剪了一个大窟窿时，一定被吓着了，他们怕自己会造成同样的不良后果，所以不假思索地要撇清自己的责任，大多数年幼孩子选择约翰和玛丽更坏。如果仅仅想了解幼儿倾向于客观责任推断还是主观责任推断，故事设计时，破坏性的后果应该有差异，但是不可以差得太多，使孩子感到害怕。年幼孩子听到对偶故事时，在自我中心倾向的影响下，往往容易产生避罚心态，会联想到自己与对方一样造成不良后果时可能会受到惩罚，因此会产生避免受到惩罚的心态。他们想到的不是约翰打破 15 只杯子，而是自己打破 15 只杯子；不是玛丽剪出一个大窟窿，而是自己剪出一个大窟窿，他们脑子里只有犯错的恐惧心理和逃避惩罚的心态，这种恐惧使他们做出了约翰和玛丽更坏的判断。对偶故事中故意把其中一个行为的后果夸大，强调了无不良动机情况下的后果，显然会使儿童无意中更关注严重后果的信息，可以说是行为的严重后果的信息影响了儿童的判断。在后果差别不是特别大的情况下，儿童做出道德判断的情况可能会是不一样的。

皮亚杰的研究对象主要是低龄儿童，但人的善恶道德判断的发展是贯穿人

---

① 　皮亚杰 . 儿童的道德判断 [M]. 傅统先，陆有铨，译 . 济南：山东教育出版社，1984：141.

的一生的，具有多样的特点。要研究年龄更大的儿童和成人的善恶道德判断的发展，运用类似对偶故事这样的方法是不够的。皮亚杰在研究中运用的故事没有严格控制意图和结果呈现的顺序，也对儿童的道德判断产生了影响。皮亚杰的对偶故事通常都是先提供动机信息，将结果信息放在故事的末尾，使儿童更关注结果信息，并且据此做出道德判断。而五岁或六岁的低龄儿童也能根据动机来进行判断。皮亚杰的对偶故事法的评分方式非常不容易客观化和标准化，使研究结果具有很大的主观臆断成分。皮亚杰的方法的另外一个问题是他在研究中提问题的方式，问题更倾向于做出人格评价，是一种比较笼统的评价，而不是具体的行为评价，如果是进行行为评价，可能儿童的回答情形会不一样。

科尔伯格的道德两难故事法与皮亚杰的对偶故事法相似，他采取一种开放问题的方法，根据故事内容提出一系列问题，既让儿童对故事情景做出判断，也让儿童回答他的选择理由。科尔伯格及其学生、同事对青少年和成年人进行了长期的追踪实验，也进行了一些跨文化研究，建立了他的三水平六阶段的个体道德判断发展阶段模型。科尔伯格的故事有些来源于皮亚杰的对偶故事，有些是他杜撰的故事。他对每个两难故事都提出探测性问题，用来引发反应者判断的理由。

在科尔伯格的两难故事包含价值冲突的道德两难情境，人们熟悉的"海因兹偷药救病妻"故事的核心价值冲突是保护生命与维护法律规范间的冲突，实验过程中提出了一些探测问题，如"海因兹应该偷药吗？""海因兹有义务或有责任偷药吗？"科尔伯格认为，大多数9岁以下的儿童、少数青少年和成人基于前习俗水平的道德取向进行道德判断，成人大都基于习俗水平的道德价值取向进行道德判断，只有少数人在成年以后能达到后习俗的道德判断水平。

运用道德两难问题能够探知人的是非善恶的判断特点，这种方法被研究者广泛使用。失控火车问题设计了这样的问题：某人拥有一辆昂贵的跑车，他出门兜风，把车停在铁路岔道尽头，自己沿着铁轨散步。这时他看到一辆无人驾驶的火车在轨道上失控飞驰，在火车前面的轨道上有个孩子正在玩耍，他已经无法向他发出警告。他能够换轨闸让火车驶向岔道，但是他的爱车就在岔道上。

他不希望自己的爱车受损，所以没有扳下换轨闸，结果那个孩子被火车撞死了。这个人的行为是道德的吗？他是个好人吗？这种情况下，人们做出善恶判断还是比较容易的，生命的价值总是要高过一切物质的价值。

这个故事还有两个版本，其中一个版本是这样的：一辆失控的火车在疯狂行驶，在前面的轨道上绑着 5 个人。如果扳动换轨闸的话，可以让火车驶向另外一条轨道，但是轨道尽头绑着一个人，那么应该扳动换轨闸吗？另一个版本是这样的，一辆火车失控行驶，前面的轨道上绑着 5 个人，一个人站在铁轨上面的天桥上，边上站着一个陌生的大胖子。如果这个人把大胖子推下天桥的话就能够挡住火车，但大胖子会死，那 5 个人不会死。他应该将那个大胖子推下天桥吗？

道德两难问题的研究目的是要揭示人们善恶认知过程中辨析善恶、做出是非善恶判断的规律。生活中，人们总是想要找到是非善恶评判的依据或理由，人们可能只是单纯从利己、利他或利于社会的角度做出是非善恶的判断，也可能会依据已经形成的是非观念及善恶评判原则做出判断。

如何了解个体头脑中具有的善恶观念是一个困扰人的难题，因为观念是一种捉摸不透的心理现象。洛克认为观念可以分为简单观念和复杂观念，简单观念是经由感觉器官获得的单纯观念，能够构架成为复杂观念，他说："人心在接受简单观念方面，虽然是完全被动的，不过在另一方面它亦能施用自己底力量，利用简单观念为材料、为基础，以构成其他观念。"[1] 洛克认为观念是知识的核心要素，知识是关于观念关系的知觉。洛克的分析显示观念是复杂的存在，有不同层次的架构，人头脑中既有简单观念，也有复杂观念，要阐释清楚复杂观念绝非易事。

在《现代汉语词典》中，"观"有"对事物的认识或看法"的意思，"念"有"念头"的意思，"观念"解释为"思想意识"及"客观事物在人脑里留下的概括的形象（有时指表象）"。[2] 根据词典中关于观念的解释，可以看到观念包括两

---

① 洛克.人类理解论（上册）[M].关文运，译.北京：商务印书馆，1983：130.
② 中国社会科学院语言研究所词典编辑室.现代汉语词典[M].7 版.北京：商务印书馆，2016：479.

层含义：一是个体认识获得的影像，二是个体的思想意识。善的观念是善的认知的结果，包括善的形象、善的知识、善的原则、善的信念等，是个体关于善与恶的影像、善恶有关的思想意识的混合体。

善的观念是人们善恶认知的结果，包含了善的感性认识习得的有关影像和想象。个体头脑中的善的影像储存了与善有关的形象和事迹。个体对与善有关的影像记忆往往离不开恶有关的影像的联想和映衬，善恶的影像或想象是善恶的感性认识的结果，构建了个体的形象化或感性道德观。善的观念也指善有关的知识及思想意识，来源于对与善恶有关的故事或事件的客观判断和理性思考。个体的善恶认识或思考通常处于动态变化中，不会一成不变。即使是对与善恶有关的故事，在个体成长的不同年龄阶段，由于其知识和经验的逐渐增长也会有不一样的理解和看法。个体的善有关的思想和念头建构了个体的善的人性观和善的道德观，也建构了个体的善的人生观、价值观和世界观等。像孔子、孟子、王阳明等主张善的人性观，荀子主张恶的人性观，告子、扬雄等主张人性不分善恶或善恶均有的人性观，弗洛伊德等精神分析心理学家主张人性具有恶的倾向，马斯洛等人本主义心理学家主张人性具有善的倾向等，这些思想家基于自身关于善恶的认识和思考，提出了各自关于善的人性的思考和观念。善恶的理性认识，即关于善恶的客观判断和理性思考构建了个体的抽象化的或理性的道德观。

社会的道德准则和法律规范是个体善恶的客观判断和理性思考的重要依据。人们通过对道德现象的认识，通过学习法律知识和领会道德规范，形成关于善恶评价的基本理念，也形成基本的道德和法律的底线。遵守道德和法律的底线，人们能够基于道德规范和法律要求做出善恶评判，也能约束自己遵循道德规范和法律要求，形成个体的理性道德观。遵守道德或法律的底线的理性道德观，人们能对自己和他人的是非善恶从道德角度和法律角度做出评判，会因为自己违背道德规范而产生羞耻感，会因为害怕触犯法律受到惩罚而不敢伤害他人、危害社会。人们遵守道德或法律的底线的理性道德观，会因他人触犯法律或违背道德规范而感到愤怒，会愿意主持公道，维护社会公平正义。

人们在社会人际交往中，在接受文化影响、教育灌输的基础上，在自我善性修养的过程中，能够习得与人为善的善意原则、互惠互助原则、诚信原则、尊重原则、公正原则、仁义原则和正义原则等善的原则，并成为个体自觉遵循的善的原则，成为个体的理性道德观的核心理念。但是个体在负面的社会环境影响下，在不能受到良好教育影响的情况下，在不能控制自身欲望的情况下，也会违背善意原则，甚至为了满足自己的私欲而损人利己和损公肥私。如果个体能自觉坚定地遵循行善避恶的原则，善的原则成为个体理性道德观的稳定准则，成为个体善的核心信念，就会变得稳定而相对难以改变。

善的信念是个体坚定遵循和坚持遵守的善的价值准则，是个体的善的价值观的核心。价值从字面上分析，指的是有价格有估值。价值观有两种阐释，一是指对象有价值的想法或念头，二是指个体认定的值得追求和遵循的思想形式和价值准则。善的价值观意指善有个人价值或社会价值的想法或念头，这里善可以指善心和善行，善心指善的认知、善的情感、善的人格等。道家及道教思想家、佛教思想家都强调善有个人价值，善行能够使人得到善报。儒家相信善能使社会和谐，善有社会价值。如果认定善有个人价值，就会愿意做出善的举动。如果人们相信善有社会价值，会愿意有善心、行善举。个体坚信善有个人价值和社会价值，个体坚定奉行的善的原则成为善的价值准则，成为理性道德观的核心信念。

善的信念包含了人们认定的必须遵守或奉行的善的各种价值准则，善的价值准则糅合了人们对法律规范和道德规范的认知和理解，包含了关于社会生活中人们的交往关系的基本要求，也包含了对于人格和情感的理想化发展的诉求，它通常不是那么明确地一览无余，但是当自己面临善恶相关的选择时，就会自动地产生影响。人的善的信念系统的最重要作用在于使人能够自觉地遵循和遵守善的原则，变得明智和理性。当人们需要对他人的行为或特定事件加以衡量或者评判时，善的信念系统也会发生作用。在每个人的善的信念系统中，有些价值准则会特别稳定，不可动摇，比如孝的信念在每个中国人特别是成年人的善的信念系统中占据着特别重要的位置，很少有人不明白其含义，也很少有人愿意被人骂为不孝之子。有些善的信念具有一定程度的可变性和可塑性，并非铁板一块，当人们心态转变或认知得到发展时，会发生变化。比如公平正义的准则，随着人的认识的发展，会产生一定的改变。人的认识能力不足，心智幼稚，其公平正义的准则会比较片面，会具有明显的自我中心倾向；随着人的认识能力的发展，公平公正的信念有望发展得更加公允，也更加趋于稳定。

第二节　善的认知的发展规律

个体年幼时无法客观认识善恶的本质，没有确定的善恶观念，儿童的善恶认知是如何构建起来的？儿童的善恶观念或善恶意识是如何形成的？皮亚杰和科尔伯格探究道德判断发展规律，一定程度上揭示了个体道德认知和道德判断发展的规律。善的认知和判断是道德认知和道德判断的核心成分和主要内容，把握道德认知和道德判断的发展规律对于了解善的认知的发展规律具有参照价值。而善的认知和善的评判的发展又与个体的善的意识、善的情感、善的人格和善的行为的发展密切地联系在一起。要清晰地梳理出善的心理的发展轨迹绝对不是容易的事情，了解和把握善的认知的发展轨迹，有助于了解善的心理发展的基本脉络和一般规律。

皮亚杰认为在儿童的道德认知发展中，幼儿早期处于前道德阶段，倾向于依据行为结果做出道德判断。他认为这个阶段对应着认识发展的前运算阶段，儿童的思维是自我中心导向的，他们在做出道德判断时通常会特别关注行为造成的后果。幼儿中期处于他律道德阶段，能够在一定程度上摆脱思维的自我中心倾向，开始关注他人的看法，尤其在意父母、老师的看法，父母和老师的善的观点和原则非常容易被灌输进他们的头脑，成为他们判断善恶的依据。从九或十岁开始，儿童道德判断能够产生自律，开始不再盲目依附他人，开始挑战父母或老师的权威，有可能自主做出善恶判断。达到道德自律状态的儿童在进行善恶认知时，会考虑更多的因素，诸如行为动机、善的情感、善的性格等。皮亚杰提出："当儿童发现同情和互相尊敬的关系必须要有诚实的时候，我们便看到了自律的最初的征兆。"① 皮亚杰认为自律跟儿童认知发展的形式运算阶段几乎同时出现，自律的发展与儿童的善的情感的发展息息相关。

皮亚杰的研究结论是有事实依据的，揭示了道德认知发展的一些重要规律，儿童的善的认知的发展也遵循相同的规律。儿童的善恶认知的发展，主要是渐变式发展的过程，由无规则转化到他律、由他律发展到自律的过程，都经历了突变式发展的历程。需要关注的是，现实生活中绝大多数人都不能达到完全自律的状态，只能达到有限自律的状态。绝大多数人到了成年以后，还是处于他律和自律交织的认知发展形态，有些成年人还会时不时地表现出无规则的认知形态。

科尔伯格的道德判断发展阶段模型中，处于前习俗水平的个体道德认知关注点是行为的具体结果及与自身的利害关系；处于习俗水平的个体道德认知着眼点在于行为是否符合社会的希望和要求，关注行为是否符合社会规范；处于后习俗水平的个体关注行为是否遵循正义、公平、公正、平等、尊严等普遍认可的道德原则。根据科尔伯格的道德判断发展阶段理论，处于不同道德判断发展水平的人可能会表现出不同的善的动机，处于前习俗水平的个体更加倾向于自我关注，关注个人私利，他们的善的动机更可能是出于功利的目的，有时也会基于互惠的角度做出善的举动；处于习俗水平的个体关注行为的社会认可度，他们的善的动机比较复杂，表现为遵循互惠、感恩、同情、尽职等各种善意原则。处于后习俗水平的个体将普遍认可的社会道德规范作为评判自己和他人的行为的依据，他们的善的动机可能是基于同情的、尽职的倾向，也可能是基于正义的或仁义的倾向，他们往往表现出具有高尚的善的动机。现实生活中，绝大多数人能够发展到习俗水平的道德认知阶段，许多处于习俗水平的人也会偶然地表现出后习俗水平的道德认知形式，只有极少数人能够完全发展到后习俗水平的道德认知状态。

毛泽东在《矛盾论》中指出："事物发展的根本原因，不是在事物的外部而

---

① 皮亚杰 . 儿童的道德判断 [M]. 傅统先，陆有铨，译 . 济南：山东教育出版社，1984：233.

是在事物的内部，在于事物内部的矛盾性。任何事物内部都有这种矛盾性，因此引起了事物的运动和发展。"① 人类善的认知发展的动力源于人类心理的矛盾性，其起点在于个体在社会的善的要求与自身欲望满足之间寻找到理想的平衡点。满足自身的欲望是人的生存的自然需要，但人的欲望满足必须在符合社会规范的框架下才是合理的，否则很可能会造成恶的结果。既能最大程度地满足自己的需要，又符合社会的善的要求，这是人们期望的理想状态。如果一个人能够牺牲自己的需要，努力吻合社会的善的要求，他会成为社会期望的善的人。

对年幼的儿童来说，认知的自我中心特点和需要的自我满足倾向使他们处于关注自己的利益和好处的状态，儿童的善的认识具有极端的自我本位倾向。所谓的自我本位，是指一个人以自我为中心，倾向于从有利于自己的角度去看待问题和做出反应。年幼儿童在善恶有关的问题上表现出来的自我本位是以自己的欲望满足为导向的，他们也以自己的欲望是否得到满足去分析善和辨析善。自我欲望本位是一个人只关心和注重自己的物欲满足的心理形态。有所欲，就会有所惧。自我欲望本位的人，恰恰自我保护意识最强，他们最怕自己受到处罚或惩罚，所以会产生明显的避罚心态。在皮亚杰的实验中，幼儿会以行为后果的严重性作为标准来做出善恶好坏的评判，他们并不是在评价故事中的人，恰恰是在评价他们自己，因为他们害怕自己会犯类似错误而受罚。在科尔伯格的研究中，这一点被深刻地揭示出来，年龄越小的儿童越是倾向于采取前习俗水平的道德评判，表现为逃避惩罚的倾向和利己的倾向，即能够使自己逃避惩罚的就会被评判为好的，凡是能够满足利己需要的就会被评判为好的。绝大多数成年人也难以完全摆脱利己倾向，他们也会以是否有利于自己或自我中心角度为出发点进行善恶评判。

儿童的善的认知，有一种以自我为中心，围绕自己的欲望或需求是否得到满足的自我欲望本位进行构念的倾向，处于利己导向的善的认知状态，具有利己善的观念特点。儿童心目中的好人，是对他们好的人，是对他们友善的人。

---

① 毛泽东.毛泽东选集（第一卷）[M].北京：人民出版社，1991：301.

他们认定那些待自己好的人就是好人善人，待自己不好的人就是坏人恶人，至于那些与自己没有关联的人，就不太会去关注他们的好坏善恶。儿童对善的认知表现为利己的逻辑，在此基础上，推演出有利于小孩子的是善的好的，有利于小动物的是善的好的，有利于人的是善的。如果说利己导向的善是人善的发展基础的话，将利己导向的善推演到利人导向的善，是人善的认知的突变性发展。

儿童利人导向的善的认知往往表现得比较片面和简单，关注点在于自己和与自己类似的人能否获得实际的利益。儿童形成利人导向的善的认知，并不意味着他们就能够形成利他的善的意识。他们可能仍然时不时地被利己的欲望控制，有时利己欲望过于强烈，根本无法考虑社会的要求和他人的利益，他们仍然无法表现得有善意。一个人若无法考虑社会的要求，无法控制自身的欲望，善就会被抑制，恶就会滋生抬头，就无法形成利他的善的意识，也不愿意做出利他的举动。利己导向的儿童关注自己的利益，以能否获益为衡量善恶的依据，要儿童形成利他的善的意识，意味着他们需要考虑他人的利益，并且愿意牺牲自己的利益以满足他人的需要，这是非常高的要求。

儿童利己的善的自私倾向会伴随其社会化发展而逐渐改变，但是这种改变并非轻而易举，改变的关键是能不能形成遵循道德规范和法律规范的意识。社会对人的要求也是以个体必须遵循的道德规范和法律规范的方式体现出来，在儒家思想家看来，即以一种循礼尊礼的方式表现出来。个体了解社会的要求，了解道德和法律的规范，遵守有关的规范，就能够控制或抑制不合理的欲望，能够逐渐形成规则意识，恶的可能性会减少，善的意识有可能得到发展。

良好德性与明智形影不离，良好德性与欲望水火不容。所以，抑制欲望，需要学习社会规范。在日常生活中，父母会关注孩子的需要，但是通常不会盲目而无限满足孩子的欲求，而是会限制孩子的需要。绝大多数父母通常不会忽视孩子的社会规范教育，会不失时机地教孩子一些基本的法律规范和道德规范，多多少少会教导一些善的规则。道德规范和法律规范太复杂，父母和教师都不可能面面俱到地教导孩子，往往提醒和教导的是道德和法律的底线要求，但是儿童未必能够很好地遵循。许多成年人又何尝不是如此，他们做出恶的举动，不是因为他们缺乏善的认知和情感，而是因为管控不了自己的欲望。

父母教导孩子社会规范，当孩子表现出不遵守社会规范的行为，比如伤害行为时，父母不是视而不见，而是严厉禁止和处以惩罚，并且反复地提醒。当孩子守规矩，做出父母期望的行为时，被评价为好孩子，并被表扬和给予奖励，这个过程中，孩子发展了关于自己行为好坏的自我评价，孩子会认识到，当自己遵守社会规范，做出父母希望的行为，就是好孩子，就是好人，否则就是恶人、坏孩子。能够认识到自己不能为所欲为，意识到应该遵守社会规范，并且能够以这些社会规范及其要求衡量和评判自己的行为，即使只是偶尔能够做到这一点，也意味着孩子的善的自我意识的真正源起，意味着儿童善的规则意识的萌芽。

在人际关系形态中，人际交往的安全规则会被不断强调和灌输。父母最担心孩子被伤害，所以他们在对孩子的社会规范教育中，早年更加关注和强调与安全有关的规范，不仅害怕孩子被他人伤害，也惧怕孩子做出自我伤害的举动。考虑到孩子行为的冲动性，往往在禁止孩子自伤行为的同时，教育或要求孩子不能伤害他人。不能伤害他人和损害他人利益是人际交往中最重要、最基础的道德规范和法律规范，也是绝大多数父母会不自觉地教育孩子遵循的社会规范。父母怕孩子一不小心伤害到他人，不仅是怕惹麻烦，也担心会招致他人的报复。父母基于安全考虑，会要求孩子注意不要自我伤害，也不要被坏人伤害，看到坏人要避开，避免被伤害。儿童认识到伤害他人是恶的行径，容易产生自己不能做坏人的自我意识，如果父母不失时机地加以提醒，儿童就能够形成不能伤害他人的规则意识。

儿童形成不能伤害他人的规则意识对其善恶认知和评判的发展意义非凡，是儿童对善的认识和评判的突变式发展，是儿童真正具有规则意识并且摆脱自我中心倾向，形成善恶的客观认知和理性评判的基础，意味着儿童真正产生了善的社会意识。不能伤害他人和损害他人利益，继而推演到不能危害社会，是人的道德和法律的底线，是儿童形成公德意识和法律意识的基础。当一个人能够关注他人和社会利益，并且以人们的行为是否伤害他人或损害他人利益、是否危害社会或损害社会利益作为善恶认知和评判依据时，就意味着个体的善恶认知和判断更加客观和全面，说明这个人已经具有了善恶认知和评价的客观的社会意识。

儿童上学后，会与同龄同学交往互动，许多父母和教师为了让儿童能够融入群体，会教导儿童一些善意原则，要求儿童待人友善，帮助他人，诚实守信，尊重他人。在孩子的成长过程中，父母与教师的善意原则的教导会使孩子摆脱利己善的形态，不仅具有利他善的认知，也会形成利他善的信念，并且有利他善的举动。在其人际交往过程中，能够做到遵循互惠、诚信、尊重等善意原则对待他人。他们会在一定程度上愿意遵循社会规范，愿意遵循善意的要求。进入青春期以后，由于社会要求的提高，年轻人面临更多困扰，所以，绝大多数青少年会在相当长的一个时期处于自我中心状态，这种自我中心与幼年的自我欲望本位的自我中心有一定的差异，这时的自我中心是一种问题导向的心理倾向，是由年轻人面临太多无法解决的困扰所引起的自我关注。青少年期的自我中心是一种对自我问题的关注，映射出年轻人在成长过程中面对社会的期望和要求时的无助和茫然，面对社会生活的种种不确定性的内心恐惧，是一种蛹破壳之前的痛苦挣扎。这种痛苦挣扎的结果可能导致其人生的失败，产生自我否定，继而无助退缩、自我封闭、偏执固执、情感压抑、悲观抑郁、迷惘恐惧、逃避责任。许多人挣脱了束缚，打破了自我中心倾向，能够替他人着想，在意与他人的情感联结，对人友善，关注和关心他人，互惠共赢，变得自我情感本位。年轻人因为困扰更多，也更在意社会支持，更在意人际情感，更需要并渴望获得他人的理解和支持。平等的沟通、强力的支持、理解的鼓励、恰当的引导，能使年轻人摆脱自我中心，真正成长为社会人。

许多家长，包括父母和祖辈都无条件满足孩子的欲望，却不太关注向他们灌输社会生活和家庭生活的规范，许多家长会因为觉得孩子还小而溺爱他们，或者因为孩子的任性哭闹而放弃管教，任由孩子为所欲为，甚至放任和纵容孩子胡作非为。这些儿童对善的认知和判断会一直停留在自我欲望导向的利己善的自私形态，始终无法摆脱自我欲望本位的心理倾向，他们会表现得自私和无原则，不关注他人的痛苦和感受，甚至会为了自己的利益而伤害他人。如果在他们成长的过程中不能有所改变的话，可能终其一生都无法改变利己导向的善恶认知和评判倾向，将很难发展利他的善，也难以发展诸如同情、感恩等善的情感，也不会形成不能伤害他人、不能损害他人利益的规则意识，不会在违反规范时产生羞耻感，他们更加可能为了满足自己的私欲而伤害他人或做出损害他人利益或违法犯罪的行为。这样的人在社会上并不少，他们无视社会规范，违反规范时丝毫没有羞耻感。这些人完全被个人欲望控制，不会考虑他人的利益，只想满足自己的欲望，可能会始终处于自我欲望本位的状态。

个体习得人际交往的规则，习得为人处世的基本原则，会愿意承担个人责任，愿意履行自己应尽的责任和义务，这是尽责的表现，这样的人可以称为自我责任本位的人。自我责任本位的人关注自己的责任，也能明确自己的社会责任，能够在自己从事的职业、承担的职责中获得价值感，他们也可以称为自我价值本位的人。自我责任导向或自我价值导向下的行为不仅对个人有利，对于社会、对于他人也是有益的，所以这样的行为是良知的行为。

个体在人际交往中互惠的交往关系能使他们习得平等互利的公平原则，形成公平公正观念，而一个人的正义感也源于其对于公平公正的要求和愿望的实现程度。弗洛伊德说："对平等的要求是社会良心和责任感的根源。"[1] 对公平的要求和公正的观念，以及对于公平原则的遵循，促进了人的良知系统的架构和良心的发展，使人不仅关注自己的需求和利益，也能关注他人的需求和利益，而且能遵循公平原则，促进人的利他导向的善的发展。

公平原则体现平等互惠的行为准则，在生活中公平与公正息息相关。公平主要是对事实的客观权衡，公正主要是主观的评价和态度。个体形成公平观念与形成公正意识和公正态度息息相关，不能严格区分。个体在形成公平观念的同时，也能形成公正意识。如果家长和教师肯定青少年的平等互惠行为，鼓励

---

[1] 弗洛伊德.弗洛伊德后期著作选 [M].林尘,张唤民,陈伟奇,译.上海:上海译文出版社,1986：130.

青少年遵守公平原则，他们将有可能形成公正意识与公正态度。青少年会愿意遵循公平公正原则，若感觉到不公平或发现不公正，就会产生求得公平公正对待的意识。在个人学习和成长的道路上，当他们经验和知识渐长，即使面临的问题很复杂，心中仍然会有一种衡量的依据，仍将可能以公平公正原则评判自己和他人的行为的善恶好坏，表现得具有公平观念和公正态度。在这种情况下，人的社会意识得到发展，能够意识到自己的社会责任，并且在承担社会责任的过程中体验到价值感，他们享受这种具有社会意义的价值感，追求这种满足感，从而达到社会价值本位的状态。

个体能够基于公平公正原则进行善恶认知和善恶评判，是其善的认知发展到较高水平的标志，这样的人具有社会责任意识，能够做到心怀天下，利国利民，甚至能达到古人所谓的君子圣人的至善认知水平。公平公正意识的形成能够使个体真正脱离自我中心倾向，以一种公允立场认知和评判善恶，逐渐做到不完全站在自己的立场看待善评价善，他们会摆脱自我欲望满足的利己倾向，考虑到他人的利益，考虑到社会的要求，基于公平公正原则思考和解决自己面临的问题。公平公正原则如果成为人的行为处世的价值准则，成为评判自己和他人的善恶的根本依据，诸如互助原则、诚信原则、尊重原则等善的原则也能够被个体认同，并且成为他们自觉遵守的准则。

显然，善的认知的发展不是一个简单的过程，可以大致分为五个阶段：一是自我欲望本位导向的利己善的认知阶段；二是自我情感本位的利人善的认知阶段；三是自我责任本位的遵守道德和法律的底线的善的认知阶段；四是自我责任本位的遵循善意原则的认知阶段；五是社会责任本位的遵循公平公正原则的善的认知阶段。利己善的认知阶段处于皮亚杰的无规则的道德判断发展阶段；简单的利人善的认知阶段及遵守道德和法律的底线的善的认知阶段，处于皮亚杰的他律的道德判断发展阶段；遵循善意原则及遵循公平公正原则的认知阶段，已经达到皮亚杰所谓的道德自律的阶段。利己善的认知及简单的利人善的认知阶段相当于科尔伯格的道德的前习俗水平，遵守道德和法律的底线阶段相当于科尔伯格的道德的习俗水平，遵循善意原则及遵循公平公正原则阶段已经能达到科尔伯格的道德的后习俗水平。

冯友兰基于人的觉知状态区分了人生的四大境界，从低级到高级依次是自然境界、功利境界、道德境界和天地境界，可以将其看作人的善的认知发展的四个境界。处于自然境界的个体无知无识，没有善的认知，没有明确的善恶观念，他们的所有努力只是要满足自己基本的欲望。处于功利境界的人以是否有利于自己作为善恶认知的依据："时刻意识到自己，所做的事情都是为了自己。"① 达到道德境界的人能够考虑他人利益、社会利益，是具有善的自觉意识的人："他是真正有道德的人，所做的都合乎道德，都具有道德的意义。"② 达到天地境界的人具有社会责任意识，具有大爱情怀，具有正义人格，"在做每一件事时，都意识到，这是为宇宙的好处。他懂得自己所做的事情的意义，并且自觉地这样做。这种理解和自觉使他处于一个更高的人生境界，我称之为在精神上超越人世间的'天地境界'"③。

个体善的认知发展的情感本位利人善阶段、自我责任本位的道德和法律底线阶段、自我责任本位的善意原则阶段、社会责任本位的公平公正原则阶段都可能达到冯友兰所谓的道德境界；个体善的认知发展的自我责任本位的善意原则阶段、社会责任本位的公平公正原则阶段能够达到天地境界，这是一种崇高善的认知水平或至善境界。王阳明提出："夫人者，天地之心；天地万物，本吾一体者也。"④ 当一个人具有王阳明所谓的天地万物为一体、视天下为一家的大格局，就达到了认知的至善天地境界，达到了社会责任本位的遵循公平公正原则的善的认知发展阶段。

第三节　善恶判断的心理机制

蒲松龄《聊斋志异》的开篇有一个故事《考城隍》，讲述了一个叫宋焘的书

---

① 冯友兰. 中国哲学简史 [M]. 北京：新世界出版社，2004：356.
② 冯友兰. 中国哲学简史 [M]. 北京：新世界出版社，2004：357.
③ 冯友兰. 中国哲学简史 [M]. 北京：新世界出版社，2004：358.
④ 王守仁. 王阳明全集（一）[M]. 徐枫，等点校. 天津：天津社会科学出版社，2015：70.

生被地狱诸神封官的经历。蒲松龄把这篇故事放在卷首，想表达的意思是耐人寻味的。可以说，文中提出的"有心为善，虽善不赏。无心为恶，虽恶不罚"几句话在一定程度上道出了蒲松龄编撰《聊斋志异》的动机，他想通过书中的故事弘扬善和鞭挞恶。这里的心是指什么呢？通俗地说，"心"可以理解为"心机"，包含了小心眼、投机等含义。从心理学角度分析，心即心理、心理现象或心理活动，涉及人的认知、情感、人格、需要、动机等。分析蒲松龄所谓的有心无心，其含义应该指有没有"心机"，有没有耍"小心眼"，即是否有特定动机。有心善是有心机地行善或受特定动机驱使行善，无心善是无心机地行善或不受特定动机驱使行善。蒲松龄强调应该关注人的善行的背后动机，一个人行善的动机不纯，功利性太强，即使做出公认的善行，也不值得大张旗鼓地表彰。一个人做出恶的举动，如果不是出于恶意目的，确实是无心之举，应该免除处罚。

蒲松龄认为一个人能不能得到嘉奖，或者该不该受到处罚，不能只是看他行为的善恶，而是要看他是不是真的具有善心，具备行善的动机。具有善心的人总是能够不自觉地行善，他们行善不是为了作秀给其他人看，没有不可告人的目的，不是为了得到某种报酬或奖赏而行善，是出于善心而行善。从行为动机论角度分析"有心为善，虽善不赏。无心为恶，虽恶不罚"两句话的含义，意思相当明确，是指人们如果有意识地、功利性地去做好事、助人利他的话，没有必要给予奖赏，因为他们做好事的目的不纯、动机不良。在现实生活中，我们确实看到有些人利他助人的动机是功利性的，可能是纯粹为了谋取个人私利，他们的目的是评先进、拿奖金，或者是得到晋升机会，或者是得到夸奖和表扬，或者单纯是获得报酬。从效果论角度分析，不管一个人是否基于获得奖赏或报酬的角度做出有利于他人和社会的行为，因为他的利他助人产生了善的效果，便可以认定这个人是善的。所以，这里有一个矛盾：到底我们应该从动机论角度还是从效果论的角度考察人的行为善恶呢？

判定人的行为善恶是一个非常复杂的问题，苏格拉底就曾经讨论过善恶评价的相对性。在色诺芬的《回忆苏格拉底》中，描述了一段苏格拉底与尤苏戴莫斯关于正义和非正义的对话，苏格拉底建议，在纸张上分别写下正义和非正义的首字母，然后来讨论究竟哪些行为是正义的和非正义的，并且对应地写在正义和非正义的字母下面。苏格拉底和尤苏戴莫斯讨论了欺骗、奴役、偷窃、抢劫等通常被认为是恶的非正义的行为，讨论的结果表明，在评价这些行为时不能一概而论，因为"这一类的事做在敌人身上是正义，但做在朋友身上，却是非正义的" ①。

皮亚杰、科尔伯格等心理学家关于道德两难问题的研究，揭示了人们关于善恶的道德判断的发展特点。对年幼的儿童来说，认知的自我中心和需要的自我满足倾向使他们只会在意自己的利益和好处，只在乎自己的所得和所失，只关注自己的感受和情感，只想满足自己的需要和情感。儿童的自我欲望本位状态使他们在做出好坏善恶的评判时必定无法摆脱满足自身需要的倾向，凡是能够使他们的需要得到满足或者能够使他们摆脱痛苦的，就会被评判为好的或者善的；凡是能够给他们带来痛苦和烦恼的，就会被评判为坏的或者恶的。儿童会提出："只要对我好的就是好人，对我不好的就是坏人。"儿童将那些对自己有利的，自己能够从中得到利益或好处的行为看作好的或善的行为，他们以利己的满足自我欲望的角度为出发点进行善恶认知和好坏评判。许多成年人也存在这样的心理状态：当他们做出善恶的道德判断时，选择的依据也是是否有利于自己，而不是是否有利于他人和社会。当个体关注和了解社会的要求，认识并且遵循社会规范的要求，就能够做出符合社会要求的善恶判断，也能够做出符合社会要求的行为选择。

从心理学角度看，善恶的评价涉及行为主体的动机分析，行为客体的效果分析，行为的客体有直接客体和间接客体，通常涉及个人和社会两个层面。如果一个人的利他助人行为的动机是功利性的，其最终目的不是真的要帮助他人或为社会做贡献，只是为了谋求个人私利，虽然同时也使行为的客体受益，要判定这样的行为的善恶，恐怕也需要视实际情况而定。或许我们可以说这样的行为是善的，但这个人的心理则未必是善的。因为利他助人的行为毕竟是人们

---

① 色诺芬 . 回忆苏格拉底 [M]. 吴永泉，译 . 北京：商务印书馆，2001：146.

所期望的，也确实使行为的客体受益，但行为的善不代表人的心理的善。对于绝大多数人来说，我们期望他们具有绝对高尚无私的善是不现实的。对于青少年而言，他们为了得到老师和家长的表扬和奖励，做出利他助人的举动，我们会觉得更应该加以鼓励。但是，即使我们给予表扬和奖励，也应该同时鼓励甚至要求他们真正地关注关心他人，真正地具有同情心，真心诚意地维护公平正义，而不只是关注和关心自己的利害得失，否则，他们不可避免地会变得势利，变得自私自利，甚至为了获取好处，为了自己的功名利禄，漠视他人和社会利益。这样的人一旦掌握生杀予夺的大权，往往很可能会变本加厉地凶狠自私，他们更可能作恶多端，给社会、给他人带来极大危害。

如果一个人做出利他助人行为的动力是期望得到回馈或报偿，那么这种行为并非源于善。具体问题具体分析才能让我们做出正确的善恶判断。显然真正应该得到颂扬的是这些人，他们总是能够不自觉地做好事，不是为了作秀，没有不可告人的目的，也不是为了得到某种报酬或奖赏来满足自己的需要。就像古希腊思想家德谟克利特所说的："行善望报的人是不配称为行善者的；这称号只配给那只为行善而行善的人。"[①] 行善若是为了满足自己的需求，就不能算是真正善的人，如果一个人行善是为了满足自己的不合理需求的话，就可能是恶人了。

德谟克利特还提出："可恶的不是做不公正事情的人，而是那有意地做不公正事情的人。"[②] "无心为恶，虽恶不罚"表达的意思也一样，如果一个人心地不坏，他们的本性是善良的，或者最起码本性不是恶毒的，只是在无意中犯了过错，伤害了他人，我们也要考虑到他们的善意动机，没有必要因为他们犯错就施加过重的处罚。

人们有时会扪心自问：我是一个善的人吗？更直白的问题是：我是一个好人吗？我在多大的程度上是一个善的人呢？当我们做一件事时也会自问：我这样做是善的吗，是好的吗？我这样做是恶的吗，是坏的吗？我身边的人是好人

---

① 　北京大学哲学系. 古希腊罗马哲学 [M]. 北京：生活·读书·新知三联书店出版社，1957：110.
② 　北京大学哲学系. 古希腊罗马哲学 [M]. 北京：生活·读书·新知三联书店出版社，1957：111.

吗？他们在多大的程度上是善的人呢？在我们生活的这个社会，是善的人多，还是恶的人多？如果是善的人多，我们为何不能对他人有更多的信任呢？我们可以在多大的程度上信任他人呢？如果是恶的人多（毕竟恶不会一览无余地写在脸上），那么我们怎么样才能知道他是恶的呢？我们又怎么样才能避免受到恶的人伤害呢？人有可能绝对的善吗？人会不会绝对的恶呢？

善恶的评判主要涉及以下几个方面：一是评判人的行为的善恶好坏，即单纯就人的行为做出道德评判；二是评判人的心理的善恶好坏，评判人是否有善的认知、善的情感、善的动机、善的人格等；三是评判人的善恶好坏，即就人做出全面的道德评判，涉及人的心理和行为的全面评价；四是评判群体的善恶好坏。

对一个人的善恶评判涉及这个人对善恶的认知、观念、情感、人格等心理的方方面面，当然也不能忽视评价人的行为。人的行为好坏只是人的善恶的显而易见的方面，却不能作为唯一的指标，评价人的心理更重要。当我们说一个人明辨是非或是非不分时，关注点在于人的善恶认知，当我们说一个人正直善良或凶恶粗暴时，关注点在于人的善恶人格。当我们认定人的心理行为的方方面面都表现得符合善的要求时，会称之为善人、好人、君子、绅士、圣人、慈善家、道德楷模等。恩人、孝子、贤妻、良母描述的也是善的人，但是是针对特定对象的善的人。人们通常会依据一个人的行为表现认定和评判恶，这样使恶的评判和认定显得容易些，如果我们认知到一个人的行为伤害到了他人或危害到了社会，我们会评判他是恶的人，依据一个人恶的行为表现，会用恶人、坏人、恶霸、凶徒、暴徒、奸商、奸夫、淫妇、小偷、强盗、土匪、奸臣、暴君、强奸犯、杀人犯、黑恶势力、村匪路霸、贪官污吏等词语描述恶的人。

要对人的善恶给出道德评判，是很难做到客观公正的。对同样的人、同样的行为或同样的事件，人们会做出不同的善恶判断。人们给出的善恶判断的原因显然是复杂的，探究其心理机制，有助于揭示其本质。但要客观揭示人的善恶的道德判断的心理机制不是容易的事情。因为人是复杂的，很少有人是绝对的善的，也很少有人是绝对的恶的，某人可能在某些方面表现是善的，但是在另外一些方面，他可能是恶的。很难对人的善恶做出客观判断的原因还在于人的善恶判断能力是有局限性的。儿童很小时就已经对善恶评判感兴趣，因为学习善恶好坏的判断关系到儿童的安全，是父母不会忽视的儿童生存的必修课，如果儿童不能判断好坏，在社会上生存会变得困难。显然，这一课，儿童通常要花很长的时间学习，而且未必能学会或学好。

到底怎样的人是坏人，怎样的人是好人，这样的判断对于儿童来讲是个难题，特别是对于年龄特别小的孩子来说，是很难做出相对准确的判断的。儿童对于善恶的评判不是三段论的形式——因为善是做好事，张三做了好事，所以他是善的。因为年幼的儿童没有办法认识怎样的行为是善的，什么样的行为是恶的，所以他们没有办法进行这样的三段论式的评判。儿童通常不是基于他人的观念、情感、态度、人格、行为做出善恶的判断，他们无法以一种独立的眼光去评判善恶。儿童对善恶的评判带有明显的欲望满足的自我本位倾向，即对自己友好、有利的就是好的，就是善的；对自己不友好、不利的就是恶的。儿童的能力欠缺使他们在做出善恶判断时还表现出明显的他律倾向，他们的判断还基于这样的方式：因为我爸妈说这种人是坏人，所以他们就是坏人。如果爸妈说那个人是好人，他就会被儿童认为是好人。儿童在看书、看电视、玩电脑时，会问父母、老师：这个人是好人吗，是坏人吗？他们认为那些长相可爱、待人友善的就是好人，比如安徒生童话中白雪公主、小矮人、白马王子无疑都是好人，而面目狰狞、行为恶劣，对像白雪公主这样的可爱小女孩下毒手的皇后当然就是最坏的人了。像白雪公主与皇后这样的情况当然比较好判断和评价，有些情况就非常复杂了，要准确判断会有非常大的难度。毕竟人是非常复杂的，成年人对于不相干的人可以选择不做评判，因为无法做出客观评判。儿童好奇心强，什么事情都想弄懂，当然希望搞清楚谁好谁坏。

在生活中，儿童会被有意识地教导一些道德和法律规范，即使没有专门教导，儿童也会通过耳濡目染习得一些基本的道德和法律规范，逐渐形成遵守社会规范的意识。一个人的善恶评判会伴随着规范意识或规则意识的增强而逐渐发展，并且形成基于社会规范的善恶评价和判断。规则意识的发展极为复杂，因为社会规范复杂、涉及面广。规则指习得的规范，即基于规范的原则，起到了规范人行为的作用，涉及禁止个人去实施的行为及倡导个人去实施的行为。禁止个人实施的行为，主要是那些会对自己和他人造成伤害的行为，以及损害他人利益和损害社会利益的行为。倡导个人去实施的行为往往是那些对个人的成长和社会适应有利的行为。父母最早教孩子遵循的往往是涉及孩子安全的规范及促进孩子成长的规范，父母和教师也教导孩子遵循最基础的道德和法律的底线。道德和法律的底线可能会逐渐内化为个体自觉遵循的道德或法律的底线原则，使个体能够依据道德和法律的底线原则进行善恶认知和善恶评价，形成个体善的信念系统中的最基础良知，也成为个体评价人的善恶的基本依据。

随着儿童的社会交往关系的发展，他们会被教导许多人际交往的原则，即使没有被刻意地教导，他们也会在成长的过程中慢慢地经由自己的摸索和领悟而形成一些人际关系的原则。如果他们想发展和维护良好的人际关系，就必须习得人际交往中的善意原则，并且遵循与人为善的原则。人际交往中友好相处的善意原则可能内化成为个体认同并自觉遵循的交往原则，形成个体基于善意原则的好坏认知和善恶评价，也成为个体评价人的善恶的基本依据。人际交往中能够遵循善意原则，比如遵循互惠原则、感恩原则、分享原则、助人原则的人就会被评价为善的、好的或有良心的。如果一个人在人际交往中背离了善意原则，就会被评价为坏的或恶的人，最起码不是好的和善的人。

如果一个人不仅遵循善意原则，并且将这种善意指向所有人，他们就具有了仁爱仁慈的情怀，就有可能基于仁爱或者兼爱的原则评判人的善恶和评判自己的行为，这样的人就可以称为君子了，他们是有良心的，而且也是高尚的。当一个人对自己或者与自己紧密关联的人进行评判时，基于道德与法律的底线原则和基于善意原则的善恶评判都可能具有明显的主观性和偏颇性，表现出自我优化和优化关联人的倾向，善恶评判往往有失公允。只有当一个人形成了公正意识，具有公平公正观念，并且坚定地遵循和遵守公正价值原则，基于公正原则进行善恶认知和善恶评判，善恶的评判才能公允客观。公平观念是公正意识的基础，公正可以理解为公平正直，也可以理解为公平即是正确的。一个人形成了公平才正确的信念，就具有了公正意识和能够遵循公正原则。公正意识的形成能够使一个人真正脱离自我中心倾向，以一种公允的立场认知善恶和评判善恶。一个人逐渐地不完全站在自身立场看待善、评价善，他们会摆脱自我欲望满足的利己倾向，不是单纯考虑自己的利益，而是能够在公平公正的原则框架基础上考虑他人的利益，考虑社会的要求。

　　总结人们善恶的道德判断的心理机制，可以依据人们做出判断时遵循的原则不同将其区分为四个层次：第一个层次，个人做出善恶的道德评判时遵循利己原则；第二个层次，个人做出善恶的道德判断时遵循道德和法律的底线原则；第三个层次，个体做出善恶的道德判断时遵循互惠、助人、分享等善意原则；第四个层次，个体做出善恶的道德判断时遵循公正原则和仁爱原则。一个人究竟以何种原则为依据做出善恶评判，不能一概而论。通常情况下，人们可能会以多种原则综合考虑的方式做出善恶评判。小孩子以自己的视角看待一件事情，做出善恶评判，会不可避免地具有幼稚性和片面性，要做到完全的客观公正是困难的。一位成年人做出道德评价，对自己和他人的行为举止做出善恶评价，会以自己头脑中固有的善恶信念作为基本依据，但是也未必一定会秉持公平公正的原则，他们会有自己的认知和理解的局限；如果一个人是当事人，他的情绪和情感也会影响他们的善恶判断。生活在不同的社群中的个体，其价值判断依据或信念千差万别，他们的善恶判断会有形形色色的表现。人是自我本位的，都不可避免地首先考虑满足自己的欲望，首先必然会想到自己的利益，即使从小接受严格的规范教育，在社会规范和个人利益发生冲突的情况下，如果人们的选择不会受到严厉的惩罚，其行为并没有严重地触犯社会的法律法规，他们会做出有利于自己的选择，也会相应地做出有利于自己的道德评价和善恶判断。

　　在成年人善的观念中，会有一些观念固化成为善的信念，但要他们完全摆脱自我本位的主观形态仍然是难的。基于合群或归属的需要，成年人的善的信念往往合乎群体的利益和需要，他们认知和评判他人行为的善恶时，也会以是否合乎群体利益作为善恶评判的出发点，我们有时将这种原因归咎为文化、宗教或民族等方面的差异。群体本位的善恶评价仍是狭隘的，因为符合群体利益的行为未必一定是善的行为，甚至可能对其他群体来说反而是自私的行为或是恶的行为。从理论上来说，人们能够摆脱自我本位的心理倾向，就能基于公正原则辩证地看待自己和他人的行为举止，甚至能够基于公平正义、仁爱仁义角度评判所有人的行为；从现实的视角看，要人基于公平正义和仁爱仁义的角度进行善恶评判绝对属于非常高的要求，但是，现实生活中，还是有些人孜孜以求地努力想达到这样的状态。

人们在现实生活中评价善恶时，可能评价的是善的人、善的心理或善的行为，评价人的善的心理时，可能评价的是善的认知、善的观念、善的情感、善的人格等。当人需要做出善的评判时，可以评判善的行为、善的心理和善的人，相比较而言，评判善的行为容易一些，评判善的心理要难一些，所以，要做出善的人的评判也挺难，即使盖棺定论也不一定正确。人们在做出善恶的道德判断时，依据的原则可能有利己原则、道德和法律的底线原则、善意原则及公正原则和仁爱原则，当人们能够做出基于公正原则和仁爱原则的善恶判断，这样的人在善恶的道德判断的心理发展水平上来说，已经达到了完善状态，也是有希望成为真正具有善的心理和行为的人。

第四节　善的观念内化的心理机制

人在年幼时表现为自我欲望本位，但融入群体的需要促使他们在一定程度上摆脱自我关注和自我中心，抑制自己的欲望，关注他人的需要，关注群体的要求，重视与他人构建密切的情感联系，表现出自我情感本位的倾向。人在群体中，克制自己的欲望，遵守群体规范，承担生活和家庭责任，寻求个人在社会生活中的价值，建构起自我价值本位的倾向。人们的关注点从满足自身欲望转移到考虑他人的需要和满足社会的要求，这种关注点的转移使人从利己善的认知转化为利人善的认知，人们在做出善恶评判时不再以个人的欲望满足为衡量依据，而是能够以有助于他人、有利于社会作为善恶评判的依据，从而形成利人善的观念。

如果一个人能够无条件地关注和关心那些以不同的方式与自己发生了联系的人，关注关心生存于其中的自然和社会，愿意承担更多的社会责任，追求更崇高的使命，他们就到达了社会责任本位的境界。他们理性和克制，不仅是负责的和尽职的，而且更少私心，更多公心，具有仁爱之情，追求社会的公平正义，关注他人的福利，关注社会的利益，这样的人是高尚的，他们具有社会责任本位或社会价值本位的倾向。社会意识的形成意味着一个人在替自己考虑，考虑自己的欲望或需要的同时，也想到他人和社会的存在，在考虑个人利益的同时想到他人的利益和社会的利益。他不再被自我欲望所操控，不再完全是自我欲望本位的，也不再完全为自己面临的种种问题、困扰、痛苦、困难所左右，他能够意识到他人的存在和利益、意识到群体的利益和要求，他对自己负责，也愿意承担家庭责任和社会责任。

如果一个人觉得自己不仅仅需要对自我负责，也有责任和义务帮助他人、维护公平正义、回馈他人和社会，这样就产生了基于道德认知和道德评价的善，即道义的善。道义的解释比较复杂，可以理解为道德义务，道义的善即一个人受道德规范内化的道德良知和良心驱动的善。道义的善与良知良心息息相关，从心理学角度分析，良心即善良的心理，包括善的认知和观念、善的情感、善的人格等心理形态，良知是人的最基础的道德认知和道德信念，良心的本质是架构在良知基础上的道德意识、道德情感和道德态度的有机结合。道义的善使人不再认为远在千里之外的洪水或地震中受灾的人与自己无关，不再认为生活在周围的那些可怜的人与自己毫不相干，会担心自己的行为和言语是否伤害到身边的那些通过各种方式与自己发生千丝万缕联系的人。他对那些伤害他人的人不再视而不见，甚至愿意做出力所能及的努力去帮助那些以各种方式与自己发生了联系的人。他不仅仅是有良知的人，也成为一个有良心的人，成为一个具有善的自觉意识、善的情感、善的态度和善的人格的人。

成年人善的观念也不能完全摆脱自我本位倾向，表现为许多成年人会不由自主地在认知和评价他人行为时，显得时而理性客观、时而主观任性的倾向。主体善的观念与客体善的观念往往很容易产生矛盾，表现为人们通常倾向于在评价毫不相干的他人时很理性客观，而在评价自己或自己的家人、朋友时就显得主观又感性。绝大多数成年人未必会像年幼的孩子那样几乎完全基于自我欲望本位的角度去认知和评判善恶，他们会关注他人的需要，会关注社会的要求，会构建起比较稳定的有关善恶的观念，形成善的价值准则，形成稳定的善的信念，使他们在善恶的认知和评价上表现出一定的客观性和独立性。可以说，个体的关注点从自身需要的角度转移到关注他人的需要和社会的要求，是人的善的认知产生和发展的转折点，也是人的善的观念形成和内化的重要的推动力量。

个体关注群体的要求和群体的规范，习得群体的规范，遵循群体的要求和规范，信守群体的要求和规范，才能融入群体，成为群体认可认同的成员。健全的社会往往具有明确、具体而健全的维护和增进社会共同利益的规范，这些规范内化为规则，成为个体信守和遵循的准则，个体能为社会接纳和认可，使个体真正地融入社会，成为社会人。个体若不能遵循这些规范，将不能被群体接纳，甚至被惩罚或抛弃。

社会维护和增进群体共同利益最基本的办法是确立群体的道德规范和法律规范，个体需要习得这些规范，才能成为社会认可的人。青少年学习道德规范和法律规范，如果纯粹从规范的记忆角度分析，涉及的是记忆机制，只要能够复述或背诵就意味着他们已经记住了有关规范。但是，道德规范和法律规范的知识不会自动转化成为青少年遵循的规则，不会自动转化成为道德观念和法律意识，他们不会因此而自动地形成遵守道德和法律的规则意识。如果是年幼的孩子，重复地教诲有关的规范，在孩子违规的时候施以惩罚，遵守规范的时候给予奖励，能够让孩子记住有关规范，而且能够形成遵守规范的意识，也有可能形成遵守规范的行为习惯。孩子形成规则意识来源于两种力量：受惩罚的恐惧和受奖励、被认可的需要。对于年幼儿童来说，如果他预期违背规范会受到惩罚，且惩罚使他感到恐惧，他就不敢违背规范，从而形成规则意识，并且愿意遵守有关规范。当遵守规范能够得到奖赏，且奖赏具有足够大的吸引力，也会使孩子愿意遵守规范，形成规则意识。在真实的生活场景中，当孩子违背规范时，周围人的反应未必一致，如果父母放纵孩子的违规行为、爷爷奶奶护着孩子，孩子的规则意识可能难以形成。倘若孩子年幼时已经具有确定的规则意识，长大后通常也会愿意遵守规范，不敢轻易违背规范。

个体形成规则意识的最主要动力来源于对违背规范时受到惩罚的恐惧。如果违背了道德规范和法律规范必定受到惩罚，而且惩罚的力度超过个体能够承受的限度，违规的人必定减少，规则意识就能够增强。对于年幼的孩子来说，父母具有充分的控制力，完全有可能通过赏罚分明的手段训练孩子遵守各种规范。对于大一些的孩子来说，情况会变得复杂，对他们施加影响的外部变量增多了，除了老师、家长的影响，同伴群体的影响也不容小觑。如果同伴在违背规范的情况下没有受到惩罚，反而得到了好处、满足了需要，可能会使儿童依样画葫芦，也会有违背规范的举动。同伴行为不良，也诱使儿童表现出违反规范的不端行为。

道德规范和或法律规范的习得包括两个层次：一是与道德规范或法律规范相关的知识的记忆层面，需要遵循记忆规律；二是道德规范和法律规范内化成为个体自觉遵循的准则，个体形成道德观念和法律意识。就个体形成道德观念和法律意识角度而言，强制性质的外铄影响通常能够产生立竿见影的效果。道德观念和法律意识是个体善的心理底线，是个体形成善的观念和学习善意原则的基础。

善意原则的学习，父母、老师的教导可以起到积极效果，但是归根到底还是需要个体的主动认同和自觉遵循。在个体认同善意原则并且坚定信奉善意原则的情况下，善意原则会内化成为个体善的价值准则。儒家认为学习是格物致知、诚意正心的过程，善的原则的学习相当于格物的过程，而善意原则的习得相当于致知或致良知的过程，善意原则内化成为善的价值准则的过程相当于诚意正心的过程。皮亚杰和维果斯基等心理学家倡导的建构主义观点提供了善意原则认知学习的基本概念和基础理论。皮亚杰提出："一切认识，甚至知觉认识，都不是现实的简单摹本，因为认识总是包含着融于先行结构的同化过程。"[1]

---

[1]　皮亚杰.生物学与认识 [M].尚新建，杜丽燕，李浙生，译.北京：生活·读书·新知三联书店，1992：4.

按照建构主义心理学家的观点，善意原则的学习需要考虑个体的认知水平和学习能力，据此判断个体的学习水平并勾勒出可能的发展空间。善意原则的习得不仅是内发性需要促动的，也受教师、家长的教育引导等外铄性因素影响，是个体的认同和内化的内修学习的结果。在心理学看来，内修的过程是对善意原则的辨析和记忆的过程，是认同和内化善意原则，反省和修正自己的认知、观念、情感、人格和行为，是要求自己奉行善意原则的过程。认同过程依赖于个体对善意原则的辨析、理解和认可，内化过程是个体对善意原则的接纳和信奉。善意原则的认同和内化受父母和教师的反复灌输和社会舆论、同伴群体的潜移默化的影响，也是奖励和惩罚措施直接或间接影响下的自我反省和自我修正的结果。个体理解善意原则，要求或提醒自己遵循善意原则，自我反省和自我修正的内修过程能使善意原则内化成为个体坚定奉行的善的价值准则。

学习和形成善的价值准则是社会的现实要求，从心理学角度看，学习和形成善的价值准则是个体善的认知发展的结果，也是善的认知发展的极高境界。人们形成和习得善的价值准则，绝对不是容易的事情。对于绝大多数成年人来说，对他们进行有组织的、系统的善的价值准则教育是非常困难的。成年人学习善的价值准则，善的社会氛围有一定的影响，但是主要靠成年人的自我教育和自我塑造的内修努力，需要他们能够控制自私自利的欲望，学习善的原则，培养善的认知和观念，熏陶善的情感和形成善的人格。对于青少年而言，完全有可能在家长和教师的影响下，以及在系统的学校教育的引导下学习善的原则，习得善的原则，并培养善的价值准则。

对于青少年来说，通过善的教育引导习得善的价值准则是善的认知学习目的，也是善的认知学习的核心。青少年习得善的价值准则，才能遵循善的原则，具有善的意识，形成善的人格，真正成为善的人。善的价值准则是善的信念的核心，其前提是学习善的规范，习得善的原则，将善的原则内化成为善的价值准则。善的规范的学习是青少年成为善的个体的基础，青少年学习善的规范，才能明辨是非，具有善恶观念和善的信念。价值准则是个体在规范学习基础上内化而成的行为处世时坚定奉守的准则。善的规范内化成为行为处世的善的原则，善的原则内化并固化为个体行为处世时必须坚定奉守的价值准则，个体才能有稳定的善的心理状态和善的行为表现，才能真正成为善人、好人，才能避免成为恶人、罪人。

善的价值准则是个体善的观念的核心，其形成机制大致可以分为三个层次。第一个层次是学习道德规范和法律规范，习得遵纪守规的规则。道德规范和法律规范约束人们的思想和行为，人们遵纪守规才能使人际关系和谐，才能维护良好的社会秩序。法律规范能够约束人避免做出严重伤害他人和危害社会的行为，道德规范不仅能够约束人们不做出伤害他人和危害社会的行为，而且能让人们意识到自己应该承担的责任和应该履行的义务。法律规范往往制定得非常细致，条文内容繁杂、涉及面广，除非专业人士，一般人不可能了解透彻，要人完全掌握法律条文是非常困难的事情。青少年接受系统的教育，要求他们在学习法律条文时，记住每个条文是不可能的事情，也是不现实的状况。道德规范往往比较模糊，不会像法律规范那么明确和具体。所以，对于青少年在成长过程中应该学习哪些法律规范和道德规范，无论是家长还是老师，甚至是教育领域的专家都不见得非常清楚。所以，青少年学习的不是所有的规范，而是道德和法律中最基本的规范，最重要的是学习避免成为一个坏人、恶人、罪人的规范。避免成为坏人、恶人、罪人是道德和法律的底线，是人必须遵守的基本规范，人们触犯了就会受到惩罚，遵守了也不会受到嘉奖。青少年通过学习道德和法律的基本规则，具有道德观念和法律意识，具有判断和辨别是非善恶的能力，具有避免做坏事成为坏人恶人罪人的意识，也能够形成做坏事、做坏人可耻的意识。

不能伤害他人，不能损害他人利益，不得危害社会，是一个人应该习得的最基本的道德规范和法律规范，是做人的底线。人们遵守道德和法律的底线，将底线的要求内化成为人们的底线原则，体现了一个人最基本的良知。刘邦占领秦国都城咸阳时，简单地约法三章：杀人者死、伤人及盗窃抵罪。摩西十诫主要涉及的是不能伤害他人和损害他人利益的规则。法律规定的是人的行为的底线，一旦触犯就会受到惩罚。道德的底线复杂些，古代儒家思想家提出"礼"的要求，礼是社会的道德规范和伦理行为规则，儒家强调的习礼是要学规矩、知尊崇，儒家制定的礼仪规范是儒家思想家认定的道德底线。儒家思想家的礼仪规范繁杂琐碎，有些要求已经成为阻碍社会进步和发展的糟粕，但是有些要求有其合理内核，值得继承和发扬。

道德底线彰显了个体应该承担的责任和义务，在现代社会，包括维护他人和社会的利益，也包括承担自己应该履行的责任和义务。作为公民，具有爱国的义务；作为成年人，具有抚育、守护下一代的责任和赡养老人的义务；作为员工，具有尽责敬业的义务；作为老师，具有教育学生健康成长的责任和义务；作为学生，具有好好学习知识和技能，让自己成才的义务。如果从礼的角度分析，道德底线是遵纪守规，不能伤害和侵害他人，在人际交往中做到礼貌、礼让和礼敬。青少年学习遵纪守规的底线要求，遵纪守规的底线原则内化成为善的最基本的价值准则，往往与相应的遵纪守规的行为训练和养成教育息息相关。当孩子做出伤害他人的行为时，父母和老师如果及时制止，并且批评、教育或惩罚孩子，有助于相关规范的习得和价值准则的内化，而父母或教师如果听之任之，会助长孩子的不良行为，也使孩子缺乏遵守规范的意识，道德规范就不能内化成为他们的底线原则，他们就很容易触犯法律和违反道德，成为恶的人。当一个人受到他人的无端伤害时，如果采取报复方式反过来伤害他人，这样的行为也是不允许的，因为容易触犯道德和法律的底线，也会受到相应处罚。

第二个层次是习得善意原则，善意原则内化成为善的价值准则。善意原则规定了人们在社会生活中和谐相处的心理和行为的善意趋向。善意原则是社会生活中善的规则内化的要求或准则。生活中的善的原则通常是笼统的，不会被明确界定。在哲学思想和伦理学研究中，可以发现关于善的原则的诸多描述。比如，孔子和孟子等儒家思想家要求人们做君子、有仁爱，做到温良恭俭让；墨家希望人们兼爱交利尚同；王阳明要求人们致良知、知行合一。柏拉图要求人们有正义、智慧、自制和勇敢；亚里士多德要人们具有慷慨、节制、勇敢、大方、友善、诚实、公正等德性；亚当·斯密希望人们有良心、有同情心；弗洛姆要人们分享、奉献和爱。在现代社会，最核心的善意原则包括互惠原则、诚信原则、尊重原则、公平正义原则、知恩图报原则、同情原则、仁慈仁爱原则等，这些善的原则反映了人们之间和谐相处的要求和规范。

　　遵循善意原则，善意原则内化成为善的价值准则，成为善的核心信念，人们就会具有成为善人好人的意识，具有善的情感和善的人格，愿意做善的事。在日常生活中，微笑、道谢、道歉等也是重要的善的态度和善的行为，从构架善意关系的角度讲，可以称为微笑原则、道谢原则和道歉原则等。从这些原则的心理特性加以区分，微笑原则、同情原则、知恩图报原则、仁慈仁爱原则等归属于与情义善有关的原则，互惠原则、诚信原则、尊重原则、公平正义原则、道谢原则、道歉原则等均可归属于道义善相关的原则，可以说，学习善意原则其实就是习得社会生活中的情义善原则和道义善原则。一个人是否遵循情义善原则和道义善原则，不是受明文规定的条款制约，而是受人的主观意愿支配。从心理学角度讲，善意原则内化成为善的价值准则，一个人才会有善的信念、善的情感，才能够形成善良、正直、诚信、宽厚、宽恕等善的人格。遵循善的价值准则，一个人才能表现出诸如合群、分享、助人、合作、孝顺、尽责、敬业、爱国等亲社会行为。在社会生活中，对于大多数人来说，要一丝不苟地遵循社会规范和善意原则，难以做到。大多数人会自觉地遵循道德规范和法律规范，会不自觉地或多或少地遵循善意原则，这是一个人善的表现，是一个人的良知和良心的体现。如果一个人总是能够遵循社会的道德规范和法律规范的要求，做出善恶评判和行为选择，我们说这样的人是遵守规范的人。如果一个人总是能够遵循善意原则做出善恶认知和善的行为选择，我们会认定他是有良知和良心的、具有了道义善和情义善的人。如果善意原则内化成人的善的价值准则，一个人能够遵循善的价值准则要求自己，这样的人是有希望达到至善状态的人。现实生活中，人的善是有限度的，因为他们都只是有限度地遵守善意原则，有限度地遵循善的价值准则。

　　第三个层次是学习仁义原则和正义原则，仁义原则和正义原则成为善的价值准则。仁义原则和正义原则是至善原则，如果它们成为个体的善的价值准则，就有希望达到至善人格的境界。这个层次的要求是非常高的，通常只有极少数人能够在一定程度上达到这个境界，有些人可以达到有限仁义和有限正义的程度。但是通过教育使青少年具有仁义情怀，并且在一定程度上形成正义意识和遵循正义原则还是有可能的。社会生活中与人为善的规则内化成为一个人行为处世的善意原则，这个人就具有了认知和分辨是非善恶的准则和做出善恶判断的标准和依据，就具有了形成情义善和道义善的内部动力，也具有了形成仁义人格和正义人格的基础。一个人在接受德育的过程中，在自我修养的基础上，感恩原则、同情怜悯原则等情义善的原则有可能在一定程度上发展成为仁慈仁爱的仁义原则，互惠原则、诚信原则、尊重原则、合作共赢原则、公平公正原则等道义善的原则也是一样，也有可能在一定程度上发展成为公平公正的正义原则。仁义原则和正义原则成为一个人善的价值准则，成为一个人稳定的善的信念，一个人能够始终遵循仁义原则和正义原则为人处世，他就具有了正义人格和仁义人格。具有正义人格和仁义人格是高尚善的境界，是儒家理想中读书人追求和修养的君子的人格境界，要达到这样的境界，显然是极难的。

善的规则规定了人与人之间相处的方式，规定了人们和谐相处的情感取向和行为举止的基本要求，规定了人们社会生活中对工作、对集体、对国家的恰当态度。人们不知道自己应该如何与自然相处，也不知道应该如何与他人相处，总是表现得损人利己、伤害他人、危害社会，社会秩序就会混乱，社会生活就不会和谐。善的规则的学习使人具有遵守社会规范的意识，能够遵循善的规则，能够遵守善的原则，不至于成为一个恶的破坏社会规范的人，而且能够自觉地与人为善，关注和关心他人。善的规则的学习使个体具有是非观念，能够进行良好的道德判断或善恶评价。哪些是道德的规范，哪些是善的原则，哪些是不道德的状态，哪些是恶的状态，如果对于这些问题认识模糊，或者很少去思考这样的问题，人们也就不会自觉地遵守道德规范和法律规范，不会自觉地成为一个有道德的人、一个善的人。人们习得符合社会生活要求的道德和法律的规范，成为遵纪守法的人，就不会成为社会的罪人，不会成为他人心目中的恶人。

人们习得符合社会生活要求的善的规则，把社会的善的规则内化成为自觉遵循的善意原则，具有遵循善的原则和维护善的原则的价值准则，才能具有良心和良知，待人有善意，乐于助人，成为具有善的情感和善的人格的人。倘若一个人能够习得仁义原则和正义原则，仁义善和正义善成为自觉的价值准则，就能形成仁义人格和正义人格，就达到了至善的境界，一种高尚善的境地，这样的人是社会生活中人们学习的楷模。

第三章　善的情感及其发生机制

爱是深深的理解和接受。

——[美]卡尔·罗杰斯

人的情感很复杂。人可以牢记他人的恩惠，并且懂得在适当时机回馈他人的关爱；人能在他人遭遇不幸和痛苦时产生难过不安的体验；人能无私地关爱他人，并且在他人遭遇不公正对待时激发起正义感，帮助他人获得公平待遇。人在做出错误行为，伤害了他人或危害社会的情况下，也会产生罪恶感和羞耻感，这两种感觉使人愿意改正和弥补自己的过错，使人有向善的动力。善的情感是人们生活幸福感的来源，是人善的行为的重要动能，是社会和谐人际关系的情感基础。认识善的情感本质及其形成的规律，有助于善的情感的培养。

第一节　人的善的情感及其表现形式

在心理学领域，情感通常指人的社会需要是否得到满足的心理体验，善的情感是指符合社会要求和满足他人需要的对他人显示出善的意向的心理状态。善的情感是与道德感关系密切的心理形态，通常所谓的道德感包含了两层含义：一是指道德感知和相应的道德敏感，反映了个体感知道德现象的敏感性，体现了个体对是非善恶问题的感知或认知能力；二是指道德感受和相应的道德情感，道德情感是"直接地与人所具有的对于一定道德规范的需要相联系的一种体验"①。道德情感反映了个体感受是非善恶有关的道德现象的情感体验，道德情感的最主要的表现形式是正义感和羞耻感。正义感体现了一个人遵循社会规范，维护社会公平正义，纠正不公现象的体验和倾向；羞耻感反映了个体对违背社会道德原则和法律规范的羞愧、难过体验。我们描述一个人是否有道德感，指的可能是道德敏感，也可能是道德情感。正义感、羞耻感不像感恩、同情、爱等情感那么经常发生。感恩、同情、爱通常是在密切的互动人际关系中产生的善的情感，感恩使人对施恩者心存感激，并且尽力回馈；同情使人们对遭遇不幸、处于痛苦中的人表达怜悯和关怀；爱使人们愿意付出关怀和爱护。人们在意识到社会不公，要求维护社会公平正义的情况下产生正义感。公认的善的情感包括了同情、感恩、责任感、羞耻感、正义感、爱的情感等形式，了解这些善的情感的本质及其表现，对于我们认识善的情感发生机制和培养规律，并进行善的教育具有积极意义。

一、感恩与恩情

感恩是最基本的善的情感，是人的善的行为的重要驱动因素。可以说，如果一个人连感恩都做不到的话，是不可能有同情心、爱的情感、正义感的。感恩两字从语义学角度而言，"感"具有感受、感到、体验到、想到的意思，"恩"的含义是恩惠、恩情、恩德，"感恩"的字面含义是感受、体验、想到他人的恩惠、恩情、恩德。

感恩本质上是一种情感体验，是一种接受了他人的恩惠以后，内心感激，感受到对方的恩情，准备回馈对方的情感。一个人具有感恩的情感体验，往往意味着这个人关注他人的付出，不会无视和遗忘他人的付出，而且具有回报的心理倾向，所以是一种善的心理状态。日常生活中，人们可能接受到的恩惠很多，包括救命之恩、养育之恩、捐助之恩、照顾之恩、知遇之恩、教诲之恩等。日常生活中会根据施恩者的付出程度加以区分，有些归属于大恩大德，有些则

---

① 林崇德. 发展心理学 [M]. 北京：人民教育出版社，1995：340.

归属于小恩小惠。救命之恩、养育之情无疑归属于大恩大德的范畴；捐助之恩、照顾之恩、知遇之恩、教诲之恩一般还是归属于小恩小惠的范畴。

斯宾诺莎试图阐释感恩的含义，他认为感恩以爱的情感为起点。他说："感恩或谢忱是基于爱的欲望或努力，努力以恩德去报答那曾经基于同样的爱的情绪，以恩德施诸我们的人。"[1] 我们判断感恩是否以爱为起点，或施惠者是否基于爱而施恩，要看我们如何看待爱的情感本质。以我们对爱的通常理解，感恩未必是爱的结果，也未必是爱的原因。通常所谓的感恩的本质是个体接受了他人的恩惠以后，内心产生的感激体验和感谢态度。与感恩密切相关的感激和感谢含义与其相近，但是有细微的区别，感激从语义学角度而言重在描述个体的内心体验，这里，"感"是感觉、感受、体验等含义，激的字面意思是激起、激动，感激是因为受他人恩惠刺激激发或触动了内心的激动情感。感激强调内心感受，感谢强调对他人表达谢意的态度或倾向。感恩既指感激体验，又有表达谢意的态度或倾向。

互惠是人际交往的重要原则，是人们普遍认可的价值观念，互惠心理是人的感恩情感的重要原因。但是，也会有些人无视这样的原则，有些人即使有互惠认识，但未必有感恩情感，人们的感恩情感有显著差异。亚当·斯密曾经描述过人们的这种差异，他说："一个从他人那里获得重大恩惠的人，也许，由于他的性情天生冷淡，只不过感觉到一丁点儿感激之情。"[2] 人们受到恩惠的不同反应，主要有三种形式：一是遵循互惠原则的知恩图报；二是基于感激情感的感恩图报；三是知恩图报和感恩图报的结合，即既遵循互惠原则又具有感恩情感。后两种是真正的有着感激情感的感恩情感。

二、恻隐、怜悯与同情

叔本华认为，同情是真正的道德行为的基础，同情根植于人性之中，本质上是对他人痛苦的感同身受，他说："只有另一个人的痛苦、匮乏、危险、无

---

[1] 斯宾诺莎. 伦理学 [M]. 贺麟，译. 北京：商务印书馆，1997：161.
[2] 斯密. 道德情操论 [M]. 谢宗林，译. 北京：中央编译出版社，2011：195.

助，才唤起我们的同情，并且确实唤起的是同情。"[1] 斯宾诺莎也认为同情是对他人的不幸的感同身受，他提出："同情是为我们想象着我们同类中别的人受灾难的观念所伴随着的痛苦。"[2]

亚当·斯密区分了同情和怜悯，认为两者都是对他人不幸的体验，他说："怜悯或同情，是当我们看到他人的不幸，或当我们时刻怀想他人的不幸时，我们所感觉到的那种情绪。"[3] 斯宾诺莎在他关于伦理学的研究中对同情与怜悯的关系进行过分析，他认为同情与怜悯没有明显的区别："同情与怜悯间好像没有什么区别。不过同情大约是指个别情绪而言，而怜悯则是指倾向同情情绪的精神状态而言。"[4] 同情、恻隐、怜悯是含义相近而容易混淆的概念。通常情况下，当人们看到他人生活不堪，处于困境状态，内心恻然，想帮助他人，或者会立马去帮助他人，这种伴随了助人倾向的恻隐怜悯情感都称为同情或同情感。

同情、怜悯、恻隐之间固然关系密切，但是深入地剖析，可以看出一定的区别。同情从字面上看，意指相同的情绪或情感；从心理上分析，表明的是一种笼统的情感状态，是看到他人处于痛苦或哀伤情绪时产生痛苦、哀伤、怜悯、恻隐等类似情绪或情感的倾向。怜悯也作怜悯、怜愍，从字面上分析，怜可作可怜、哀怜解释，悯也有哀怜、爱抚、痛心等意思。从心理上分析，怜悯意味着个体看到他们处于不幸状态时，表现出的哀怜、可怜、悲悯等情绪或情感状态。怜悯的对象可能处境不良或者地位更低，当一个人怜悯他人时，他往往显得居高临下、高高在上，所以人们通常并不愿意被他人怜悯。恻隐从字面上看，恻具有悲伤的意思，隐指伤痛、隐痛，恻隐的字面意思为感到悲伤、伤痛、隐痛。何怀宏认为，恻隐之心包含了心灵的痛苦内容和指向他人的道德关切，也是包含了同情体验的。从心理上分析，恻隐意味着看到他人身处不幸感到痛苦时，自己也会感到伤痛、难受的情绪。怜悯、恻隐是具体的情绪情感状态，不

[1]　叔本华. 伦理学的两个基本问题 [M]. 任立，孟庆时，译. 北京：商务印书馆，1996：236.
[2]　斯宾诺莎. 伦理学 [M]. 贺麟，译. 北京：商务印书馆，1997：156.
[3]　斯密. 道德情操论 [M]. 谢宗林，译. 北京：中央编译出版社，2011：2.
[4]　斯宾诺莎. 伦理学 [M]. 贺麟，译. 北京：商务印书馆，1997：156.

像同情是一种笼统的情绪或情感状态，可以说怜悯、恻隐是同情的具体情绪或情感形态。

在生活中，人们通常强调同情的情感属性，称为同情感，是一种最基本的善的社会情感。同情的对象不一定是与自己关系密切的人，通常也不是于己有恩的人，这是与感恩不同的地方。与之相关联的另外一种表述是同情心，可以说同情感是伴随着恻隐怜悯的情感体验，而同情心不仅伴有恻隐怜悯情感，也有关于客体的困境认知，同情心指的是与同情情感密切关联的认知、情感和行为倾向。在实际的应用中，我们一般不会严格地区分这些概念，但是当我们进行心理分析时，可以看到这些概念表达的意思是有差异的，这些概念强调了同情的不同侧面。

从字面上加以分析，同情指个体与他人的共同情感，但是在现实生活中用到这个概念时，其实际含义显然不是这样简单。在日常的生活中，我们讲到同情时，其含义并不仅仅是我们与特定的对象产生了共同的情绪或情感，这只是同情的一个方面。深入分析可以看到，同情往往蕴含着两层含义：一是当对方处于不幸的境况，看到对方痛苦、哀伤、伤心时，人们内心的平静被打破，心里产生波动，产生了情感共鸣，也体验到难过、伤心的情绪或情感，这种情绪或情感体验通常称之为恻隐；二是个体不仅仅体验到恻隐，而且关注对方的命运，仿佛对方的命运与自己的命运产生了某种联系，也就是同情还包括了怜悯和体恤的成分。

有些研究者将同情和移情看作含义相似的概念，甚至混用这两个概念。同情和移情是容易混淆的情感，两者在一些情况下是一致的，但显然并不相同。当我看到七八十岁高龄的与我奶奶打扮相仿的老太太在摆小摊卖杂物的时候，我把自己对奶奶的思念依恋之情转移到了这位老太太身上，产生了一种亲切感和同情感，这种情感可以说是一种比较典型的移情。这位老太太与我奶奶曾经遇到的困境类似，我内心有明显的恻然之感和怜悯之心，这时产生的移情也是一种同情。可以这样说，移情强调的是情感迁移的过程，同情强调的是恻隐、怜悯或类似的情感状态。

三、责任感

在有人陷入困境需要帮助时，如果周围有较多的旁观者，每个旁观者都会感到自己需要承担的责任较小，即使选择袖手旁观也不会有特别的感觉；如果只有自己一个人在旁边，就会觉得自己需要承担更多责任，如果不出手相助的话就会产生内疚感，如果陷入困境者出现危险状况，甚至会产生负罪感。责任感是个体意识到自己的义务和职责，认定自己应该承担责任，并且承担了一定责任的情况下的感受和体验。责任感也表现为个体不能很好地履行义务和责任的情况下产生的内疚感和负罪感的情感状态。

责任感源于人们对群体生活的要求和相关的规范的认知和体验，当人能够遵循群体的道德要求，或能够做出维护群体利益的行为，就会产生承担了责任的体验。相反，当个体不能遵循群体的道德要求或不能维护群体的法律规范和道德规范，就会产生缺乏责任感的体验。责任感是善的情感，是因为责任感对群体有利，对维护社会和谐和发展有益。善的行为有时也受责任感驱动，人们助人的责任感也是由守护的社会责任延伸产生的，一个人对于自己所生存的群体中的幼小者、弱者、受伤害者的守护责任是有本能倾向的。如果个体意识到自己对于他人的困境应该承担一定责任，具有守护责任，做出善的助人行为是一个人应该具有的道德信念，他们就会觉得帮助陷入困境中的人是对的。在这样的情况下，如果他们没有承担守护责任，会产生愧疚感；如果他们帮助了他人，守护了弱者，会觉得自己做得对，就会有存在的价值感。

每个人都需要承担个人责任，也有义务承担社会责任，要为社会为家庭做出一定贡献，要在他人需要时承担守护扶助责任。和谐社会也仰仗人们承担个人责任和社会责任，形成承担责任的意识。个体认清自己的责任和义务，愿意尽心尽力履行自己应尽的责任和义务，就会形成负责任的态度和行为，这是社会期望的善。尽责的善的倾向会使个体对自己应该承担的责任或义务有清晰认知，并且主动承担责任和履行义务，会觉得心安理得。反之，当不能履行自己的职责，就会感到愧疚，甚至产生负罪感。家庭美德、职业道德、社会公德的核心是个体承担相应的职责和义务，需要尽力承担必要的个人责任和社会责任。

四、羞耻感

对人的善恶做出评判往往很难做到公允，因为人通常不会绝对的善，也不会绝对的恶。对人做出善恶评判时，通常会依据一定的标准，或依循特定的维度。当做出一个人是恶人的判断时，评判的依据通常是人的行为，当他的行为对他人或社会造成了实质性的伤害，会评定他是恶的。在司法实践中，还会探讨罪犯的动机，分析一个人伤害他人的动机究竟是否能够得到谅解。如果一个人没有恶的动机，但导致了恶的结果，我们未必会做出该人是恶的判断。如果一个人没有恶的动机，但是做出了恶的举动，对他人和社会造成了危害，他为自己的过失感到难受和内疚，产生羞耻感和罪恶感，甚至千方百计弥补自己的过错，我们会认定他有向善的情感和动机。羞耻感就是由个体感到自己的行为导致了对他人的伤害和社会危害结果而激发的羞愧、内疚的情感。

孟子说："羞恶之心，人皆有之。"（《孟子·告子上》）孟子所谓的"羞恶之心"，指的就是羞耻感。孟子认为每个人都有这种羞耻感，而正是这种羞耻感使人具有了向善的心理倾向。羞耻感与羞愧感通常混用，两者的含义非常接近，不过，如果进行词义上的探究，会发现明显的差别。羞耻感的含义包括了感到羞愧和可耻，羞愧是情感形态，可耻是道德认知和道德判断的结果。羞耻感往往与个人触犯法律或违反道德规范后的内疚悔悟心理有关，是一个人做错事或犯罪后的难过痛苦、后悔内疚的状态。个体也会因为关系密切或亲近的人犯错而产生羞耻感。羞愧感从字面上来看是感到害羞和惭愧，通常不一定与做错事犯罪后的后悔有关，一个人能力差或表现不佳也会产生羞愧感。羞耻感不是一种恶的情感，恰恰相反，它是一种向善的情感，是一种重要的道德感。罪恶感是个人认识到自己违反社会规范因而担心受到惩罚的恐惧害怕情感。罪恶感与羞耻感不同，但是两者都能够起到抑制恶的作用，都能够使人避免伤害他人和危害社会。

五、正义感

许多人会在受到不公对待时有所反应，不会完全无动于衷。受到不公对待的人，如果足够有能力，就不会麻木不仁，而是会对不公现象非常敏感，容易愤愤不平，会想方设法寻求公平公正待遇。一个人可能只对个人及关系人的不公敏感，而对关联度弱的人的不公遭遇无动于衷。一个人因为关系人受到不公待遇而感到义愤，才会使他愿意承担个人责任，保护自己、家人和朋友。亚当·斯密说："缺乏正当的义愤是男子品质中最基本的缺陷，而且，在许多场合，这使一个男子没有能力保护他自己或他的朋友使之免受侮辱和侵害。"[①] 一个人可能不仅仅对自己及关系人的不公敏感，也对关联度弱的人的不公遭遇敏感。一个人对于自己和他人受到的不公待遇而愤怒和生气，为自己和他人被侮辱受伤害感到难过和愤怒，甚至想方设法争取公平待遇，这样就导致了公平公正感的产生，我们称之为正义感。

从字面上理解，正义意味着公平公正是合宜的，不公是不合宜的，是不义的。既然有人受到了不公的对待，就会感到生气愤怒，就会想要维护公平正义，就会想到要去纠偏，就会产生正义感。所以，可以把正义感界定为个体对于不公现象产生的想要纠正不合宜事件、使人获得公平公正对待的情感体验。正义感本质上是个体公平公正的需要未得到满足而产生的情感体验，表现为激动、生气、烦恼、愤怒等情绪状态，以及责任感、荣誉感和价值感等情感，是道德感的重要方面。从心理学角度分析，正义感表现为：一是正义的感觉或感知，即有关事件或遭遇是否公平公正的感觉或感知；二是正义的感受，即由于公平公正的需要得不到满足而产生的相关的情绪体验；三是正义的情感，包括维护公平正义的责任感、自豪感、荣誉感和价值感，以及不能维护公平正义的羞耻感等。当个体对受到不公平不公正对待的弱者表现出同情、慈悲、爱护倾向时，我们也称这样的人是有正义感的人，相应的情感有时也会被归于正义情感的范畴。一个人因为自己无力或无法维护公平正义而自责，感到羞耻，这样的人我

---

① 斯密.道德情操论 [M].蒋自强，钦北愚，朱钟棣，等译.北京：商务印书馆，2003：316.

们也称之为有正义感的人。

六、爱的情感

澳大利亚动物学家洛伦茨大约在 1937 年用一个简单的雏鸭实验验证了印刻现象的存在。他发现小鸭刚孵化出来时，他在小鸭面前摆动双臂摇摇摆摆地走路，小鸭会认定他是它们的依靠、会守护它们，所以像追随母亲一样跟随在他后面，并像爱母亲一样爱他。到了性成熟期，它们甚至会向人类求爱。印刻现象在许多动物身上都存在，这种动物的印刻现象表明动物生而具有融入群体寻找依附的心理需求，可以说是爱的萌芽，是动物在刚来到这个世界上时，融入群体得到保护，获得依靠、守护的一种本能，而当那个追随的对象能够提供庇护时，它们就会追随、依恋他，与他形成一种共存共生、相依相恋的关系，这样的关系如果发生在人与人之间，便是爱的情感关系。

爱的繁体字是"愛"，从字的结构上来看，从上到下包含了象形的手、秃宝盖头、心及友字，据此我们猜测其包含了以下几层含义：一是用手用心守护着友；二是用手捧着自己的心守护着友；三是像用手用心守护友一样（对待人）。这几层含义都可以在我们所理解的爱中看到，表示爱中有心之所系或心之所属，爱需要真心关注和真情流露。简体字的"爱"去掉了心，可以理解为一个人对另一个人的扶助、保护、守护及友善、爱护的情状。爱的情感可以看作一种基于眷恋、爱恋、友善、爱护等情感基础上的关切关注、守护保护、扶助奉献的心理倾向。

爱是一种复杂的情感。父母与孩子之间是一种共存共生、相依相恋的关系，父母对孩子的情感是最深沉的爱的情感，这种父爱或母爱的情感可以称为眷恋或慈爱。父母爱护自己的孩子、守护自己的孩子、保护自己的孩子，这是人性中的善的本能，是最基本的善的情感。当父母有了孩子的那一刻，自然地就会激发出守护幼弱孩子的本能。在孩子成长的过程中，这种本能不会削弱，只会增强，并且逐渐演化出深深的眷恋、守护和关爱的情感。

人们在社会生活中，在与人的交往过程中，会想要互相关心、互相帮助、互相守护，产生友爱的情感。当个体渐渐地长大，他们希望得到另一种爱护，融入另一种情感关系，他们产生了对他人的爱恋情感，这种情感可能具有满足自身的性欲或情欲的倾向，但也可能达到抛开性欲成分的情爱状态，在这样的感情中，人们不仅受到性的吸引，也有自我牺牲、主动奉献和承担责任的倾向，双方会更愿意自我牺牲、自我奉献，并且承担责任。当人对特定的人产生了爱恋情感，喜欢对方，渴望与对方生活在一起，照顾对方或保护对方，互相守护，这样的情感就被称为爱情。法国作家司汤达在《论爱情》中把爱情区别为四种类型，包括激情之爱、趣味之爱、肉体之爱、虚荣之爱。司汤达描述的主要是性欲和性爱，但他描述的爱还够不上爱情的本质。马斯洛对爱情的本质进行了分析，他认为："爱情体验主要是由一种温柔、挚爱的情感构成的，一个人在体验这种感情时还可以感到愉悦、幸福、满足、洋洋自得甚至欣喜若狂。"[1] 马斯洛所谓的爱情体验是一种温暖的情感，人们不仅受到性吸引，也有自我牺牲、主动奉献和承担责任的倾向。

美国心理学家罗伯特·斯滕伯格认为异性之间的爱情是由亲密（包含了爱恋、爱护、亲热等）、激情（包含了吸引、喜欢、兴奋等）和承诺（包含了负责、帮助、照顾、保护等）三种要素构成，这三种要素的不同组合构架了不同的爱情类型。他提出主要的爱情类型有四种：含有亲密、激情、承诺三个要素的圆满爱，含有亲密和承诺要素的伴侣爱，含有激情和承诺的浪漫爱，以及包含了亲密和激情的愚昧爱。愚昧爱类似于司汤达提出的那些爱情类型，本质上是一种性爱或性欲。浪漫爱、伴侣爱本质上是一种情爱，圆满爱则是一种高尚的爱。愚昧爱中善意会更少些，冲动更加多些；浪漫爱、伴侣爱、圆满爱中会有更多的善意，这二种爱情关系与马斯洛阐释的爱情类似，在完美的爱情关系中，双方会更愿意承担责任和自我奉献、自我牺牲。

斯宾诺莎认为："做善事的愿望或冲动起于我们对所欲帮助的对象的怜悯，便叫做仁爱。所以仁爱不是别的，只是由同情引起的欲望。"[2] 仁爱的情感不仅

① 马斯洛. 动机与人格 [M]. 许金声，等译. 北京：华夏出版社，1987：213.
② 斯宾诺莎. 伦理学 [M]. 贺麟，译. 北京：商务印书馆，1997：121.

由同情感驱动，也由仁慈情感驱动，是具有仁慈人格的个体具有的情感特征。仁爱的善的目的是真正让更多的人幸福，让更多人摆脱现实世界的痛苦。仁爱情感是最重要的真正无私、高尚的善的情感。

爱的情感表现为眷恋、依恋、情爱、友爱、慈爱、仁爱、博爱等，都是善的情感。爱的情感包括了亲子之间的爱、情人之间的爱、夫妻之间的爱、家人之间的爱，也包括了对那些以各种方式与我们发生联系的、貌似不相关的人的关爱情感，以及对生活在这个星球上的动物、植物等生命体的关爱情怀，还包括了对生养了每个人并生活和劳动于其中的家乡、祖国眷恋的爱国爱家乡情怀。爱国是一种复杂的情感，其体验更加复杂，不像情爱、友爱那样相对单纯，在爱国情感中，包含了要守护保护祖国、家园、家人、朋友免受侵害的强烈情感，因为对理智、成熟的人来说，在他的意识中，祖国、家园、家人、朋友等仿佛是他自我的一部分，当自我受到侵害时，个体会自然地做出反应，去维护和捍卫自己的尊严。当个体关注关心关爱的不仅仅是那些与自己发生了千丝万缕联系的人，而是对所有的人，以及自己生存的大自然和社会都有一种善的情感，有一种眷恋和爱恋的倾向，这样，他就具有了仁慈和仁爱的情感，具有了博爱的倾向。

第二节　人的恶的情感及其表现形式

在现实生活中，我们在对一个人进行善恶的评判时，不仅会探测其行为的结果和动机，也会关注其内心情感。因为人的恶的行为可能是由恶的情感造成的，而恶的情感是非常难以探测的。从语义学角度分析，由于善主要包括了类似同情、感恩、爱、正义感等情感，这些描述善的情感的词汇的反义词可能就表征了恶的情感。通常认为，同情的反义词是冷漠，感恩的反义词是忘恩负义，爱的反义词是恨或愤恨，正义感的反义词是邪恶感，可以说，从语义学角度而言，恶的情感是指对他人抱有恶意的感受或体验甚至是想伤害他人的情感倾向，主要有冷漠、忘恩负义、怨恨、邪恶感，以及仇恨、憎恨、残酷等。而忘恩负义指的通常是人的行为模式，而不是人的情感状态，从心理学意义上来说，与感恩意义相反的词更像是冷漠。

一个人表现为对他人的不幸无动于衷，可能只是表面上没有表现出助人的倾向，未必不愿助人，他内心也产生了波动，感到了伤心或痛苦，觉得自己应该有所行动，应该去帮助那个不幸的人。他没有做出行动，可能只是因为他看到周围的人都无动于衷，不敢轻举妄动；也可能是担心自己因为助人而陷入麻烦，比如被讹诈、被误会，担心自己无法脱身。这种人具有善的情感，但是没有表现出善的行为。我们没有看到他的善行，他会被认定为是冷漠、自私的。情感是内在的，不是轻易能够看到的。他的冷漠不是情感性的，而是人格化的，是他的退缩胆小导致了他的冷漠。他不具有恶的情感，即使我们不能判定他是善的，也不能界定他是恶的。

在社会流动加剧的生活背景下，人们生活在陌生人社会，常常为自己面对的各种问题所困，为生活工作琐事所困，生活生存压力很大，要去关注关心他人，去关注关心素不相识的人，或者更进一步要去关怀关爱素不相识的人是很难做到的。而且人总是容易自我本位，只关注自己的问题，关注自己的利害得失，未必能关注到生活在自己周围的人的喜怒哀乐、他们所面对的问题，以及他们的需要和愿望。所以，当一个人对他人的不幸漠不关心时，我们需要多一些理解和体谅，甚至多一些关注和关心，没有资格去责备他们，因为我们根本不可能知道他们碰到的问题有多少、困难有多大、内心有多痛苦，他们也许是更应该得到关注、关心、关爱的人。他们的冷漠不是因为他们缺乏善，而是因为他们也活得很难。

在资讯高度发达的现代社会，人们有更多途径获知发生在世界各地的种种事件，也有机会以形象生动的形式了解发生于世界各地的种种不幸，人们在一次次地感知这些事件及其当事人所受痛苦的同时，情感的敏感性会降低。人们天天受不幸事件的刺激，会变得越来越麻木，越来越觉得这些事件不足为奇，即使是那些最敏感、最富有同情情感的人也会变得难以激起心灵的涟漪。所以，我们看到现代社会，有些人对处于痛苦中的人的同情在削弱，对他人的关心关爱在减少，我们质疑人们变得越来越冷漠无情，责怪人们变得越来越自我自私，其实事实未必如此。当媒体将他人的不幸一次一次地呈现在人们面前时，人们会逐渐因为这样的事件司空见惯而感到平静。同时，人们会越来越质疑自己的能力，感到自己在这样痛苦和哀伤的现实面前实在是无能为力和力不从心，他们在内心对自己说：管住自己就可以了，我真的挺无能为力、挺无助无奈的。

更何况可能还会有人利用他人的同情心，骗取他人的财物。一个路边行乞的人，他是真的贫困吗？人们应该同情并帮助他吗？但如果我们对一位老态龙钟的老乞丐、行动不灵便的残疾乞丐都没有同情心的话，我们还能够被怎样的不幸触动呢？然而，如果我们经常在相同的地方见到同一位乞丐，我们内心又怎么能经常萌发出悲悯之情呢？何况，对于职业乞丐，我们同情他们、帮助他们，是不是助长了懒惰，甚至助长了恶呢？

社会是复杂的，我们会遇到形形色色的人，有的人因为行为不端而身处绝境，我们意识到他们陷入困境确实是自作自受、咎由自取的话，就会觉得他们根本不值得怜悯和同情，我们同情和帮助他们反而可能助长他们的恶习和恶行，在这种情况下，即使他们显得可怜兮兮，人们的内心情感也会是冷漠淡然的。做出恶行的人，值得同情吗？当他们显出可怜巴巴样子的时候，许多人的内心也有凄惨恻隐情感，但是未必会帮助他们。

冷漠通常不是一种恶的情感，但有时候，冷漠会演变成为一种真正恶的心理状态。人追求功利或私利的倾向会导致冷漠心态，这种功利取向的冷漠会使人斤斤计较，即使自己有能力帮助他人，也会表现得铁石心肠，对他人的不幸无动于衷。在一个人变得越来越功利的情况下，他人的生命、他人的不幸、他人的幸福是不值得一提的，只会把自己的利益、自己的好处放在第一位。当一个人因为个人利益而对他人的不幸无动于衷，甚至趁机损人利己时，他的冷漠是一种恶的心态，也可以算是一种恶的情感。

一个人因为时间流逝淡化感恩情感，变得冷漠无情，也意味着缺乏善的情感，甚至可以说这是一种恶的情感。人是一种善变的动物，也是一种善忘的动物，而最易变的莫过于人类的情感了，人们最善忘的莫过于他人施予的恩惠。

时间是最有效力的筛子，会过滤去一切体验和感受，使人变得不容易感动和感激。欲望是最光润的磨刀石，会磨灭掉所有情感的光芒。一个人若没有将感恩的情感转换成为一种有情有义的心理特征，若不是有着知恩图报的坚定信念，那么在时光流逝中，他面临的生活困扰会消弭他的感恩情感，而一个人的自我满足的欲望也会使他变得以自我为中心而淡忘别人的恩情，变得自私冷漠、心如铁石。所以，随着时光的流逝，许多人曾经的感恩情感会越来越淡漠。

知恩图报原则是社会维持稳定和谐人际关系的重要准则，如果一个人表现得利欲熏心、自私自利、知恩不报或恩将仇报，这个人就是恶的。感恩会成为负担，付出会带来痛苦，满足一己私欲往往需要不择手段，个人私利常常使人肆意践踏社会道义，泯灭人与人之间的真情实意，因此，许多人在生活中会选择对他人的恩情无动于衷，忘恩负义甚至落井下石、恩将仇报。我们也要意识到，一个人缺乏感恩之心必然会为他人不齿，是一种恶的倾向。一个人如果因为要感恩而违反了社会规范或触犯了法律，通过潜规则的方式报答关系圈中他人的恩惠，即使从关系人角度而言，他的行为是知恩图报的，但从公允的立场看，由于他的知恩图报行为损害了他人利益和社会利益，他的行为不能被认为是善的，恰恰相反，他的行为蜕变成为恶的。感恩报恩的行为要建立在合乎社会规范的基础上，一个人因感恩图报而损害了他人的利益，损害了社会的利益，感恩就成为一个人构架利益共同体的手段和维系关系圈的情感纽带，这样的感恩功利性、目的性太强，最终会被追逐利益的欲望冲淡，而这样的人也不会是真正有情有义和重情重义的。

现实生活中，人们总是容易忘恩而记仇。恩情会因为对施恩方的不满或因为对方的过错而淡化，甚至会因为对方的某些过错而由感恩转化为记恨。个体受到太多恩惠，导致的未必一定是图报的心理倾向，反而会因为要逃避责任而淡化了感恩情感，可能会对他人的付出视而不见，不在意他人的奉献，也不会有太多的感恩之心。就像有些孩子只是享受父母的付出，父母无微不至地照顾他们，他们只是父母恩惠的不知餍足的受体，却忽视父母的付出，忽视他人的恩惠。父母的付出或爱护在他眼里显得无足挂齿、不足为奇、理所当然的。这样的人对于其他人的付出不会在意，也不会有感恩之心，他们通常显得麻木和冷漠。

通常情况下，人们并不是很愿意让自己处于感恩的状态，这也是人们总是避免接受他人恩惠的原因。这些避免接受他人恩惠的人，恰恰可能是最有感恩情感的人，他们在接受他人恩惠时，处于一种挂心挂念有负担的状态。有些人毫不犹豫地接受他人的恩惠，把他人的付出和奉献看作理所应当，或者因为无力报恩而选择坦然接受他人恩惠。这样的人，当他们的预期落空时，通常不会平心而论地自我反省，而是会心生怨恨，忘恩负义，甚至做出恩将仇报的举动，这样的人就具有了恶的情感。

如果一个人完全无视他人的付出，对他人的善意举动或无私奉献视而不见，缺乏感恩感激情感，这样的人便具有了恶的倾向。某地发生一起溺水事件，一家三口都掉到水里，拼命挣扎，附近路人急忙施救，三人都被救上岸，而一名施救者却失踪了。被救上岸的一家人趁大家不注意，想悄悄地离开，被路人拦住。获救者回答：为什么要拦我，施救者与我有什么关系？之后开车离去，失踪的施救者溺亡。这家人逃离主要由于一种自我保护的心理作祟，想逃避责任，怕惹麻烦。他们在受到他人帮助的情况下完全没有感恩图报之心，并且为了避开麻烦，不管恩人的死活，这是恶的情感使然。

爱的对立面是恨，这个命题在理论上是绝对正确的。但是仔细地思考可以看到，爱的对立面未必只是恨，在爱与恨之外应该还有一些其他的状态。一对夫妻已经没有了刚刚相恋时的爱情，他们由于种种矛盾而争执，到最后分道扬镳，彼此仇恨。这里，爱的对立面是恨。如果从另一个角度理解，可以认为爱是在意对方、关注对方、理解对方，愿意为对方付出和奉献。恨是因为受到伤害而产生的体验，恨也在意对方，关注对方，恨意味着对方还驻在自己的内心，没有离去。所以，恨的双方也有可能原谅对方，如果是夫妻的话，到最后可能会破镜重圆。俗话说："哀莫大于心死。"夫妻对对方冷漠，形成冷漠的心理状态，不关注对方，也不关心对方，这样的情况下夫妻之间也就真正地恩断义绝了。冷漠是一种心理形态，虽然我们习惯性地称之为一种情感，其实不然，甚至也不能称之为情绪，因为冷漠意味着无情无欲，没有情绪波动，没有情感状态，只能算是心理形态。冷漠意味着无动于衷，常常没有伤害他人的意向，不能算是恶的心理形态，但当他人陷入生死攸关的困境时，如果一个人心存冷漠、无动于衷，就是恶的，因为可能会导致不好的结果。

恨是一种复杂的情感，是希望他人受到伤害或想要对方倒霉的带有恶意倾向的情感。从语义学上来说，恨描述为怨恨、憎恨、仇恨、痛恨、遗恨、愤恨、忿恨等，这些词语都与恨有关，但是引起这些恨的情绪或情感的具体原因不尽相同，一般这些恨的情绪或情感都与需要受挫或需要不满足有关。一个人会恨对方的最根本原因在于对方给自己造成了实质的身体的、精神的伤害或物质的损失。恨的情感会容易使人产生报复和报仇的心理倾向，这种仇恨可能是有些人伤害他人的恶的行为的原因。

"憎"这个字有可恶、厌恶等含义，憎恨可以理解为因为自己不得不与之发生关联的对象的某些可恶之处使自己难过、不满而产生恨意。仇恨与自己受到的伤害有关，当一个人受到他人的伤害时，会对伤害行为的实施者产生仇恨情绪。痛恨可以理解为因痛而恨，即因为自己的需要满足一再受挫，感到痛苦而产生恨意，痛恨一般针对的是造成挫败感的对象。遗恨是因为以往经历的特定事件中有失误或愿望得不到满足而产生的消极情绪。愤恨与忿恨有着差不多的含义，通常也与个体的愿望或需要的满足受挫有关。

怨恨通常与个体受到的不公有关。个体在成长过程中不可能总是一帆风顺的，可能会遇到不公事件和遭遇不公待遇，可能会受到欺负和伤害，应对方式及结果影响个体的善的观念和态度。个体在儿童期受到不公待遇时，可能会选择寻求父母教师或其他成年人的帮助和保护，他们内心的委屈或难受一旦得到抚慰，就会烟消云散。但当个体遭遇不公时，如果不能获得帮助和支持，可能会愤怒和怨恨，心胸狭隘、内心阴暗的人会不择手段寻求补偿，甚至会有报复心态。

怨恨也与个体的期望落空有关。小孩可以因为父母没有满足自己买玩具的愿望而怨恨，妻子会因为丈夫不记得自己的生日而怨恨，人们也会因为自己生活和工作失去保障而产生怨恨心理。公交车爆炸案的罪犯因为自己的社保申请没有通过，就迁怒于他人，制造了死亡人数众多的恐怖事件。许多制造杀人、爆炸、放火等恶性犯罪事件的人都带着对社会、对生活不满的乖戾之气，内心充满对社会、对生活、对他人的怨恨情绪，伤害他人和危害社会成为他们宣泄怨恨愤怒情绪的渠道。

一个人做出暴力行为通常不是一时兴起，而是怨恨情绪长期累积的结果。一个人有怨恨情绪，总是要寻找表达或发泄的机会。如果怨恨情绪不能得到及时疏泄，就会不断地累积。康罗·洛伦兹对此有过分析，他在解释人类的侵犯行为时，指出人类从他的动物祖先承继了侵犯性本能，如果没有发泄的渠道，就会越积越多，最后爆发出来。这样，人每过一段时间就会表现出侵犯性，以释放自身积累的负面能量，这就是液压理论：压力越大，液体或蒸气受压后的反作用力越强，最终将越可能将容器撑破。怨恨情绪是否被累积与累积阈限有关，达到一定强度的情绪才能被累积，低于这个强度的情绪更容易被遗忘。情绪累积阈因个体性格特点、观念、生活经验、心理调节能力而异。怨恨情绪的累积不等于情绪的累加，不是说一份怨恨情绪加一份怨恨情绪等于两份怨恨情绪。有时，在消极情绪不断累积的情况下，一个小小的冲突，就会导致情绪的大爆发。仿佛一颗小小的火星苗子就导致一个炸药桶被点燃，引发强烈的爆炸一样。

怨恨情绪容易以压抑的方式被累积。弗洛伊德的自我理论对压抑有非常深入的分析，他认为压抑是自我心理防御机制的重要形式："如果伊特、自我或超我的能量发泄会导致焦虑的话，这些发泄作用就可能遭到反能量发泄作用的反抗而无法进入意识，这种凭借反能量发泄来抵消或限制能量发泄的心理机制，叫作压抑作用。"[1] 压抑被分为两种，即原始压抑和主体压抑，其内容通常是不能见容于现实社会的各种本能冲动、欲望等。原始压抑是来自先天的心理屏障，把存在于本我中的冲动、欲望永久地封存于无意识之中。主体压抑迫使具有威胁的记忆、知觉、经验、观念退出意识，并且筑起一道屏障，防止任何形式的

---

① 霍尔.弗洛伊德心理学入门 [M].陈维正，译.北京：商务印书馆，1985：75.

本能发泄。在弗洛伊德的人格结构观中，压抑起到了两种作用：一是对不能表现于外的本我的各种内容物的抑制，二是对自我中违背超我要求的各种内容物的抑制。

现在通常把压抑看作人们在受到挫折或不幸的情况下，凭借有意的遗忘或者不去察觉，以免给自己带来不良后果或不愉快体验的心理反应。压抑通常表现在两个方面：一是将可能引起挫折的欲望及相关的思想、感情等抑制下去，不让其表现出来；一是在遭到挫折之后，表面上不动声色，以免带来自尊心方面的伤害。压抑可以针对行为和情绪，也可以针对意识或观念。现在人们的情绪压抑通常与人们在社会生活中遇到的不确定感、挫败感、不公平感等有关。在拥挤、匆忙、功利、自我的社会生活中，人们不可能获得完全的公平，机会不平等，危机也未必总是能够转化为机会，一不小心机会倒容易演变成危机，挫败感总是不可避免，人们不得不小心抑制自己的冲动和欲望，压抑成为许多人适应社会的最自然的自我保护策略。

当一个人在生活中无法获得公平待遇时，会产生不公平感，会因为要争取公平感而产生正义感，也会在受到不公平对待时，因为愤怒和失望而产生邪恶感。正义感是期望用正当手段使自己获得公平对待的情感，邪恶感则是以造成他人伤害的方式求得自己的心理平衡的恶的情感。人的邪恶感指向的可能不是造成他的不公平的对象，而是指向那些更加容易受到伤害的与他毫不相干的陌生人。

表面上看，善的情感与恶的情感是绝对地对立的。但是，深入地分析，不难发现善的情感与恶的情感并不是绝对地割裂的。一个具有恶的情感的人，可能内心同时孕育了善的情感种子，也有可能萌生出善的情感。像雨果《悲惨世界》中的冉阿让，在神父善意关爱的感召下，他萌发出感恩情感，他洗心革面、脱胎换骨，成为一位充满慈爱关怀并热心服务穷人的具有高尚善的情感的绅士。

一个人具有善的情感，如果善的情感没有演化成为善的情感特质，变成人的稳定的人格特征，使人具有仁慈仁义的人格，仍然会有向恶的可能，仍然可能产生恶的情感。就像一个人为了自己爱的人而去伤害无辜的人一样。像鲁智深这样因为打抱不平而打死了镇关西，又何尝不是一种恶？

人从一出生就生活于群体之中，与他人共同生活、相互依靠、相互眷恋，自然会对他人有感情，会感恩、同情和关爱，能动情、重感情。理想总是特别美好，现实却往往是残酷的。许多人会在社会生活中，体察到人际关系的错综复杂，社会要求、个人愿望与现实遭遇常常交错矛盾，满足欲望的逐利本性和自我本位的自私倾向会使人们忽视他人利益和个人责任，甚至逐渐变得冷漠无情和自私自利。在个人欲望满足受挫的情况下，不免怨天尤人和怨声载道。在越来越多的人见利忘义，表现得冷漠无情、自私自利、损人利己的情况下，人们生存的处境会变得越发艰难。世间最可怕的是人性的冷漠和无情。人们忘却了生活和生存的本真目的，追逐感官满足和表面荣光，在拥挤的人流中迷失和彷徨，不知道自己这样的生存意义何在，不知道自己为什么来到这个世界，也不知道自己又将去向何方。迷茫中的人们更加需要人际情感支撑，人会感恩、同情、爱，有正义感，使这个世界不显得那么冷冰冰，也给予人们勇敢活着的信心和力量。

第三节　人的善的情感的发生机制

孩子出生时非常弱小，没有独立生存的能力，他们必须有所凭依，有依赖和依恋父母，特别是依恋母亲的本能倾向，父母能够陪伴、守护、帮助他们，能够及时地满足孩子的需要，孩子才会有安全感。当父母不能满足孩子的需要时，他们会产生不安全感，会感到孤单和痛苦。孩子这种对父母的依赖和依恋是爱的最初萌芽。父母面对弱小而无助的孩子，也会有帮助他、守护他、爱恋他的心理倾向，这是慈爱的情感表现。

如果父母自私自利，不爱自己的孩子，不能守护自己的孩子，在孩子成长的过程中对他们凌辱谩骂、殴打虐待，这样的人不能称为父母，只能算是畜生。生孩子很容易做到，但是，会爱孩子、会守护保护孩子、会教育培养孩子成长成才，是只有称职的父母才能做到的事情。称职的父母，既关爱孩子，也懂得管教孩子，要求孩子遵循社会规范。这些孩子通常不会是恶的，即使他们不小心违反了社会规范，也会产生羞耻感和罪恶感，为自己做错事情犯错误而感到害怕、难过、内疚，愿意改正错误、弥补过错。父母过度溺爱孩子，对孩子百依百顺，满足孩子的种种欲望，不重视对孩子的恰当管教，没有教育孩子基本的社会道德规范和法律规范，孩子很可能会任性而且无礼，表现为自我中心而且自私自利。这样的孩子没有规则意识，难以形成责任感，通常会为了满足自己的私欲而违反规范，他们在违反规范的情况下，即使恐惧惩罚，也不会有羞耻感和罪恶感。

个人形成遵循和遵守社会规范的责任意识，会依据已经形成的规范衡量自己的言行举止，如果他认识到自己违背了应该遵循的道德规范和法律规范，会感到难受，想要弥补过错，这是产生羞耻感和罪恶感的心理机制。一个人会依据已经掌握的道德规范和法律规范衡量他人的言行举止，会有维护道德规范和法律规范的倾向，这是其正义感产生的基础，也是其具有正义感的表现，意味着他已经产生维护公平公正的正义意向。当一个人发现他人做出了违背他所遵奉的社会规范的行为，会感到不满、生气、愤怒，甚至想要有所作为，去承担改变人改变世界的责任，这时他的心中已经产生了正义感。

过度的爱容易造成孩子私欲膨胀，导致孩子的自我欲望本位占上风。如果在孩子心目中，父母爱他们是理所当然的，父母满足他们的欲望也是理所当然的，他们会以自我为中心，缺乏社会意识，未必会感恩父母，也不会对他人有关切之情。父母爱孩子，希望孩子有光明的前途，能够过上美好生活，对孩子寄予厚望，提出更高要求，孩子感到压力很大，就会选择逃避生活，逃避父母的爱护，脱离父母的守护，或者因为父母对他们要求太高而对父母产生怨恨心理，甚至做出伤害父母的行为。人有时真的很可怜，他们不知道应该怎样去爱，所以总是容易在不经意间互相伤害，尤其是伤害身边最亲近的人。

许多父母爱孩子，关心他们、守护他们、支持他们，也教育孩子遵循社会规范，千方百计地为孩子创造良好的教育环境；孩子长大以后也爱父母，关心父母、孝顺父母，对父母有强烈的依恋情感，当父母年老体衰、生活无法自理时，也会关心他们、照顾他们、爱护他们。总之，父母守护孩子，千方百计地为孩子的健康成长默默付出，孩子也依恋父母，容易产生感恩图报的善的情感。

一个人如果以自我为中心，过度关注自我的话，通常不会关心他人，即使不一定会伤害他人和危害社会，但对他人也不会表现出明显善意，而是对于他人的恩惠视而不见，对于他人的不幸无动于衷。一个人如果是自我中心的，是自我欲望导向的，也会关注他人的财富、关注他人的成就、关注他人的生活、关注他人的外表、关注他人的工作等，但是因为着眼点是自己的利害得失，这样的情况不会导致善的情感产生。

生命非常短暂，还特别脆弱，人终究无法摆脱生老病死的命运困境。当人们对他人的痛苦不幸有所感触，心底自然会产生恻隐怜悯的心态，这是人的善的情感发生的基本点，是人的恻隐怜悯、同情感恩、眷恋爱护、仁慈关爱、公平正义等善的情感的根源。人们体味到人生的美好与生命的短暂，会珍惜生命，不仅珍惜自己的生命，也珍惜周围人的生命，会想要对家人好一些，对所有人好一些。人不再苛求于人，不会怨恨他人，而是会怜悯人、同情人、关爱人，这是善的情感产生的最根本的心理机制。

伴随人的社会意识发展，人的关注点不再局限于自己个人的利害得失，而是关注众生的命运，关注为人父的老态龙钟、关注为人母的白发苍苍、关注商贩的风餐露宿、关注工人的愁眉苦脸、关注学生的忧心忡忡、关注绝症患者的万念俱灰、关注丧失亲人者的悲痛欲绝，关注他人摆脱不幸的努力，关注关心他人的痛苦烦恼，这样的关注能够导致善意的产生，能够使人萌生恻隐怜悯、爱、正义感等善的情感。

善的情感发生的心理机制在于个体能够转移关注点，能够挣脱自我关注、自我欲望本位的自私倾向，能够关注他人的不幸遭遇和痛苦心情，能够因他人的不幸境遇和痛苦情绪触发怜悯等情感。人是以自我为中心的，容易有自爱，当一个人在成长过程中，能够摆脱自我中心的心理倾向，摆脱自我欲望本位的羁绊，善的情感就能够触发，这样的人能够关注社会的情感要求，遵循善的原则，具有真正的善的情感。一个人从自我欲望满足的桎梏中摆脱出来，从自怨自艾的痛苦情绪和抑郁情感中挣脱出来，接受自己的痛苦和不幸，并且能够放下内心痛苦情结，就有可能将关注的目光从自身的问题转向他人，转向芸芸众生，不会对他人的不幸和痛苦无动于衷，能够对他人的痛苦不幸感同身受，会萌发出同情和感恩情感，甚至能萌生正义感，萌生仁慈仁爱情感。一个人不能有效控制自我的欲望，不能从自身痛苦的情结中挣脱出来，不能摆脱自我欲望本位状态，善的情感便很难产生。

当人们将对家人的亲密、眷恋的情感转移到那些以各种方式与我们发生关联的人时，恻隐、怜悯、同情情感就产生了。所以，移情能够导致恻隐、怜悯、同情等善的情感产生，但移情不一定有同情，移情涉及的范围会更广泛些。当移情中带上了恻隐之感或怜悯之意，这时的体验就是同情了。可以看到移情涉及的面要广些，不仅仅是痛苦、伤心、哀痛等情感可以移情，喜悦、愉快、欢乐等也可以移情。

人们看到文字新闻报道某地发生了地震，死伤成百上千人，可能不会有特别强烈的感受。但当人们看电视新闻播报地震现场，看到有人因为家人在地震中死亡而恸哭不已，绝大多数人都会内心恻然，产生同情感。人们看到生动的画面，看到当事人家属的痛苦神情，感到生命的脆弱，觉得自己面对的不再是冷冰冰的数据，而是活生生的有血有肉、有情绪、有情感的生命，同情的情感就容易被触发。陌生人社会，人们并非全然地互相隔离，而是以各种各样的方式与他人发生千丝万缕的联系，人们在陌生人社会的孤寂境遇也会触发同病相怜的情感。这种由一定的情景因素触发的同情感通常称为情景性同情或状态性同情。状态性同情的产生，情景是非常重要的变量，这时产生的同情感类似于我们平时讲的触景生情。

同情感本质上是一种同情体验，同情体验源于对他人的情绪情感的关注、个体的情绪情感的共鸣及关联的悲伤痛苦的反应。我们看到年龄很小的幼儿已经表现出对他人情绪的关注，甚至会因为其他人哭泣而跟着哭泣。比如幼儿园有小朋友哭泣时，特别容易引起其他小朋友跟着哭泣，造成哭声一片。成年人如果哭泣时，有些年幼的孩子也会跟着哭泣。这种情况可以说是一种典型的情绪关注，是一种同情的表现。可以看到，同情具有一定的先天遗传性。对于那些陷入痛苦场景的人们，绝大多数人不会无动于衷，甚至年幼的孩子也会产生恻隐之心。所以恻隐之心通常会被认为是先天的普遍情感，就像孟子说的那样。何怀宏也明确认定恻隐之心具有先天属性，不是道德规范学习的结果："恻隐是一种道德感情，而且可以说是一种最原始的道德感情。在人类还没有形成任何明确的道德规范，没有形成对道德义务的观念和情感之前，就已经有同类或同族之间的恻隐之情在原始人的心中萌动和活跃了，这种恻隐之情起着维系群体的、我们今天称之为'社会道德'的作用。"①

对于人们遭受的不幸，有些人可能会无动于衷，可能的原因是这些人在生活中因为过分的自我关注而逐渐变得情感淡漠、心如磐石，他们的情感敏感度变得越来越低。而许多人，对于他人的不幸会产生怜悯之情和恻隐之心，这些人情感敏感，容易产生同情情感。同情情感产生的外因是特定情景下遭遇不幸事件的痛苦的人，遭遇到不幸、陷入痛苦和伤心状态的人是能够引起人的同情情感的重要刺激，这个人的遭遇越不幸、越凄惨，越能激发人们的同情情感。

面对同样的不幸，有些人表现出了强烈的同情，有些人却无动于衷，可以看到情景因素有时未必能够起到唤起他人同情的作用。我们要考虑人的因素，有些人更敏感，更富有同情心，而有些人待人冷漠，对他人的不幸无动于衷。这种差异不仅仅是由人们的观念差异造成的，而且往往是特质性原因造成的，可以说，有些人就是比其他人更有同情心。具有同情特质的个体往往更加有情有义，也乐于助人，他们不是那种自我封闭、过于关注自我的人。有些人更自我，而有些人社会性更明显，前者倾向于关注自我、关注家庭，而后者倾向于关注社会，有群体意识、愿意助人。以自我为中心的自私自利的人，即使敏感性很强，也未必能够意识到他人的不幸和无助，未必能够感受或关注他人的不幸，他们可能更关注自己的感受，甚至为自己微不足道的痛苦叫苦连天、怨天尤人。而一个具有同情特质的人无疑是有情有义之人，不仅更具有怜悯之心和

---

① 何怀宏. 良心论——传统良知的社会转化 [M]. 上海：上海三联书店，1994：56.

恻隐之情，也更加关心他人、乐于助人。

在同情感的产生过程中，不仅情景因素或对象特征在起作用，个人的认知因素和情感特质也在起作用。一种更加系统的认识是，同情感是在个体的同情特质基础上，在对特定的情景因素的认知过程中受触动而产生的情感体验。同情感或同情体验的产生可以说是既包括了外受成分，也必须以个体的内受成分为基础。外受成分指感知到的对象的能够触动其情绪情感反应的主要特征，包括这些人的痛苦伤心的表情、声泪俱下的神态等，如果是电视画面的话，悲凉的背景音乐及主持人的悲怆语调也会产生感染力。内受成分主要指个体的感知能力、认知风格、情绪情感的敏感性、情绪智力、社会意识等，个体的这些内受因素使其能够移情，产生同情体验，容易因为他人的不幸和痛苦产生恻隐之心或悲悯之情。

个体的同情具有多重唤起机制，较低级的唤起机制更倾向于情景导向，一般情况下，同情是由个体面临的情景刺激、个体的人格倾向、认知特点、情绪状态、情感特质等因素综合作用的结果。同情情感产生的内因主要有：一是个体具有关注他人不幸的认知倾向。叔本华说："同情是不可否认的人类意识的事实，是人类意识的本质部分。"[1] 个体能够关注他人，才有可能感受到他人的不幸和痛苦，才能够产生同情情感。二是个体具有情感的敏感性。一个人情感的敏感性越强，同情感就越容易产生且越强。三是个体具有情感的稳定性。情感稳定的人，他们的同情感不会随着对遭遇不幸事件的人的痛苦反应的反复感知而降低敏感性，不会产生同情情感的递减效应。情感缺乏稳定性的人观察到和意识到他人的不幸遭遇时，第一次的情绪反应会比较强烈，感受比较深刻，同情感会很强。当个体一次又一次地观察到或意识到他人的不幸时，同情感会逐渐减弱。

个体为父母对自己的关爱、照顾而心存感激，对父母有感激情感，有感恩图报的心理倾向，这是人的感恩情感产生的最基本条件。个体若对父母的付出

---

① 叔本华. 伦理学的两个基本问题 [M]. 任立，孟庆时，译. 北京: 商务印书馆，1996 : 239.

都无动于衷，对父母的痛苦都漠不关心，这样的人是不可能对其他人有感激情感的。个体对于帮助过他的人心存感激并且恩将恩报，维持了人际关系的和谐和社会关系的稳定。感恩是社会建立稳定人际关系和维持良好社会联系的重要社会情感，如果在一个社会中，人们利欲熏心、忘恩负义，人们必然会表现得自私自利、尔虞我诈、钩心斗角，也便无法构架合理的人际交往规范，无法构建社会生活的和谐秩序。正是因为绝大多数人不会漠视他人的付出和赐予，正是因为绝大多数人有感恩的情感倾向，所以，人世间有温情，有互惠相助的善的意向和情感。

个体感恩情感的产生有两个基本条件：一是个体遵循互惠原则；二是个体容易触发感激情感。一个人接受了他人的恩惠，如果产生了感激情感，内心就会有恩情的体验。恩情是个体内心感到对方对自己有恩的情感体验，表现为想到对方时就自然地产生感激感动的情感。一个人光有感恩认知未必会转化成为报答的真实情感和回馈的实际行为。一个人有感恩认知，也有感激情感，而且感激情感比较强烈的话，他们将更可能对施惠者做出回馈行为，不仅仅是知恩图报，而是真正做到了感恩图报。知恩意味着感受到对方的恩情、恩惠、恩德，感恩意味着因为对方的恩情、恩惠而激发感激情感，图报意味着讲义气，要回报对方。感恩图报是一个人重感情和讲义气的表现。

Rosenberg（1998）和McCullough（2002）的感恩理论都肯定了感恩的情感特质的存在，这种情感特质使个体对恩惠的感激情绪的反应阈限更低，而且感恩的情感倾向更加持久。人的感恩特质包含了个体对他人的帮助及自己所得恩惠的识别能力，以及个体产生感激心情并做出积极反应的倾向。感恩的情感特质意味着个体在受到恩惠之后一定能够意识到他人的付出和自己获得的恩惠，并且能够激发内心的感恩情感，这种感恩情感也不容易随着岁月流逝而迅速消逝，甚至可能产生泛化的倾向，将感恩的情感泛化到所有与其发生关联的人或处于困境中的人身上，可能会对所有的人都产生一种感恩体验和关爱情怀。

感恩特质可以解释许多现象，它反映了一个人识别他人善意的敏感性，产生恩情体验及表达感激的能力。那些具有感恩特质的人往往有情有义、重情重义，感恩成为他们的稳定的人格特征的一部分，他们总是倾向于感恩戴德并愿意回馈他人。一个人具有感恩特质，更可能具有高尚情怀和美好情操，他们甚至会因为自己受到的恩惠而去回馈所有他们能够帮助的群体。有些人缺乏感恩特质，他们接受他人的恩惠，甚至索求他人的恩惠，却没有回馈的意识，没有恩情的体验，缺乏回馈的感激之心。

感恩特质有三个基本要素。第一个要素是情感的敏感性。具有感恩特质的人产生感恩体验的情感阈限更低，感恩情感的敏感度更高，更容易产生感恩情感。长期处于困窘中的人的情感敏感性会比较高，他对于他人的帮助容易激起感恩情感。一个自我欲望本位的人感恩情感的阈限较高，他们不容易产生感恩体验，他的自我欲望满足倾向使他只关注自己的得失，而无视他人的付出。情感冷漠的人对于他人的恩惠无动于衷，因为任何的刺激都已经不足以使他有所触动，他们的感恩情感敏感性非常低。

第二个要素是情感的稳定性。具有感恩特质的人对于他人的付出或赐予特别敏感，比较容易产生感恩情感，而且这种恩情也不会因时过境迁而很快烟消云散，而是稳定地留在心里，使他们成为情感丰富的人。这种恩情会成为一种情结，即使他已经以对等方式报答了对方的恩惠，也不会消弭这种感恩情感。有些人虽然情感的敏感性高，容易体察到他人的恩惠而产生感恩情感，但是情感的稳定性较低，感恩情感来得快去得也快，容易淡漠甚至消散。对于那些处于困窘中的人，当人们给予他们帮助时，他们特别容易产生感恩情感，但是如果帮助有限，他们仍然处于困窘中，感恩情感也很容易消逝。

第三个要素是情感的迁移性。具有感恩特质的人对于他人的付出和赐予既能敏感感知又能产生感恩体验，这种感恩情感会稳定存在，而且他们极可能会将这种感恩情感投射给所有的人，对所有的人心怀善意。所以，具有感恩特质的人不仅仅是有情有义的人，可能已经具有仁慈仁爱的情怀，或者甚至具有仁义人格。

具有感恩特质的人，感恩情感会比较强烈而且不会轻易变淡，他们是真正重情重义的人。感恩究竟是一种天生的情感，还是后天养成的情感，很难给出一个确切答案。人们对于他人的恩惠是否有感恩之心，存在很大的个体差异，有的人更懂得感恩，更具有感恩之情，他们倾向于对他人的恩惠念念不忘；而有些人更加自私冷漠，缺乏感恩之情，他们将他人的热心奉献看作理所当然，所以接受到恩惠时无动于衷。能够将他人的恩惠铭记在心，念念不忘地要报答的人是那些情感丰富、关心他人的人，他们能够设身处地，推己及人。或许正是因为具有感恩特征，才使他们有情有义、重情重义，具有坚定的感恩图报的信念。

不管是儿童也好，或者是成年人也好，在生活中习得互惠原则，受到恩惠，就会有感恩体验，产生感恩情感。一个人习得公平规则，会产生公平意识，产生正义感。人们受到不公待遇时，其情感敏感性会得到发展，可能会产生特别强烈的追求公平公正的意愿，这是人的正义感产生的重要契机。即使一个人没有遭遇不公，在看到他们心目中的好人受欺负、被伤害时也会感到难过伤心，也会害怕和恐惧，会生气和愤怒，这时的情感混合了同情、正义感等，可能是模糊的，但是是纯良的，承继了个体关于完美世界的理想愿景。人们当然希望世界上全是好人善人，没有坏人恶人，希望恶人坏人受到惩罚。一个人当然想要变得坚强，想让自己成为英雄，具有足够强大的力量，可以不被欺负，惩罚那些欺负好人的人，或者帮助受到伤害和侮辱的人和动物，帮助或抚慰受欺负的弱者，这样的心态会促进个体的同情、正义感、仁爱情感的发生与发展。

儒家思想家提出"一体之仁"的圣人至善情感，意味着能以天地万物为一体，视天下为一家。当个体的关注点从自身转移到周围的所有人，转移到那些生活在这个星球上的动物、植物，转移到生活和工作的家乡、国家，那么亲子之间的爱、情人之间的爱、夫妻之间的爱、家人之间的爱得以升华，那些生活在这个星球上的动物、植物也不再与他毫不相干。个体关心的不仅仅是那些与自己发生了千丝万缕联系的人，而是对所有的人及大自然都有一种眷恋和爱恋的倾向，都有一种善的情感，这样，人就具有了仁慈和仁爱的情感，具有了博爱的倾向，具有了"一体之仁"的仁爱情怀。

第四节　正义感及其发生机制

罗尔斯说："所有社会价值——自由和机会、收入与财富、自尊的社会基础——都要平等地分配，除非对其中一种价值或所有价值的一种不平等分配合乎每一个人的利益。"[①] 公平不仅仅是对于利益均分的需要，也是对于负面资源平均分配的要求，布卢姆强调了这一点："所谓公平，不仅仅是采取最优策略分配积极事物，我们还须决定如何分配消极事物。"[②] 公平意味着社会资源没有被不法侵占，能够让所有人得到平等的分配。一个人具有公平观念并且总是秉持公平原则，总是希望所有利益或资源都能够得到公平分配，在这样的心理预期下，当他受到公平对待时，他会觉得理所应当，不会有特别感受。公平感的实质是个体对于公平的感知及相关的体验，是个体得到公平待遇时感到理所当然的认识或相应的心安理得的体会。一个人是否得到公平对待，有时一目了然，但是在有些情况下，要判断一个人是否得到公平对待，并不能够获得清晰认知。公平感通常像是一种意识，是关于人们是否得到公平对待的认识和体会。

公平的认知有明显的个体差异，个人主观的公平认知和评判未必与社会大众公认的公平一致，但是绝大多数人在做出公平评判时往往会依据个人的公平观念，具有主观性，也往往具有其合理性。人的情感倾向会干扰一个人公平判断的合理性，当人们做出公平判断时，会偏心自己人而忽略陌生人，这使其公平判断偏离理性轨迹。人的自私本性使许多人忽视公平原则，并且制造明显的不公平，以便利自己获得最大利益。在义与利的矛盾冲突中，许多人会选择利，而不会选择义，这是自私的人性必然的选择。

在利益分配和资源利用上，所有人都得到公平对待，每个人的利益都不会被侵害，社会资源能被公平地分配，是社会公平的表现。在人际关系层面，社会制度或社会规范保证每个人不会受到无端的伤害和攻击，不会莫名其妙地受侮辱，每个人都受到公正对待，是社会公正的表现。公正也意味着公平是正确

① 罗尔斯. 正义论 [M]. 何怀宏，何包钢，廖申白，译. 北京：中国社会科学出版社，2016：62.
② 布卢姆. 善恶之源 [M]. 青涂，译. 杭州：浙江人民出版社，2015：77.

的，人们具有公平公正意识，遵循公平公正原则，是社会和谐、人际关系和谐的基础。情感作为一种重要的心理体验，需要有能触动人的刺激才能被激发。人们受到公平公正对待，一般不会有特别的情感体验，当受到不公平不公正对待时，才会有谋求公平公正的体验产生。当然，一个人知书识礼，也可能会关注关心他人，对社会不公很敏感。

绝大多数人秉持公平公正的原则和要求，人们的公平公正理念不会有特别显著的差异。撇开少数特权阶层，绝大多数人都具有公平公正观念，并且希望人们秉持公平公正原则，希望自己得到公平公正对待，并且每个人都会努力地为自己争取公平公正待遇。一个人如果遭遇了不公对待，如果自己的利益受到侵害，或者自己受到无端的侮辱和伤害，就很容易产生不公情感，不公的情感不仅仅是不公的感知、认识或判断，而且有不公的情绪情感体验。如果说公平感是偏认知的，不公平感则是偏情绪的。不公平感是个体认知到自己遭遇不公平待遇时产生不平、不满、烦恼、恼怒的心理状态。不公激发的情感可以很轻微，比如只是有些生气和有点难过；也可以很强烈，比如感到特别痛苦和非常愤怒，甚至做出冲动攻击的举动。

如果一个人总是受到不公对待，他的不公情感会逐渐累积，最后会因为怒不可遏而想方设法获得公平公正待遇，也可能会期望以其他方式得到补偿。一个人过分地关注自我，自我欲望本位的心态会使他即使遇到不公待遇而怒不可遏，也只是关注自己的情绪，这样的人由于缺乏对他人的关注和同情，不会为他人受到的不公对待而愤愤不平。一个人如果总是受到不公对待，如果恰好又为人懦弱，总是压抑自己的负面体验，其不公情感可能会逐渐地弱化，不仅对自己受到的不公待遇逐渐地麻木，对于他人遭受的不公也会无动于衷。有些人变得冷漠，变得对于他人的不幸漠不关心，就与这种麻木不仁的心态有关。即使关注到了不义的事和恶的人，也会因为过分的自我关注和自我保护而犹豫不前，躲闪逃避，只求自保，不敢也不愿牵涉其中。

个体在成长过程中不可能总是一帆风顺的，会遇到不公事件和遭遇不公待遇，可能会受欺负被伤害，如何加以应对及后续所产生的感受和体会，会影响个体的善的观念和态度。个体在儿童期受到不公待遇时，可能会选择寻求父母、教师或其他成年人的帮助和保护，他们内心的委屈或难受一旦得到安慰，就会烟消云散。当成人遭遇不公，如果不能获得帮助和支持，不能得到补偿，就会愤怒烦恼愤愤不平，从而具有恨的情感和恶的倾向。

人在生活中受点委屈、遇点挫折，其情感会变得敏感；人受到不公待遇时，其情感敏感性会提升，会产生追求公平公正的意愿，这是个体正义感产生的重要契机。即使没有遇到不公的待遇，绝大多数儿童在看到他们心目中的好人受欺负被伤害时也会感到难过伤心，会害怕和恐惧，会生气和愤怒。儿童也会有善的情感的萌芽，这时的善的情感混合了同情、正义感等，可能是模糊的，但是是纯良的，承继了儿童关于完美世界的理想。儿童也会想要变得坚强、强大，惩罚那些欺负好人的人，帮助受到欺负的小朋友、小动物，帮助或抚慰受欺负的弱者，这样的心态会促进儿童的正义感的发生与发展。

正义感本质上是人们为维护公平公正而产生的情绪情感体验。从个体正义感的发生机制看，得到公平公正的对待是人们的期望和要求，公平公正的需要得不到满足，个体有所触动，就会产生不公感受，继而产生愤怒、痛苦、激动等情绪体验，个体要去维护公平正义的感受和体验就是正义感。当个体能维护公平正义，使人们得到公平公正待遇时，产生正义的自豪感、荣誉感和价值感，这些感受体现了个体对维护公平正义的举动的自我认可。个体的正义感是个体基于公平公正理念，对自己或他人的不公遭遇评价基础上产生的，当自己或他人受到公平公正对待，伴随着正义得到伸张、正义感得到满足后就会自然地消退。而当个体遇到新的不公事件，有人受到无端的侮辱与伤害时，正义感会再次产生。

正义感产生的基础是社会存在不公平的现象，人们受到不公正的对待。休谟提出："正义只是起源于人的自私和有限的慷慨，以及自然为满足人类需要所准备的稀少的供应。"[①] 基于这样的前提，正义并不是一个社会必需的，"把人类

---

① 休谟 . 人性论（下册）[M]. 关文运，译 . 北京：商务印书馆，1996：536.

的慈善或自然的恩赐增加到足够的程度，你就可以把更高尚的德和更有价值的幸福来代替正义，因而使正义归于无用"①。利益的关切和公平公正的诉求是个体确立正义法则的基础，如果在一个社会，人们得到的自然恩赐足够丰富，道德足够高尚，大多数人都具有正义人格，或者制度能够保证公平公正原则得到贯彻，人们就不会为了个人私利损害他人利益或危害他人生命，没有恶，就不会有触动，就不会有正义感产生。

正义感使人要求社会具有维护公平公正的机制，抑制人性的自私贪婪，避免利己之心导致社会不公和人们互相伤害。但是，人们并不能完全抑制自己的私欲，如果有人为了自己的私欲而损害他人权益，就需要正义，人们也会因不公而愤愤不平，并由此产生正义感。罗尔斯提出："正义否认为了一些人分享更大利益而剥夺另一些人的自由是正当的，不承认许多人享受的较大利益能绰绰有余地补偿强加于少数人的牺牲。"②正义感意味着人们相信个人权利和自由不容侵犯，不能容忍任何人以任何借口损害他人利益，妨碍他人自由，侵害他人权利。正义感也意味着人们认为每个人都应该遵守社会规范，不能容忍损害社会规范的事情发生。如果一个人对于损害社会利益的事情感到愤怒，阻止不道德行为和不法行为，主动阻止损害社会利益的行为，那么这个人是有正义感的。正义意味着纠正不义，是一种纠正不道德行为或不法行为的心理倾向。

罗尔斯说："每个人都拥有一种基于正义的不可侵犯性，这种不可侵犯性即使以社会整体利益之名也不能逾越。"③正义可能是针对自身遭受不公待遇的认知和体验，也可能是对于他人遭受不公待遇的认知和体验。个体对于自身遭遇的不公待遇的感知、评判和相应的情绪情感体验，以及寻求公平待遇的行为倾向可以称为涉身正义。个体对于他人遭遇不公待遇的认知、判断和相应的情绪情感体验，以及希望他人获得公平公正待遇或想要帮助他人获得公平公正待遇的心理倾向称为社会正义。个人因为自身遭遇不公待遇产生的愤怒、激动的情

---

① 休谟.人性论（下册）[M].关文运，译..北京：商务印书馆，1996：535.
② 罗尔斯.正义论[M].何怀宏，何包钢，廖申白，译.北京：中国社会科学出版社，2016：3-4.
③ 罗尔斯.正义论[M].何怀宏，何包钢，廖申白，译.北京：中国社会科学出版社，2016：3.

绪情感体验称为涉身正义感，或者称为当事人正义感。涉身正义可以是完全自我本位的，涉身正义感可以是一种自私的情感，纯粹关注个人得失，关注自己的不公遭遇。涉身正义可以转化为社会正义，涉身正义感可以移情成为社会正义感，因为自己受到不公待遇，一个人也会关注他人的不公遭遇，并且希望他人获得公平公正的待遇。一个人如果对于自身的不公待遇都无动于衷，就不会产生社会正义感。

个体因为他人遭遇不公而愤愤不平，希望不公得到纠正的社会正义也可以称为旁观者正义。人们对于他人遭遇不公感到愤愤不平的心理体验称为旁观者正义感。旁观者正义感是人的良知和良心的表现，亚当·斯密说："在所有的场合，良心的影响和权威都是非常大的；只有在请教内心这个法官后，我们才能真正看清与己有关的事情，才能对自己的利益和他人的利益作出合宜的比较。"① 不公事件的旁观者，有时会因为他们的正义倾向转化为不公事件的介入者，旁观者会真正地采取行动帮助遭遇不公待遇的人，惩罚那些对他人造成伤害的人，可以称为介入者正义。介入者的正义举动能够伸张正义，帮助受侵害的人，并且使不义的人受到惩罚，介入者会因为自己的正义举动而产生自豪感、荣誉感和价值感。介入者正义可能会导向触犯法律的犯罪行为，导致不正义的结果。在倡导侠义的文学作品中，当有歹徒伤害柔弱女性时，武功高强的侠客及时现身，英雄救美，出手惩罚歹徒，人们都喜欢阅读这样的情节，这样的情节往往能够使人产生正义得到伸张的快意情感。英雄救美固然无可非议，也是正义举动，但在现当代社会，正义举动如果过度了，则可能触犯法律，演化成非正义。

正义感使人们总是期待不义的人受到严厉的惩罚，当不义的人受到惩罚时人们就会感到满足和快乐，这种因为不义的人受到惩罚而产生的欣快感受称为正义快感。而一旦不义的人受到袒护，逃避了惩罚，就会感到失落和愤怒，从而产生正义痛感。如果不公的事发生在自己身上，如果自己或家人受到伤害，

---

① 斯密. 道德情操论 [M]. 蒋自强，钦北愚，朱钟棣，等译. 北京：商务印书馆，2003：163.

期望不义的人受到惩罚的愤怒情感就会更加强烈。当自己或家人受到侵害时产生的希望不义的人受到惩罚的愤怒情感体验，是涉身正义的表现，是当事人正义感的表现。旁观者正义感往往表现为憎恨犯下罪行的人，希望有机会惩罚他，希望实施不义的人受到惩罚，期望恶有恶报。

对于社会不公现象，旁观者的态度不尽相同，有些人无动于衷，有些人幸灾乐祸，有些人愤愤不平，有些人惴惴不安。人们看到不公的事件发生，即使明确地意识到其非正义性，但仍然表现得无动于衷，选择袖手旁观，或者站在非正义一方，趁势捞取个人利益，那么他们就是缺乏正义感的人。人们因为恐惧而不阻止有能力加以制止的犯罪，是非正义的行为。在柏拉图善的理念中，把勇敢看作善的重要德性，是因为勇敢才能保证公平公正的原则得到贯彻实施，才能使正义得到伸张。儒家君子人格的智仁勇三达德也是一样，勇敢人格至关重要，没有勇敢人格，人们不可能挺身而出伸张正义，维护公平公正，实践仁义理想。

公平公正并非对于所有人都有利，凡是能够在不公中谋利的人不会期许社会有太多公平公正。如果公平公正会损害自己或自己关系圈里人的利益，人们就不会选择公平公正。对于社会上发生的不公事件，许多人成为冷漠的旁观者，许多人选择与施害者同流合污，有些人甚至成为侵害者的帮凶。这样做虽然违背良知，但是可能有利可图，或者施害者是自己人，比如朋友、亲戚、邻居等。当一件不公事件发生时，施害者的家人朋友会面临情感冲突，是维护公平正义，还是顾及个人感情选择庇护施害者，许多人会选择庇护施害者，为施害者开脱。

个人关系圈的情感纽带和利益纠葛会抹杀人的理智，使人选择保护自己人，对受害者的不幸无动于衷。人的正义感与爱情、亲情等人际情感可能会相悖，在这种情况下，许多人会选择爱情、亲情，放弃公平正义诉求。罗尔斯说："一个缺乏正义感的人，一个除非出于自私利益和权宜之计的考虑否则就从不履行正义要求的人，不仅没有友谊、情感和相互信任的联系，而且也不能够体验到不满和义愤。"[①] 很可能的情况是，一个缺乏正义感的人，他的爱情、亲情也往

---

① 罗尔斯.正义论 [M].何怀宏，何包钢，廖申白，译.北京：中国社会科学出版社，2016：490.

往是经不起考验的，当利益诱惑足够大时，他会选择抛弃亲情和爱情。

许多人是不公事件的围观者，他们不会介入，空间距离的阻隔降低了他们介入的可能性，也模糊了资讯的真实性，使许多人选择冷静围观，而不敢贸然介入。当然，在现代社会通信便捷和资讯丰富的背景下，围观者也很容易成为介入者，从而形成一种正义或不正义的舆论环境。围观者曝光不公行为，对于不公行为口诛笔伐，对于受害者进行声援和支持，从而成为介入者，并且有可能使正义得到伸张，公平公正原则得到贯彻落实。

现代社会信息技术发达，人们可能接触到太多社会不公的资讯，就会认为社会不公比比皆是，而自己势单力薄，根本无力改变现状，无法帮助受害的弱势方，无能为力的无助感和无奈感会使人们退缩和逃避，屏蔽自己的情感，选择尽可能避免情感介入，自然不会对不公现象有感触，也不会有正义感产生。虽然绝大多数人都具有期望世界公平公正的美好愿望，但是人们也会期望更有力量和能力的人去承担更多责任，而一旦意识到无论如何努力都不可能完全地消除社会不公，便会不自觉地选择冷漠和退缩，抱持眼不见心不烦的逃避心态。

正义感是人们的侠义行为、助人行为等善的行为的情感基础，是所有人类正义行为的情感基础，是一种重要的善的情感。如果说正义信念或正义观念是关于公平公正的认知和对于正义的确信，正义感就是公平公正观念或正义信念受到侵蚀时的内心感受。正义感通常融合了对不义事件的受害者的同情怜悯，对遭遇不公的弱者的守护倾向，以及对于不义行为实施者的憎恶情绪和情感，对于维护公平公正和伸张正义的人的敬佩和仰慕。一个没有正义感的人通常不足以产生正义的善，正义的善以正义感为纽带和桥梁，正义感是正义人格的情感基础，也会成为正义人格的情感特征。人们的朴素的理想是，希望社会具有绝对的公平公正，每个人享有平等的权利，承担相应的责任。但是一个社会具有健全的规范，具有民主的机制，人们处于平等的地位，公平公正才能够实现，而在这样的情形下，正义感就没有了产生的基础。

第五节　仁爱情感及其发生机制

爱从其产生的本质而言是一种依恋的心理需求，这种依恋的心理需求在婴儿身上表现得特别明显。婴儿天生具有躲避危险的安全动机，本能地想得到保护，他们倾向于把父母看作安全港湾，并且以此为基础逐渐探索周围环境，如果婴儿不能融入周围成人组成的群体中，不能维持与照顾者的亲近关系，就会感到无助，缺乏安全感和对人的信任感。婴儿在母亲身边更有安全感，母亲离开很容易使婴儿产生焦虑感。婴儿对母亲的依恋是他们之间情感的萌芽。同时，母亲离开婴儿也同样容易产生焦虑感。因为不仅仅婴儿对母亲有依恋感，母亲对婴儿同样有依恋感。当孩子被拐卖被伤害，父母一定会处于一种撕心裂肺的痛苦状态。

孩子在出生的那一刻，自然地就会激发出父母守护孩子的天性。在孩子成长的过程中，这种爱恋情感逐渐演化为深深的眷恋、守护和关爱情感。在影片《苏菲的抉择》中，主人公苏菲回忆了自己与一对儿女被押送去奥斯维辛集中营时的痛苦经历，一名纳粹军官告诉苏菲，她可以保住一个孩子，另外一个必须被带走。苏菲不肯做出选择，纳粹军官威胁她要把两个孩子都带走，苏菲被迫做出把男孩留下的痛苦抉择，于是女儿被纳粹军官抱走了。大多数家长在面临同样的情景时都会像苏菲一样痛苦。在生死攸关的紧要时刻，绝大多数家长会选择为了保护孩子而牺牲自己，不愿意让孩子面临死亡威胁。中国的家长也许是世界上最爱护、守护、保护自己孩子的家长。当孩子遇到困难、遭遇不测时，中国的家长，不管是母亲还是父亲，大都会挺身而出，毫不犹豫地保护自己的孩子。父母之爱无疑是最伟大的情感，也是最基础的善的情感。

当孩子渐渐地成长，当他们有足够能力去应对学习和生活问题时，就不再需要父母守护，也希望摆脱父母的约束。父母对孩子的爱意并没有降低，父母对孩子的期望和要求反而会随着他们长大而提高，当孩子们的表现不能如父母所愿时，父母感到失落、失望甚至绝望，他们指责甚至打骂孩子。在孩子们看来，父母的爱意变少了，于是产生逆反心理，与父母怄气，或者故意与父母保持距离，自我封闭，甚至离家出走，他们有心事不再向父母倾诉，父母与孩子的关系愈发疏远。许多父母不管怎么努力都没能将孩子拉回自己身边，恰恰相反，他们好像把孩子往外推了一把，使孩子与自己的心理距离更远了。在这样的情况下，孩子处于安全失去守护、情感失去凭依的状态，可能会无法与人建立良好的情感关系，他们也将不会关心关注和关爱他人。

父爱或母爱未必会有好的回馈，父母因为爱孩子，会对孩子寄予厚望，提出更高要求，使孩子压力很大，他们会逃避生活，逃避父母的爱护和守护，不理解父母的良苦用心。许多父母爱孩子，省吃俭用、千方百计地为孩子营造良好的学习环境。相对应地，孩子也爱父母，对父母有依恋情感，也关注、关爱父母。父母与孩子之间这种依恋或爱恋的关系是一种善的情感，这种情感是所有情感的基础。一个人若连自己的孩子都不爱，就不会爱其他人，也不会爱护动物和植物。一个人若连父母都不关心，也就不会关心其他人。

个体关注他人，关心自然界的一切生物，对他人的不幸和痛苦心生怜悯，这样的怜悯也是一种仁慈的情感。当人们看到一条蚯蚓或一只蜗牛在水泥路上挣扎时，觉得它可怜，于是将它挪到路边的泥土上，这是一种怜悯。人们看到一位衣衫褴褛的小孩艰辛地独自生存时，会可怜他、关切他的境遇，想帮助他脱困，这里既有同情，也有仁慈关爱的情怀。这种仁慈关爱的情怀就是通常所谓的仁爱情感。人们看到他人不幸时的内心恻然，想帮助可怜人的情感既是同情，也是仁爱。仁爱情感与同情、怜悯的情感在内心体验上几乎相同，通常是比较难以区分的。

仁爱的情感不仅由同情驱动，也由仁慈驱动，是具有仁慈人格的个体具有的情感特征。儒家倡导的仁爱就是这样一种基于仁慈人格的情感；墨子倡导的兼爱的本质也是一种指向所有人的仁爱，其情感本质是人的同情怜悯情感；孙中山称兼爱为博爱，意味着兼爱就是一种播撒向所有人的大爱。仁爱不是功利目的导向的，而是基于仁爱或仁义的人格善的倾向，仁爱表现为对所有人的仁慈态度和爱护情感。个体具有仁爱情感就能对所有人都心怀善意，也会付出努力去帮助那些陷入困境的人们。仁爱的目的是让更多的人幸福，摆脱现实世界的痛苦。仁爱情感是最重要的真正无私、高尚的善的情感。

亚里士多德说："只有相互都抱有善意才是友爱。"① 这与孟子的观点相似。叔本华认为同情是仁爱情感产生的基础，在同情的基础上，一个人能够做到高尚无私、慷慨大度、无私地帮助他人。叔本华说："只有这种同情才是一切自发的公正和一切真诚的仁爱之真正基础。只有发自于同情的行为才有其道德价值；而源自任何其他动机的所有行为则没有什么价值。"② 叔本华关于仁爱情感的产生机制的思想与儒家思想家的认识高度一致。

弗洛姆是对爱有过系统研究的少数心理学家之一，他认为真正的爱一定联结了个人与整个世界的关系："爱本质上非为个人与另一特定人之间的关系。它是一种态度，一种性格倾向，它决定着个人与整个世界而不是某个所爱的'对象'之间的关联。"③ 弗洛姆认为："只是爱某一个人，而对其他人持漠然冷淡的态度，则他的爱乃是虚假的，它不过是由共生而萌发出的依恋之情，或者说，不过是一种扩大了的利己主义。"④ 弗洛姆认为对一个人的爱是一种自私的爱或有限度的爱，是一种扩大了的利己主义者的表现。弗洛姆倡导的真正的爱意味着对所有人都有恻隐怜悯之情，都有依恋或爱恋的心理倾向，都有奉献利他的行为倾向，这种爱与儒家思想家倡导的仁爱本质上是一致的，可以说就是一种仁爱。

弗洛姆认为，在最一般的意义上来说，爱表现为一种给予的倾向。他说："爱本质上是给予而非获取。"⑤ 弗洛姆还提出爱除了给予的要素外，还有一些其他的基本要素，"这些为一切类型的爱所共同具有的要素是：关切、责任、尊重、知识"⑥ "关切、责任、尊重及知识相互依存，缺一不可。凡成熟的人格

---

① 亚里士多德.尼各马可伦理学 [M].廖申白，译注.北京：商务印书馆，2003：231.
② 叔本华.伦理学的两个基本问题 [M].任立，孟庆时，译.北京：商务印书馆，1996：234.
③ 弗罗姆.爱的艺术 [M].陈维纲，陈维正，林和生，等译.成都：四川人民出版社，1986：52.
④ 弗罗姆.爱的艺术 [M].陈维纲，陈维正，林和生，等译.成都：四川人民出版社，1986：52.
⑤ 弗罗姆.爱的艺术 [M].陈维纲，陈维正，林和生，等译.成都：四川人民出版社，1986：25.
⑥ 弗罗姆.爱的艺术 [M].陈维纲，陈维正，林和生，等译.成都：四川人民出版社，1986：30.

皆具备这四种态度。"①

弗洛姆认为，真正成熟的爱是关切、责任、尊重、知识等要素的有机结合。弗洛姆强调了爱的态度或行为倾向，作为真正的爱的情感，并不仅仅是给予的心理倾向，爱还是一种奉献或牺牲，是一种愿意奉献或牺牲自己以使对方幸福或快乐的心理倾向。从这样的意义上来说，依恋是爱的萌芽，但不是爱本身。真正的爱使人愿意付出，愿意奉献，甚至愿意牺牲自己的生命以换取对方的快乐和幸福。在弗洛姆看来，亲子之爱、兄弟之爱、夫妻之爱、情人之爱、朋友之爱都可能是自私利己的，只有那种糅合了关切、责任、尊重、奉献的爱才是真正成熟的爱，我们认为弗洛姆倡导的这种爱主要指的是仁爱。

弗洛姆似乎深受儒家思想的影响，他提出的爱的发生机制与《论语》中的阐述一脉相承，《论语》说："孝弟也者，其为仁之本与！"（《论语·学而》）弗洛姆提出几乎相同的观点："一切类型的爱皆发端于最本原的爱，即兄弟之爱。兄弟之爱意指：人意识到自己对所有的人均应担当责任，关切他们，尊重他们，理解他们，祈望充实、丰富他们的人生。"②弗洛姆认为一切爱源起于兄弟之爱，即把所有人当作兄弟一样关注、关切、关心、关爱的爱。《论语》说："四海之内皆兄弟也。"（《论语·颜渊》）他们的意思也是类似的。弗洛姆认为真正的爱源起于兄弟之爱，对所有人都具有兄弟般的情谊，想要为他们承担责任，具有关注关切倾向，从这样的角度阐释仁爱的机制有道理，但稍显片面。

亚当·斯密讨论了仁慈美德的发生机理，在他看来，仁慈是同情的体现，甚至可以说仁慈就是一种习惯性的同情："被称作感情的东西，实际上只是一种习惯性的同情。我们对看作自己感情作用对象的那些人的幸福或痛苦的关心，我们增进他们的幸福和防止他们的痛苦的愿望，既是出自这种习惯性同情的具体感受，也是这种感受的必然结果。亲属们通常处于会自然产生这种习惯性同情的环境之中，因而可以期望他们之间会产生相当程度的感情。"③人们仁慈情感

① 弗罗姆.爱的艺术[M].陈维纲，陈维正，林和生，等译.成都：四川人民出版社，1986：37.
② 弗罗姆.爱的艺术[M].陈维纲，陈维正，林和生，等译.成都：四川人民出版社，1986：53.
③ 斯密.道德情操论[M].蒋自强，钦北愚，朱钟棣，等译.北京：商务印书馆，2003：284.

的产生，与人们之间的亲疏远近的关系有关，爱究其来源，也是这种习惯性的同情累积的结果。

《五行》阐释的仁爱机制，与《论语》的阐述稍有差异："仁之思也精，精则察，察则安，安则温，温则悦，悦则戚，戚则亲，亲则爱，爱则玉色，玉色则形，形则仁。"[①] 对此我们这样理解：对人的处境的仁慈思考，使人能明察秋毫，能让人产生恻隐怜悯体验，产生亲切感，对人有怜惜情感，产生仁爱情感。从心理学角度看，《五行》阐释的仁爱的发生机制，虽然简明扼要，但是言简意赅，已经囊括了仁爱情感产生的所有要素。

从心理学角度分析仁爱情感的发生机制，可以概括为认知上的关注关心、情感上的恻隐怜悯、态度上的关切关爱、行为上的爱护奉献倾向等四个层面。

仁爱情感发生的第一个层面是对他人命运的关注，这是仁爱情感发生的注意端。人们求生存的本能总是要人自我关注，关注自己的利害得失，关注自己的问题和困扰，关注自己的更好生存机会和生活空间，要为自己谋利益。人们要融入群体，会关注群体要求，关注群体成员的命运，当人们注意到他人遭遇的不幸，才有可能产生同情，才能有仁爱情感发生。关注意味着个体与他人发生了关联，个体已经注意到他人的困扰和问题，已经注意到了他人的痛苦和不幸。

仁爱情感发生的第二个层面是对他人处境的关心，这是仁爱情感发生的思维端。关注和关心都是人的意识的介入，个体对他人处境的关心，使人能理解他人的处境，产生同理心。同理心意味着个体能够真正地了解和理解他人，即使发现他人的思想观念、情感、性格、行为与自己格格不入，也不会一味地要求一致，不会以自己的既定标准或者原则去要求他人。关心意味着个体将他人的问题和困扰放在心上，看作自己的问题和困扰加以分析并思考应对之道，为他人的不幸命运牵肠挂肚。

仁爱情感发生的第三个层面是对他人的真切的关爱，这是仁爱情感发生的

---

① 刘钊. 郭店楚简校释 [M]. 福州：福建人民出版社，2005：70.

情感端。关爱是一种情感介入，而不仅仅是一种意识介入。关爱使人对他人身处不幸处境的痛苦体验产生情感共鸣，仿佛自己不再是置身事外的局外人，而是与当事人同呼吸、共命运的休戚相关的受难者，他人的痛苦激发了恻隐怜悯的情感。关爱意味着当人关注到他人的不幸命运时，不仅为他人的不幸忧心忡忡，对他人承受的痛苦哀伤伤感哀戚也产生了爱护怜惜的情感。

仁爱情感发生的第四个层面是对他人的无私奉献，这是仁爱情感的行动端。仁爱可能只是停留于情感层面，只是关注他人的不幸，关心他人面对不幸境遇的痛苦挣扎，为他人的痛苦不幸而心存哀戚，心生怜悯。个体对他人不幸的关注、关心和关爱，也会促使其不求回报地真诚帮助困境中的人，以实际行动帮助他们摆脱痛苦不幸的境遇。基于仁爱情感的帮助可以是精神层面的，也可以是物质层面的，可以是一种真正无私的奉献，甚至可以奉献自己的身体或生命。

仁爱情感的发生基础是对他人的关注和关心，仁爱从情感层面上面来说，是一种情感介入，是伴随着恻隐怜悯的情感。仁爱源起于关注和关心，如果一个人不关注他人，仁爱绝不可能发生，当一个人能理解和关心他人时，仁爱是意识层面和情感层面的，还不是行动层面的。真诚无私的付出使仁爱情感转化成为一种爱的行动，爱的行动能够给个体带来自豪感、荣誉感和价值感。所以，通常我们用到爱这个字时，强调的是爱的行为，一个人要产生爱的感受和感情，就必须做出爱的行动，去真诚地关注、理解、关心和付出。爱促使人成长和发展，爱的行动是一个人能够成为具有健全品质的社会人的必经步骤。爱的感情是由爱的行动所带来的结果，仁爱的情感本质是一种深切的关注关心关爱的情感，是一种根植于同情、依恋或爱恋的情感。仁爱使人真正地关注他人、关心他人、关爱他人，使人愿意不求回报地奉献。

第四章　善的人格及其形成机制

唯有善良的品格，无论对于神或人，都永远不会成为过分的东西。

——[英]培根

无端地伤害他人是一种恶的行为，大多数人都不会这么做。如果有利可图，而且利益很大的话，我们可以想象，总有一些人会受诱惑，利欲熏心做出违背良心良知的恶的事情。即使一个人具有善的认知和善的情感，也可能会受到利益驱动而做出恶的举动。当然，也会有一些人，他们会坚守正义，不管给予多高的报酬，都绝对不会做那些损害他人利益的事情。他们可能不仅具有善的认知、善的情感，而且具有善的人格。一个人具有仁慈、善良、友善、公正、友好、正直、负责等人格，会更具同情心、有情有义，也更有爱心，更愿意助人，也更能够对抗诱惑和抑制恶念。我们期望这个社会有更多这样的人，这样的人越多，人与人之间会更友善，关系会更和谐。

第一节　伦理学视域的善的德性

绝大多数人不会仅仅根据一个人偶然的善意举动就做出对他的善恶评价，但会把那些负责任、愿意奉献、具有同情心和懂得感恩的人称为好人，会把那些具有正义、仁义倾向的人称为好人，甚至称为高尚的人。当我们这样对人进行评判时，从伦理学的角度看是在评价一个人善的德性。从伦理学角度而言，德性的问题涉及德性的本质、德性的科目，即回答"德性是什么"或"德性有哪些"的问题。德性是人的道德心理的核心因素，从字面上理解，即道德品性或道德品质。德性科目与善的关系大致可以概括为三种：一是属于善的范畴的德性科目，即善的德性；二是属于与善关系密切的德性科目，主要是指有助于善的实现的德性科目；三是与善几乎不具有关联度的德性科目。我们这里最关心的是伦理学领域关于善的德性科目的研究，了解伦理学家关注的善的德性形式。

在伦理学领域，许多伦理学家分析阐释了德性的观念，提出了一些具体的善的德性科目。苏格拉底认为美德是一种具体的善，包含了一个人的公正、正义、善良、勇敢、节制等德性，在美德即知识的前提下，苏格拉底认为所有的美德都是智慧，他说："正义和一切其他德行都是智慧……既然正义的事和其他美而好的事都是道德的行为，很明显，正义的事和其他一切道德的行为，就都是智慧。"①

柏拉图的至善理念区分了智慧、勇敢、节制和正义等四个从属美德，被称为四主德，前面三种德性与柏拉图所区分的三类人的天性相适应。柏拉图把人分为三类，一是承担国家的立法和监护责任的统治者，二是承担国家的保卫责任的军人，三是农夫、手工业者和商人等处于社会底层的人。柏拉图认为智慧是第一类人具有的品德，勇敢是第二类人具有的品德，节制是第三类人具有的品德，正义的美德则包含了全部最基本的德性，正义德性整合了一个人的理性、激情和欲望。正义的本质就是避免邪恶，做自己应该做的公平公正的事情。公正是正义在个人品质中的表现，个人要实现追求善理念的目的，就必须把正义、公正融入自己的品质中，形成个人的美德。

亚里士多德继承和发扬柏拉图的思想，系统分析了善的德性的具体形式。在亚里士多德看来，善的人的灵魂是合乎德性的，亚里士多德区分了灵魂的三种状态，分别是感情、能力和品质。亚里士多德认定德性不是单纯的感情和能力，而是一种品质。他认为智慧、逻辑、体谅、理解、明智属于理智德性，节

---

① 色诺芬.回忆苏格拉底 [M].吴永泉，译.北京：商务印书馆，2001：117.

制、勇敢、友善、羞耻、公正等属于道德德性。亚里士多德提出理智德性要靠教导形成，道德德性则依靠习惯养成，他说："理智德性主要通过教导而发生和发展，所以需要经验和时间。道德德性则通过习惯养成，因此他的名字'道德的'也是从'习惯'这个词演变而来。"①依据亚里士多德的观点，善作为一种德性，可能是教导的成果，也可以是习惯养成的结果。亚里士多德认为道德德性架构了心灵或灵魂的善。理智德性使人能进行理性评价和做出正确选择，恪守法律和道德底线。道德德性属于人的善的德性，能够使个体抵抗诱惑，做出符合公众德性要求的善意举动。

托马斯·阿奎那详细地讨论了德性的本质和形式，他继承了亚里士多德的观点，认为德性是一种善的习惯。他说："一个习性所以称为德性，一方面是因为它而有了善行的准备，另一方面是因为有此准备，它在实际的善行中，产生了效用。"②阿奎那区分了三种德性，分别是神性的德性、理智的德性和实践的德性。理智的德性也就是一种善意趋向的理性思维的习惯和能力，包括直观、智慧和学识三种形式。按照阿奎那的分析，凡是经由直接认知的方式而达到的德性是一种直观德性，需要经过理性分析和探求才能达到的是德性的智慧阶段，经过推理获得的善或普遍的德性判断称为学识。实践的德性是人的行为习惯中表现出来的德性，即一个人的行为受到善的意向驱动而产生的德性。

从心理学角度看，理智德性与意愿欲望都影响人类行为，理智德性使人明辨是非，克制欲望，富有理性。道德德性是能够实现善和表现善的德性，是真正善的人格。实践德性强调人的行动力或执行力，也属于亚里士多德的道德德性的范畴，能使人抑制不合理欲望，认清社会要求，成为社会期望的好人。

亚当·斯密系统分析了人的德性，界定了完美德性的人："具有最完美德行因而我们自然极为热爱和最为尊重的人，是这样的人，他既能最充分地控制自己自私的原始感情，又能最敏锐地感受他人富于同情心的原始感情。那个把温和、仁慈和文雅等各种美德同伟大、庄重和大方等各种美德结合起来的人，肯

---

① 亚里士多德.尼各马可伦理学 [M].廖申白，译注.北京：商务印书馆，2003：35.
② 周辅成.西方伦理学名著选辑（上卷）[M].北京：商务印书馆，1987：386.

定是我们最为热爱和最为钦佩的自然而又合宜的对象。"① 他讨论了一些具体的美德，像谨慎、仁慈、正义、自制等的本质。在他看来，谨慎意味着理性、真诚和认真，以及恰当的自我控制，当谨慎伴随着其他的美德时，一个人会变得尽善尽美，特别是与仁慈、正义等美德联系在一起时。在亚当·斯密看来，仁慈是同情的体现，是道德情感的核心。正义之德是社会秩序的基础，是"社会支柱"，他说："正义犹如支撑整个大厦的主要支柱。"② 他认为正义本身具有负面特性，但是正义对于社会生活却不可或缺，对人们的生活整体而言具有巨大的伦理价值。

在柏拉图的善的理念下，正义处于最重要的统摄地位，节制是从属德性，亚当·斯密的情感主义框架下，自制成为所有其他美德，包括谨慎、正义和仁慈的统括。自制的美德使个体能够控制消极的激情，做到忍耐、刚毅、坚强，也能够使个体摆脱安逸与享受的诱惑，使个体节制、谨慎和适度。

亚当·斯密在情感主义伦理学的视域探讨人的德性，休谟的探索视野要开阔许多，他在《人性论》中关于人性假设及德性范畴的分析为人类思想史做出了独创性贡献。休谟认为德性可以区分为自然德性和人为德性，自然德性是对感情和欲望正常的人来说有用的、愉快的，或者既有用又愉快的品质。人为德性是指抑制人的非理性的情感和欲望的品质。休谟分析并提出了许多具体的德性："柔顺、慈善、博爱、慷慨、仁厚、温和、公道，在所有道德品质中占着最大的比例，并且通常被称为社会的德，以标志出它们促进社会福利的倾向。"③ "没有什么品质比慈善和人道，友谊和感激，自然感情和公共精神，或凡发端于对他人的温柔同情和对我们人类种族的慷慨关怀的东西，更有资格获得人类的一般的善意和赞许。"④ 休谟认为仁慈和慈爱是极为重要的德性，他提出："我们就很容易说明我们通常所归于下面一些性质的那种价值，这些性质就是慷慨、仁爱、

① 斯密．道德情操论 [M]．将自强，钦北愚，朱钟棣，等译．北京：商务印书馆，2003：184.
② 斯密．道德情操论 [M]．蒋自强，钦北愚，朱钟棣，等译．北京：商务印书馆，2003：106.
③ 休谟．人性论（下册）[M]．关文运，译．北京：商务印书馆，1996：620-621.
④ 休谟．道德原则研究 [M]．曾晓平，译．北京：商务印书馆，2001：30.

怜悯、感恩、友谊、忠贞、热忱、无私、好施和构成一个仁慈与慈善的性格的其他一切性质。"①

从道德实践的视角看，富兰克林在他的自传中关于自我德性修养的分析提供了重要的行动参考。富兰克林年轻时曾经分析并列出节制、缄默、秩序、决心、节俭、勤勉、真诚、正义、中庸、清洁、平静、贞洁、谦逊等自己认为最重要的美德。他在每项美德的后面列出了对这项美德的简短说明，表达他关于这项美德涉及的含义的解析，其中，属于善的德性的是真诚、正义，与善直接相关的德性是中庸，节制、秩序、节俭都是可能导向善、避免恶的德性。

马克斯·韦伯认为富兰克林所列举的这些德性恰恰代表了资产阶级新教伦理的人生态度，但是因为具有典型的功利主义色彩，只能算道德家用于劝喻世人的美好神话。他说："富兰克林的全部道德态度，都带有功利主义色彩。诚实之所以有用，是因为它可以保证信用，守时、勤劳和节俭也都如此，所以它们才成其为美德。"②"事实上，这种伦理的'至高之善'，即尽量地赚钱，加上严格规避一切本能的生活享受，是毫无幸福可言的混合物，更不用说享乐了。"③富兰克林所列举的这些美德反映了个人积极抗争努力奋斗的态度，也体现了个人追求美好、显示善意的倾向，所以是值得肯定和倡导的美德。

麦金泰尔认为西方社会深陷道德危机的根源在于，人们对源于亚里士多德的德性论的无视或抛弃，他认为应该回归到重视人的德性的传统轨道，重视对人的德性要求及德性重塑："德性是一种获得性人类品质，这种德性的拥有和践行，使我们能够获得实践的内在利益，缺乏这种德性，就无从获得这些利益。"④他提出自己关于德性科目的理解："德性必定被理解为这样的品质：将不仅维持实践，使我们获得实践的内在利益，而且也将使我们能够克服我们所遭遇的伤害、危险、诱惑和涣散，从而在对相关类型的善的追求中支撑我们，并

---

① 休谟.人性论（下册）[M].关文运，译.北京：商务印书馆，1996：647.
② 韦伯.新教伦理与资本主义精神[M].彭强，黄晓京，译.西安：陕西师范大学出版社，2002：24.
③ 韦伯.新教伦理与资本主义精神[M].彭强，黄晓京，译.西安：陕西师范大学出版社，2002：25.
④ 麦金太尔.德性之后[M].龚群，戴扬毅，等译.北京：中国社会科学出版社，1995：241.

且还将把不断增长的自我认识和对善的认识充实我们。"① 麦金泰尔认为只有德性与人的生活实践密不可分，并且从人们的整体生活中才能得到确定的认识。麦金泰尔强调，善的德性不仅在生活实践中体现出来，而且善的德性有程度上的衡量，依据个人的整体生活才能认清人的完善德性。

中国的儒家、道家、墨家都关注人的德性及其自我修养。儒家的"仁义礼智信"五常可以说就是五种德性，大致等同于仁爱、正义、礼敬、智慧和诚信等品德。儒家的德性主张和德性科目是非常复杂的，比如宋朝有学者提出"孝悌忠信礼义廉耻"的八德主张，是人们应该学习和修养的八种重要德性，其中将孝放在首位，作为核心德性。儒家、道家或墨家都倡导人们形成君子德性或圣人德性，这是至善的道德要求。如果一个社会处于弱肉强食、物欲横流的状态，一个人具有君子德性将很难适应现实，除非他具有足够的智慧，否则会被伤得体无完肤。但是，不管社会处于什么样的态势，一定会有一些人愿意追求高尚的精神层面的满足，具备君子德性或具有君子人格会成为一些人的道德诉求和价值支柱，因为这是社会对人最高的道德要求。

要系统诠释中国哲学和西方伦理学领域关于善的德性思想，实在不是一件容易的事情，但要对善的德性科目有基本的了解是可能的。在被德国思想家雅思贝斯称为"人类文明的轴心期"的中国的春秋战国时期和古希腊时期，孔子、孟子、荀子等儒家思想家和苏格拉底、柏拉图、亚里士多德等古希腊哲学家提出了惊人相似的德性思想。儒家思想家的君子智仁勇三达德强调了智慧、仁慈和勇敢德性，儒家的仁义礼智信的五常伦理强调了仁慈、正义、礼敬、智慧、诚信等德性，柏拉图的善的理念下的四主德包含了智慧、正义、节制和勇敢等德性。从这样的角度看，柏拉图的善的四主德几乎都包含于儒家的三达德和五常伦理中，儒家思想家关于德性的分析更全面和深刻。

从心理学的意义来说，善的本质不仅是一种善的认知、善的观念、善的情感、善的行为，其本质也是一种善的人格。从心理学的角度而言，当我们评价

---

① 麦金太尔．德性之后 [M]．龚群，戴扬毅，等译．北京：中国社会科学出版社，1995：277．

人的善恶好坏时，涉及的不仅是善的认知、善的观念和善的情感，最主要的是在评价善的人格。可以说，伦理学角度善的德性就是心理学视野善的人格，确定地说，是指善的道德品质，是指个体具有的独特性的善的人格特征。伦理学家探讨善的德性及其形式时也许更多基于理性思辨，当心理学领域研究善的人格时，不仅基于思辨，也借助善的相关问题的实证研究。

第二节　善的人格及其特征

当探讨善的德性科目时，有一个问题是绕不开的，即究竟应该从哪些维度入手，才能达到系统而完整地探讨和分析善的德性科目的目的。从心理学角度看，在柏拉图的四主德中，智慧是与认知有关的德性，勇敢和节制都可以看作与意志有关的德性，正义是与态度有关的德性。亚里士多德阐释的友善、诚实、慷慨等道德德性属于善的态度特征，明智、理解、体谅、智慧等理智德性属于善的理智特征，理智德性保证个体具有明辨是非和做出恰当反应的智慧，也能保证个体不会做出恶的举动。亚里士多德道德德性中的节制、勇敢与自制、坚强特性一样均可归属于阿奎那所谓的实践德性，属于心理学领域善的意志特征，能保证个体避免软弱和柔弱，具有对抗恶和弘扬善的勇气，理智德性和实践德性保证个体的道德德性转化成为现实的道德行为。儒家的君子三达德中，智属于理智德性，仁属于情感德性，勇属于意志德性。休谟的德性科目最核心的是仁爱和正义，仁爱涉及的是情感德性，正义涉及的是态度德性。亚当·斯密善的情操论思想强调了情感德性。叔本华和尼采的意志主义哲学，在涉及善的德性分析时，强调了意志德性。

深入分析中西方学者关于德性科目或善的德性科目的阐释，可以看到其中涉及认知、情感、态度、意志等方面的心理特性，或者说是人的善的人格及善的性格问题。许多哲学家肯定善的德性的心理特性，休谟认为善也是一种仁慈或与慈善相关的性格，善是仁爱、怜悯、感恩、热忱、无私、好施等相关的

"构成一个仁善与慈善性格的其他一切性质"①。黑格尔说："一个人做了这样或那样一件合乎伦理的事，还不能就说他是有德的；只有当这种行为方式成为他性格中的固定要素时，他才可以说是有德的。"②麦金泰尔提出可以从情感和气质视角理解人的德性，他说："一旦德性在思想上和实践中与它们传统的背景条件分隔开来，确实就有了一种理解德性的特别的新办法，那就是把德性作为气质来看待，气质通过如下两种可选择的途径中的任何一种与新发明的社会机制即个人的心理相联系：要么把德性——或者有些德性——理解成个人自然感情的表露；要么把他们——或者部分德性——理解成借以约束和限制同样的自然感情的破坏作用的气质。"③善的德性本质上是人善的人格或善的性格，所以，可以毫不避讳地说，从心理学角度入手是能够科学和系统分析善的德性科目的有效方法。

弗洛姆在《自我的追寻》中提出要更加关注善的性格，而不是单纯的善恶，他认为伦理学的研究主题应该是人的性格，并且需要在整体的性格结构中加以考量，才能对个体的善恶行为做出价值判断。善与恶的性格是"伦理学所探究的真正主题"④。弗洛姆认为伦理学研究的核心主题应该是人的善恶性格，而不是单纯的善恶形态，他提出："伦理学的主题是性格，只有参考整个性格结构，才能对单独的特质或行动作价值上的说明。善与恶的性格（而非单纯的德性或恶行）乃是伦理学所探究的真正主题。"⑤伦理学应该探究的对象主要是"善的性格"或"恶的性格"，他认为人性的向恶与趋善，其心理根源在于人的性格，"一个人依据他自己的性格'本能地'行动"⑥。

弗洛姆认为，能够对人的行为起到善恶导向选择作用的是人的性格，良心是人的善恶性格的反应，"人本的良心，是我们整个人格对其是否正确地发挥功

①　休谟.人性论（下册）[M].关文运，译.北京：商务印书馆，1996：647.
②　黑格尔.法哲学原理 [M].范杨，张企泰，译.北京：商务印书馆，1979：170.
③　麦金太尔.德性之后 [M].龚群，戴扬毅，等译.北京：中国社会科学出版社，1995：287-288.
④　弗洛姆.自我的追寻 [M].孙石，译.上海：上海译文出版社，2012：28.
⑤　弗洛姆.自我的追寻 [M].孙石，译.上海：上海译文出版社，2012：27-28.
⑥　弗洛姆.人类的破坏性剖析 [M].李穆，等译.北京：世界图书出版公司，2014：230.

能所引起的反应"①。良心"有助于我们整个人格的正确发挥与恪尽职责的行为、思想及观念，产生一种内心赞许与'正直'的感觉，这就是人本的'善良良心'的特性"②。

弗洛姆强调需要加以探究的性格在现代心理学领域被看作人的稳定态度和习惯化的行为方式，是一个人在社会生活中形成和发展起来的人格特征。通常认为一个人的性格包括两方面：一是稳定的态度特征。态度是影响个体行为选择的心理特征和行为倾向，表现在对人、对事、对工作等各个方面，个体的相对稳定的态度成为人的性格或性格特征。二是习惯化行为。习惯化行为也是一个人稳定的行为特征，会成为一个人的性格或性格特征。需要指出的是，习惯化行为可能也是一种稳定态度，习惯化行为与稳定态度之间的关系不容易严格区分。见到人时微笑是一种行为，见到人时总是微笑，微笑就成为他的习惯化行为，我们就会认为他具有友善或热情态度。善的态度来源于个体善的行为习惯，也来源于善的认知和善的情感。善的认知、善的情感越来越稳定，善的行为趋向习惯化，都能内化成为个体善的性格或性格特征。

从心理学角度看，善的人格是个体在社会生活中表现出来的相对稳定的善的心理特征和行为倾向。善的性格或性格特征是善的人格的具体化，也即善的人格特征，相当于伦理学领域的善的德性。描述善的人格特征，是一项困难的任务，但是就像弗洛姆所言，也是一项重要的任务。许多心理学研究者关注了这一主题。王登峰、崔红（2003）关于中国人的人格研究显示，在善良因素下的三个子因素分别是真诚、利他、重感情。张和云等（2018）的研究显示，善良人格包括了诚信友善、利他奉献、宽容和善、重情重义的二阶四因子结构。焦丽颖等（2019）关于善的人格的词汇研究显示，善的人格包含了尽责诚信、利他奉献、仁爱友善、包容大度等四个维度，描述善的人格的核心词汇包括正义、尽责、诚信、友善、无私、仁爱、大度、肯奉献、大公无私、见义勇为、以德报怨等。从有关研究可以看出，分析善的人格并非易事，要描述特定个体

---

① 弗洛姆. 自我的追寻 [M]. 孙石，译. 上海：上海译文出版社，2012：136.
② 弗洛姆. 自我的追寻 [M]. 孙石，译. 上海：上海译文出版社，2012：136-137.

的善的人格则更加困难。

在心理学领域，一些研究团队（McCrae, Costa & Busch,1986；Noller, Law & Comrey,1987；Digman,1990；Costa & McCrae,1995）关于人格的因素分析研究，可以概括出神经质、外向性、求新性、随和性和尽责性等五类人格因素，其中随和性也被翻译为宜人性，在宜人性和尽责性等因素中包括了利他、负责、坦诚等善的人格的子维度（John, Naumann & Soto，2008）。宜人性和随和性两种翻译都比较恰当，从字面意义上看，都指个体合群、融入群体、与人亲近、与人为善的人格特征，心理学意义上则表现为待人友善、善意待人、不斤斤计较的态度特征及利他助人的行为倾向。尽责性即个体尽职尽责地承担责任和履行义务的态度特征和行为倾向。宜人性和尽责性都与人的善意有关，反映了个体的善的人格倾向和人格特征。

如果我们描述个体的宜人性人格，可以列举出诸如同情、怜悯、感恩、移情、善良、友善、仁慈、无私、大方、温和、厚道、宽厚、宽容、宽恕、正直、公正、慷慨、正义、仗义、侠义、仁义、诚实、守信、互惠、热心、热情等词语，这些词语均反映出个体与人为善的人格特征或人格倾向。描述个体的尽责性人格，可以列举出诸如负责、敬业、勤勉、勤快、公正、公平、守信、勤奋、认真、坚强、勇敢、节制、克制等词语，这些词语均描述了个体承担责任的人格特征和人格倾向。

宜人性人格大致可以区分为三类人格特征：一是与人为善的认知或理智特征，包括公正、聪慧、明智、理智、互惠、正直、守信、正派、正义、敏锐等；二是与人为善的情感特征，包括善良、仁慈、同情、怜悯、感恩、温和、热情、热心、仁爱、仁义等；三是与人为善的行为特征，包括友善、宽厚、宽容、宽恕、厚道、耐心、仗义、侠义、大方、诚信、无私等。

尽责性人格大致可以区分为两类人格特征：一是善的认知或理智特征，包括公正、公平、负责、守信、聪慧、敏锐、理智、机智等；二是善的态度特征，包括主动、积极、敬业、勤快、勤勉、勤奋、认真、坚强、勇敢、节制、克制、自制、自控、自律等。

在宜人性人格特征描述中，通常情况下，友善、宽厚、宽容、宽恕、温和、厚道、仗义、侠义、大方、诚信、无私等行为体现了个体与人为善的态度，所以通常情况下被界定为善的性格，善良、仁慈、同情、怜悯、感恩、仁爱、仁义等人格特征因为描述了个体的善的情感特征，也可以确定为善的性格。善的认知或理智特征，可以区分为两类：一类是通常情况下能够被界定为善的性格，如公正、公平、负责、守信、敬业、正义等人格特征；一类是中性的，通常情况下不能被界定为善，但是有助于个体做出是非善恶的理性判断的人格特征，像聪慧、敏锐、理智、机智等性格。而主动、积极、勤快、勤勉、勤奋、认真、坚强、勇敢、节制、克制、自制、自控、自律等与做事态度有关的人格特征，不能明确判定善恶，但是这些人格特征是保证个体的认知善和情感善得以实践和落实的品质，是促进和强化善的行为的人格特征，也是避免个体做出恶的举动的人格特征，所以在特定的情况下也归为善的性格。在亚里士多德和柏拉图关于善的思想中，既强调道德德性，又强调理智德性，柏拉图在强调正义的同时，同时认定智慧、勇敢、节制是非常重要的善的理念，这是有道理的。没有正义，只有智慧、勇敢、节制，未必会达成善，还可能导向恶，甚至会演化成为助纣为虐。没有智慧，不能明辨是非，正义就没有方向，无法真正地导向善。没有勇敢，就不会付诸行动，正义只会停留在思想中，不会落实到具体行动中。没有节制，行为不受约束，正义就会变味，甚至演化成滥施暴力。

柏拉图倡导的善的理念中，正义居于德性之首，起到统摄作用，是伦理学意义上的善的核心德性，智慧、勇敢、节制等三种德性围绕正义使之得以实现。在儒家的理念中，仁爱或仁义是最重要的善的德性。休谟在《道德原则研究》中，重点分析和研究了仁爱与正义的原则，他说："我们将以对仁爱和正义这些社会性德性的考虑开始我们对道德原则的探究。对于这些社会性德性的阐释或许将给我们指出一条可用于说明其他德性的门径。"[1] 休谟提出："没有一种德比正义更被人尊重，没有一种恶比非义更被人厌恶。"[2] 在休谟看来，没有什么德

---

① 休谟.道德原则研究 [M].曾晓平，译.北京：商务印书馆，2001：27.

② 休谟.人性论 [M].关文运，译.北京：商务印书馆，1996：619.

性比仁爱和正义更重要了。

津巴多的实验研究显示，智慧、人道、正义、节制等善的美德能够使人抵抗诱惑，避免恶意："从正向心理学者对人类美德的分析中，可归纳出一组包含六个主要类别的美德行为，几乎可以得到跨文化的普遍认同。这六个类别包括：智慧、勇气、人道、正义、节制、超越。在这六个类别中，勇气、正义和超越都是英雄式行为的核心特质。"[①] 这里的人道，其核心人格特质是人的社会情感，人的善良和仁慈，或人的仁义。津巴多提出的六个能够对抗恶的美德，涵盖和整合了儒家君子的智仁勇三达德和柏拉图的智慧、勇敢、自制和正义等善的美德，可以说是对儒家和古希腊哲学善的思想的心理学实验验证。

从心理学角度分析可以看到，仁义和正义是最重要的德性，仁义属于善的情感，在善的情感中居于核心地位，正义属于善的认知或理性，在善的理念中居于核心地位。正义和仁义在人的品德心理结构中起到了统摄作用，是一个人善的核心人格。在社会生活情境中，仁义德性或仁义人格表现为善良、友善、仁慈、温和、宽厚、厚道、宽容、宽恕、同情、怜悯、感恩、仁爱等所有善的情感特征。正义人格或正义德性表现为正直、公正、慷慨、仗义、互惠、尽责、诚信、公平等所有善的理智特征。一个人具有仁义德性就会表现出友善、仁慈、宽恕、同情、感恩、仁爱等态度或特性，这些特性是善的仁义德性的核心特征。一个人具有正义德性，就能够做到待人接物的正直、公正、诚信、仗义、侠义、尽责等态度或特性，这些特性是善的正义德性的核心特征。一个人可以既有仁义人格又有正义人格，表现出既有仁义德性又有正义德性，这样的人达到了高尚善或至善的境地。

从现实角度看，有些人仁义人格明显而正义人格欠缺，这样的人是高尚的，可以称为君子，但是显然还不够资格称为圣人。一个人可能正义人格明显而仁义人格欠缺，表现得具有正义德性，仁义德性则相对缺乏，这样的人也是高尚的，可以称为绅士，或尼采所谓的超人，具有尼采所谓的主人道德。一个人可

---

① 津巴多．路西法效应：好人是如何变成恶魔的 [M]．孙佩妏，陈雅馨，译．北京：生活·读书·新知三联书店，2010：514.

以既有仁义人格又有正义人格，表现出既有仁义德性又有正义德性，这样的人具有至善人格，达到了崇高善的境地，是品德高尚的人，不仅是儒家所谓的君子，也可以认为已经达到儒家和道家所谓的圣人境地。

期望一个人具有仁义人格和正义人格，表现得既有仁义德性又有正义德性，这样的要求是非常高的。在现实生活中，许多人只是做到了有限的仁义和有限的正义，但是如果一个人能够做到面对大多数人都仁义，对于大多数人和大多数事都正义，这样的人已经非常了不起了。即使一个人还没有达到具有仁义人格和正义人格的地步，但是能够具有一些善的性格，比如表现得待人友善、诚信、友好、宽容、同情、感恩、温和，表现为待人对事公正、负责、仗义、诚信，这样的人已经是非常好的人了，完全可以称之为是真正善的人。

仁义人格和正义人格潜藏在人的心灵深处，如果没有合适的契机，不会自然地流露出来。即使有一个机会，令人们表现出了善的举动，我们也无法断定这个人具有仁义人格和正义人格。对人进行善的评价时，评价人的行为善最直接而且相对容易，评价人的情感善也不会很难，即使要评价人的认知善也不是不可能，但是，一个人具有行为善、认知善和情感善，不一定意味着他的人格一定是善的，评价人格善不是那么容易的，也许真的需要盖棺才可定论。所以，难怪有些人行善时会被质疑动机不纯，因为我们通常只是看到了一个人的善的表现，没有办法看到一个人善的表面现象背后隐藏的深层次的人格或人格特征。

人活在世上，总会有些念想，也会有些向往，想成为更好的人，甚至成为最好的人。一个具有崇高理想的高尚的人，一个与人为善与己为善的人，一个愿意维护社会公平正义的人，能成为具有仁义人格和正义人格的人。这是教育或自我教育追求的终极目标。但是一个人如果要求自己一定要做到仁义和正义兼备，他一定会很累，也会经常很受伤。人需要有高尚的向往，需要有仁义情怀和正义人格，但是没有必要以最高的道德要求绑架他人，也没有必要以至善的道德标准绑架自己。人需要现实地生活，力所能及地做一个好人，不必要对他人期望太多，也不必要对自己求全责备，把自己绑在至高的道德境界中自我炙烤。在现实的社会背景下，在大多数人把追求物欲的满足看作生命和生活的最核心原动力的情况下，要一个人具备仁义人格和正义人格显然是相当困难的。但是要一个人行为处世遵守法律规范和道德规范，关心关注他人，具有同情心、正义感，懂得感恩，维护公平正义，做到诚实守信、待人宽厚、恪尽职守、乐于助人，做到有限的仁义和有限的正义，还是可能的。

第三节 恶的人格及其特征

大多数人不是绝对的善，也不是绝对的恶，他们有时会显得很有善意，有时又显得不够友善，有时对其他人、对社会有恶意，所以会做出侵害他人、危害社会的举动。一个人具有善的意念不一定会做出善的行为，因为绝大多数人谨小慎微、胆小怕事、优柔寡断、瞻前顾后，他们不会贸然去做出头椽子，以免惹麻烦、受损失。一个人具有善的意念仍然可能做出恶行，因为多数人在利害攸关、威逼利诱、生死攸关的情况下不可避免地会变得贪婪、自私或胆怯，一旦恶的行为能够获得超额收益时，贪婪的欲望完全可能抑制善的意向。如果恶能够得到更多的利益，善就会受到抑制，如果一个人没有高尚的人格，没有仁义之情和正义之心，就很可能会在欲望的诱惑下变得可耻可鄙，做出恶的行为。

为了抑制私欲、预防恶行泛滥，社会会形成道德规范来约束恶，也会制定详细的法律规范，对恶的行为进行明确界定，确定恶的行为的性质和惩罚措施。但是，我们看到恶的行为仍然经常发生。人们为什么会行恶？特别是那些严重的恶行的产生原因究竟是什么呢？基于犯罪心理学视角的分析，恶行总有恶的动机，或以不义方式获得财权色等好处，或对他人社会持报复心态。一个人恶的行为的心理原因会更加复杂一些，人的心智水平、认知风格、情绪情感状态、人格特征构成了个体的心理系统，影响个体面临某种情景、遭遇某种困扰时的评判方式和行为反应，影响个体能否清楚意识到问题或困扰的原因并找到最佳解决路径，以及做出符合社会规范的合理行为反应。一个人的人格特征反映了个体面对特定情境时做出反应的固有的心理特点和行为模式。如果一个人的心智水平、认知风格、情绪情感的状态及人格特征存在缺陷，将意识不到解决问题或困扰的恰当路径，更加容易受负面情绪情感干扰，无法做出合理的行为选择，或者是习惯化地选择侵害他人、逃避责任等方式。

通常情况下，导致恶的行为的负面因素在一个人身上不是孤立地发生作用的，而是交织着凝聚成为一股负能量，对个体的行为发生合力作用。就是说，我们往往能够在表现出恶行的人身上看到各种因素的综合影响，他们可能具有不良的人格特征，表现出欲望膨胀、动机不纯、情绪冲动、情感淡漠或扭曲、意志薄弱、认知歪曲、观念幼稚片面的倾向。

恶的人格特征是人的恶行最重要的原因，也是许许多多恶性伤害事件的最核心的心理因素。从心理学角度分析，恶的人格特征是一个人的稳定的恶的态度特征和恶的习惯化的行为方式。当伦理学家在强调和描述善的德性时，已经为我们展示了恶的特性或恶的人格，反过来看柏拉图的四主德，不正义、不智慧、不勇敢、不节制就属于恶的特性或恶的人格，亚里士多德也明确地提出与友善、诚实、慷慨、公正等相反的就是不道德的恶的特性或恶的人格。尼采说："'善'与'恶'的对立大约就等同于'高贵'与'可鄙'的对立。"① 在尼采看来，善的核心人格几乎等同于高贵，恶的核心人格则几乎等同于可鄙。现代心理学的研究领域中，也有研究者关注恶的人格研究。焦丽颖等（2019）关于恶的人格的词汇研究显示，恶的人格包含凶恶残忍、虚假伪善、污蔑陷害、背信弃义等四个维度，描述恶的人格的核心词汇包括了凶恶、凶残、残暴、歹毒、恶毒、邪恶、黑心、虚伪、狡诈、伪善、污蔑、心狠手辣、无恶不作、栽赃陷害、胡作非为、忘恩负义、背信弃义、见利忘义、恩将仇报等。

如果我们对恶的人格特征进行深层次的分析，可以看到，恶的人格特征主要包括：一是恶的认知特征，表现为无知、偏执、心胸狭隘、不理智、缺乏是非观念、背信弃义等；二是恶的情绪情感特征，表现为恶毒、邪恶、冷漠、无情、怨恨、憋屈、狠毒、易激惹、神经质、麻木不仁、心浮气躁、忘恩负义、

---

① 尼采.善与恶的彼岸[M].梁余晶，王娟，任晓晋，译.北京：光明日报出版社，2007：261.

恩将仇报等；三是恶的意志特征，表现为自制力差、自控力弱、缺乏自律、软弱、盲目性、见利忘义、胡作非为、不负责任、屡教不改等；四是恶的态度及行为特征，表现为凶恶、凶残、凶狠、虚伪、狡诈、残暴、贪婪、自私、心狠手辣、贪得无厌、急功近利、粗暴无礼、冷酷毒辣、损公肥私、损人利己等。

贪欲或贪婪意指贪心、欲求不满、不知餍足，贪婪是容易导向恶的最主要的人格原因，当一个人具有贪婪的人格特征时，会缺乏自制能力，不能抑制自己的欲望，在缺乏法律意识和无视道德规范的情况下，就容易导向恶的行为。贪婪容易使人利欲熏心，无视社会道德和法制，变得无法无天，肆意做出损人利己的举动。在人的成长过程中，父母没有意识到应该教育孩子认识和掌握社会生活必须遵循的规范，管教孩子学会控制自己的欲望，自觉遵守社会规范，他们变着法子钻法律法规的空子，利用关系为孩子提供庇护所。孩子缺乏规则意识，只顾满足自我欲望，行事肆无忌惮，肆意损公肥私和损人利己。他们只考虑自己的快乐，不顾忌他人的感受，也不在意他人的痛苦。当他人痛苦时，或当他伤害他人时，自己会无动于衷，甚至从中获得快感。孩子缺乏自我控制能力，无视社会规范，他的无法无天的态度和肆无忌惮的行为逐渐固定成为一种稳定的人格倾向或人格特征，这样的人势必是恶的。

嗔恚即嗔怒，指易怒、恼怒或仇视等情感特征，也是容易导向恶的主要人格特征，当一个人具有嗔怒人格特征，在缺乏自控能力的情况下，非常容易导致伤害他人和危害社会的行为发生。从心理学的角度而言，可以认为当个体嗔怒时，处于高度的应激状态，恶意情绪毁损了个体的理性智慧，让他们变得无法正常思考，只是想让那个引起他们情绪困扰的人痛苦甚至消失，以致犯下滔天大罪。他们做出恶行，不是他们天生就是恶人，他们平时在他人眼中还是挺好的人，他们的恶是情绪化的，是冲动性的。

受到伤害后产生的愤怒憎恨情绪也是一种嗔恚，会成为个体的报复举动的驱动力，他想要寻找机会报复对方，这是人之常情。随着时间流逝，受害者觉得他受到的伤害微不足道，心中的愤怒会逐渐淡化，会原谅那个对他施加伤害的人。一个人觉得施加伤害的那个人不是故意的，或者施加伤害的那个人确实感到负疚、悔恨，在这样的情况下可能愿意选择宽恕对方。一个人如果觉得施加伤害的那个人已经受到了惩罚，或者确实进行了补偿，这种情况下也会愿意原谅和宽恕对方。所以，宽恕是一个人受到他人的伤害后，选择原谅对方，不再憎恨对方，不再祈求通过报复对方来解除自己愤怒的心理倾向。一个人的宽恕本质上是宽厚仁慈的表现，对施害者的宽恕体现了受害者的善良和厚道。宽恕通常是有选择性的，在伤害或侵犯不太严重的情况下，宽恕是容易做到的；在伤害或侵犯太过于严重的情况下，要宽恕施害者是困难的。一个人在经历了杀父之仇、夺妻之恨、失子之痛的情况下一般比较难以宽恕施害者，因为这样的伤害对人的打击实在太沉重。如果一个人受伤的感受没有办法摆脱，他就具有易嗔怒的人格，无法原谅对他造成伤害的人，即使在绝大多数人看来，伤害是微不足道的，这样的人显得心胸狭隘，如果他缺乏理智的话，就会做出疯狂的举动，成为恶的人。

在孩子还小，缺乏自我保护能力的情况下，父母等长辈具有守护责任，但若父母没有能力保护他，孩子的成长会走偏，会容易情绪化，变得容易嗔怒。孩子在缺乏长辈守护的环境下成长，会缺乏安全感，会情绪化，他兴许会用自己的方式自我保护，当他受到伤害或感到受到伤害时，会产生怨恨情绪，会选择以牙还牙，以恶制恶，想出各种恶毒的方法报复他人，变得心如铁石、冷漠无情、残忍暴虐、仗势欺人、恃强凌弱、张扬跋扈。他的这些负面人格特征使他无视社会规范，也不在乎违反社会规范，行为处世围绕自身的利益和喜好，为了个人喜好攫取个人利益，他们习惯性地损人利己甚至损人不利己，我们把他看作具有恶的人格倾向的人。

愚痴指个体执迷不悟以致愚蠢呆痴的人格特征，也是个体执着于特定目标的心理倾向，其典型表现为愚蠢呆痴，即呆板，缺乏智慧和自知力，缺乏灵活性和变通性。当个体具有愚蠢、痴迷、执迷不悟的人格特征，如果同时还具有贪婪人格，一旦有机会，会变得贪婪到令人惊奇的程度。当个体具有愚痴人格时，甚至会变得完全缺乏自知力，无法形成道德意识和法治观念，有严重精神病态的人就容易处于这样的愚痴状态。精神病患者意识模糊，缺乏判断力，他们的病态认知和情绪容易导致他们伤害他人，做出恶的行为。

　　马加爵、药家鑫、林森浩做出伤害他人的行为，不是因为他们生来就是恶的人，他们的认知系统没有问题，心智发展水平也不错，不然不可能考上大学，但是他们的情绪情感系统和人格特征一定有缺陷，他们无法操控自己的恐惧与焦虑，不能抑制自己的愤怒和怨恨，无法找到恰当方法解决自己面临的情绪困扰。他们都属于情绪化的人，是容易喷怒的人。一个人因为情绪冲动而伤害他人、一个人因欲望膨胀而侵害社会利益，做出这些行为的人，人格通常有缺陷，无法控制自己的欲望和负面情绪，用弗洛伊德的语言描述，他们的自我和超我发展受阻，人格发展处于本我状态，是被力比多本我欲望冲昏了理智的人。

　　一个人的贪婪、怨恨、暴虐、乖戾、自私、狭隘等恶的人格倾向和人格特征在各种社会负面事件中都起着举足轻重的作用。当一组恶的人格倾向或人格特征出现在个体的心理系统中，就形成了恶的人格系统。黑暗人格三合一的人格特质群，是一组恶的人格特质系统。Paulhus 和 Williams（2002）认为马基雅维利主义、自恋和精神病态并非完全等阶的人格特质，存在一定程度的相关性，可以将其视为与大五人格相互参照的人格特质群，称之为黑暗人格三合一的人格特质群。研究显示，黑暗人格三合一的人格特质是一组恶的人格特征。Jonason 等（2010）的研究显示，具有黑暗人格三合一的人格特质的个体不会采取亲社会的合作方式获取资源，往往倾向于采取意向型的策略获取资源，即是由欲望导向的。Kerig 和 Stellwagen（2010）对儿童攻击性的研究表明，自恋与主动的、身体攻击性行为相关，马基雅维利主义与关系攻击行为相关。Baughman 等（2012）的研究显示，马基雅维利主义与言语恃强凌弱行为显著相关，自恋与间接恃强凌弱行为显著相关，精神病态与直接恃强凌弱行为显著相关。总之，黑暗人格三合一的人格特质是一组恶的人格。研究显示，黑暗人格三合一的人格特质群能有效预测人的反生产性工作行为（Judje, LePine & Rich, 2006; Wu & Lebreton, 2011）。O'Boyle, Forsyth 和 Banks（2012）等的研究表明，马基雅维利主义、自恋与反生产性工作行为存在显著正相关。秦峰、许芳（2013）研究认为马基雅维利主义、自恋和精神病态三者的行为特征具有一些共性，诸如自我中心、自以为是、冷酷无情、冲动暴虐等，这些人格或是恶的人格特征，或是容易导向恶的人格特征。

有些变态人格伴随恶的人格特征，反社会型人格障碍也称社交紊乱型人格障碍、悖德性人格障碍，字面上看就是一种典型的违背道德、伤害他人、危害社会的恶的病态人格。反社会型人格障碍的最典型表现是缺乏社会规范意识，行为不符合道德规范和法律规范，缺乏自控能力，常常侵犯他人，侵害他人社会利益。患者表现为感情冷淡，麻木不仁，漠视他人感受，对人缺乏同情，冷漠无情。他们易激动，自制力差，常发生冲动攻击行为。他们即使给他人造成了痛苦，也很少有内疚感和羞耻感。他们不负责任，常常违法乱纪，即使屡受惩罚，也屡教不改。他们以自我为中心，自私自利，不讲信用，婚姻不忠，缺乏爱的情感和依恋能力，对他人给予的关心和善意无动于衷。从反社会型人格障碍的表现看，即使这种人格障碍是一种心理病态，由于具有这种人格障碍的人对社会对他人会造成事实性的伤害，无论在哪种社会背景下，都会被看作恶的人。

人不会是生下来就恶的，不会生而具有恶的认知和恶的情感，更不可能生而具有恶的人格倾向和恶的人格特征。一个人在各种负面社会刺激的影响下，如在被欺骗、受欺凌、被不断地潜规则及利益诉求受阻的情况下，会形成一种习惯性恶意，使人倾向于自我保护式地以我比你先恶或我比你更坏的方式去面对问题，这样的一种恶的人格倾向成为人们的习惯性反应，群体性的习惯性的恶意构成了一种趋势性的恶的人格特征。如果有太多的人具有这样恶意的人格倾向，并将恶意的人格倾向固化成为恶的人格特征，这个社会就会令人绝望和痛苦。所以，社会的健全发展意味着能营造使人格得到良好发展的和谐环境，能够培养人的自控自制能力，能有效和有力地抑制犯罪，能有效抑制人的恶的倾向。教育也是要能够引导人形成善的认知和善的情感，使人明辨是非，具有羞耻心，能避免恶，能向往善和追求善，使人具有同情、感恩、正义感和爱的情感，具有公平公正观念，甚至能培养形成正义人格和仁义人格。

第四节　冷漠人格及其特征

交通的发达使人们的活动范围变得更大，人们离家更远，更多地生活在陌生人群体中。现代陌生人社会环境中，纷至沓来的烦琐杂事使人疲于奔命、心力交瘁，乌云盖顶般的生活工作压力磨灭了人们的昂扬激情，压迫得许多人越来越功利，越来越自我本位，使一个人的关注点容易停留在个人利益上面。互联网时代带来的一大变化是人们在陌生人群体中，即使活动空间很小，自身的心理满足也可以变得越来越容易，人们可以轻易退缩逃避到自我的小天地之中，而不需要谋求现实的人际交往。如果一个人觉得自己对于他人的困难无能为力，感到自己的力量实在太渺小，无法承担帮助他人的责任，没有力量去维护公平正义，无法阻止恶和弘扬善，他可能会选择逃避责任，成为一个旁观者，尽量避免卷入需要自己付出精力和情感的事件。一个人成为不介入的旁观者，选择逃避责任，对他人的困境无动于衷，他会越来越冷漠，冷漠将逐渐成为他的人格特征。

冷漠人格指不关注关心他人，对他人的困境和遭遇的痛苦不幸无动于衷、不为所动的人格倾向或人格特征。冷漠人格往往表现为以下特征：一是自我中心和自我本位。这是冷漠人格的认知特征，自我中心是遇到问题时总是站在有利于自己的角度考虑，自我本位是遇到问题时总是将自己的利益摆在核心位置，自我中心和自我本位表现为只替自己着想，避免自己的利益受损。二是情感淡漠和情感麻木。这是冷漠人格的情感特征，情感淡漠和情感麻木是不会被他人的困境触动，不会因为人们的恶或善而有所感触，不会因为他人的不幸而心生怜悯，而是显得铁石心肠，冷漠无情。三是自私自利和损人利己。这是冷漠人格的行为特征，自私自利和损人利己都意味着只是谋取自己的利益，除非善与恶的事件与他息息相关，他是善恶事件的主体，或者受害者属于自己人关系圈，否则具有冷漠人格的人始终只关注和关心自己的利益，只衡量自己的得失、谋求自己的利益。

2011 年发生了一件震惊中国人的事件，年仅 2 岁的小悦悦在被机动车碾压后，在人们的冷漠旁观中惨然逝去。对于当事人而言，至亲骨肉的逝去往往意味着撕心裂肺的伤痛，这种伤痛即使历经岁月的磨砺也不会轻易消退。对于绝大多数人来说，一条小生命的逝去不过是电视报道中掠过的短短几分钟的信息，与发生在世界范围的种种导致无数人死亡的军事冲突、疾病传播，以及矿难事故、车祸事故、炸弹爆炸事件等相比，差别不会特别大。

小悦悦事件很小，但是我们内心深处的敏感神经还是被不自觉地牵动起来了，因为这样的事件并非总是与我们无关，而是一不小心就会与我们每个人息息相关。有一天，也许那个小生命不再与我们素昧平生，她也许就是我们的孩子、我们的亲戚、我们的邻居。如果是我们自己的孩子面临这样的困境和绝境，我们希望路过的人无视吗？我们希望人们冷漠旁观，放任我们的至亲骨肉挣扎在痛苦的死亡边缘，得不到有效帮助吗？

如果我们希望社会冷漠的悲剧不再发生，希望这样的悲剧不会发生在我们身上，就必须反思，深入地分析、探究冷漠人格的形成原因，了解人们变得冷漠的原因，这是非常值得探究的问题。我们感到，每个人的人格都具有自我中心倾向，常常表现为自我本位。任何人最关注关心的一定是自己及家人。人的自我本位，不是仅仅关注关心自己，而是会延伸为特别关心自己的孩子，特别关心和关注自己的亲戚、朋友、同学等亲近的人。人格的自我本位，并不是说只关心自己，甚至也可能是自我牺牲的，就像父母为了孩子，哪怕是牺牲生命都会在所不惜。人的自我中心倾向通常表现为以自己为中心构架了一个关系系统，即所谓的关系网或关系圈，或者说圈子，处于关系网中的人更加有可能得到关心、关怀和帮助，而处于关系网之外的人就不会得到关心、关怀，一般也不会得到帮助。老大爷中风倒地时，如果周围没有熟人的话，就不一定有机会得到救助。如果一位路人看到头卡在围栏中的妇女是自己的家人、亲戚、朋友、邻居的话，他几乎百分之百会上前救助。人具有关系帮助倾向，在现实生活中，人们会努力帮助关系圈中的人摆脱困境，处于关系网外的人就不一定会有更多的获得帮助的机会了。

探测冷漠人格的本质及其机制，从社会的角度看，是各种负面社会因素作用下的逐渐固化过程。拥挤的生存空间使人们不可能对周围他人有太多的关注。在陌生人社会中，大多数人都与自己无关，隐私意识使人们尽量避免介入他人事务。一位行人在看到有人骑车摔倒在地并痛苦求救时，以为与己无关而选择离开，以避免不必要的是非纠葛。他不知道的是，那位摔倒的人竟然是他的家人，由于他选择离开，他的家人最终得不到及时救助而留下终身残疾，而这位冷漠的路人也终将生活在愧疚懊悔之中。他冷漠离开的原因，主要是他不想对陌生人负责，不敢承担社会责任，怕惹麻烦。

冷漠人格通常表现得像是一种单一人格特征，即表现为冷漠无情、漠不关心、无动于衷，究其心理本质，其实是一组人格特征的整合，包含了自我中心、自私自利的认知特征，冷漠无情、漠不关心的情绪情感特征，胆小怕事、不负责任、明哲保身的态度特征，瞻前顾后、退缩逃避的行为特征。逐利欲望的膨胀使人自我中心、自私自利，削弱了人们的同情怜悯情感，降低了人们对他人的关注关心程度。人们的责任意识也因为社会分工明确而有局限性，产生责任规定意识，认定社会责任由特定人群承担，撇清自己的责任和义务。怕负责任、怕惹麻烦、胆小怕事的倾向削弱了人们勇敢承担社会责任的倾向。

这个世界上恶的人不会特别多。绝大多数人都具有善的倾向，但是，在多数情况下，人的善良因为种种原因无法展露出来，而通常，这种善良是有一定的指向性的。人的慷慨、大方常常针对圈子里关系好的人，具有自己人关系圈的意识。在流动的社会，人们生活在陌生人中，周围人通常并不具有亲属关系，并非熟人，不属于自己人关系圈。对于陌生人，人们表现出来最明显的倾向是不敢管闲事、不愿管闲事，甚至为了人情、亲情、爱情而牺牲陌生人的利益，为了自己或自己关系人的利益而牺牲陌生人的利益，这样就不可避免地会产生冷漠倾向。显然，冷漠不是一种情绪，也不仅仅是一种情感，而是一种态度，确切地说就是一种人格特征。冷漠的人格特征表现为个体对于陷入困境中的陌生人的漠然无视，漠不关心。

当一个人看到他人受凌辱受伤害时，选择沉默旁观，显得漠不关心，这已经不仅仅是一种冷漠的社会现象，而是一种恶的社会现象。容忍恶是在助长恶，也是恶的真正的帮凶。有限的善会成为一种恶，小范围的或小群体的少数人之间的善会成为对社会、对更多人的一种恶。一个人损害国家社会利益、损害他人利益，为自己、家人、朋友、亲戚等创造机会谋取利益，对自己人关系圈中的人来说，他是善意的，但因为他损害了他人、社会、国家的利益，所以一定是恶的。对于损公肥私的行为，因为有利可图而选择沉默，选择漠不关心，这种冷漠也会助长恶，是一种非正义。只要是有利可图的领域，都可能因为个人的以权谋私而导致社会不公，如果大家对这种不公视若无睹甚至趋之若鹜，就会导致社会潜规则的盛行。当潜规则成为社会的普遍现象，当人们对潜规则习以为常时，公平正义的观念就会弱化，良知良心的意识会削弱，道德底线会变得千疮百孔，人们会选择寻找机会投机钻营，自私自利、蝇营狗苟就会变成社会的普遍的价值选择和行为取向，绝大多数人则可能各人自扫门前雪，人们就会普遍地具有冷漠倾向，就会固化形成冷漠人格。

冷漠人格不一定源于缺乏同情心，一个很重要的原因是人们具有明显的自我保护倾向，特别是当人们缺乏安全感的时候。圈子的意识也凸显了人们特别鲜明的自我保护倾向。人们之所以会有缺乏安全感的意识，主要是以下几个方面的原因：一是个别媒体对各种负面事件的渲染。比如见义勇为被讹诈等负面信息被渲染放大，一旦这样的负面信息被个体接收，其影响力度往往是正面信息的成百上千倍，因为人们普遍有一种"不怕一万，就怕万一"的心理。二是人际信任的缺乏。人们助人被讹诈的新闻或有关传言，导致人们对人的信任程度降低，害怕他人有骗人害人之心，于是冷漠成为一种出于安全的选择。三是部分人对组织的信任度欠缺。部分人担心自己的生命财产受威胁时不能得到有效保护，民众对组织缺乏信任感，就会害怕自己惹上麻烦，到时无法脱身。四是大多数人从小就被父母灌输了强烈的自我保护意识。父母常常提醒孩子不要轻易相信任何陌生人，不要多管闲事，导致人们从小就害怕上当受骗，担心摊上麻烦。

自我保护的人格倾向使人们在遇到各种危险情况的时候，首先是逃避，避免惹祸上身，怕承担责任，怕自己会有损失。助人可能是有代价的，有时还需要付出很大的代价，包括时间和精力。所以，许多人会选择漠不关心，选择逃避。这不是由于无情而造成的冷漠，而是一种退缩性的怕惹事的冷漠。其次，人们有从众倾向。当一个人看到大家都在围观受害人时，他会选择与大家一起围观，成为鲁迅笔下的冷漠看客，这是从众性的冷漠。如果有人遇到困境时，一位勇敢的人振臂高呼"大家快上啊"，那么路人前去助人的可能性就会大大增加。如果看到其他人在冷漠围观或冷漠路过的话，单个人去助人的概率就会下降了，人们总是冷漠旁观他人的不幸和痛苦，冷漠就逐渐固化成冷漠人格。

自我中心倾向再加上胆小怕事，遇到事情总是退缩逃避，使许多人更加可能在遇到类似小悦悦的事件发生时，首先想到的不是受伤的小悦悦，而是自己，怕自己惹麻烦，怕自己需要承担责任。如果有更多人参与助人，并且责任不是由个别人承担，就会有更多人愿意助人。所以，归根结底，人们缺乏安全感的根本原因是社会的保障机制尚有欠缺，比如老太太摔伤了，如果有充分的医疗保障的话，老太太选择讹诈的可能性会降低。

自我中心的人格倾向使人们比较容易有亲情的爱、恋情的爱、人情的爱，但是容易缺少大爱，缺乏高尚无私的情怀，容易产生冷漠倾向，久而久之，冷漠倾向容易逐渐固化成为一种冷漠习惯，这种冷漠习惯成为一种稳定的人格特征。正是因为人们有亲情的爱、恋情的爱、人情的爱，所以，人也容易变得有大爱、有博爱，只要有一个契机、一种熏陶大爱的氛围。一个人对身边那些与自己有千丝万缕联系的人具有关爱情怀，大爱就不会真的缺失。地震灾害、洪涝灾害、道路交通事故发生时，人们那种踊跃相助的情景证明绝大多数人的冷漠是情境性的，还没有成为一种稳定的冷漠人格特征，因为绝大多数人在面对他人的不幸时，并不是真正地铁石心肠、无情无义、无动于衷，阻挡人们助人脚步的是胆怯、害怕、退缩，是自我保护的求平安的心理倾向。如果在有人遇到困境的时候，一个有着高尚情操、崇高人格的人勇敢地站出来，振臂高呼，必定会应者如云。这样的人可能平时看起来很平凡，但他们是社会的脊梁，也是社会的希望。

第五节　善的人格的发展规律

蒲松龄在《聊斋志异》中强调"有心为善，虽善不赏。无心为恶，虽恶不罚"，认为一个人能不能得到嘉奖，或者该不该受到处罚，不能只看行为善恶，而是要看他是不是真的有善心。从心理学角度看，人的善心指善的认知、善的情感、善的动机和善的人格等，应该赞赏或奖赏的是这样的人：他们具有善的心理，他们的善可能是认知善、情感善，也可能是人格善，他们行善是因为他们认识到善是必要的，他们对人有善的情感，他们看到其他人处于困境中时，会发自内心地感到难受，有着强烈的恻隐心和同情感，真心实意地想尽自己的最大努力帮助他人摆脱困境。他们具有人格善，心地善良、待人友善，有仁义情感，有正义胸怀，他们思想崇高、人格高尚，具有康德所谓的绝对的、最高的善，具有儒家思想家所谓的至善人格。

如果我们仔细观察孩子的天性，可以发现绝大多数孩子的天性不能说是恶的，但是也不能说是善的。年幼孩子可能会有恻隐情感的表现，当成年人假装在婴儿面前哭泣时，他们也会跟着哭泣，我们不知道他们是真的起了恻隐之心，还是只是受了惊吓想被保护，因为我们不可能知道他们的真实感受，也不可能知道他们的确切想法。哭泣不仅在个体产生同情怜悯情感时产生，在个体感到恐惧害怕时也会产生。当有人在婴儿面前假装哭泣时，婴儿的反应也不尽相同，有些孩子会跟着哭泣，有些孩子则会很开心地大笑，有些孩子则可能会面无表情。即使孩童看到其他人哭泣时真的感到难受，有孟子所谓的恻隐之心，也不能认定他们已经具有同情感，更不可能认定他们具有像感恩、爱、正义感等情感善。情感善是基于同情、感恩、爱的情感、正义感等的态度特征和行为倾向，情感善是要在社会生活中与他人的相处中，开始关注关心他人的感受时才会产生和发展的。

孟子认为人生而具有恻隐之心、羞恶之心、恭敬之心、是非之心，现实地分析，善的这四端是不可能都生而有之的。是非之心是在理解社会规范的基础上形成是非善恶知识，并且能够据此做出是非善恶判断的心理形态。是非之心是认知善的核心，认知善是个体基于善的社会规范或道德要求的关于是非善恶的认识和判断及有关的观念和价值准则。人有是非之心意味着能理解和认同道德规范和法律规范，能理解和把握善的规则和要求，能认同和遵循善意的原则和要求，能基于道德规范和法律规范辨别是非。恭敬之心是重要的道德行为规范，也是善的行为表现，是孩子对长辈恭敬顺从的心理状态和行为表现。孩子若不经父母、教师的教诲及自己的领会学习，不可能有是非之心和恭敬之心。年幼的孩子在未经规范训练之前，缺乏是非善恶之心，所以也不会有羞耻之感，不会判断善恶对错，何论羞耻惭愧？

弗洛姆提出，在生活中性格通过两种方式发展，一种是同化的过程，另一种是将自身与这个世界联系起来的社会化的过程。弗洛姆借鉴佛教的四圣谛的思想，提出性格改变的动力来源于个体的自我改变的需要，他写道："我以为，只要下述条件存在，人的性格是能够发生变化的。第一，我们正在受苦，并且知道我们在受苦；第二，我们认识到这种不幸的根源；第三，我们认识到有方法消除这种不幸；第四，我们承认，为了消除这种不幸，必须遵循某些生活准则，并改变现有的生活方式。"[①]

弗洛姆认为，性格是人的社会互动过程中的社会化结果，亚当·斯密在关于道德情感的分析中提出过类似主张，认为可以根据人们产生同情心的机制探索美德产生的机制，他肯定了当事人和旁观者的同情共感是美德产生的基础，并提出："在这两种不同的努力，即旁观者努力体谅当事人的情感和当事人努力把自己的情绪降低到旁观者所能赞同的程度这样两个基础上，确立了两种不同的美德。在前一种努力的基础上，确立了温柔、有礼、和蔼可亲的美德，确立了公正、谦让和宽容仁慈的美德；而崇高、庄重、令人尊敬的美德，自我克制、自我控制和控制各种激情——它们使我们出乎本性的一切活动服从于自己的尊严、荣誉和我们的行为所需的规矩——的美德，则产生于后一种努力之中。"[②]

---

① 弗罗姆.占有还是存在[M].李穆，等译.北京：世界图书出版公司，2015：156.
② 斯密.道德情操论[M].蒋自强，钦北愚，朱钟棣，等译.北京：商务印书馆，2003：24.

善良、仁慈、仁爱、正直、公正等善的人格的形成和发展，不是生理和心理成长的自然结果，而是个体在善的认识和善的情感的发展基础上，将善的原则内化成为善的价值准则，在善的人格理想追求过程中的自我塑造和内修学习的结果。从心理层面而言，这是一种同化过程；从人与社会的关系层面而言，这是一种社会化的过程，是个体与他人在互动及社会实践中将他人和社会善的要求同化成为自己的自觉意识和自动选择的过程，也是习惯化及稳固化的过程。同化有两种含义：一是认同并且内化，即认同社会要求、认同父母和教师的要求，将社会和他人的要求转化成为个体的自我要求的过程。二是同样化，简称同化，即与社会要求或父母、教师的要求保持同步，或者学习榜样，逐渐与榜样保持一致。同化包括了假象同化和真实同化两种，假象同化指个体只是表面上认同或者表现得相同，真实同化意指真心实意地认同并且内化社会要求。真实同化区分为被动同化和主动同化，被动同化是在父母、老师的逼迫下认同并内化社会要求，主动同化是自己认识到社会要求和他人要求的合理性，自觉对照这些要求自我改变，实现一致。主动同化的最主要形式是内省和内修，其结果，就儒家思想家的术语而言，即诚意正心。内省指人对自己的言行举止的自我反省及对他人言语行为的评判分析的过程。内修指人自我改变不良人格和行为，认识善的人格及其要求，强制自己形成善的人格的过程。儒家思想家倡导的格物致知诚意正心修身的内圣路径，道家及道教的功过格的行为改变法，佛教主张戒定慧、四无量心、八正道等善的修行方法，都是非常重要的善的人格的内省及内修的方法。

社会化通常指认知社会要求、习得社会要求，成为社会人的过程，社会化的核心是人对社会要求的理解和认同，以及对这些要求的内化。善的人格的社会化是个体认知社会的善的有关规范和要求、理解善的规范和要求、认同善的规范和要求，运用内省方法了解自己不合乎社会规范和要求的心理特征和行为方式，改变这些不合乎社会规范和要求的心理特征和行为方式，内修形成合乎社会规范和要求的心理特征和行为倾向的过程。

人的天性是自我欲望满足导向的，如果缺乏恰当引导和有效教育，往往不能抑制自己的欲望，不能形成善意，也不能形成善的人格。孩子不可能生而具有认知善、遵循善意原则的觉悟，孩子的天性不会是愿意利他助人的，生活中也往往表现得自私自利和以自我为中心。弗洛伊德的人格结构理论阐明，早年孩子的人格是本我导向的，遵循快乐原则，追求快乐，寻求欲望满足。

要改变人格，使人形成善的人格，需要恰当的教育和引导。约翰·穆勒充分肯定了教育和舆论对人善的人格发展的重大作用，他说："教育和舆论对人的品性塑造有很大的作用，应当加以充分利用，使每个人在内心把他自己的幸福，与社会整体的福利牢不可破地联系在一起，尤其要把他自己的幸福，与践行公众幸福所要求的各种积极的和消极的行为方式牢不可破地联系在一起。"①

对于年幼的孩子来说，他们辨别善恶的能力很弱，父母和教师等成年人提出的要求及其表情、神态成为他们行为的重要风向标。父母和教师要求孩子遵循社会的道德规范和法律规范，对孩子提出待人有礼貌、有善意的要求，并对孩子具有善意倾向和遵纪守规的举动加以肯定，小孩能形成认知善，具有遵纪守规的倾向，具有分享助人、设身处地、待人友善的善意倾向。父母和教师的言语提醒或有意识的教育对孩子善的人格的发展影响很大，父母和教师在孩子还小的时候就讲故事、说道理，提示孩子要关心他人、乐于助人、待人友善、合作分享、互利互惠、孝敬长辈，而且有相应的奖惩举措，孩子能够形成社会意识，会形成弗洛伊德所谓的自我人格，具有遵循社会规范的意识，遵纪守规、乐于助人、待人友善等会成为孩子的习惯，这种习惯的行为方式甚至能成为孩子善的人格，这是孩子善的人格形成的社会化过程。

在孩子成长的过程中，父母、老师等成年人是他们学习的榜样，父母和老师的言传身教对于孩子的观念选择和行为学习起着非常重要的作用。父母、老师等成年人对于孩子的善意举动的奖赏和鼓励及对恶意举动的批评和惩罚有助于孩子习得善的行为，习得认知善和形成情感善。当幼儿表现出分享、互惠、助人、诚实、守信等亲社会倾向时，父母老师肯定他、表扬他、鼓励他，孩子

---

① 穆勒.功利主义 [M].徐大建，译.上海：上海人民出版社，2008：17-18.

心地会变得纯正，会形成是非观念、愿意遵循善意原则，会懂得分享、乐于助人，当孩子逐渐地成长，他的善意行为逐渐地定型成为人格善。

如果父母终日奔波，忙于生计，而且不懂教育，就会很少管教孩子，不会对孩子表达爱意。如果父母有多个孩子，生活压力很大，根本无暇顾及孩子，孩子甚至成为留守儿童，缺少家人关爱和家庭温暖，这样的孩子可能会走上歪路，成为恶的人。如果机缘巧合，孩子有机会遇到好老师，有机会读到好的文学作品，他可能会走上正确的人生道路。在生活的磨砺下，从他骨子里，也会渗透出一种公平、正义、正直、勇敢、善良、热心、诚信、仁爱、不畏强权的人格善的倾向。如果他有坚强的意志和理性的智慧，他就会成为一个真正善的人。

孩子表现出善的态度，做出善意举动，老师喜欢他、肯定他，同学也喜欢他，愿意与他交往，他也得到了相应的奖励，这样与人为善的原则成为他的坚定信念。当走上工作岗位，他做事认真、踏实，工作努力、负责，待人友善、诚信、正派、侠义，他的善得以定型，成为真正善的人。一个人具有善的人格，当他面临诱惑时，需要做出选择，要么牺牲自己善的原则，要么放弃财富、权力、地位，这时他更可能坚持善的原则，宁愿放弃财富、权力、地位。一个社会最需要的就是这样的人，他们是社会的希望，是推动社会和谐发展的最重要的正能量。社会对那些善举义人加以嘉奖，对于弘扬社会正气、培养社会正能量，引领人们善的思想，激发人们善的情感无疑具有积极作用。如果有更多的人被善的榜样力量感动，更多的人养成了善的人格，人们之间会有更多信任，人们会有更多安全感，社会也有机会变得更加和谐。

一个人从小接受善的教育，他也能够从善的行为中得到乐趣，将具有认知善、情感善和行为善，甚至能具有人格善，他会成为真正的好人，或者说成为秉性高尚的人。让孩子从小接受爱国教育，他就有希望成为具有爱国认知和爱国情感的人，甚至会具备爱国人格。让孩子从小接受感恩教育，孩子会有感恩认知和报恩信念，甚至形成感恩人格。当然，这是理想化的结果，因为人是具有主观能动性的，何况孩子在家庭、学校、社会生活中受到的影响是无法完全预测和操控的。行为心理学家华生提出，给他一批健康没有缺陷的儿童，能够随意地将他们培养成为教师、律师、政治家，或者小偷、乞丐、强盗、杀人犯等，这毕竟是理论上的预期，而不是客观现实的结果。因为教育并不能随心所欲地操控孩子，也可能会产生相反的效果，孩子会受到各种不可控因素的影响。

显然，一个人了解社会规范，明辨是非，具有认知善，一个人具有同情、感恩等情感善，具有待人的善意，这样的人有希望成为好人，但也不是绝对的。人的理性会阻止他做出恶的举动，但是因为他的谨慎小心也可能会阻碍他的善意举动。人的认知善可以因为情景和对象不同而改变，情感善也是有限度的，许多人有认知善和情感善，仍然不会做出善意举动，仍然没有成为真正善的人。人的认知善和情感善发展成为人格善，这样的人才是真正善的人，因为只有人格善的人才能真正做到高尚善良、仁慈正义。

一个人具有善的人格，就能够遵守道德规范和法律规范，待人彬彬有礼，不伤害他人，不危害社会，成为有公德的人。梁启超在《论公德》文中提出："道德之本体一而已，但其发表于外，则公私之名立焉。人人独善其身谓之私德，人人相善其群者谓之公德，二者皆人生所不可缺之具也。"[①] 认知善、情感善、人格善均属于人的私德，私德是内在的，通常是不表露于外的，人格善是私德的核心，人有了人格善，才能真正地独善其身，成为有公德的人，做到真正地相善其群。

个体基于同情、感恩、正义感、爱的情感的情感善会内化成善的情感特征。认知善和情感善内化成人格善，一个人才能真正做到善良、诚信、负责、仁爱、公正，才能表现得更有同情心和爱心，更懂得感恩，更诚实守信，更愿意利他助人，懂得合作和分享，懂得互利和共赢，愿意尽责和奉献。具有认知善的人是有良知的人，也就是所谓的是非分明、明辨是非的人。具有认知善、情感善和人格善的人不仅是有良知的，而且是有良心的。良心指的不仅是认知善，也

---

① 梁启超．论公德 [M]// 饮冰室合集（第四集）．北京：中华书局，1989：12.

包括情感善和人格善，甚至还包括了行为善。

认知善、情感善会以善的行为方式表现出来，表现为遵守法律规范和道德规范，待人有礼貌、愿意助人、能够互利共赢等，如果这样的行为方式逐渐定型，构成人格善的行为特征，这种行为特征也称为态度特征。当他选择坚持公正，维护正义，或者乐于助人、帮助弱者时，会产生自豪感和价值感，正是这种具有自我嘉奖性质的情感体验，推动他发展坚强、勇敢等有助于实践善的人格。如果一个人具有善良人格，同时具有坚强意志，并且具有明智和理智等智慧，就会自觉地奉行善的原则，自觉地匡护公平正义，主动地扬善抑恶，主动地扶危济困。

麦金太尔说："没有德性，欲望就不可能受理性指导，不可能有效变成理性所要求的那种欲望。……正是美德才使欲望成为合理的欲望。"① 德性引导或美德教育不仅着眼改变人的行为，也改变人的价值观，改变人的情感，使善良、公正、诚实、守信、无私、清高等美德成为个体的价值追求和稳定人格，也使人有坚强意志和理性智慧，在面临利益攸关的选择时，就不会摇摆不定，就完全有可能选择善，而不是选择满足个人私欲。他们愿意成为高尚的人，或者他会自认高尚，会具有良好的规则意识，他的言行举止会具有原则性，这种原则性最后也会成为他的人格的一部分。

善是一把双刃剑，一个人具有善的人格，乐善好施、诚实守信、仗义疏财、知恩图报、有情有义、宽宏大量、仁慈公正，会显得柔顺和气、谦恭礼让、仁慈心软，也会显得老实巴交、胸无城府，缺乏戒备之心，容易被心术不正的人利用和伤害。一个人太善良，几乎近于懦弱，容易被忽视或受到侵害。要求一个人善是有风险的，一个人如果真的具有认知善、情感善和人格善的话，还需要发展勇敢、坚强、节制等意志品质，让人选择做出善的行为，也需要发展机智、明智、敏锐等品质，保证自己不会受到伤害。

弗洛姆说："人不是一件东西，他是一个置身于不断发展过程中的生命

---

① 麦金太尔.谁之正义？何种合理性？[M].万俊人，吴海针，王今一，译.北京：当代中国出版社，1996：192.

体。在生命的每一时刻，他都正在成为、却又永远尚未成为他能够成为的那个人。"①人有自我成长和自我实现的内部动能，绝大多数人会希望成为善的人，有些人会追求高尚的生活，愿意内修形成善的人格，甚至形成至善人格，成为真正高尚的人。

至善人格是一种真正善的人格，是儒家思想家全力倡导人们形成的人格，可以说是中华民族优秀传统文化的精髓。结合儒家思想家的观点，从心理学角度加以总结，可以概括出至善人格内修的五个核心要素：一是抑制欲求，能够最大程度地抑制和消除不合理欲望和不必要需求。个体能抑制不合理欲望，是善意的基础，也是内修至善人格的原点。二是构建善意，形成关于善意的合理构念和遵循善意的主观意愿。一个人有善念，意味着有良知和良心，具有遵循善意的主观意愿，就能激发善的意识，发展至善人格。三是胸怀仁爱，具有舍弃小我、胸怀天下的仁慈情怀和仁义倾向。个体发展出关注关爱他人及无私帮助他人的善意，在自我反省和自我塑造的内修过程中，友善、仁慈、仁爱等仁义人格能得到塑造。四是维护正义，具有追求崇高和维护公平正义的道德义务和社会责任。个体具有维护社会公平正义的道德责任和道德义务的道义善，就具有了内修形成正义人格的极大可能性。五是践行善举，勇敢做出维护正义和表现仁义的实际行动。个体具有追求正义和表达仁义的坚定意志，成为个体塑造仁义人格和正义人格的潜在正能量和巨大动力。个体善的人格在维护公平正义、表达善意情感的行为中表现出来，也在践行善举的行为中逐渐地习惯化，成为影响个体的善意行为的稳定的人格特征。

一个人想成为善的人，就能够成为善的人。对于芸芸众生来说，达到绝对仁义和绝对正义的至善境界很难；对于绝大多数人来说，能够格物致知，遵守社会规范，做到不伤害他人、不损害他人利益、不危害社会是完全可能的。一个人如果能够诚意正心修身，遵循善意原则，努力做一个好人，努力做些好事，那是非常好的结果。如果通过学习使一个人具有善意的情感倾向，关注和关心

①　弗洛姆.生命之爱 [M].罗原，译.北京：工人出版社，1988：102.

他人，对于他人的不幸具有同情怜悯情感，能够达到有限仁义的程度，也是一种很好的结果。如果通过学习使一个人具有一定的正义感和正义的行为表现，能够在一定程度上表现得公平公正，能够达到相对正义的程度，也是特别不错的状况。善的内修努力，最理想的学习结果是达到仁义人格和正义人格兼备的至善人格的境界或高尚善的状态，这是人格发展能够达到的最好境界。

第五章　善恶行为的影响因素

　　人类的德性是使一个人的善行达到完美的一种习惯。

　　　　　　　　　　　　　　　　　　——[意大利] 托马斯·阿奎那

　　人的善的行为不会无缘无故地发生，是由各种内外部因素驱动的，那么驱动人们行善的因素是什么呢？人们善的行为的动力究竟来源于内部还是外部？如果是来源于内部，是否意味着善是一种先天本能，或者善受认知、情感、人格驱动？如果不是来源于内部，是否意味着善是受外部情景或特定对象诱导的结果？相对的一个问题是，恶行是如何发动的？恶的驱动因素有哪些呢？个体有善的观念，能够做出善恶的判断，是否意味着他就具有善的意向，具有善的动机，能够做出善的行为呢？我们认为显然不是这样的，绝大多数人能够对善恶进行准确判断，但仍做出了恶的行为，或者并不愿意行善。教师和家长对孩子提出善的要求，社会倡导善的价值准则，是否能够使孩子具有善的认知、善的情感、善的人格，并且做出善的行为呢？现代社会重视善、倡导善，但是恶的现象仍然普遍存在。显然，影响人们善的行为的因素非常复杂。尼布尔说："没有任何人能够洞察作为每个人行动基础的令人奇怪地混合而成的动机之秘密所在，即使行动的发起人也难以洞察到。"[①] 人们为什么做出善恶行为，不仅当局者迷，旁观者也未必清楚。弗洛姆提出："伦理思想的发展是以这样一个事实

---

① 尼布尔 . 道德的人与不道德的社会 [M]. 蒋庆，阮炜，等译 . 贵阳：贵州人民出版社，2009：132.

为特征的，即有关人之行为的价值判断是由行动背后的动机所组成，而不是由行动本身所组成的。"① 人的善恶行为的背后都有一些驱动因素，通过深入的心理分析是可以在一定程度上窥测到影响人的善恶行为的因素的。

第一节　人的本能对善恶行为的影响

在人的本性问题上，儒家人性本善、人性本恶及人性善恶混等观点，阐释了人类本性对善恶行为的不同影响。人性善的思想相信人先天具有善的本性，与生俱来就有善的行为倾向；人性恶的思想相信人的先天本性是恶的，所以，人生下来就会表现出各种恶的行为；善恶混合的本性观认为人的先天本性中有善的成分，也有恶的成分，这样人生下来就既有善的行为倾向，也会表现出恶的行为。宋朝理学家深信善恶的先天本性的根本是人的欲望，欲望控制不了，就会有恶的行为，能够消除私欲，就能够存天理，有善的心理和善的行为。朱熹说："私欲净尽，天理流行，而仁不可胜用矣。"② 据此他进一步提出："圣贤千言万语，只是教人明天理，灭人欲。"③ 根据宋儒的逻辑，消除了私欲，就会有天理，就会变善。

道家相信人类本性的欲望是人的恶的行为的根源，人们有所好有所求的欲望会蒙蔽善。老子说："罪莫大于可欲，祸莫大于不知足，咎莫大于欲得。"（《老子·第四十六章》）庄子认为，人们容易被各种各样的欲望所困，导致产生恶行，"天下之人，各为其所欲焉。"（《庄子·天下》）佛教的《长阿含经》中写道："三不善根：一者贪欲，二者嗔恚，三者愚痴。复有三法，谓三善根：一者不贪，二者不恚，三者不痴。"④ 贪嗔痴是三不善根，不欲不嗔不痴是三善根。欲望或需要既可能是与生俱来的，也可能是后天形成的。先天的与生俱来的欲望具有特别强大的生命力，会成为人的善恶行为的主要原动力。

---

① 弗洛姆. 为自己的人 [M]. 孙依依，译. 上海：上海三联书店，1988：50.
② 朱熹. 四书章句集注 [M]. 北京：中华书局，2011：125.
③ 黎靖德. 朱子语类（第一册）[M]. 王星贤，点校. 北京：中华书局，1986：207.
④ 恒强. 长阿含经 [M]. 北京：线装书局，2012：164.

人们常说："人不为己，天诛地灭。"人的先天本能的核心是追求欲望满足，求自我生存，人不可避免地是利己自私的。叔本华就明确认定人的生存动机的基石是人的利己倾向，他说："人的主要的与基本的动机和动物一样，是利己主义，亦即迫切要生存，而且要在最好环境中生存的冲动。"[①] 但是，求生的本能也会使人具有善的倾向，达尔文的进化论能解释这种矛盾，他提出："自然选择在世界上每日每时都在精密检查着最微细的变异，把坏的排斥掉，把好的保存下来并把它们积累起来；无论什么时候，无论什么地方，只要有机会，它就静静地不知不觉地在工作，把各种生物与有机的和无机的生活条件的关系加以改进。"[②] 自然选择偏好的是那些能够促进个体生存的基因，利己行为能保证个体很好地生存，会成为个体的本能，而善意行为，比如合群行为、利他助人行为也具有促进个体生存的作用，这样的行为可能会被遗传。

表面上看，用进化论解释人们做出的善意行为是有缺陷的，因为对人们有利的生存方式首先肯定是保存自己，让自己得到更有利的生存机会，但善意行为则可能会需要人们付出代价，甚至可能使自己处于危险之中。从这样的角度分析，人们怎么会愿意利他呢？人们应该侵犯或攻击他人才对，因为侵犯行为常常对自己更加有利。在资源有限的社会中，人们总是遵循着零和游戏规则，他人利益受侵害，自己才能得到更多利益。从零和游戏规则的角度而言，侵犯或侵害倾向更容易找到本能依据。心理学家麦独孤和弗洛伊德、生物学家劳伦滋等著名学者都曾经提出人具有侵犯性本能的观点。他们相信人的行为动力源于先天本能，人类先天具有攻击、侵犯本能，因为这种本能对人的生存有利。

那么在人类本性中，有没有足以驱动人向善行善的本能呢？罗素提出："人类一切的活动都发生于两个来源：冲动与愿望。"[③] 愿望由现实生活中个体期望实现的目标激起，罗素认为愿望对于控制人类活动的作用力比较有限："但愿望只能控制人类活动的一部分，而且这一部分并不是最重要的部分，只是比较自

---

① 叔本华.伦理学的两个基本问题 [M].任立，孟庆时，译.北京：商务印书馆，1996：221.
② 达尔文.物种起源（第一分册）[M].周建人，叶笃庄，方宗熙，译.北京：商务印书馆，1991：101.
③ 罗素.社会改造原理 [M].张师竹，译.上海：上海人民出版社，1986：3.

觉、明显和文明的部分而已。"① 愿望是偏社会性的，冲动是偏本能性的，冲动对行为具有决定性的力量："在我们的本性中，比较偏于本能的部分，都受制于追求某些活动的冲动，而不是受制于追求某些目标的愿望。"② 依照罗素的逻辑，冲动与愿望是两种不同的行为动能。善的行为的动能源于愿望，恶的行为的动能源于冲动。愿望可以区分为两个层面：一是本能性的生而具有的愿望；二是社会生活中发展起来的愿望。两种愿望不管是不是美好，都可能会导致人的冲动。一个人的冲动完全可能是由愿望驱动的，这种愿望可以是有意识的，也可以是无意识的。当人足够理性，具有自我控制的强大意志时，冲动能够被抑制到合理的程度。所以，正确的表述应该是人类一切活动的来源只是冲动，善恶行为也是由人的冲动动能驱动的。至于冲动动能的来源，是值得我们深究的问题。

其实，要深入探究善恶行为的本能动能，从语义学角度分析本能的本质是必要的。《现代汉语词典》中将本能解释为："人类和动物不学就会的本领，如初生的婴儿会哭会吃奶，蜜蜂酿蜜等都是本能的表现。"③ 在心理学中对本能也做出了相似的解释："物种由基因规定的生存能力。"④ 书中描述了本能的三种特点：一是本能能够在个体的不同发展阶段不学而能地表现出来；二是本能具有一定的适应范围；三是种内个体的本能的表现是大体相同的。从有关本能的描述可以看到，本能通常被看作与个体生存有关的不需要学习的本领。这样的解释与我们所要阐释的善恶本能似乎有些不搭。但其实不然，即使单从字面上阐释，本能中的"本"可以指"本性"，"能"指"动能"或"能量"，本能指个体本性中有助于生存的动能或能量。本能有助于生存的动能，使个体具有了适应环境的自然反应，也使个体在无形中具有了生存的本领。生存的本能一定是个体的核心本能，弗洛伊德的性本能和破坏本能、罗素的冲动都属于促进个体生存的动能和能量。

---

① 罗素.社会改造原理 [M].张师竹，译.上海：上海人民出版社，1986：3.
② 罗素.社会改造原理 [M].张师竹，译.上海：上海人民出版社，1986：3.
③ 中国社会科学院语言研究所词典编辑室.现代汉语词典 [M].7版.北京：商务印书馆，2016：62.
④ 荆其诚.简明心理学百科全书 [M].长沙：湖南教育出版社，1991：20.

现在可以回到我们关心的问题，人的生存本能中是不是真的有一些因素能够驱动善的行为呢？弗洛姆认为应该从人的生存矛盾中理解和界定人的本性："我们只能从人类存在所特有的基本矛盾来给人的本性下定义。"①分析人类的生存困境和生活矛盾，可以看到人性中是有一些能够驱动人的善的因素的。从心理学角度看，善是复杂的心理现象和行为倾向，笼统地评判或认定善恶的先天本能或后天特性是不恰当的。善的认知、善的观念和善的人格是不可能生而具有的，需要依靠后天的教育和培养，但是善的情感却有先天基础，具有本能属性，婴儿在见到他人哭泣时，会跟着哭泣，似乎印证了婴儿有先天的恻隐怜悯似的善的情感，婴儿不经学习即能对人微笑，是最早表现出的善意行为。

人生而具有求生存的冲动或本能，使其具有融入群体得到守护的愿望，这是他获得保护，能安全生存的条件。这种合群倾向也可以说是人的先天的亲和本能，马斯洛在他的需要理论中称其为归属需要，即人类具有要归属于一定群体的需要，表现为融入群体，为群体成员认同和被群体成员需要。我们认为人的合群本能包含了两种原始动能：一是融入群体，二是得到守护。融入群体是动能，也是手段，得到守护才是目的。合群本能的最核心动能是得到守护，合群是初始本能，得到守护是核心本能。人的合群通常是融入成年人的群体，这样他才能得到更好的守护。动物也是一样，动物有合群本能，也是要融入有能力保护它的成年动物群体中，不仅牛具有这种本能，许多动物都有这种本能，洛伦茨实验中的鸭子的印刻现象说明鸭子也有这种本能。在哈洛的小猴实验中，小猴选择依靠在裹绒布的假猴身上，特别是当它受到惊吓时，就把裹绒布的假猴当作庇护者，印证这种合群本能和守护本能确实客观存在。个体融入群体得到守护，获得安全感，符合个体求得更好生存机会的愿望。要融入群体，得到群体成员认可、接纳和守护，就要表达善意，否则就可能会被群体抛弃，显然，合群并得到守护的本能可以看作一种先天的善的本能。婴儿善的情感表达可能是由婴儿求得更好生存机会的合群本能驱动的，婴儿善意表达使他能与其他人

---

① 弗洛姆.人类的破坏性剖析[M].李穆，等译.北京：世界图书出版公司，2014：204.

亲近，能融入群体，获得周围人的好感，使婴儿被家人或群体接纳并被成年人守护，使婴儿得到安全保障，获得安全的生存环境。当婴儿吃饱喝足，看到父母在身边陪伴时，合群需要、守护需要得到满足，安全感就能得到满足。婴儿看到他人哭泣会跟着哭泣，可能不一定是出于怜悯，也可能是恐惧心理的反映，是害怕被伤害或被拒绝，以致缺乏安全感的恐惧心理的自然表达。

合群本能使人们表现得愿意与他人亲近，具有怜悯恻隐倾向，显得对人友善，能够成为驱动善的行为的最重要动能。探究马斯洛的需要层次理论，安全需要和归属需要都不过是合群需要与守护需要的不同角度的描述而已。对于儿童来说，融入群体得到守护意味着被置于保护的范围之内，得到养育、受到保护，获得更好的生存机会，获得安全感。儿童希望得到守护，获得安全感，成年人先天就有一种对幼小者、弱者的照顾、保护、救助、爱护的守护本能。守护本能是人的善的行为最重要的本能动能，使人不仅守护自己的家人、亲戚和朋友，也有可能去守护那些以各种方式与自己产生关联的人。许多动物也表现出守护本能，如鸟类护卫自己的雏鸟，鳄鱼妈妈将小鳄鱼叼在嘴里，带在身边看护它们。在哈洛的猴子母爱行为的研究中，即使在自己早年被剥夺母爱的情况下，一些猴子妈妈仍然表现出了对自己的孩子的守护倾向。

人类的类似行为就更加鲜明，父母在有了孩子以后，自然地就会有守护孩子的心理倾向和行为表现。特别是母亲会表现出关爱孩子的慈爱本能和守护行为。现实生活中的许多实例也证明了母亲具有这种守护孩子的本能。父母临危之际考虑的首先是孩子的安危，他们会选择自我牺牲以避免孩子受到伤害。父母守护自己的孩子，又何尝不是一种先天本能驱动的善的行为呢？在族群中，成年男性成员守护妇女儿童是非常自然的反应，这应该也是在先天守护本能基础上发展起来的善的行为。成年人也有合群需要，也希望得到守护，成年人的被守护意味着被接纳、被认同、得到保护，这使成年人会对人有善意，表现出亲近、友好的倾向。群体成员之间互帮互助的行为，与个体求生存的守护需要息息相关，处于群体之中的个人，当他守护他人时，自己也得到他人的守护，在这样的情况下，他将获得更优势的生存机会，被守护和守护他人都将成为善的行为动能。

约翰·穆勒认为人类具有天然的互相关心的倾向，"不仅会使每一个人更有兴趣在实际上顾及他人的福利，而且会使每一个人在感情上日益倾向于他人的福利，或者至少倾向于在更大的程度上实际考虑他人的福利。最后，他仿佛是本能地意识到，自己是一个当然要关心别人的人"[①]。现实生活中，人们会不由自主地关注他人的生存形态和喜怒哀乐，也会毫不犹豫地帮助遭遇不幸或处于困境的家人、亲戚或族人，族群成员间互助守护的行为具有先天的本能倾向，是个体生存冲动的自然反应，是毫无疑问的善的行为。这种互助守护的善有时指向所有值得关注关心的人，但是通常具有明显的指向性，往往指向族群中与自己发生了千丝万缕联系的人。人们对于陌生人或与自己无关联的人常常显得冷漠和漠不关心，对于与自己的族群具有利益冲突的人可能会显得具有攻击性，表现出恶的倾向。

当一位老人倒地不起时，人们是否会主动施救呢？对大学生的调查显示，如果摔倒的老人是陌生人，绝大多数大学生不会选择主动施救，而对于与自己有关联的老人，许多大学生都会选择主动施救。当看到至亲陷入困境时，人们确实更加倾向于采取措施做出帮助行为，似乎真的有选择帮助群体成员的先天动能。一些来自真实的灾难场合的研究显示，人们开始觉察到灾难时，往往首先考虑救护家人，特别是父母更容易奋不顾身地守护孩子，这也印证了存在守护的善的本能。

当然，这样解释也有片面性，对大学生的研究也发现，大学生对于倒地老人不是不想施以援手，而是不敢相助，大学生在阐述自己不敢相助的原因时，普遍担心惹麻烦，比如被老人或其家人讹诈，或担心救助行为需要自己付出比较多的时间或精力等。考虑到人的社会属性，当做出行为决策时，一点不考虑社会因素是不可能的，这样，也使一个看起来简单的问题变得复杂。

在遇到危险情况的时候，人们首先考虑救助亲人或朋友，这种倾向是人的

---

① 穆勒.功利主义 [M].徐大建，译.上海：上海人民出版社，2008：32.

合群本能的体现。人具有合群倾向，合群使个体可以集合大家的力量抵御危险和威胁；亲人朋友间有互相守护的责任和义务，亲人或朋友有时被看作自我的一部分，是自我的延伸，当他们受到伤害时，仿佛人们自己也受到了伤害一样。还有一个原因是个体与亲人和朋友都有密切的情感联系，当亲戚朋友遭遇困境时，人们内心的伤痛更多。特别是在那些重视家族情感和朋友情谊的社会，大多数人会更加注重人情、亲情、友情等情感因素，这使大多数人会愿意帮助亲朋好友。如果一个社会中，亲戚朋友之间经常有聚会的习惯，那么他们也会在一些重要的活动中互相守护、互相帮助，当遇到重大灾难事件时，人们也会首先考虑帮助家人、亲戚和朋友。

人们对亲戚朋友的帮助守护会使自己以后在遇到困境的时候，也得到亲戚朋友的帮助和守护，而且基本上没有被讹诈的风险。如果人们帮助的是陌生人，他们可能会感恩，也可能不会感恩，甚至在有些情况下，还有可能惹麻烦。比如，如果帮助一位不慎倒地的老人，这位老人一口咬定是救助者把他撞倒的，要求救助者进行赔偿，那救助者就会很麻烦。这样的事件并不是没有发生过。显然，绝大多数人不会在被救助后倒打一耙，反咬一口，揪住救助者不放，相反，绝大多数受到救助的人会感恩，甚至愿意对救助者进行报答，或者在救助者遇到困境的情况下给予帮助。但是，从预防麻烦的谨慎角度看，选择冷漠旁观是一种不错的策略，虽然没有好处，但毕竟不会有损失。

当看到至亲陷入困境时，人们更加倾向于采取措施做出帮助行为，可以证明似乎真的有选择帮助群体成员的先天动能。按照进化论的逻辑，群体成员间互相守护，或至亲骨肉的互帮行为能够使群体或家族变得强大，相关的基因得以延续。从这样的角度解释人们帮助或救助家人或朋友的行为，也不可能找到恰当的反驳理由。

父母守护孩子是一种善的本能，这种善的动能甚至会成为一个人爱的动能，并且可能产生移情作用。父母甚至想要守护所有的孩子，不管是不是自己亲生的、有没有亲情关系，都想要守护他们。这样的人具有了仁爱的情感，成为真正的善人。父母守护自己的孩子，为了自己的孩子而伤害他人或伤害其他孩子，这样的守护具有善的本能，但是已经转化为社会不能容忍的恶。当一位女孩被同班男生不小心打了一下，女孩的父亲出于对孩子守护的动能，用刀子将男生捅死，他的守护孩子的善的本能就演化成了伤害他人的恶的倾向。从心理学角度思考，不可否认，每个个体从其出生的那一刻开始，就一定会优先寻求最佳生存机会，一定会是自我欲望本位的，他们总是倾向于优先考虑自己的欲望满足。但是个人的欲望并非总是能够得到满足，当人们的欲望满足受挫时，就会有恶的倾向出现，这时能遵循社会规范是必须的。

在人的本能中，向善的动能与趋恶的倾向无时不在争斗。无限地满足自己的需要，是人的先天本能的反映和消费社会的物质刺激的结果，所以，一定要进行量化分析的话，恶的动能往往会更加强大些。为了抑制人们欲望的无序满足，抑制人的恶的动能，需要社会规范加以约束。如果社会的制度和规范无法抑制人的膨胀欲望，一个人缺乏规范约束，就不会有遵守社会规范的意识，就完全有可能成为自我欲望本位的人，不能控制或克制的欲望会成为恶的行为的动能。各种恶的行为，杀人、抢劫、偷窃、强奸、贪污、受贿、诈骗、欺骗等等都是人的不可抑制的欲望驱动的结果。一个人要做到无欲无求无争是不可能的，所以，制定健全的社会规范，引导人学习和遵守这些规范，约束恶的动能，是避免恶的必要措施。

人不会本能地总是做出恶的行为，人也不会本能地就是善的，但是人具有善的先天动能。人不可能本能地想要成为社会期望的好人，但是会本能地想要融入群体得到守护，增加自己的生存机会，避免各种危险和威胁。融入群体并得到群体成员的认同、认可和守护，会使人选择做出善的举动。即使像跳水救人、救助摔倒老人、慈善捐赠等行为，如果一定要从本能驱动的角度考虑的话，救助者的内心驱动因素可能是这样的力量，他想要得到群体认同，成为群体期望的好人。从现实的生活场景看，人们更加沉溺于网络世界，现实交往的需要被削弱，沉浸于虚拟空间的满足感很可能会削弱人们现实生活中的合群倾向，削弱人类本性中基于合群倾向的本能善。

第二节　功利心理对人的善恶行为的影响

苏格拉底把人区分为三类，分别是爱智者、爱利者和爱胜者，爱智者的行为主要受求知倾向驱动，爱利者的行为受欲望或需要驱动，爱胜者的行为受争强好胜的心理驱动。现实生活中，人的行为常常是受多种因素综合作用驱动的，不是单纯只受爱智、爱利、爱胜心理的驱动，爱智者、爱利者和爱胜者三种人也很难严格区分。个体的善恶行为不会单纯由本能驱动，可以说既有外因作用也有内因作用，有些人受到外因的影响更大，有些人受到内因的影响更大。人们看到他人陷入困境时，会衡量自己做出善意行为的必要性，会想到其中的利害得失。人们行善的目的可以非常单纯，非常高尚，可以是仅仅希望这个社会更加美好，希望人们之间更加友善，希望不幸的人摆脱痛苦。人们行善的目的可以很简单，比如只是完成一个任务，比如开展公益志愿活动；人们行善的目的也可以非常复杂，甚至隐藏着不可告人的目的。

苏格拉底的爱智、爱利、爱胜三种心理形态并不是绝对对立的，爱利是基础性需要，相当于马斯洛需要层次理论中的生理需要，爱智是求知需要，爱胜是自我实现需要，对许多人来说，爱智、爱胜最终也是为了爱利。人的行善的驱动力可能源于爱利，即是由功利心理导向，是为了满足自己的需求，类似于罗素所谓的愿望，这种行为是善是恶，需要具体分析，如果他的需求是合理的，做出的行为也确实有利于他人的话，可以称为善的行为；如果他的需求是不合理的，做出的行为即使有利于他人，仍然不能称为善的行为。行为是带有个人标签的，用损人利己、损公肥私的恶的手段获得的财富去利他助人，行为是恶的，人也是恶人了。

大多数情况下，要做出行为善恶的客观评判并不容易。如果我们否定所有功利色彩的行为，认定带有功利色彩的行为都不能算是善的，这样的做法是武断的，会扼杀许多人的行善积极性。评判功利色彩的行为的善恶，需要界定功利的本质含义。关于功利的含义，《现代汉语词典》中解释为"功效和利益"及"功名利禄"，借用此解释，功利色彩的行为目的是获得功名利禄，或者是取得一定的功效或利益。如果一个人做出利人、助人的行为是为了获取个人的功名利禄，这样的行为是不值得鼓励的，因为即使这种行为可以达到一定的利他助人的效果，做出功利举动的人未必是善的人，功利的利他助人的行为也不能使他成为真正善的人；相反，恰恰因为他是有功利心的，追求功名利禄的心理倾向极有可能使他最终为了满足自己的欲望而成为恶的人。基于功名利禄目的行善的人，也会基于功名利禄的目的作恶。

约翰·穆勒说："人的情感，无论是赞赏还是厌恶，在很大程度上都是为人们自己感到的、各种事物对自己幸福的影响所左右的。"[①] 从功利主义思想家的视角来看，所谓的功利就是指个人的幸福。约翰·穆勒肯定人是自我本位的，人总是优先考虑自己的需求、自己的利益和自己的幸福。个体做出一种行为，期望这种行为能够满足自己的需求，为自己带来幸福，这是一种功利行为。功利主义者认为，如果一种行为在为自己带来一定好处的同时也为他人带来了幸福，就是一种善的行为。

从心理学的角度看，功利主义思想家所谓的幸福是个人的主观感受，心理学家称之为幸福感或主观幸福感，包含了个体的满足感、快乐感、自豪感等情感。人的利他助人的行为，可能纯粹是为了满足自己的需求，可能是为了得到受益者的物质奖励或物质回馈，也可能是为了得到精神奖励或情感回馈。需要个体奉献或付出的利他助人行为得到的物质奖励能够使人产生幸福感，这种幸福感具有触发人的善的行为的动力作用。奉献和付出行为因为有益于他人或社会，在预期或真实的精神奖励或情感回馈下能使个体产生快乐感、自豪感、幸福感等积极情感。善的奉献和付出行为体现了个体能力及社会存在价值，这种价值认同或认可也能够提升个体的自豪感和幸福感。个体利他助人的行为所获得的快乐感、自豪感和价值感等情感体验能够推动个体积极地做出善的举动。所以，所谓的功利心可以区分为两个层面：第一个层面是期望获得物质利益，或者得到权力、社会地位等间接能够给人带来物质利益的心理满足；第二个层

---

① 穆勒.功利主义 [M].徐大建，译.上海：上海人民出版社，2008：4.

面是期望得到社会认同，得到精神奖励或情感回馈，获得快乐感、幸福感、自豪感及价值感的心理。

功利心驱动的利他助人行为的善恶评判比较难，需要根据对象及其需求特点加以具体分析，如果判定的对象是青少年，判定会相对容易些。对于青少年而言，即使他们做出助人利他行为的动力是获得物质奖励，他们的需求是比较单纯的，也不会有社会危害性，仍然可以看作善的。有这样一个小故事：两位小学生在上学途中捡到钱包，并把钱包交到警察手里。失主和民警到学校表扬了两位学生，还给他们买了新书包。当天下午这两名学生就旷课不见了，同时失踪的还有这两位学生的班长。最后，家长和民警在马路边找到了他们，他们正在路边等着捡钱包做好事。真是可爱的萌娃！很明显，学生做好事的动力来源于善的行为得到的肯定，特别是善的行为受到的物质奖励，这对小学生的行为具有明显的驱动作用。科尔伯格在对道德发展的研究中揭示了这一现象，他发现青少年的道德发展主要处于前习俗水平，包括了避罚服从和相对功利两种道德判断取向。对于青少年来说，获得肯定、得到奖赏是其重要的心理需求，他们对于外部的奖励会更加敏感、更加在乎，有时小小的奖励就足以激发出他们巨大的善的动力。对于青少年的物质奖励和精神鼓励是有助于他们发展道德感、促进他们道德心理的健康发展的。

人们在乎他人的态度，做好事的驱动力源于他人的感恩回馈，这样的人做出的助人利他的行为通常可以评判为善的，这样的人是善良的。如果一个人做好事的驱动力是得到嘉奖，比如获得学校的嘉奖，或获得见义勇为奖，或被评为模范人物，这种行为也可以界定为善的，这样的人也是善的，即使从表面上看，他们的行为是功利性的。

人们的功利心，通常不会单纯只是希望获得物质利益，往往也希望同时获得精神奖励。善的行为可能使个体感到自豪，感到自己具有社会价值，这使个体具有行善的积极性。自豪感是个体感到骄傲的感受，价值感是个体因为得到他人和社会的认可而感到有价值的感受。奉献和付出的善的行为使他人获益，是个体有能力的体现，能使个体产生自豪感。善的行为使个体得到他人和社会认可，能够使个体体验到自身对于他人和社会的意义，能使个体获得社会价值感。个体因为善的行为获得的快乐感、自豪感和价值感等善的情感能够推动个体反复地做出善的举动，这样的善的情感也可以称为功利性情感。功利性情感如果很强烈，一个人总是受功利性情感的驱动而做出善的举动，这样的人会成为情感善的人。

人不可避免地具有自我本位倾向，想优先满足自己的需求，优先关注自己的利益，而人的理性发展使他们在做出行为选择时，会评判自己做出该行为获得的可能利益及需要付出的可能代价。人们一旦有了功利心，就不容易满足。对于功利心太强的人来说，欲望太过于强烈，会使人变得非理性。非理性很有可能使人为了满足欲望而做出恶的举动，但是也会使人在冲动之下做出超常的善的举动。侠义之举常常需要人有些冲动，一个人太理性、想太多，就会缺少侠义冲动。

善行如果仅仅是为了得到他人的肯定或表扬，往往缺乏足够的激发力量，他们仍然不会具有太强的行善动机。我们可以想象，如果人们经过评估，认为自己的付出未必有回报，或者付出巨大而回报有限，甚至会获得非常大的负回馈、惹特别大的麻烦的话，就会抑制人们的行善积极性。在这样的情况下，善的动力会趋弱甚至消失。如果人们评估自己做出某种善行需要付出的代价不大，但是会使自己获得极大好处，那么做出善行的动力会增强。如果一个人感到自己的力量微不足道，自己的行为不能增进他人的幸福感，对社会和他人没有太大的价值，不能使自己获得期望的物质和精神上的利益，他的行善动力会降低。

做好事会得善报，做坏事会得恶报，"善有善报"的期待心理和"恶有恶报"的恐惧情绪具有极大的驱动个体行善的作用。如果恶行会受到惩罚成为一种共识，如果个体感到了受惩罚的恐惧，他们的恶行就会受到抑制，而善行就有可能被激发出来。所以，善行也可能是恐惧惩罚的结果。因果报应、恶人下地狱善人上天堂的观念对许多人的行为有强大的影响力，因为人们都希望善有善报，也怕恶有恶报。人们善的行为，是为了以后有好报，所谓"行善积德"，"行善"的目的是"积德"，使自己或自己的家人得到好报。因果报应，善有善报的思想具有一定的促动人们行善的动能。期望获得善报的功利心驱动了人善的倾向，这样的善未必崇高，但是毕竟对他人、对社会是有利的，还是值得肯定的。

许多人的价值取向重视情感关系，也重视个人私利，这样，关系圈的问题就凸显出来了。人们会关注和关心与自己构架起关系圈的那些特定对象，最终他们的善意特别容易指向那些能够与自己构架起情感或利益关系的群体，这种情况下的互助互惠是具有功利色彩的。一个人看到他的亲戚朋友陷入困境，他感到有义务责任帮助他们，而当陌生人陷入困境时，许多人会感到与自己无关，他们可能会冷漠旁观。有研究者曾让大学生做一个心理练习，让学生写下自己认为最有价值的人或事，最多只能写五项。从大学生的回答中可以看到，大学生认为的有价值的东西，最重要的是亲情、爱情、事业、健康、友情等。在大学生看来，自己的家人、爱人、亲戚、朋友是最重要的，这些人构建起了一个关系圈。我们不会感到奇怪，绝大多数人会毫不犹豫地帮助陷入困境的亲戚、朋友、熟人，通常情况下，一个人只会关心那些与自己能够构建情感联系的家人、亲戚、朋友，对陌生人更有可能漠不关心，助人行为指向的通常是能够与自己构架情感联系的那些人，关系圈中的人能够建立起互帮互助的关系。

多数人对有情感联系的家人或朋友，更加倾向于表现为情感关怀的取向，人情面子的意识在人的社会交往关系中起着核心作用。人们发现遇到困境或需要帮助的对象是与自己具有情感联系的，这时，情感关怀的价值取向起主导作用，人们选择帮助的可能性更大。人的有情有义通常是具有指向性的，更多的情况下指向的是与自己有关联的人，比如家人、朋友、亲戚等。一个人赚了钱回到家乡投资助学，帮助自己的乡亲，帮助自己的兄弟姐妹等，都是亲情、人情、乡情产生了作用。人感恩的倾向具有群体内偏好的特点，与人的守护或被守护的需要有关。在这样的情况下，人即使做出善意的行为，也会分对象，对于自己的亲戚、朋友等熟悉的人，个体会更加愿意帮助他们，即人们倾向于帮助圈子内部的人。

在功利社会，对于没有明显情感联系的他人，绝大多数人的价值取向必定会越来越倾向于表现为私利取向，即人们如果帮助他人的话，他们会估算这样做能够满足自己需求的程度，自己会得到什么好处。如果人们感到无利可图，而助人又需要承担风险，许多人会选择逃避或冷漠。当人们看到老人摔倒时，害怕帮助老人会惹上麻烦，被老人及其家人讹诈，基于多一事不如少一事的自私心理，人们可能会选择旁观或者回避。所以，当一个人对于陷入困境中的人选择冷漠旁观的时候，我们说这也是一个人功利的结果。

人们关心自己的私利、个人的所得，所以，有所得会成为他们行善的动力，功利的善是一种基于有所得或求所得而产生的善的倾向，是为了满足自己的特定需求。我们不能期望每个人都是大公无私的君子和圣人，所以，我们可以包容人们为了自己的私利而做出利人举动，也会对人们的功利行为审慎地加以评判。但是，这样做不等于认同人们的功利行为，更不等于倡导功利的善。因为功利的私欲膨胀最终会使人忽视了他人和社会的利益，功利心理会成为自私行为的原因。

功利的价值取向是个体现实的社会需求的反映，个体在现实生活中因为有需要、有欲求，因此会追逐名利，会计较个人得失。对于私利取向的人来说，可能会在基于是否有利于自己的角度做出善的、恶的或冷漠的行为选择。人们容易在物欲横流的社会现实中变得欲望膨胀，更有可能变得急功近利、心胸狭隘和行为自私，在功利心驱动下，可能选择做出恶行，损人利己和损公肥私。所以，功利心既可以使人趋向恶，也可能使人趋向善。当一个人更多地考虑自己的幸福感，更少地考虑他人的幸福感时，行为的性质会变得太过于自私而损害他人的利益。当有人落水时，有人前来救援，我们为救援者喝彩，但如果救援者提出了条件，想要得到金钱的奖励，他的行为还是善的吗？或者一个人救了落水者，被救者给予他一定的物质酬谢，施救者的行为还是善的吗？如果人的行为纯粹是基于获利，只是为了增进自己的幸福，其行为即使增进了他人的幸福，也未必是善的。如果一个人做出一种助人行为，目的纯粹是帮助他人脱困，即使他事后得到了回馈，受到了奖赏，他的行为仍然可以算是善的。如果功利是结果，一个人的行为只要增进了他人的幸福，就仍然是善的。如果功利是动机，一个人的行为即使能够增进他人的幸福，仍然难以说是善的。

休谟说："一种行为若非先是善良的，我们就永不能对它的德表示敬意。任何行为都只是因为它是发生于一个善良的动机，才能是善良的。"① 一种功利的行为不是高尚的善的行为，但是可以是导致了善的结果的行为，所以，一个人的功利行为究竟是不是善的，真的很难明确界定。人们的功利行为确实达到了利他的效果，而且个体只是为了获得情感上的满足，这是一种善的行为，我们应该认可和肯定这种功利善。人们的功利行为会使一个人为了小群体的利益，为了个人私利而损害大众的利益，损害社会的利益。功利的行为是具有局限性的，其基点是人的自私自利的倾向。如果社会上大家都功利，做出任何行为的出发点都是为了自己的私利，都是为了满足自己的私欲，这样的社会一定不会是和谐的，遇到困境的人一定不会得到真正的帮助，这样的社会人们不会有幸福感。

第三节　人的认知和观念对善恶行为的影响

探索认知、观念与善恶或善恶行为的关系曾经是思想家或哲学家关注的核心主题。苏格拉底认为美德即知识，德性即智慧，是关于"善"的概念的认知和知识。苏格拉底说："正义和一切其他德行都是智慧。"② 智慧本身不是美德，不是善，但是智慧的选择能够导向美德或善。柏拉图的至善理念包含了智慧、勇敢、节制和正义等四主德，智慧不是善本身，却是更高一级的德性，柏拉图借苏格拉底之口提出心灵有智慧、欲望、激情三部分，人的智慧或人的爱智使人能够战胜欲望、控制激情，引导人的勇敢、节制和正义等德性。亚里士多德认为智慧、逻辑、理解、明智等理智德性，使人在面临是非善恶情景时能做出符合个人需要和公众利益的理性评价和正确选择，构架了人的良知系统，使人成为具有良知的人，恪守法律和道德底线，避免做出恶的行为。

儒家相信个体的认知能力或智慧水平影响是非善恶的道德判断，也影响人

① 休谟．人性论（下册）[M]．关文运，译．北京：商务印书馆，1996：520.
② 色诺芬．回忆苏格拉底[M]．吴永泉，译．北京：商务印书馆，2001：117.

的善恶行为选择。儒家提出君子智仁勇三达德的观念，虽然没有明确阐释智仁勇三者的心理关系，也应该可以这样理解，智慧主导了人的仁慈情感和勇敢行为，智慧使个体做出正确的道德判断，并且选择做出勇敢的善的行为。《郭店楚简》的《五行》文中阐释了"知"（或"智"）与德的关系："智之思也长，长则得，得则不忘，不忘则明，明则见贤人，见贤人则玉色，玉色则形，形则智。"①《五行》关于智与贤，或关于智与德的关系阐释，从心理学角度分析是合理的，也是科学的。智慧是个体在成长过程中在学习活动中形成和发展起来的认知和解决问题的能力和水平，智慧的水平影响个体的意识水平，也影响个体观念的系统性、前瞻性和创新性。智慧水平高的人明辨是非，能见贤思齐，能成为善良、有德性的人。

儒家思想家倡导义，孔子说："君子喻于义，小人喻于利。"（《论语·里仁》）"义"的本义一般认为与"宜"同，是"适宜"的意思，即一个人应该做的。义来源于个人对社会道德和法律层面的规范的认知，是个人内心设定的行为准则和信念，是个人行为处世的依据和准则。道义、正义、侠义、忠义、情义、恩义、仁义等描述"义"的词汇都与善的观念有关，道义、正义与善的道德观念关系最密切，最值得分析和探究。

从语义学视角阐释，道义就是天道或人道的义务；从伦理学视角阐释，道义是一个人的道德义务；从心理学的角度分析，道义即一个人依据自己对道德规范和伦理要求的认知，遵守道德规范和履行道德义务的道德认知和道德观念。人们内心会有关于道德规范或社会伦理的认知和观念，这种认知和观念可以称为构念，是社会的道德规范和伦理要求内化的人的行为准则，是人们做出道德判断并做出行为选择的依据。如果一个人做出的行为选择符合社会的道德准则和大众的道德共识，就会被认为是道义的，否则就会被认为是不道义的。道义的行为通常是利于他人和社会的，因此通常也是善的。

人出生后被守护的本能需要使他愿意学习和遵守社会规范，如果父母重视

---

① 刘钊.郭店楚简校释[M].福州：福建人民出版社，2005：70.

孩子的教育，就能够使孩子学到重要的社会规范和伦理规范。通常父母最可能教导孩子的基本社会规范和伦理道德是不能伤害他人和危害社会，这是最基本的道德要求和法律规范。一个人违反基本的道德规范会受到相应的惩罚，所以愿意遵守这样的规范。个体形成遵守社会道德规范和伦理要求的认知和观念，成为遵纪守规的人，是个人道义上的基础善。社会规范和伦理原则内化成为个体内心的道德原则和行为准则，成为个人的道德观念和道德信念，将使他在做任何事情时都遵循这些道德原则，他会考虑他人利益和社会利益，不会做出伤害他人和危害社会的举动。所以，个体形成遵守社会的道德规范和伦理原则的认知和观念，凡事能够想到他人利益和社会要求，不会为了个人私欲而忽略他人利益，甚至损人利己和损公肥私，这样的人具有法治观念和道德意识，具备了基本的善的意识，绝对不会成为恶人，不会做出恶的举动。一个人能够顾及他人利益和社会利益，他就减少了做出恶的举动的可能，同时具备了做出善行的可能。不能伤害他人和危害社会是个人的道德义务和法律责任，是社会生活的最基本的伦理要求，也是人的道德底线和法律底线。个人能关注他人利益和考虑社会利益，这样的人自然会维护他人和社会利益，他们不仅是守规范的人，而且是有道德原则的人，他们具备了道义善的内核。

我们相信人在生活中不可避免地是自我本位的，会优先考虑自身利益，满足自身需要。对于具有密切联系的关系人，即所谓的圈内人，有时会被看作自己的一部分，属于自己人关系圈。人们将对方看作自己的一部分，自然就具有守护对方和被对方守护的心理需要，会产生为对方奉献或付出的义务和责任，做出善的举动就显得顺理成章。夫妻之间、亲子之间，或者朋友之间、亲戚之间会有奉献与付出的倾向，表现为互惠或互帮互助的行为，这种行为表面上看是善意的，但有时却是有功利倾向的，有时则明显是道义性质的。父母对孩子的奉献和付出是人之常情，是守护义务的反映；反过来，子女在父母年老时，关心和照顾父母的孝的举动也是一种道德义务和道义善，是守护责任的反映。恋人之间或夫妻之间互相关怀照顾，是双方认可的守护义务和责任。在友谊关系中，朋友之间坦诚相待、互相尊重、互相提携、互相守护的举动可以说对于双方来讲也是具有道义性质的，或者说是道义善的行为。

道义善与人们对社会生活中共同遵循的社会规范的认识和认同有关，社会生活中既有明文规定的法律条文和道德规范，也有一些虽非明文规定但是社会大众普遍认定的应该遵循的规范，即社会的公序良俗，遵守这些规范使人们能够和谐相处，避免发生冲突。如果问人们，人际交往和社会生活中基本的和重要的准则是什么，大多数人会认为互惠原则、尊重原则、诚信原则、公平公正原则是最重要的，这些原则通常属于善意原则，其中公平公正无疑是最重要和最基本的规则。认同并遵循公平公正原则，会驱动个体做出符合公平公正原则的善的行为，这样的行为也是正义善的行为。

其实，像人际交往中的互惠原则、尊重原则、诚信原则都与公平公正原则息息相关，个体能遵循公平公正原则，在人际交往中就自然能遵循互惠、尊重和诚信等原则。互惠原则要求人们在物质上和精神上互相支持、相互帮助，一方接受对方的恩惠，自然地会有回馈的倾向。尊重原则要求人们互相之间关注对方的需要，重视对方的观点，敬重对方的人格，互相平等相待，不对对方出言不逊，不侮辱贬低对方，不使对方难堪和难过。诚信原则要求人们诚实守信，互相之间坦诚相待，言出必践，信守承诺。人际交往中要做到互惠、尊重和诚信，必须遵循公平公正原则，正是因为人们能够秉持公平公正原则，才能驱动人们在人际交往中做到互惠、尊重和诚信，达到人际之间善意相待的状态。

人际交往中表现得最为普遍的是互惠原则，人们普遍具有"我为人人，人人为我"的观念，希望自己的付出能够得到对方几乎等量的回馈，如果自己的付出没有得到对方的回馈，他们会感到自己被利用，感到吃亏。如果人们的回馈不是即时的，他们会期望未来在某个适当的时机对方会做出回馈。对于受惠者而言，他们之所以做出回馈的善行，可能基于这样的互惠原则，即人们相信个体对他人做出了善意的行为，人们也应该以善意回报。"互惠原理以及与之形影相随的负债感给人印象最深刻的一点就是，它们在人类文明中几乎无处不在。"① 人们普遍具有互惠意识，愿意自觉地遵循互惠原则，对于那些帮助过自己的人必须给予回馈，如果不给予回馈的话，人们会认识到自己做得不够好，显得不懂人情世故。

互惠原则会成为个体善行非常重要的驱动力，作为施惠者来说，如果他们只是追求回馈的话，善的动机具有功利倾向。对于受惠者来说，他们的回馈动力源于社会约定俗成的公平规则，这使他们有动力对施惠者施以差不多等量的回馈。约翰·穆勒提出："善有善报是人们最自然最合理的期望之一，也必定至少得到了受惠者们的当时默认，否则施惠的举动就会非常少见，所以，一个人如果接受了恩惠，在必要时却拒绝回报，那就会辜负他人的上述期望，使人遭到真正的伤害。"② 显然，互惠原则构架了社会生活中善行得到善报的思想观念和基本行为规则，架构了人际之间平等互惠的善意关系，架构了人际之间友善友好和谐关系的基础。

基于自我本位的基本人性，互惠目的的善的倾向通常会取决于人们对彼此付出的代价及可能获得的利益所作的评估。人际交往中的等量回馈，一个人的付出与对方的回馈基本相当是最常见的一种互惠方式。有些人对他人的施惠会回馈更多，甚至到"滴水之恩，涌泉相报"的程度。有些人也会忘恩负义，不仅不回馈，还落井下石，设计欺骗或陷害对方。当一个人回馈少或者甚至没有回馈时，一定要分清几种情况：一是可能没有能力回馈；二是可能暂时还不到回馈的时候；三是确实无情无义，不想回馈。如果遇到一个人忘恩负义无情无义的话，绝大多数人想的一定是不想再与那个人有任何瓜葛。

柏拉图认为人的理性如果无法抑制其欲望和激情，人如果受激情和欲望控制，将会变得不理性，会丧失良知，变得疯狂、迷乱和邪恶。人们关于法律规范和道德规范的认知，关于人际和谐关系的原则的观念，人们关于遵守社会规范的观念，架构了个体的良知或理智系统，使人能够做出符合他人和社会要求的行为，成为人善的行为的动力，也抑制了人的激情和欲望，抑制了恶的倾向。

① 西奥迪尼. 影响力 [M]. 张力慧，译. 北京：中国社会科学出版社，2001：25.
② 穆勒. 功利主义 [M]. 徐大建，译. 上海：上海人民出版社，2008：62.

如果一个社会，人们受欲望和激情控制，大家都极端自私，只关心自己的私利，不愿意对他人有任何付出，即使有人有付出时，受惠者也无动于衷，人们之间互相算计，处于互害状态，这样的社会是可怕的，也是让人绝望的，与地狱无异。如果人们之间互相设防，而不是互利共赢的话，人们就会怀疑自己对人友好、帮助他人会不会不仅得不到他人的友好回馈，反而会受到他人欺骗利用。人际交往中安全感的缺乏、对他人具有防备心理是社会冷漠最重要的原因之一。信任是互利共赢的基础，相信别人不会欺骗或伤害人，人们才会愿意伸出援手，帮助他们。当我们看到倒地的老人是自己的家人、朋友或邻居，相信他们不会构陷诬陷我们，我们会毫不犹豫地帮助他们。在一种缺乏互信的社会认知背景下，人们的圈子意识或关系网意识就增强了，结果就造成了这样一种现实：只有与一个人构架一定的社会关系，成为圈子里的人才会受到信任、得到帮助，陌生人之间就会互相提防，甚至互相伤害。

从人们希望融入群体顺应社会的角度考量，人们承担守护责任，帮助与自己具有千丝万缕联系的人，包括亲人、爱人、朋友、邻居，也会成为一个人的责任和道德义务。对于素未谋面的陌生人，当他们陷入困境时，人们也会意识到自己有帮助他们的道德责任，但是这种道德责任非常轻，怕惹上麻烦的不安全感却会非常强烈，人们做出善的举动的动机非常弱。人们看到素不相识的老人倒地不起，表情痛苦，但未必敢相助，怕老人有不测时其家人会将责任赖在自己头上，到时惹上天大的麻烦。在陌生人社会，人们会认为多一事不如少一事，各人自扫门前雪，大家自顾自，至多对与自己有关联的人加以关照，至于对陌生人的友好、善意可能会付出太大代价，便被无情地冷冻了。人性的本质，毫无疑问首先是要自我保护，保护自己免受他人的损害，保护家人免受他人的伤害。

一个社会，人们对陌生人冷漠，不愿意帮助他们，对于圈子中的人，人们才会不遗余力地帮助他们。拉关系、重关系的倾向必然造成社会上人与人之间互相利用、互相包庇、拉帮结派，引发联手损害他人、社会、国家利益的倾向。一个社会充斥了找关系、拉关系、拉帮结派的不良习气，互惠的倾向变成人们为小团体、为自己人关系圈中人谋取私利的倾向，自己人关系圈的互利共赢就不会成为善，而是会演化成为损害他人和社会利益的共谋的恶，社会公平、社会正气、社会正义就会受到极大损害，互惠原则就无法成为驱动人们善行的正能量，反而会成为驱动人们恶行的负能量。

基于公平正义原则基础上的互利互惠意味着不会损害他人利益和社会利益，意味着人们愿意与人分享合作，愿意与人互利共赢，这是善的心理和行为倾向。互惠的善一定不是我赢你输，也不是我们赢你们输的行为。互惠的善意味着人们愿意与他人分享，愿意与他人合作共赢，意味着人们为了特定目标，愿意沟通协调，共同付出，努力实现预定目标，并且分享合作成果。

个体形成公平正义观念，秉持公平正义原则，就会希望社会具有扭转不公不义的机制，他们也愿意付出努力，维护社会公平正义，所以，维护社会公平正义的原则，具有正义善的认知和观念会推动人们善的行为。一个社会，每个人都有自己关于公平正义的认识和观念，但是每个人通常都较难有绝对客观的公平正义观念。公平正义的观念常常是相对的，人们遵循的通常也是自以为是的公平正义原则；但是，当人们具有更客观的社会意识，能够真正意识到社会的要求，意识到人们的公平机会和平等权利，那么做到公平正义是可能的。社会普遍认同的正义准则为个人提供了做出正义与非正义判断的基本的道德标杆和底线标准。个人内心的公平正义原则会使其不由自主地对他人的行径做出判断，也要为自己做出正义善的行为提供心灵上的支持。

心理学家研究显示，有人陷入困境需要得到帮助时，如果周围有较多的旁观者，人们会感到自己需要承担的责任较少，更容易选择袖手旁观；如果只有一个人在旁边，个体感到自己需要为受害者承担更多责任时，他们更加倾向于伸出援助之手。人们善的行为的一种可能的驱动因素源于人们意识到的助人的责任感，这种责任感也是由守护的社会责任延伸产生的，人们对于生存的群体中的幼小者、弱者、受伤害者的守护责任是一脉相承的。如果个体意识到自己对于他人的困境应该承担一定责任，具有守护责任，做出善的助人行为是一个人应该具有的道德信念，他们会觉得帮助陷入困境中的人是对的，这也是一种道义善。

一个人生活在特定的环境里，分享了社会的资源，得到了家人朋友的关照和保护，往往也会被希望和要求承担一定责任和履行一定义务。个人有义务承担家庭责任，也有义务承担一定的社会责任，要为社会做出一定贡献，要在他人需要时承担守护扶助责任。显然，个人在这样的社会期望和要求下成长，会形成这样一种道德意识，即个人应该有担当，应该承担个人责任和社会责任。个体认清自己的责任和义务，愿意尽心尽力地履行应尽的责任和义务，这种负责任的态度和行为无疑是社会期望的善，尽责的善意味着一个人对自己应该承担的责任或义务具有清晰认知，表现出愿意承担责任和义务的心理倾向，这种履行个人责任的善也是一种道义善。

个体在社会中担负着特定的角色，不同的角色要求他们承担相应的责任和义务，履行自己的职责，遵守规定的道德规范。如果个体能够出色地履行自己的职责和义务，他们就是尽职的。如果是在职场上，也可以称他们是敬业的，是具有良好的职业道德的，是好的或善的。如果人们没有尽心尽力地承担自己的责任，没有认真地履行自己的义务，或者利用自己承担的角色和掌控的权力损害他人和国家利益，我们会认为他们是不道德的、是坏的，甚至是恶的。每个人都不是孤立的存在，他是社会的一分子，是社会大环境中的重要一环，他必须承担一定的职责和义务，需要尽力承担必要的个人责任和社会责任。

尼布尔说："人似乎在其道德资源中拥有一种对善的责任感，无论人们怎样定义善。这种道德责任感的普遍倾向是支持理性而反对冲动，尽管它有时也可能支持在理性看来是错误的道德判断。"[①] 绝大多数人在其成长过程中会逐渐地明白自己的权利、职责和义务，会愿意承担责任，愿意遵守道德规范，意识到不能仅关心个人私利，仅为自己或关系人谋取私利。人们意识到自己应该承担家庭责任，也意识到自己应该承担社会责任，承担责任往往意味着需要付出时间、精力、金钱，需要自我牺牲，需要一个人承受痛苦和烦恼，这样的尽责倾

---

① 尼布尔.道德的人与不道德的社会 [M].蒋庆，阮炜，黄世瑞，等译.贵阳：贵州人民出版社，2009：23.

向是个体善的行为的原因。

在亚里士多德的伦理学思想中，理智德性构架了人的良知系统，使人成为具有良知的人，做出符合个人需要和公众利益的理性评价和善意选择。人们在社会生活中将社会的道德原则和道德榜样内化成为个人的价值追求，其实就是构架个人的理智德性，形成良知系统的过程，这样人们不仅能恪守法律和道德底线，也把帮助人，为他人、为集体、为社会做贡献看作有意义有价值的行为，是善的好的行为。相应地，人们会把那些伤害他人、损害集体和社会的行为看作恶的行为。社会构架起来的关于人们的行为评价的基本的道德原则和基础的价值准则，成为人们善意待人的价值准则。人们以此为评价标准评判那些对社会、对他人有利的行为是适宜的、义的或道义的，那些对社会、对他人不利的行为为不适宜的或坏的、恶的、不义的、不道义的。在这样的认知或评判过程中，人潜意识地形成好人意识和坏人意识，形成行善避恶的信念，形成善的意识，以及做好人做好事的倾向。即使是有人做出了恶的举动，也不敢明目张胆地大肆张扬，因为在他的意识或潜意识中，也想避免被人知道自己做了坏事，不愿意承认自己是公认的坏人。人们相信善是重要的，是有价值的，是自己应该遵循的价值准则，因此应该努力做好事成为好的人，这样的善的认识和观念、这样的善的追求是人们善的行为的重要驱动力。

人们的道义、正义的认知和观念驱动了人们善的行为，但人们关于道义、正义的认识是不同的，关于公正公平的信念也不同，关于正义的判断会有差异。人们内心关于善恶好坏的评价标准会有不同，一个人站在不同的立场，评价的结果会有差异。即使是像欺骗、偷窃等一般认为对他人的利益造成损害的行为也未必一定是非正义的。苏格拉底关于正义和非正义的相对性的阐释，揭示了非正义或恶是相对的。在现实生活中，人们遇到特定的事件，由于深感做出正义评判十分困难，所以选择不评价、不持立场，这样会抑制人们可能的维护公平正义的行为。

人们想承担个人责任和社会责任的意识使人们要做出善的行为，但是个体做出善的行为的决定，很大程度上也与个体对于自己是否具有能够有效帮助他人的知识和技能的自我认知有关。因为个人的能力非常有限，对于面临的种种贫困的社会现实，对于那些处于病痛困扰中的人们，个人又能够在多大程度上帮到他们呢？个体对于自己助人的不自信会抑制其助人行为。如果意识到助人可能会给自己带来特别大的麻烦的话，也会抑制其做出助人的努力。善带来的风险，对于真心想行善的人来说会产生一定的抑制作用。

　　社会生活中，如果不遵守规范有利可图，人们就会选择不遵守规范。当一个社会，人们将社会规范看得可有可无，普遍缺乏规则意识，潜规则就会盛行，是非善恶观念就会变得模糊，关系网或利益共同体的逐利共赢会取代社会良知、社会责任和社会公平，人们善的倾向会受到抑制。社会的各种制度如果足够完善，人们普遍具有社会规则意识，遵纪守法的观念深入人心，无法无天的不法倾向就不会发生。人类的良知意味着人们有能力明确意识到自己应该承担的责任和应该遵循的规范，能够时刻判断自己的行为是否违反社会规范和伦理道德，能够反省自己是否尽力承担了社会责任，能够自觉恪守道德和法律底线。人可以变得理性和具有良知，能够做到公平公正，能够承担社会责任，能够达到具有道义善的程度，这样就能够避免互相伤害，人也有做出善的行为的动力。

第四节　人的情感对善恶行为的影响

　　叔本华说："人类行为仅有三个基本源头，并且一切可能动机都是从或者这个或者那个源头产生的。它们是：（a）利己主义；意欲自己的福利，而且是无限的。（b）邪恶；意欲别人的灾祸，而且可能发展成极度残忍。（c）同情；意欲别人的福利，而且可能提高到高尚与宽容大量的程度。"[①] 叔本华相信使他人快乐的同情之心是道德的动机，是善的行为的动力。亚当·斯密说："情感或心里的感受，是各种行为产生的根源，也是品评整个行为善恶最终必须倚赖的基础。"[②] 人具有善的情感，会希望他人摆脱痛苦和不幸，会想要助人脱困，这是

① 叔本华 . 伦理学的两个基本问题 [M]. 任立，孟庆时，译 . 北京：商务印书馆，1996：235.
② 斯密 . 道德情操论 [M]. 谢宗林，译 . 北京：中央编译出版社，2008：15.

人善的行为的重要动力源泉。

情感具有助力人的行为的动能，类似怨恨、憎恨、仇恨、痛恨、愤恨、忿恨、愤怒、恼怒、痛苦、伤心等通常认为偏消极的情感可能会助推人的恶的行为。同情、感恩、责任感、羞耻感、爱等情感具有驱动人的善行的动能，是影响人的善的行为的情感因素，表现为：第一，个体间的依恋、关爱、爱恋情感使人们因为具有情感纽带而更愿意表达善意和做出善意行为；第二，个体关注到特定对象的痛苦烦恼而激发的关心关爱的同情、仁慈、仁爱情感能够激发和推动善意行为；第三，个体感受到他人的恩惠激发感恩情感推动回报行为；第四，个体自己或他人受到不公待遇而产生的维护公平正义的情感激发善意行为；第五，个体基于维护道德原则的需要，维护善贬抑恶的责任感能激发善的行为；第六，因善行体验到自豪感和价值感产生的情感满足也能驱动善的行为。第七，个体因为自己的过错而后悔，产生的内疚感、罪恶感或羞耻感，会激发个体弥补过错的动能，也能成为善的行为的驱动力。

夫妻之间、亲子之间、恋人之间，或者亲属之间、朋友之间，不仅构架了相互关注关心的情感关怀的价值取向，也构建了互相帮助、互相守护的道德义务。源于守护的心理倾向，人们对于有亲情关系的家人、亲戚具有守护的责任和义务，这种互动、依附、守护关系带来亲近感，使人产生眷恋或依恋情感。亲情、爱情会使关联的双方互相之间因为具有情感纽带，相互眷恋依恋而更愿意关切对方和帮助对方，亲情、爱情会成为驱动双方互相表达善意和做出善意举动的驱动力量。亲情、爱情对善的驱动力量是如此强大，以致一个人会愿意为了对方而无私地自我牺牲。亲情、爱情有时源于个体依恋的情感倾向，有时则源于个体因为对方的关爱守护照顾帮助的感恩情怀。朋友之间、亲属之间可能不会产生像亲子之间、夫妻之间、恋人之间那么强烈的关爱守护的情感体验，但是也可能会因为互相之间的依附与眷恋关系而驱动双方愿意为对方做出善的奉献。

夫妻之间、亲子之间、恋人之间或者亲戚之间、朋友之间具有善的倾向是自然而然的，是道义作用的必然倾向，是一个人的良知所在。但是关涉到相互间因为照顾关爱的关系而产生的情感，因为人们之间构建了情感联结而使人具有善的倾向或善的举动，就不仅仅是良知，而是良心的表现。在《麦琪的礼物》中，夫妻双方都卖掉了自己最心爱的东西，分别购买了对方最心仪的礼物，这样的善意行为是双方对对方的爱情的最感人回馈或表达。友情、亲情和爱情等也会使关系人因顾忌相互之间的情感，为个人小利而忽视社会大义，做出违反社会道德或法律的行动，在这样的情况下，我们就不能称之为善了。所以，由亲情、友情、爱情激发的关怀互助守护倾向，是一种相对狭隘的互惠行为，至于是否能够称为善的倾向，还是要依据具体情况加以认定。

父母守护孩子，关心爱护孩子，孩子意识到父母的关爱和付出，能够替父母着想，依恋父母，在他们逐渐长大、父母日渐衰老的情况下，他们对父母有感激之心，对父母孝顺，关心和照顾父母，这种对父母关爱的情义或眷恋的情感成为一个人孝行的强大驱动力。同样地，一个人也会因为其他人对自己友好、友爱，或者其他人对自己照顾、帮助良多，内心存着感激之心，要报答对方的恩情。一个人感念对方的帮助，对对方心存感激，愿意回馈对方的感恩情感会成为善的重要驱动力。

亲情、爱情、友情等是基于人之间的互动关系而构建的包含了感恩、关爱倾向的复杂情感，对处于这样的互动关系中的双方而言，对对方有善意，愿意为对方奉献善的举动既是道义的责任，也是情感的义务。善的举动的驱动力是双重的，可以既有道义善的成分，也有情义善的倾向。这里，情义指基于情感纽带，认为自己应该承担的责任和义务。一个人对他人施予的恩惠，会有互惠的回报倾向，这是道义善的倾向。一个人因为他人施予的恩惠，产生感恩情怀，会具有强烈报答他人的恩惠的力量，这是情义善的倾向。所以，感恩情感驱动的善行中往往既包含了道义善的倾向，又包含了情义善的倾向。

由于感恩情感的产生以个体受恩为前提，个体受恩后，心理上会有记挂，即心理学所谓的情结，使个体产生心理负担，个体只有以几乎等量的方式回报对方，心理负担才会消除。感恩情感使个体有负担感，有回馈的责任感，个体处于感恩状态可能是痛苦的。个体会经常想办法去报恩，以使自己保持心理平衡，所以感恩情感往往具有驱动个体的回馈行为的动能。个体怀着感恩情感是一种情感负载状态，需要个体动脑筋去卸下情感负担。所以，真正重情重义的人反而会不太愿意接受他人的恩惠，因为受人之恩会使其处于情感负载状态。古人有"大恩不言谢，深恩几如仇"的说法，也是有道理的。

人们如果刻意地为了他人的知恩图报而去助人的话，往往会削弱他人的回馈动力。但是，如果人们的付出没得到相应的回馈的话，也会削弱行善的动力。知恩不报的行为为人不齿，恩将仇报的行为更为社会所不容。一个人感念他人的恩惠，有时也会被要求或希望以损害他人或群体利益的方式回馈他人的恩惠，这样的感恩图报不能见容于社会规范，这种狭隘的感恩图报会演变成为社会公德层面的不道德，甚至会成为法律层面的犯罪。善不能被强求，更不能被裹胁，否则知恩图报的行为会演变成为一种损害大众利益为小群体谋取私利的恶行。

感恩情感使人们之间具有情感回报的倾向，常常发生于熟悉的人之间。同情情感基于对象的可怜痛苦情绪状态的刺激而使个体产生恻隐怜悯情感，这种情感使个体愿意帮助对方摆脱困境。生活在陌生人社会，人们并非完全地没心没肺，成为冷漠的"空心人"，还是会关注到他人的痛苦和不幸，也会因为他人的不幸而心生怜悯，或者因为自己有过类似经历而同病相怜。感恩与同情不一样的地方在于，感恩是个体受到他人的恩惠以后的感激和感谢的倾向，感恩者对于施恩者来说具有回报其恩情的义务和责任。同情不像感恩那样具有对等回馈的义务和责任，同情也不是一个人的义务和责任。人们的同情情感往往由特定对象的直接刺激触发，具有明显的情景性，所以，在被刺激触发的情景中，具有同情特质的人的同情情感往往最强烈，他们也最容易做出善的举动。而一旦刺激对象消失，就会使一个人的同情情感逐渐地消退。即使当事人偶尔还会有关于同情对象的印记，一旦时过境迁，同情感也会明显弱化，不再能够起到推动善的举动的作用。当事人对于同情对象的认知在同情情感的激发过程中，以及同情情感能够转化成为善的举动的过程中，产生了极大的作用。如果当事人认为同情对象自身确实缺乏足够的能力改变自己的处境，他们会倾向于更加情愿地做出善意举动。如果同情对象虽然激发了当事人的同情情感，但是当事人自身能力不逮，或者当事人觉得自己对于同情对象虽然能够有所帮助，但是助益有限，也会抑制当事人做出善意举动。

亚当·斯密说："正是这种多同情别人和少同情自己的感情，正是这种抑制自私和乐善好施的感情，构成尽善尽美的人性；唯有这样才能使人与人之间的情感和激情协调一致，在这中间存在着人类的全部情理和礼貌。"① 同情是一种笼统的说法，既可以指同情感的状态，即怜悯的心理状态，也可以指同情心、有怜悯情感，想帮助对方摆脱不利处境的状态。

斯宾诺莎说："假如我们怜悯一物，我们将尽可能努力使它脱离不幸。"② 他还提出："凡引起我们怜悯的对象的痛苦的东西，也会引起我们同样的痛苦；所以，我们将努力设法去解除或消灭那引起痛苦的原因的存在。"③ "怜悯是经常被称为利他主义的心理动机中比较典型的一种。"④ 人们因为敏感地感受到他人的不幸境遇而萌发的怜悯或同情激起了人们的内心善意，激发了人们的善意举动。一个人被激发的怜悯或同情情感使人倾向于要帮助不幸的人摆脱痛苦。

情感敏感的人容易被他人赐予的恩惠感动，也容易被他人的不幸触动。当人们关注到他人的困境，关注到他人的不幸，他们内心深处的敏感神经就容易被触动。一个人楚楚可怜的表情、哀痛欲绝的哭泣、绝望无助的眼神会使情感敏感的人感到难受、痛苦，能激发他的同情怜悯之情。情感丰富的人关注关心他人的处境，能够产生移情的情感体验，也特别容易被他人的不幸境遇激发起同情体验。恻隐之心，人皆有之，但是每个人都有自己的问题，被自己的问题困扰会使一个人变得自我中心、自我本位或自私贪婪，他们将没有心情去关注围绕着自己的林林总总的人的生活形态。有些人则是因为过于自私自我，将会使他们更容易对身边亲近的人有深厚感情，不相干的人常常不足以唤起他们的

---

① 斯密. 道德情操论 [M]. 蒋自强，钦北愚，朱钟棣，等译. 北京：商务印书馆，2003：25.
② 斯宾诺莎. 伦理学 [M]. 贺麟，译. 北京：商务印书馆，1997：121.
③ 斯宾诺莎. 伦理学 [M]. 贺麟，译. 北京：商务印书馆，1997：121.
④ 库利. 人类本性与社会秩序 [M]. 包凡一，王源，译. 北京：华夏出版社，2003：92.

同情情感，他们不会做出帮助人脱困的善意举动。一个人自身面临比较多的困扰，麻烦缠身，深陷痛苦烦恼之中、郁闷不已、自顾不暇，会使他过分地自我关注而忽视对他人的关注，会抑制他的同情情感，当看到有人陷入麻烦时，不容易产生强烈的同情感，会显得麻木不仁，无动于衷，即使因为同病相怜而有同情感产生，也会比较淡薄。一个人之所以成为冷漠的"空心人"，可能就是因为他们为自己面临的问题所困，自顾尚且不暇，再无精力心情顾及他人。

人们有同情情感，自然会真诚关心他人的不幸和痛苦。他们愿意承担相应责任，否则会产生愧疚感，如果他们帮助到了他人，守护了弱者，他们会觉得自己做得是对的，就会有存在的价值感。人们意识到的助人责任感，这种责任感由守护的社会责任延伸产生。如果个体意识到自己对于他人的困境应该承担一定责任，当看到有人处于不利境地，就会产生善的责任感产生，做出帮助行为。

现实的人通常容易表现得自我和自私，内心念想着自己的欲求，挂念自己的所求、所得、所失，念想着围绕着自己的亲人的所求、所得、所失。这种人是自我本位的，也是自私自利、冷漠无情的，甚至是损人利己的。一个人的自私自利和过分自我关注的自爱会抑制其对他人的关心关爱情感。许多人将更多的心思放在关注自己的利益上，变得自我欲望本位，会变得没有足够的情感去关心和包容他人。在一个人的内心充斥了诸如愤怒、痛苦、烦恼、忧虑、恐惧等消极情绪的情况下，其同情、怜悯的情感会被压抑，宣泄、攻击的欲望会膨胀，而善的倾向会被抑制，仁义和正义会变得遥不可及。

个人的怜悯或同情的情感未必能够及时地转化成为善行，因为人的情感并非取之不竭的，而人的能力更是相对有限的。人们看过了太多人的悲剧命运，看见了太多人的不幸遭遇，看到了太多人的痛苦挣扎，会感到自己没有办法做得更多。一个人的力量毕竟有限，还可能面临种种的生活问题和心理困扰，亲戚朋友中也有人生活得相当窘迫，社会上穷愁潦倒的人更是不计其数。面对这一切，人们真的会感到心有余但无奈亦无力。无奈的、无能的、无助的倾向使那些有同情心、愿意承担社会责任的人们，在面对他人的不幸时选择了沉默旁观、退缩逃避，而不是勇敢地去承担责任。大多数人自顾尚且不暇，太大的工作压力、太多的家庭问题、太烦的心理困扰折磨得他们焦头烂额，使他们没有余暇关心他人，他们会在面对他人的不幸和痛苦时选择冷漠逃避漠不关心，就不足为奇了。

一个社会，人们缺乏同情心，就不会有关注和关心，就不会有宽容和宽恕。一个人的同情的善会导向关注、关心、关爱，导向宽容和宽恕，减少矛盾和冲突，减少冷漠、烦恼和愤怒无助。和谐社会需要人们具有同情的善，人们之间才能互相包容，互相谦让，避免矛盾和冲突。同情的善是导向善的举动的重要情感力量，情感敏感而丰富的人比较容易产生同情情感，容易做出善的举动。同情情感是人们做出善意举动的内部情感要素，但是同情不是人的责任，有时一个人的同情情感未必能够助推善的行为。具有同情情感而且行为冲动的人通常很容易被人们的不幸遭遇激发出善意举动。具有同情情感但是理性的人也会做出善意的举动，但是通常更加容易犹豫不决，更加容易在应该做出善意举动时踟蹰不前。一个人遭遇的痛苦越大，或者像孩子、女性等弱者遭遇不幸，往往更容易激发人们的同情，使人们做出善意举动。

在社会成员流动加剧的情况下，人们之间变得越来越陌生，更容易产生信任危机，摩擦和冲突也更容易产生。在拥挤的人流中，即使是有情有义的、热心肠的性情中人，也会担心受骗被讹，会感到自己势单力薄，他们也会选择从众，怜悯同情情感逐渐变得淡漠，也可能变得功利和势利。当然，我们也看到，绝大多数人仍然关注和关心他人，表现得宽容、宽恕，仍然有温情同情和感恩。所以，当有人遭遇不幸时，许多人内心敏感的神经仍然会被触动，仍然会流下同情的泪水，仍然愿意伸出援助之手，义无反顾地帮助那些身处困境中的人们。

一个人受到恩惠，体验到了感恩的情怀，而施恩者有时并不需要回报，在这种情况下，一个人始终怀抱着感恩的情和报恩的倾向，就可能会转移到其他人身上，就像《悲惨世界》中的冉阿让一样。这种情况下，一个人的感恩情感会变得特别崇高，会让人滋生出仁慈仁爱的情感，驱动一个人做出高尚的善的举动。这时，一个人可能不仅仅对那些与之关系亲密的人具有爱的情怀，而且也会对那些关系不那么亲密的人产生爱的情怀，愿意为他们伸张正义，愿意去帮助他们摆脱困境。

再阿让做出善的举动，不仅受回报恩情的情感驱动，也受弥补自己曾经作恶的罪恶感驱动，为曾经忘恩负义的羞耻感驱动。羞耻感是一种因为犯错或犯罪而感到羞愧可耻的情感体验，通常在个体及与其关系密切的人触犯了道德或违反了法律的情况下产生，也会在没有尽力维护善，以致造成过错的情况下产生，表现为因自己或关系密切的人伤害他人或危害社会而感到内疚悔恨。一个人具有羞耻感，说明他真正地具有了规则意识，具有自我反思的能力，能够明辨是非，做出恰当的善恶判断。一个人具有羞耻感，会努力避免犯错，不愿意做出伤害他人危害社会的事情。具有羞耻感的人会常常反思自己的行为，愿意做出符合社会期望和要求的举动，愿意做出善的举动弥补自己的过错，这样羞耻感就具有了推动人的善行的驱动力，所以，具有羞耻感的人有可能成为真正善的人。

人们希望社会是公平公正的，社会上只要有恶的现象存在，正义就必然不会缺席。社会普遍认同的正义准则为个人做出正义与非正义判断提供了基本的道德标杆和底线标准。个人内心的公平正义原则会使其不由自主地对他人的行为做出判断。当一个人被其他人伤害时，施暴者应该受到制裁、得到惩罚，这样才公平和公正。施暴者不会受到惩罚和制裁，人们会认为这是社会不公造成的。人们对他人实施的伤害行为加以报复的心理倾向是人们的恶意的重要来源，会助长人们恶的情感，驱动人们恶的行为。如果伤害行为的实施者被惩罚或能够表达歉意，受伤害者报复的恶意能够被消除，正义得到伸张，恶的情感能够消退，恶的行为就不会被驱动。当一个人关注人们受到的不公待遇，将目光投向造成他们不幸和痛苦的社会，为社会缺乏足够公正公平和完备细致的规范惩罚恶人而感到愤怒和悲哀，在遇到人们违背了他的正义原则或正义信念的时候，正义感被激发，会产生试图阻止恶行的倾向。库利说："正义感和诚实感能够使一个人尽其所能对别人发挥最大的影响，也能使他以最大的能力服务社会。"[①]

---

① 库利.社会过程 [M].洪小良，等译.北京：华夏出版社，2000：81.

正义感会驱使人们愿意做出最大努力去改变现状以保护弱者和抑制恶行，会期望社会具有明确规范，让施恶者受到应有惩罚。

当一个人关注的不仅仅是那个遭遇不幸的人，而是将关注的目光投向所有遭遇了不幸与痛苦的人，对于所有处于困窘或困境中的人萌生了怜悯与恻隐的情感，期望自己有足够的能力帮助他们摆脱不幸和痛苦，这是高贵的仁慈仁爱的情怀。一个人的正义感和仁慈仁爱情怀会逐渐成为善的情感特质，成为一个人的善行的强大驱动力，驱动人达到至善的境界。

善于动情的重感情的人很可能会做出善的冲动举动，冲动性的善常常会导致对自己不利的情形产生，但冲动性的善对于真正处于困境中的人们而言是必需的，常常能真正帮助他们摆脱困境。一个人如果容易产生感恩情怀，是重情义的人。从伦理学的角度看，情义即一个人的情感义务。从心理学的角度看，情义包含了恩情、同情、正义感、责任感、羞耻感、爱等善的情感成分，包含了一个人基于善的情感而产生的情感责任。情义善不是单纯的情感善，通常也是一种道义善。单纯基于恩情、同情、正义感、责任感、羞耻感、爱等情感驱动的利他助人行为可能会具有冲动倾向，会导向善，也会不小心导向恶。鲁智深因打抱不平而将镇关西打死，鲁智深是有同情和正义感的，但是镇关西罪不至死，鲁智深将镇关西打死是错的、有罪的。从现代社会法治的角度看，鲁智深犯了故意杀人罪，要判一个过失致人死亡罪，是要受到法律严惩的。

情义善不是单纯受善的情感驱动，也受个体的理性支配，是在遵守社会的法律法规和道德准则基础上受到善的情感驱动的善。人的同情、感恩、责任感、正义感、羞耻感、爱等情感一旦被激发，都会驱动个体有所作为，有所作为的情义善会驱动个体做出利于他人、社会的善意行为。如果他无所作为的话，就会感到羞愧，甚至产生羞耻感和罪恶感。情义善使一个人在做出善的助人举动，并且在真正帮到人时产生自豪感，具有价值感，这种自豪感和价值感会成为个体善行的强大推动力，个体会为了获得这种自豪感和价值感而行善助人。

第五节　人的人格对善恶行为的影响

　　人的善的人格或善的人格特征是善的行为的动因，善的人格能够导向善，善的人格在善的行为中表现出来，而善的行为是评判善的人格的依据。王登峰、崔红（2003）的研究显示，中国人的善良人格的三个子因素分别是真诚、利他、重感情，包含了善的态度和善的行为。张和云等（2018）关于中国人善良人格的结构的研究显示，善良人格包括诚信友善、利他奉献、宽容和善、重情重义的二阶四因子结构。焦丽颖等（2019）的词汇研究显示，善的人格包含尽责诚信、利他奉献、仁爱友善、包容大度等四个维度。善的人格涉及善的态度、善的行为，说明善的人格在善的行为中形成，也影响人的善的行为。

　　恶的人格是人的恶的行为的最重要原因之一，是导致许多恶性伤害事件发生的核心心理因素。佛教概括不贪不嗔不痴是三善根，贪嗔痴是三种不善根，从心理学角度分析，这是有道理的，三不善根即导向恶的三种原因，这三种原因表面上看是需要的不合理、情绪的不自控和认知的非理性，本质上是三种不善的人格或人格特征。贪是一种不满足的欲望，对应形成贪婪人格，嗔是不能控制的情绪，对应形成暴躁情绪或暴躁人格，痴是一种不理智不聪明的认知，对应形成偏执人格或愚蠢性格。一个人贪婪、暴躁、愚蠢、偏执，就可能为了欲望满足或因欲望满足受阻而心生怨恨，以至于做出非理性的伤害他人、危害社会的举动。王登峰、崔红（2003）的研究显示，善良友好人格对立的是薄情冷漠，可以认为与真诚、利他、重感情相反的虚伪、自私、无情冷漠是会导向恶的人格。张和云等（2018）的研究没有明确揭示恶的人格结构，可以认为与诚信友善、利他奉献、宽容和善、重情重义相反的人格是恶的人格。焦丽颖等（2019）的研究揭示了恶的人格包含凶恶残忍、虚假伪善、诬蔑陷害、背信弃义等四个维度，这些恶的人格会成为恶的行为的主要原因。

　　冷漠人格不会直接导向恶的行为，但肯定不能导向善的行为，有时确实会导向恶。从心理学的角度分析，个体具有冷漠人格会不关注、关心他人，对他人的困境和遭遇的痛苦不幸无动于衷，表现为自我中心和自我本位、情感淡漠、情感麻木、自私自利和损人利己，常常不愿意做出无私奉献的善的行为，很可能会为了自己的利益做出伤害他人和危害社会的行为。个体具有冷漠人格，不愿意有所作为，即使没有明显的恶意，不会导向恶的行为，也会因为对他人的痛苦不幸无动于衷，甚至见死不救而造成不良后果。如果因为个体的冷漠无情而使他人遭遇到严重的伤害，那么冷漠就是一种能够导向恶的结果的人格，也可以算是一种恶的人格。

在大五人格因素理论中，宜人性人格表现为：一是与善的认知或善的理性相关的正直、公正、守信、正义、聪慧、敏锐、理智、机智等性格；二是与善的情感有关的善良、热情、宽恕、温和、仁慈、同情、怜悯、感恩、仁爱、仁义等性格；三是与善的行为有关的友善、宽容、热心、仗义、大方、无私等性格。可以看到，宜人本质上意味着与人为善，这是好理解的，人在社会中生存，倘不能做到与人为善，就不能融入群体，就无法得到守护，就无法良好生存。人发展和形成宜人性人格是由个人生存的压力触动和激发的。尽责性人格也与个体的社会生存有关，个人要融入群体，就要认同社会的要求和规范，就要承担社会责任，就要形成和发展社会要求的公正、公平、负责、聪明、机智、守信、敬业、敏锐、主动、积极、勤快、勤勉、勤奋、认真、坚强、勇敢、节制、克制等性格，而这些性格也是社会需要和要求的善的性格，是能驱动个体善行的最重要心理因素。

个体具有善的认知、善的情感，并不能够保证他一定能够做出善的举动。个体是否做出善的举动，需要对客观情景和施善的对象等有关信息加以判断，也需要对自己做出善的行为的可能风险和可能效果加以评估。如宜人性人格和尽责性人格中的聪慧、敏锐、理智、机智等，是保证个体善的举动的人格特征，也是个体善的智慧，能使个体做出恰当的风险评估和善行效果评价，是影响个体做出善的举动的重要认知或理性人格，使个体避免承担不必要的风险。

个体的聪慧、敏锐、理智、机智等性格具有判别善恶和做出决策的作用，属于善的理智特征，个体的仁慈、同情、怜悯、感恩、仁爱、仁义等性格具有激发善行的作用，属于善的情感特征，个体的积极、友善、宽容、热心、仗义、大方、无私、勤勉等性格具有启动善行的作用，属于善的态度特征，个体的坚强、勇敢、节制、克制等性格具有维持善行的作用，属于善的意志特征。从善的驱动因素角度而言，个人具有善的认知特征和善的情感特征是保证他能够做出善的抉择和激发善的举动的重要人格因素，善的态度特征具有善的行为的导向作用，善的意志特征则能够起到维持个体的善的行为的作用。

善的认知或理性有关的性格导向道义善，善的情感有关的性格导向情义善，善的态度、善的意志有关的性格是保证个体的情义善和道义善得到贯彻的实践德性。在情感善中，仁义善是由仁爱情感驱动的情义善，也可能是由仁义人格驱动的人格善，仁义人格导向高尚的善。正义善可以是由公平正义的认知驱动的理智善，也可以是由正义感驱动的情感善，最核心的是由正义人格驱动的人格善，正义人格的核心是人具有公平正义的信念，遵循公平正义的价值准则，是个体维护公平正义的价值准则的心理特征和行为倾向，正义人格驱动高尚的善。仁义人格和正义人格驱动人的至善，是儒家所谓的君子的善，达到了墨家的兼爱的层次，是只有极少数人能做到的善，可以称为崇高善。许多人只能达到有限正义和有限仁义的程度，因此只能达到有限度的崇高善的程度。

个体因为具有仁慈善良性格，会在有人遭遇不幸的情况下同情和帮助对方，这就不仅仅是同情的善，而是仁义的善了。仁义的善是因为个体有仁慈之心而愿意帮助他人，即做"义"的事。正义的善不仅仅包含了一个人愿意帮助他人的仗义的善，还包含一个人要抑制恶行，维护公平正义，主持公道的倾向，这也是侠义善的表现。正义与仁义不是一个人的道德义务，而是一个人基于义的视角，认定自己不仅应该仁爱待人，也应该维护公平正义的倾向。正义的人对不公不愿意置身事外，他希望能主持公道，愿意维护正义。仁义的人会觉得自己不能对于他人的不幸麻木不仁，不能无动于衷，否则自己会后悔内疚，会觉得自己做得不够好。

正义与仁义是要维护义，仁义维护的是仁爱之义，正义维护的是公正之义。从心理学意义上分析，道义是一个人的理智层面的义，维护的是社会的伦理道德。情义是一个人的情感层面的义，是涉及感恩、同情、爱的情感和正义感等善的情感的义；正义是一个人的人格的理智特质的表现，仁义是一个人的人格的情感特质的表现；侠义是一种复杂的心理状态，包含了道义、情义、正义、仁义等心理因素。相比较而言，要做到道义善、情义善会比较容易一些，当有人受到不公时，人们关注他、同情他、为他发声，都可以称为道义善和情义善。正义善和仁义善不是每个人都能够做到的，孟子说："生，亦我所欲也；义，亦我所欲也。两者不可得兼，舍生而取义者也。"（《孟子·告子上》）孟子的这个"义"可以指道义、情义，最主要的是指仁义和正义，这样的义不是一般人能够做到的，这样的"义"需要个体做出贡献付出牺牲，甚至舍弃自己的生命，做到舍生取义。一个人具有正义和仁义人格，必定会有仁爱慈悲情怀，必定能够维护社会公平正义，愿意自我牺牲，愿意无私付出，正义人格和仁义人格是驱动人的善行的最重要的心理因素。人不可能达到绝对正义、绝对仁义的至善境界，只能做到相对正义和相对仁义，人具有相对正义和相对仁义，也便具有了驱动善行的强大力量。

当一个人遇到困境时，需要的不仅仅是那些有着善意的芸芸众生，需要的是有人格善，能够勇敢地挺身而出的人，如果有这些人在，处于困境中的人必然会得到救助。因此，我们看到，当有人遭遇困境时，同样是有许多人在场，但是有的人得到了救助，有的人却没有得到救助。那些得到救助的人运气更好，他们要么遇到了朋友或熟人，要么就是遇到了能挺身而出的仗义的少数人。从心理学角度讲，这样的少数人具有善的情感、善的理性、善的人格，具有实践善的坚强意志，他们具有主动性和自觉性，能够主动承担社会责任和自动帮助他人。当少数人挺身而出，那些有着善意的人就会追随在后。影响事件结果的是具有崇高的善的人格的少数人，他们高尚善良，有担当肯负责，他们热情友善、勇敢仗义、乐于助人、不计得失，这些人可能已经具有仁义人格和正义人格，这些人是真正善的人，是真正高尚的人。

生活中不可避免地会有伤害、侮辱、欺骗等种种不公不善的事件发生，人们在现实生活中会面临种种痛苦，但仍然没有完全放弃对幸福人生、对和谐社会的向往或追求。许多人在看到他人处于困境时，不敢主动地率先站出来，他们有种种顾虑，担心自己的善意被利用，他们不是不愿意维护正义，但他们更加怕事。当他们看到有人率先振臂一呼，也会追随呼应，这种追随善也是高尚的，也是需要我们倡导的。绝大多数人内心有向善的种子，有对正义的向往，他们在面临危急的关头，会勇敢地站出来维护正义，或者追随那些至善的人，实践正义善的理想。他们之所以会有善的义举，是因为他们心中有英雄崇拜和君子理想，希望自己能够成为一位君子，对英雄或君子的向往心态不曾泯灭。尼布尔说："从内在的角度看，最道德的行为是受公正无私动机所驱使的行为。"[①] 人们在正义人格和仁义人格的驱使下，会高尚和无私，愿意做出实际行动来表达自己的善意和维护社会的公平正义。

因为有不公，有潜规则，有太多的伤害和损害，所以正义是必要的。如果人们对非正义的事件无动于衷、麻木不仁、越来越不会有感情触动，具有正义感的人就会越来越少，人们会越来越无助和冷漠。个人的正义力量毕竟微不足道，如果个人认为自己无力改变世界和社会，就只能选择逃避和冷漠。许多人对于非正义，对于侮辱、伤害、欺骗等恶的行为变得麻木不仁，看到他人陷入困境、处境不利或被人欺负时，表现得铁石心肠、无动于衷，善行就会缺乏驱动力。我们期望有更多的人具有正义感，能够见义勇为，这样，正义的力量会变得强大，人们就会有维护社会公平正义的动力。

如果一个人对于伤害他人、侮辱他人的恶的人，不仅怀着愤懑的正义情感，还能够看到行恶之人内心的痛苦挣扎及心中尚存的一缕向善之心，对他们怀抱一种慈悲之情和仁慈之义，那么他不仅具有了儒家所谓的君子的仁义人格，甚至可以说是具有了儒家所谓的圣人的仁义情怀。要人们达到仁慈仁爱的情怀是不容易的，只有少数真正伟大的人才具有仁爱的情怀，并且最终发展成为仁义人格。具有仁义人格的人具有孟子所谓的"舍生取义"情怀，对于他们来说，急人所难、助人为乐是理所当然的事情，为了实践仁爱之义，即使牺牲生命也义不容辞。他们爱所有的人，不仅爱自己亲近的人，也爱那些与己无关的人，不

---

① 尼布尔.道德的人与不道德的社会 [M].蒋庆，阮炜，黄世瑞，等译.贵阳：贵州人民出版社，2009：260.

分亲疏远近、不分贫贱富贵，同等程度地爱一切人，会为了所有人的利益而奉献自己的力量。

托马斯·阿奎那说："人类的德性是使一个人的善行达到完善的一种习性。"[①]康德提出，最高善"给我们规定并且是先天地规定了一个终极目的，使得对它的追求成为我们的责任，而这个终极目的就是通过自由而得以可能的、这个世界中最高的善"[②]。仁义和正义是人类的至善德性，是达到完美善行的最稳定的驱动力。正义善和仁义善不是人们为了获得他人的回馈，不是为了报答他人给予的恩惠，也不是基于某些不可告人的自私动机而行善，他们的利他或无私行为是基于仁慈或博爱的情感，是基于正义和仁义的人格，也是因为奉献或帮助他人的行为能够给他们带来满足感和价值感。

绝大多数人都心怀小善，容易为了利己的目的行善，也会为了回馈或报答他人的恩惠而行善，但是也有一些人，他们将恻隐之心、同情之情转化成为仁慈关爱的行动，希望自己能够承担更大的职责，具有公平正义和关爱情感，尽心尽力地履行自己的职责。马斯洛称这样的人为自我实现的人，他们具有深厚的关爱他人的社会情感和维护社会正义的勇气，也将为他人和社会做贡献作为自己的社会责任，所以，自我实现的人一定具有真正的善意，也具有做出善举的出于本心的意愿。麦金太尔提出："德性必定被理解为这样的品质：将不仅维持实践，使我们获得实践的内在利益，而且也将使我们能够克服我们所遭遇的伤害、危险、诱惑和涣散，从而在对相关类型的善的追求中支撑我们，并且还将把不断增长的自我认识和对善的认识充实我们。"[③]善的德性能够使人们提升善的认识和驱动人们的善的行为，当人们将自己正义和关爱的目光投向所有处于困境中的人，当人们感到自己应该承担更大的责任，意识到帮助他人为社会做贡献可以成为一个人的最核心的价值支柱，他们就会愿意无私地奉献自己的时间、精力和金钱，甚至无私地奉献自己的生命。

① 周辅成.西方伦理学名著选辑（上卷）[M].北京：商务印书馆，1987：392.
② 康德.判断力批判[M].邓晓芒，译.北京：人民出版社，2002：307.
③ 麦金太尔.德性之后[M].龚群，戴扬毅，等译.北京：中国社会科学出版社，1995：277.

从心理学的角度分析，一个人的欲望、情感、理智和人格是最重要的核心心理形态。基于一个人的欲望或需求基础上产生追逐个人利益的功利倾向，功利心理具有自私自利的特点，但是也有可能促使一个人做出善的行为。互惠或感恩的情感容易局限于小群体的利益，如果不会为了小利小义而损害他人的利益和社会的利益，也能够驱动真正善的行为。人的理智和理性使人能够遵循社会道德要求和社会规范制约，善的理性成为一个人的人格或德性，将具有持续和稳定地驱动人的善行的力量。公正和仁爱无疑是一个人的最核心的善的德性，一个人兼具公正和仁爱人格，他内心追求社会公平和表达仁慈情怀的道德理想和高尚信念会成为他行善的最强大的驱动力。

从心理学角度深入剖析，古代思想家提出的"义"的观念贴切地反映了无私的善的驱动本质。义是驱动善的重要动力，从人的心理层面分析，义可以成为一个人善的信念，基于互惠、感恩、尽责的义驱动道义的善；基于同情、恩情、爱的情感、正义感的义驱动情义的善；追求社会公平公正的义驱动正义的善；表达仁慈仁爱情怀的义驱动仁义的善。人的理智和情感不能截然地割裂，道义善与情义善总是在一个人的内心有交集。当人的善的理智和情感内化成为公正、仁爱的人格时，他的善的意识不会再局限于小群体的范围，而是以更加宽阔的胸怀考量善的要求，道义善升华成为正义善，情义善上升成为仁义善。一个人的正义善与仁义善不会截然地割裂，真正具有高尚的善的人格的人往往既是正义的，也是仁义的。即使是有限的正义和有限的仁义，也是值得推崇的高尚的善的人格，它具有足以推动一个人的善举的巨大力量。

第六节　社会因素对人的善恶行为的影响

津巴多主持过一项实验，将一辆外形亮眼但取下车牌、收起了敞篷的汽车随意停放在纽约布朗克斯路间，研究人员还没有将记录设备完全准备好，就已经有人开始破坏汽车，开车的司机和行走的路人纷纷加入拆除汽车的大军，有个人干脆拖走了这辆伤痕累累的跑车。实验同时将一辆一模一样的跑车停放在距离纽约布朗克斯 3000 公里的帕洛阿尔托市，过了一个星期，车子仍然完好无损，下雨时，有一位市民还将跑车的敞篷盖上了。这个实验后来成为 Wilson 和 Kelling 提出的破窗理论的重要实验依据。破窗理论指一种混乱的环境会成为人们犯罪的情境刺激，从而引起真正的犯罪行为。在一种恶的环境中，人们不会在乎作恶，即使那些品行高尚的人也会变得对恶的现象麻木不仁，也容易受到不良因素诱导而产生恶的行为。

善意遇到自私或邪恶的藩篱，就无法得到善的回报，会使人们对自己善的信念产生怀疑，从而抑制人的善意。考虑到人的社会属性，个体的善的倾向一定会受到社会因素的影响。社会环境是非常重要的影响人的善恶行为的因素，善的社会氛围更加容易使人具有善的意向，恶劣的社会氛围会抑制人的善的倾向，并且导致人们做出恶的举动。

弗洛姆相信："人的本性或本质不是像善或恶那样的一种特殊实体，而是植根于人类生存状况中的一种矛盾。"[①] "人的倾向，最美好亦或最丑恶的，并非人性固定的生物部分，而是创造人的社会进程的产物。"[②] 人性的善恶表现具有社会生活的基础，人终究不能摆脱生存环境的深刻影响。弗洛姆深信人性的恶通常是社会生活受挫的结果，如果人们在生活中常常受到欺骗和伤害，就会丧失对善的信心，甚至选择以恶的方式对待生活："深受欺骗而失望的人开始痛恨生活。如果世界上没有什么是可以相信的，没有什么人是可以信赖的，如果人们对善和正义的信仰都只是一种愚蠢的幻想，……他力求证明，生活是罪恶的，人性是恶的，人本身也是恶的。"[③]

社会生活的影响甚至足以使人偏离其本性，导致人的异化，使人变得冷漠无情。弗洛姆认为人的异化意味着个体丧失了其独特性，成为各种消费品的奴隶。弗洛姆从心理学角度分析了异化的心理现象和社会影响："异化了的人同自己失去了联系，就像他同他人失去联系一样。他感受自己及其他人的方式就像

---

① 弗洛姆．人心：善恶天性 [M]．向恩，译．北京：世界图书出版公司，2019：147.
② 弗罗姆．逃避自由 [M]．刘林海，译．北京：国际文化出版公司，2002：7.
③ 弗洛姆．人心：善恶天性 [M]．向恩，译．北京：世界图书出版公司，2019：19.

感受物一样，他有感觉，也有常识，可是他同自己以及同外界之间并不存在创造性的关系。"① 异化的人的典型表现是疏离感，仿佛与社会、与他人隔绝。异化的心理倾向也使个体无法真正地自爱和爱人，他们变得不近人情，仿佛成为无情无义的空心人，变得无法关注关心他人，无法具有善的倾向。

在弗洛姆看来，在西方资本主义社会，异化现象已经成为一种常态，人们表现得越来越自我疏离和与人隔绝。弗洛姆认为异化的社会原因不仅是人在社会生活中变得越来越无助和无奈，也是在物质财富高度丰富的现实环境下，人们的消费欲望变得失控，人成为琳琅满目的消费品的奴仆，人们在无限制、无休止的消费中已经能够获得情感满足，填补内心价值感缺失的空虚。人们在消费的过程中没有变得理性和克制，而是变得越发贪婪、急功近利，也越发情绪化。而人们在自我欲望满足的同时，对于他人的情感变得淡漠，越发地显现出自私和自我中心的倾向。弗洛姆的分析并非没有道理，在消费社会，当欲望被不断激发，许多人无法保持理性和淡定，会变得越来越烦躁和功利，越来越自我欲望本位，因为只有有利可图才能满足更高层次的消费。弗洛姆没有想到的是，科技发展造成了另外一种形式的异化，即沉溺于网络的异化，这种异化更加严重，使一些人，特别是青少年和儿童沉溺其中不能自拔，他们变得目光迷离，自我隔绝，脱离生活，游移于网络中，成为无情无义的"空心人"。

勒庞阐释了社会群体对人的行为的影响，他提出个体融入群体后会出现一些改变："构成这个群体的个人不管是谁，他们的生活方式、职业、性格或智力不管相同还是不同，他们变成了一个群体这个事实，便使他们获得了一种集体心理，这使他们的感情、思想和行为变得与他们单独一人时的感情、思想和行为颇为不同。"② 勒庞提出："群体可以杀人放火，无恶不作，但是也能表现出极崇高的献身、牺牲和不计名利的举动，即孤立的个人根本做不到的极崇高的行为。"③ 融入群体的个体，其思想、情绪、感情、个性可能会完全偏离其作为单

---

① 弗洛姆.健全的社会 [M].孙恺祥，译.上海：上海译文出版社，2018：97.
② 勒庞.乌合之众：大众心理研究 [M].冯克利，译.北京：中央编译出版社，2005：14.
③ 勒庞.乌合之众：大众心理研究 [M].冯克利，译.北京：中央编译出版社，2005：39.

独的个体存在时的状态，也会产生行为的改变。

心理学家提出"去个性化"概念，表明社会群体对善恶行为的助长作用。去个性化即"个人在群体压力或群体意识影响下，会导致自我导向功能的削弱或责任感的丧失，产生一些个人单独活动时不会出现的行为。"[①] 去个性化往往表现为个体在单独行动的情况下循规蹈矩，但是，当他加入某个群体或组织时，就仿佛变成另一个人，失去了自我，容易受他人的诱导和支配。心理学家的研究显示，在去个性化的情况下，个体会与群体趋同，可能变得缺乏理性，丧失责任感，变得情绪化，容易冲动，行为暴虐，很容易跟着其他人一起做出恶的行为。当然，我们也相信，去个性化具有助善功能，即在群体善行的影响下，个人会更容易表现出善意行为。拉坦纳和达利等研究者关于旁观者的责任分散的一系列研究显示，人们的冷漠倾向受到周围他人的影响，也可以认为是一种去个性化的表现。

罗杰斯相信人类的善恶行为是社会文化的产物，文化因素对善恶行为具有非常大的影响，他说："在有利于成长和选择的心理氛围中，我从未听说有任何人选择残暴的或破坏的道路。选择似乎总是趋向社会化，改善与他人的关系。我的经验使我相信，文化的影响才是造成恶劣行为的主要因素。"[②] 如果一个社会能够弘扬善的文化传统，人们遵循善的文化传统，就能够发自内心地具有善意，也能自觉地有意识地遵循善和奉行善。像中国具有尊老爱幼、守望相助、见义勇为、助人为乐、行善积德等善的文化传统，弘扬这些善的文化传统能够使更多人切实地去倡导善和践行善。

家庭环境和父母的思想观念及行为模式对孩子的影响是非常大的。父母遵守社会规范，具有善的意识，重视对孩子的社会规范教育，重视对孩子的善的引导，就会在孩子内心种下善意的种子。一个人出生时，只是一个无知无识，无善无恶的孩子。孩子观察父母和周围其他人的言谈举止、为人处世，学习他们的态度和行为方式。父母言传身教，以身作则，自觉遵守社会的道德规范和

---

① 黄希庭. 心理学 [M]. 上海：上海教育出版社，1997：347.
② 马斯洛，等. 人的潜能和价值 [M]. 北京：华夏出版社，1987：442.

法律规范，遵循善意原则，维护公平正义，将会对孩子形成善的心理和养成善的行为产生积极影响。当孩子长大一些时，父母不仅要关心关爱他们，也要重视对他们的管教，教育他们关注并学习社会规范，教育孩子遵守道德规范和法律规范，引导他们学习自己可以做什么，不可以做什么。家长重视孩子善的教导，引导孩子形成互惠、尽责、公平公正等善意原则，培养孩子善的意识，使孩子具有善的认知和信念；重视孩子善的情感的培养和熏陶，使孩子具有同情心，懂得感恩，具有正义感，能够关心和关爱他人；也重视孩子善的人格的培养和训练，使孩子逐渐形成善的品德或性格，真正具有做出善意举动的意愿和动力。

如果父母自私自利，具有明显的恶意，总是在算计他人，在干着损人利己、损公肥私的事情，孩子也将会在潜移默化中受到恶的观念和行为倾向的不良影响。有的家长给孩子灌输利己自私的观念，教唆或诱导孩子损人利己、恶意待人，要孩子以眼还眼、以牙还牙，会使孩子形成恶的观念和恶的行为倾向。有的父母特别自私无情，对待孩子冷漠无情，缺乏关爱关心，总是伤害孩子，无端打骂孩子，也会在孩子心里种下仇恨或冷漠的种子，使孩子容易对人对社会有恶意，并会做出伤害他人危害社会的恶行。有的父母患有精神疾病和行为障碍，无法与孩子构建起善意的亲子关系，常常表现得情绪暴躁，造成家庭氛围压抑，家庭成员间缺乏温情，这也会造成孩子的无情冷漠和暴躁残忍，使孩子行为反常，会无端地伤害他人。

孩子上学后，学校、教师、同学的影响就会凸显出来，这时，家长的影响会弱化。学校具有健全的规章制度，重视善的规则的宣传和教育，能够营造扬善惩恶的校园环境。教师遵守社会的道德规范和法律规范，并且通过教育和宣传使青少年了解并掌握这些规范，青少年能形成道德意识和法治观念，能够依据确定的规范辨别善恶，并自觉遵循这些规范，不做伤害他人和危害社会的行为。教师重视青少年善的教育和引导，引导孩子从小养成善的倾向，注重培养孩子善的认知和观念、善的情感和善的人格，也注重养成孩子的亲社会行为，他们会具有善的向往和追求，会愿意成为高尚的人，会遵循善意原则，他的言行举止就会具有原则性，他们会具有善意，会愿意助人利他。孩子年龄越小，越容易在内心种下善的种子，越容易接受善意原则的教导，也越容易养成善的行为习惯。

教育对青少年善的心理和善的行为发展影响极大，正是在教育中青少年发展了社会意识，并且具有了善的意识，能够做出善的行为。依据冯友兰的人生境界思想，在教育的影响下，伴随着人的社会意识的发展，人能够由自然境界、功利境界的格局发展到道德境界、天地境界，在这样的过程中，人们能逐渐地意识到父母至亲、家人朋友的需要，能慢慢地懂得维护朋友、同学、集体的利益，最后懂得维护国家民族的利益，甚至为人类生存的地球家园着想。在这样的情况下，人们不仅发展了善的意识，也容易具有善的行为。

社会环境对人的善恶行为的影响是复杂的。政治局势、经济状况、生态环境、自然灾害、疫病流行、食品安全等都有可能对身处其中的人们的善恶行为产生影响。如果一个国家政局稳定、经济繁荣、生态优美，人们生活安定幸福，就容易显得有善意，也会有亲社会倾向，愿意互帮互助。当一个国家或地区政局动荡，处于混乱的甚至暴力冲突的状态，天天上演着诸如武装冲突、恐怖袭击、暴力杀戮、打砸抢掠、恶意伤害等事件，无辜平民被伤害、美好家园被毁坏的种种悲惨场景，就会在人们内心埋下恶意的或仇恨的种子，会导致恶的行为倾向。

在现代社会，人们感到最明显的变化是，社会经济发展快，社会生活变化大，资讯高度发达，生活非常便利。在迅速发展和变化的社会中，人们也容易感受到一种处于嬗变的漩涡中的被周围的人群挤压追赶淘汰的压力，这使许多人特别是年轻人无法平静，仿佛坐过山车一样，容易处于一种亢奋的应激状态。"变"的社会形态容易造成人们的"躁动"的心理状态，使人们有向往有追求，有理想有抱负，要努力进取，顺应社会高速发展的态势，从而能为社会做出更大的贡献。"变"的社会态势也使有些人受个人欲望牵绊，变得自我欲望本位、情绪化、急功近利。欲望的膨胀也会削弱一些人遵守社会规范的意识，会使人变得没有原则性，为了个人私利不择手段，违法乱纪，做出恶的行为。

在快速变化的社会，人们容易有一种获得的紧迫感和害怕损失或缺失的焦虑感，仿佛他人所得会成为自己所失，在这样的情况下，人们会变得自我中心，甚至一些人会变得极端地自私自利，变得自我欲望本位，善的倾向会被抑制。人们在生活中面临的问题太多，自顾不暇，无暇去关注关切关心关爱他人，要做到无私助人也是不可能的。当人们在社会生活中，接受的负面信息太多，或者是人们在被过度唤醒同情体验的情况下，导致同情疲劳或习惯化冷漠，同情敏感性会降低，会逐渐对他人的不幸漠不关心，甚至麻木不仁，也会变得懒于助人。

在社会流动加剧的背景下，人们面对熙熙攘攘的陌生人，在循规蹈矩、遵守社会规范的同时，许多人依然有热情、有善意，总是能够在他人和社会有需要的时候挺身而出，助人为乐，见义勇为。面对人潮涌动的陌生群体，多数人选择小心翼翼地自我保护，保护自己免受损失和避免侵害。在激烈竞争的社会环境中，也有许多人变得自我自私和欲求膨胀，导致在人际态度上难以有善意，或者只是对自己的关系圈中的人保持善意友好，漠视陌生人的利益，对他们要么冷漠无情，要么将陌生人假想为敌，充满敌意和恶意，甚至侵害他们的利益。库利曾经分析了这种假想的敌意："想象的敌意的最普遍形式以社会的自我感觉为基础，共同的特征就是忿恨。我们对其他人产生敌意是因为我们所珍惜的自我中的一部分受到损害而唤醒了愤怒的情感。我们根据情绪的不同将其称为气恼、憎恨、阴郁、隔离感、哀伤、愤怒、妒忌、义愤等等。"[①] 人们生活在陌生人社会中，如果倾向于将周围人看成自己的敌人，就会产生伤害陌生人的戾气。如果人们对所有人充满了戒心和不信任，就导致一种幸灾乐祸的趋势性的社会恶意。当人们有阴暗的心理，热衷于挑刺、揭短、露黑，倾向于把人往坏的恶的方向猜测推断，夸大负面事实，就容易变得心态消极，情绪烦躁，情感淡漠，在这种情况下，人们的善意会被削弱，恶意会被强化。

在网络化生存的情况下，沉浸于虚拟空间的满足感很可能会削弱人们在现

---

① 库利. 人类本性与社会秩序 [M]. 包凡一，王源，译. 北京：华夏出版社，2003：190.

实生活中的合群意愿，削弱人们基于合群需要的善的倾向，会使个体变得更加自我中心和自我本位，而无法对他人社会有更多关注，会强化人的逃避心理和冷漠心态，使人成为真正无情的"空心人"。网络化的生存也可能使人有更加便捷的途径了解他人和了解社会，关注关心他人也变得更加便捷，所以也可能会增进人际情感，并且使人用更加便捷的方式表达善意，做出善意举动。网络化生存不可能逆转，是必然趋势。具有善的情感、善的人格的人，在借助网络使生活变得更加便利的同时，也借助网络增进人际情感，表达关注关心关爱，甚至利用网络的便利性实践善举。所以，网络对善恶行为的影响，未必一定是负面的，也可以是相当正面的。网络毕竟只是一种工具和载体，网络内容才是真正能够对人的善恶行为产生影响的因素，管理网络内容，传播正能量的信息，宣传好人好事，能够助长人的善意，促进人的善的行为。

善的社会需要人们具有依法治国的理念，能够遵守社会规范，遵守法律和道德底线，自觉地控制自己的不合理欲望，不会为了满足个人私欲做出违法乱纪的事情，损害国家集体和他人利益。如果社会具有健全的规范，有激发人们的善意的制度或规则，有维护善意和保护善人的规范，能够使善的行为得到肯定和嘉奖，能确保恶的行为一定会受到惩罚，能够让恶的倾向得到有效抑制，能够平抑人们受伤害后的愤怒情绪，人们就敢于表现正气和行使正义，愿意行善举。

善的社会，有适当的制度保证人们能够遵守社会规范，保证善的行为受到倡导得到强化，保证恶的行为受到应有的惩罚。社会形成弘扬善抑制惩治恶的氛围，绝大多数人就自然会遵守社会规范，具有明确的规范意识，不敢伤害他人和危害社会，恶的举动造成的罪恶感和受到相应惩罚的恐惧感能完全抑制人们恶的冲动。善的社会氛围使人们有同情心，有感恩情感，有正义感，有爱的情感，愿意与人为善，愿意与人互惠互利互助合作共赢，愿意维护人际关系的和谐。善的社会氛围使人们内心具有公平公正的认知和信念，有公德意识，能形成正义人格，愿意保证社会资源得到公平公正的分配，愿意尽责尽守，愿意承担家庭责任和社会责任，愿意为社会、为他人做出无私奉献。

人生而具有被守护的需要，这使他们需要融入群体得到守护，也使他们具有善意的基础，表现出本能的待人善的行为。人生而具有的要满足求生存需要，也使他们要谋求自己的利益，求得更好的生存资源，这种倾向如果缺乏制约，可能使个体为了个人私利而损人利己，导向恶的行为。人在社会生活中受到良好的管教，习得道德规范和法律规范，能够使他们遵纪守法，不会做出恶的举动。社会具有健全的制度和规范，重视弘扬善和尊崇善，人们会遵守社会规范和制度，有助于形成善的氛围，人们会更加具有善意，也能够与人为善。

人的善的行为的驱动力可能来源于内部，功利的目的会使人愿意向善，想要这个社会变得更和谐、人们生活更幸福的高尚意愿和高尚情操，以及具有同情感恩、仁慈仁爱的情感，具有善良、宽容、负责、仁义、正义的人格都可以驱动一个人做出善的行为。善的行为的驱动力也可以来源于外部，弘扬善、抑制惩治恶的规范和制度，人们善意相处的社会文化和文明的社会氛围，能够使人充满善意，待人友善。如果人们的善的行为总是能够得到好的回报，如果人们有怜悯之心，愿意无私助人，如果人们具有承担社会责任的道德认知和道德意识，如果人们具有待人友善、仁慈仁爱和维护公平正义的崇高人格，如果社会具有崇尚善的风尚和氛围，善就能够得到弘扬，恶就会受到鞭挞，人们就会具有善的意识，也愿意做出善的举动。

第六章　善的行为及其养成机制

千讲万讲不过要大家做好人，存好心，行好事。

——冯从吾

善的认知、善的情感、善的人格和善的动机，不是明显地表露于外的，善的心理不容易被清晰地认知和判断，人们通常通过一个人的行为、言语来揣测一个人善的心理。一个人善的行为是显露于外的，人们能够直观地观察到的是人的行为的善恶。我们不能完全依据一个人的行为的善恶来判定一个人的心理的善恶，还需同时揣测和考量一个人的心理的善恶。如果一个人不仅行为是善的，考察发现其认知、情感、动机和人格也是善的，人们会比较确定地认定这个人是善的。观察和分析一个人的行为善恶是重要的，人的行为的善恶也是一个复杂的问题，分析人善恶行为的表现及善的行为养成的心理机制，对于善的教育具有积极意义。

第一节　人的善的行为

表面上看，心理学领域的研究者似乎并不关注和关心善的行为的研究，因为在以心理学或社会心理学为研究主题的著作或教材中，很少能够看到关于善的行为的表述和分析，只有少数心理学家的著作明确地分析和探讨过善的行为。在社会心理学的著作中，我们能够看到亲社会行为的研究及侵犯行为的研究，可见心理学家并没有忽视对善的行为的研究。从字面上看，亲社会行为的"亲"意味着亲近、友善、友好、爱护等含义，是一种善的倾向。社会的含义一指他人，二指社会组织、社会群体等，从这样的角度阐释，亲社会行为有两层含义：一是对他人友好、友善的行为；二是对组织、政府的忠诚、拥戴、维护的行为倾向。从语义学角度分析，可以将亲社会行为看作一种对国家、政府或组织的忠诚拥戴维护，是对他人友好亲善，乐于为国奉献及乐于助人的行为。

善的行为与亲社会行为有怎样的关系？可以说两者的关联度很高，善的行为不仅指对国家、政府、组织亲善和对他人友善的亲社会行为，也包括保护动物、爱护花草的亲大自然行为。善的行为包含的范围比亲社会行为要广，不仅包括亲社会行为，也包括亲自然行为。从更广义的范畴而言，爱护动物、花草的亲大自然行为也可以归于亲社会行为的范畴。许多人倡议和从事保护动物和保护植物的活动、工作，会通过放生动物行善积德，从广义的角度看，这样的行为也属于亲社会行为。所以，从广义的角度分析，可以认为善的行为就是亲社会行为。

心理学领域有关亲社会行为的探索有助于理解和认识善的行为。通常认为亲社会行为（prosocial behavior）概念最早由美国学者 Wispe（1972）提出，他用这个术语描述与伤害、破坏、攻击等反社会行为相对立的爱护、拥戴等行为。Rushton 等（1981）研究认为亲社会倾向包含了利他、忠诚、自控等特质，亲社会行为的最主要表现为助人和利他。亲社会行为被看作个体试图帮助其他个人或某个团体脱困或受益的行为，这种使他人受益的行为不受外来奖励影响，常常需要付出一定的代价、做出一定的自我牺牲，可能还需要承担一定风险。Eisenberg 等（1995）认为亲社会行为指不期望回报，也不是为了避免惩罚而帮助他人或为他人谋取利益的行为。Krebs（1994）等把亲社会行为看作最大限度地为他人谋取利益的行为。这样就可以根据利他的成分界定亲社会行为为一种朝向他人利益的，能够使他人获得更多利益的行为。

显然亲社会行为是一个复杂概念，要确定哪些行为可以归属于亲社会行为，不是很容易的事情。有关亲社会行为的研究涉及的主要有利他行为、分享行为、助人行为、捐赠行为等。Mussen（1983）认为亲社会行为非常复杂，他把所有有助于增加或保证他人利益的行为都看作亲社会行为，包括慷慨助人的行为、自我牺牲维护他人利益的行为、无畏保卫国家的行为、尊重别人的权利及感情的行为、负责任的行为、合作行为、保护他人的行为、分享行为、安慰行为、抚养他人的行为等。Jackson（2001）总结指出，人们在共同的社会生活中表现出来的帮助他人的行为、合作行为、分享行为、安慰行为、谦让行为、捐赠及自我牺牲的行为等都是典型的亲社会行为。

中国的心理学研究者认同亲社会行为具有助人和利他特性。荆其诚等（1991）把亲社会行为看作对他人有益或对社会有积极影响的行为，包括干预恶行的行为、仁慈行为、礼貌行为、合作行为、公益捐献行为、助人行为、救人行为等。李丹等（2002）认为谦让、同情、安慰、分享、助人、合作、营救、捐献，以及合理的竞争等都属于亲社会行为。金盛华等（2005）则将亲社会行为区分为分享行为、捐献行为、合作行为、助人行为、安慰行为和同情行为等。寇彧等（2006）认为亲社会行为是对他人和社会有益的行为，帮助行为、分享行为、合作行为、同情行为、安慰行为等都属于典型的亲社会行为，而且具有利他特征和人际互惠特性。

寇彧等（2007）对青少年亲社会行为的研究显示，青少年认同的亲社会行为可以划分为43类，其中青少年提及频次最多的10类依次是体力支持、发展技能、照顾、利群体行为、责任义务行为、积极建议、借出物品、宜人、安慰和公益行为等。亲社会行为涉及助人行为（体力支持、照顾、借出物品、帮助等）、安慰行为、分享行为、合作行为、同情及利他行为（救助、捐赠等），还包括与个人特质有关的行为（宜人、体谅他人、慷慨大方、不伤害等）、促进人际关系的行为（积极建议、提供信息、增进友谊等）、促进公共利益的行为（责任义务、环保等）、家庭范围内的亲情行为（亲缘利他、家庭养育）等。

基于社会概念的复杂性，亲社会行为不仅仅指个体对他人的友好或友善行为，还包括个体基于全球视野的维护人类共同利益的行为，个人维护国家民族利益的行为，个人维护社会公共利益的行为，个人恪尽职守爱岗敬业的行为，个人无私地为社会为他人服务的行为等。总之,亲社会行为指的是利国利民的行为。从这样的视角看,爱国、公正、敬业、友善、诚信等价值准则对应的行为无疑都属于亲社会行为。爱国行为是个体维护国家、民族或社会利益的行为。公正行为指个体维护公平正义的行为。敬业行为是个体在自己从事的职业中,自觉承担责任、履行职责的行为。友善行为是个体对人友好、愿意帮助他人、愿意与人互利共赢的行为。

个体具有社会意识,关心自己生活的家园,关注自己生存的社会环境和自然环境,维护和爱惜自己的生存环境,维护社会公共利益,保护自然环境,关注人类的命运,这种关心社会公共利益、关注人类命运的行为可以是自愿出力的志愿服务行为,也可以是出钱的公益捐赠行为,它们都属于亲社会行为。具有亲社会行为倾向的人不会损害社会利益,不会破坏社会公共设施,并且对于那些破坏社会公共设施,损害社会利益,破坏自然环境的行为能够自觉地加以劝阻和阻止。

一个人努力做好自己的本职工作,认真、踏实、负责、忠诚、公正,维护政府形象和社会利益;与同事关系良好,乐于助人,也尽心尽力为人民服务。服务行为可能是职业行为,不能做出亲社会的评价,但是全心全意为人民服务的行为可以是一种真正无私的亲社会行为。当有人损害国家、社会的利益时,他不能容忍,会自觉维护。他公私分明,不损公肥私,不会通过损害国家、社会利益的方式谋取个人私利。这是一种爱国敬业的行为,也属于亲社会行为,是善的行为。

人们在他人遇到困难时出钱出力,鼎力相助的利他助人行为通常不是为了获得报酬,属于最主要的亲社会行为。一个人拥有的食物、玩具、用品被他人需要时,他愿意与他人共享,这种分享行为是善的行为。分享行为使交往各方共享物品、食品或其他资源,分享往往使受益的一方获得物质利益,而另一方获得情感满足,双方凭借分享行为构建或维系良好关系。一个人遇到挫折,处于消极的情绪状态,感到痛苦、难过、烦恼、哀伤,不言不语或者痛哭流涕。他的朋友、亲戚或社会工作者感同身受,他们帮助他、劝导他、安慰他,试图让他摆脱消极情绪，从挫折的阴影中摆脱出来，能够平静下来、振作起来，让他能够有继续生活的勇气，这样的安慰行为是一种亲社会行为。

一个人具有公平公正的信念，具有同情关注的情感，具有正义人格，当看到有人被欺负被凌辱，他很愤怒，他同情被欺负、被凌辱的弱者，尽己所能帮助他们。他憎恨欺负、凌辱弱者的恶人，努力阻止恶人的恶行，甚至不惜牺牲自己的生命。这样的除恶扶弱的行为被称为侠义行为，是善的行为。当然，惩治恶人的行为不能违反社会的法律法规，否则就会成为恶的行为。鲁智深资助金老汉父女的行为是善意的助人行为，但他打死郑屠夫的行为是不对的，也未必算是正义的。在现实社会，一个人挺身而出阻止他人的恶行，也不能触犯法律，只要他没有触犯法律，就是正义的行为，是一种善的行为。

在心理学研究领域，心理学家关注的亲社会行为，其侧重点在人与人之间善的行为，即友善行为，包括了助人行为、分享行为、安慰行为、合作行为等。助人行为可能是捐献财物的行为，也可能是出力的行为，遇到有人需要帮助时，主动出力，是帮助他人的友善行为。分享行为通常指一个人愿意把自己拥有的物品或财富与他人共同使用，或拿出自己的食物与他人一起享用的行为。一个人愿意与他人分享，其潜在的重要原因之一是，他们遵奉互惠原则，相信与之分享物品和食物的那个人也会有这种分享的意识和举动。合作行为通常指几个人为了特定目标，沟通协调、共同付出，努力实现预定目标，并且分享成果的行为。合作的前提是人们相信通过合作能够互利和共赢。安慰行为指他人遭遇痛苦和烦恼时，给予安慰、鼓励和支持的行为。

评定一种行为的社会属性，必须考虑这种行为与社会的关系，考虑行为的驱动因素，如果一种行为对小群体是有利的，对社会是有损害的，这样的行为不是亲社会行为，也不会是善的行为。助人行为、分享行为、合作行为、安慰行为等并非一定是亲社会的善的行为，只有在遵循社会规范的前提下，这些行为才能够算是善的行为。如果一个人的助人行为、分享行为、安慰行为、合作行为等只是对特定的个体有利，但是违背了社会规范，就不是亲社会行为，也不是善的行为。

日常生活中，人们经常会遇到困难，所以，助人行为非常普遍地存在。从受惠者角度来看，助人行为一定是一种对他人友好友善的行为，但是，如果从道德评价的视角分析，助人行为并不一定是善的行为，助人行为如果损害了国家和人民的利益，就会成为恶的犯罪行为，会受到法律的制裁。所以，个体助人的同时不能损人，不能为了帮助一个人，同时损害另一个人或损害国家利益，必须是在遵守法律法规前提下的助人行为才能称为善的行为。例如，慈善捐赠行为是一种助人行为，如果没有损害到他人和社会利益，就是一种善的利他行为，也是亲社会行为。如果一个人将偷盗的钱财或贪污受贿的钱财用于慈善捐赠，就不能算善的行为，也不能算亲社会行为。孝的行为包含了对长辈的帮助、安慰行为，也包含了与长辈分享的行为，如果不损害他人社会利益，是一种善的行为，也是亲社会行为。

见义勇为本质上是一种给予精神上的支持或出力帮助的行为，是维护公平正义的行为，是一种友善的助人行为。见义勇为有时需要人们冒着牺牲生命的危险，所以需要量力而行。当出现了欺负弱小、抢劫财物、强奸妇女的现象，有人挺身而出，与犯罪分子搏斗，这是非常了不起的见义勇为的行为。

这里必须剖明利他行为的本质及其与亲社会行为、善的行为的关系。巴-塔尔分析认为："一个行为是不是利他至少要符合以下三个条件：第一，行为的目的是使他人受益。第二，行为必须是自愿的、自发的。第三，不期望任何外界的回报。"[①] 确实，利他行为简单说是指有利于他人的行为，是自愿的，通常也是不求回报的。像助人行为、分享行为、合作行为、安慰行为等可以说都是有利于他人的行为，都可以算利他行为。利他行为对于得到利益的受惠者来说是一种善的行为，但可能损害了社会利益，未必一定是亲社会行为。一个人偷东西送给他最亲近的人，这样的行为对社会而言是一种恶的行为，但对于他最亲近的人来说，却是一种利他行为。可以说，利他行为可以成为一种善的行为，也可以成为特别自私的行为，甚至可能成为特别恶的行为。如果将一个人的利

---

① 李丹.儿童亲社会行为的发展 [M].上海：上海科学普及出版社，2002：122.

他行为放在亲社会行为的框架下进行讨论，就不会有歧义，毫无疑问的是，在亲社会的框架下，利他行为没有损害他人社会利益，是一种善的行为。

显然，助人行为一定是一种利他行为，但利他行为不一定是助人行为。利他行为的概念范畴比助人行为要宽泛，合作行为、分享行为、安慰行为等都是利他行为，但不是助人行为。助人行为能够认定为善的行为必须具备三个特点：一是做出的行为必须是有利于他人的，是一种利他行为；二是做出的行为不能违背人类共同认可的价值准则，必须遵守特定社会的法律法规；三是助人行为不是为了获得报酬，通常最终也没有获得报酬。

善意的助人行为最容易受到人们的怀疑，如果是高调行善的话很容易被质疑为哗众取宠的作秀或别有用心。如果一个人不仅自己做好事，而且因为高调行善而带动身边的很多人去做善事、去帮助他人，那么这个人是非常了不起的，也是社会需要的人。人们不能要求一个人是完人，希望他不仅行为善，而且秉性高贵，具有善的动机、善的情感和善的人格，这样完美的人毕竟是凤毛麟角。一个人因为有付出而有所得，比如名声、荣誉、地位，这没有问题。一个特别善良的人、一个乐于助人的好人应该得到好报，如果他什么都得不到，甚至被伤害得体无完肤，那才说明这个社会真的有问题了。善有善报，一个人做好事就应该得到好的回报。

从善的行为主体角度分析，人的行为可能没有明确的动机和目的，只是由触动人的痛苦情绪的情景因素或善意的社会氛围导向的助人行为，这样的行为可以称为冲动善的行为。与此相对应的是非冲动性的善的行为，由不同的动机、目的驱动，可以区分为：一是纯粹由守护本能和合群本能驱动的本能善的行为；二是个体遵循社会规范的习惯善的行为；二是以狄利或狄益为目的的功利善的行为；四是由个体的善的认知，遵循善意原则的理智善的行为；五是由同情、感恩等情感善驱动的行为；六是由善良、宽恕、仁慈、公正等善的人格驱动的行为；七是由人的善的认知、善的情感、善的人格综合作用下的基于仁义、正义的崇高善的行为。

从善的对象角度而言，人的冲动善、本能善、习惯善、功利善、理智善、情感善、人格善、崇高善的行为可能会发展出以下这些不同层面的善的行为：第一个层面是对人善的行为或友善行为，包括对家人、亲戚、朋友、同学、同事等有关系的人的依恋、关怀、守护、照顾、帮助、安慰、孝顺等行为，以及对那些通过一定的方式与自己发生联系的人的守护、安慰、帮助、共赢、合群、合作、捐赠、救护、分享等行为。第二个层面是爱工作或敬业尽职的行为，一个人在工作岗位上，明确自己应该承担的责任，对工作认真负责，积极履行自己职责的行为，以及全心全意无私地为集体为他人服务的行为。第三个层面是爱社会或社会公益的行为，一个人具有社会意识，维护社会公共利益，无私地为社会服务的行为。第四个层面是爱国行为，维护国家民族利益，为维护和增进国家利益而承担个人责任，甚至愿意自我牺牲的行为。第五个层面是爱大自然的行为，包括对人类生活的地球和自然环境的尊崇、爱护的行为，对那些与我们发生了联系的动物、植物的保护、爱护的行为。

可以看到，善的行为是复杂的，分析和认定善的行为不是容易的事情。结合有关的研究，从社会角度和受惠者角度分析，善的行为包括三个基本特征：一是善的行为一定是一种亲社会的行为。善的行为一定不是伤害他人侵害社会危害人类的行为。二是善的行为一定是对他人、对社会、对国家、对人类有利的行为。不利于他人、不利于社会的行为，不是善的行为。三是善的行为具有一定的针对性或局限性，是对于特定的对象、群体而言的善的行为，可能对于其他的对象、群体而言未必一定是善的行为，当然也不能算是一种恶的行为。

第二节 人的恶的行为

探讨人们的善的行为，显然不应忘记人们也会做出恶的行为，恶的行为不仅给他人造成伤害，也带给人们恐惧和苦恼。需要指出的是，不善的行为不一定是恶的行为。比如大家都在进行慈善捐赠时，有人不愿意捐赠，这样的人固然很难说是善的，但是也不能界定为恶，最多只能说是冷漠的。心理学领域非常重视恶的行为的研究，务实的心理学家关注和研究了诸如侵犯行为、犯罪行为、反社会行为等基于现实需要必须加以研究的恶的行为，也关注类似职场侵犯、校园欺凌这样的特殊领域必须加以防范的恶的行为。社会心理学领域对于侵犯行为有系统的研究，侵犯行为被认定为一种有意违反社会规范的，引起他人的身体的伤害及心理的痛苦的伤害行为。变态心理学领域系统地研究了反社会行为，反社会行为被认定为一种缺乏道德感、责任感的，对他人造成伤害、对社会造成危害的行为。

从心理学角度分析，恶的行为是指那些会给社会或他人带来负面影响的，会给他人造成伤害、损害他人利益及危害社会的行为。损害国家民族利益的行为、损坏公共设施的行为，侵犯行为、反社会行为都可以归于恶的行为的范畴。恶的行为可能是直接伤害到他人身体的行为，也可能只是对他人造成精神伤害的举动，比如用恶毒语言骂人、对人做出恶意手势等。在网络社会，坐在电脑前面或拿着手机都可能做出恶的举动，并且切实伤害到他人或者危害到社会，比如通过网络谩骂、诋毁他人，曝光他人的隐私，以及通过网络散布威胁社会安全的谣言等。

人的善恶未必有明确的界限，从心理上也难以认定。达到仁义正义的绝对善的境界的人毕竟是很少的，绝大多数人只具备有限的善，他们在一定程度上，也会表现出恶的倾向。评定一个人的善恶是很难的，不能一概而论。人的行为是外显的，可以被清楚认知到，这使我们通常会借助一个人的行为来评判其善恶。所以，分析和描述恶的行为不仅具有道德意义，也具有生活意义，这也是伦理学家将善恶列为优先研究项目的原因。而在法律的层面，要维护社会的稳定，约束人们恶的行为，描述和分析恶的行为是核心任务。

分析和描述恶的行为具有现实意义，所以，我们看到关于恶的行为的具象化的分析和描述一直受到关注和重视。这样的具象化的分析和描述对我们认识和认定恶的行为具有特别明显的帮助。我们看到许多关于恶的行为的描述，十恶不赦是大家比较熟悉的成语，意即十种不能得到赦免的恶的行为，明明白白地告诉人们这些是绝对要避免、不能触碰的恶行。通常所谓的"十恶"，主要包括了反逆、谋大逆、叛乱、降敌、恶逆、不道、不敬、不孝、不义、内乱等十大罪行。中国古代法典通常将这些罪行列为不赦重罪，这些恶行包括三方面：一是直接危害封建集团利益的行为；二是对社会造成极大危害的行为；三是对他人造成极大伤害的行为。有的时候，"十恶"泛指所有的恶，因为"十"具有全面、完备的意思，十恶不赦有时也指罪大恶极、恶贯满盈的意思。

道教学者继承了老庄的善恶思想，将善恶行为具体化，系统分析并列举了种种恶的行为。《太微仙君功过格》中列出过律 39 条，包括不仁门、不善门、不义门、不轨门等各种类型的恶的行为。《太上感应篇》列举了 170 余条恶行，文中描述的恶行包括"虚诬诈伪，攻讦宗亲。刚强不仁，狠戾自用。是非不当，向背乖宜。虐下取功，谄上希旨。受恩不感，念怨不休。轻蔑天民，扰乱国政。赏及非义，刑及无辜。杀人取财，倾人取位。诛降戮服，贬正排贤。凌孤逼寡，弃法受赂"①。扰乱国政、谋财害命、忘恩负义等都被看作典型的恶的行为。

儒家提出了人们需要奉行的善的行为，与这些行为相反的父不慈、子不孝、兄不良、弟不悌、夫不义、妇不听、长不惠、幼不顺、君不仁、臣不忠等行为就是恶的行为。佛教提出在贪嗔痴三不善根的基础上会形成十种恶的行为，《长阿含经》中说："谓十不善行迹：身杀、盗、淫，口两舌、恶骂、妄言、绮语，意贪取、嫉妒、邪见。"②佛教列举的十种恶的行为中，杀、盗、淫是身不善的行为，两舌、恶骂、妄言、绮语是口不善的行为，贪取、嫉妒、邪见是意不善的行为。

从政府或国家层面而言，为了维护社会的稳定局面，需要惩治恶的行为，禁止侵害国家利益和伤害他人的行为，会制定相应的法律，法律详细而系统地规定了恶的行为。刑法界定了犯罪行为的形式、犯罪行为应该承担的责任及应该受到的处罚，刑法中列举的犯罪行为通常都属于恶的行为，而且是比较严重的恶的行为。《中华人民共和国刑法》中规定了 300 多项犯罪行为，分为 10 类罪行，分别是危害国家安全罪、危害公共安全罪、破坏市场经济秩序罪、侵犯公民人身权利民主权利罪、侵犯财产罪、妨害社会管理秩序罪、危害国防利益

---

① 袁啸波. 民间劝善书 [M]. 上海：上海古籍出版社，1995：4.
② 恒强. 长阿含经 [M]. 北京：线装书局，2012：192.

罪、贪污贿赂罪、渎职罪、军人违反职责罪等。可以看到，一个人损害国家和社会利益，损害他人利益的行为，侵犯或侵害他人的行为均被认定为犯罪行为，属于恶的行为。这一点在世界各国都是一致的，发生在任何国家的毁坏公共设施和侵害私人财产的行为，以及侵犯或侵害他人的行为通常都会被认定为违法行为，属于恶的行为。刑法规定的犯罪行为或恶的行为，有些不够明确和具体，国家制定了相关法律补充说明犯罪行为及追责条款。如《中华人民共和国义务教育法》中列出了一些犯罪行为，包括违反国家财政财务制度、挪用克扣教育经费等罪行，以及结伙斗殴、寻衅滋事、扰乱学校及其他教育机构教学秩序、破坏校舍场地等犯罪行为，这些犯罪行为明显地损害了国家集体利益，也属于恶的行为。

需要特别指出的是，因为过失原因导致他人受到严重伤害甚至死亡的，或者导致国家集体利益受到严重损害的行为，也属刑法中规定的需要受到法律制裁的行为，而这样的行为通常没有恶的动机，但是造成了恶的结果，称之为恶的行为未必妥当。可以说，触犯刑法的行为一定是有罪的行为，会受到法律的严厉惩处。那些无意中伤害到社会、他人利益的触犯法律的行为，是有罪的行为，但不能算恶的行为。有没有罪是基于法律层面的判定，而人的善恶是基于道德层面的评价，两者是不同维度的判断。那些没有达到触犯刑法的程度，但故意伤害他人、侵害他人利益、损害社会利益的行为，通常也属于恶的行为，对于其中的部分恶行，各国也会制定相关的措施加以制约。中国制定了《中华人民共和国治安管理处罚条例》来约束那些够不上刑事犯罪的有害行为，并规定了相应的处罚措施。

法律规定的是人的行为的明确底线，需要受到法律制裁的犯罪行为通常都是恶的行为，触犯了就会受到相应的惩罚。道德也约定了人的行为底线，但是道德约定的行为底线会比较模糊，所以违反道德的行为未必会受到处罚。违反道德的行为也称为违背公序良俗的行为，通常也是恶的行为，最起码不是善的行为。社会生活层面的许多行为，包括违反社会规范、违反职业道德的行为等都可能是恶的行为，这些恶的行为有些可能会受到法律的制裁，有些只是违反了道德，不会受到法律的制裁。有的行为只是妨碍了他人的生活或学习，间接地损害了他人的利益，未必会受到处罚，但是会受到谴责。有些行为间接损害了他人的利益，这样的行为违背了公序良俗，但未必能算恶的行为，通常不会受到处罚，最多只是会被劝导或调解。

在职场层面，反生产性的行为及人际之间发生的侵犯行为，通常都归属于恶的行为。反生产性的行为是指阻碍企业的正常生产活动，破坏企业的生产设施和产品，故意使企业的生产受负面影响的行为。侵犯行为是社会心理学领域关注并加以研究的恶的行为，也称为攻击行为，是有目的地故意伤害他人的行为。反生产性的行为使企业利益受损，职场侵犯行为侵害了他人利益，都是恶的行为。Baron 和 Neuman（1998）研究了职场中的侵犯行为，认为工作场所侵犯行为主要是一个人试图伤害目前正在工作或曾经工作过的组织中的其他成员的行为。Barling（2009）认为工作场所侵犯行为是有意对组织内个体造成伤害的行为。侵犯行为针对的对象通常是组织员工，其目的是给侵犯对象造成一定的损失或伤害，而且也常常确实导致受侵犯个体的身心伤害和组织的一定损失。

关于工作场所侵犯行为的类型方面得到公认的是 Baron 等（1999）的研究结论。他们的探索性因素分析的结果显示，工作场所侵犯行为有三个维度：一是敌意表达（expressions of hostility）；二是蓄意阻挠（obstructionism）；三是工作场所暴力行为（workplace violence）。在他们的研究中，敌意表达包括这样的侵犯形式：对他人怒目而视；当众贬低某人的想法和意见；背后说坏话或散布谣言；向上级传达对某人不利的负面评价等。蓄意阻挠包括这样的侵犯行为：断然拒绝帮助他人；故意拖延合作的工作。工作场所暴力行为包括这样一些侵犯行为：使用武器实施袭击；损坏他人的资源；故意推搡、挤靠和碰撞某人等。Pcharlotte（2005）研究指出，不友善的目光接触、恶意的非语言暗示、损害性谣言等敌意表达方式是组织中最常出现的侵犯行为。言语形式的性骚扰、蓄意阻挠也是发生率极高的侵犯行为，这种行为的目的是妨碍个体的能力发挥，阻挠组织目标的达成。

发生于家庭层面的典型的恶的行为是家庭暴力，包括发生在夫妻之间的暴力行为、发生于亲子之间的暴力行为等，不赡养长辈的行为、对长辈不敬的行为、不抚养孩子的行为、夫妻之间不能互相照顾的行为、夫妻之间互相不忠的行为等都是恶的行为。

学校层面的恶的行为可能发生于人与物之间，比如毁坏学校的财物、贪污集体的钱财，但主要发生在人与人之间，包括发生在师生之间、学生之间，以及学校领导与教师之间、教师与教师之间等。学校领导故意刁难或侮辱教师，对教师实施潜规则，在评奖评优过程中暗箱操作等都可以归为恶的行为。教师指责、谩骂、体罚学生，教师性侵、猥亵学生等都是恶的行为。学生之间的欺负、攻击、欺骗、伤害等校园欺凌行为都是恶的行为，比如，学生拉帮结伙欺负其他同学，甚至在其他同学的食物中投毒，以及故意损毁其他同学的学习用品等都是恶的行为。

这些年，校园欺凌事件屡有发生，甚至造成学生伤亡，引起社会关注。校园欺凌事件中，实施者的欺凌行为是一种必须加以严格管束的恶的行为。校园欺凌很可能是一种去个性化的群体性的恶行，学生在群体中仿佛变了一个人，失去了自我，容易受他人的支配，缺乏理性，丧失责任感，情绪化，容易冲动，行为暴虐，很容易跟着其他人做出一些恶劣的行为。

现实生活中，民众起哄、球迷闹事、团伙斗殴、黑恶势力欺凌弱小等事件中都存在着去个性化倾向的明显影响，是个人在去个性化的状态下表现出的危害他人和危害社会的恶的行为。所以，构建健全的法治社会，营造善的环境，形成善的氛围，使更多人具有善意，表现出善举，使仁义成为社会风尚，正义成为时代主流，就能够最大程度地抑制恶的行为发生。

第三节　爱国行为

"爱国"的爱有关爱、爱护、维护、爱恋等含义，"国"指的是国家或祖国。国家是一个复杂的概念，马基雅维利在他《君主论》一书里以国家一词称呼拥有领土的主权政府："无论什么朝代，凡统治着人类或曾统治过人类的一切国家与领地，一种称'共和国'，另一种则称'王国'。"① 现在比较一致的看法是，国家是由组织化的政府机构管理的，拥有得到国际社会认可的领土、领空、领海的由共同的生存背景和历史渊源的人群构架而成的集合体。国家与政府、政党、民族不是等同的概念。国家对一个人的重要性不言而喻。国家是一个人安身立命、休养生息之地，是一个人生活生存、成长发展的栖息之地。国家是一个人的归属之地，即使一个人生活与活动在异国他乡，国家仍然是一个人魂牵梦萦之地。国家是一个人安全感的重要来源，完全可能在个体遭遇危险或风险时给予必要的守护和保护。

爱国意味着个体对于祖国具有爱护眷恋等复杂情感，爱国往往意味着爱护和维护国家的领土、领空、领海，意味着珍惜和维护国家的历史和人文的传统，意味着维护和增进国家的利益和人民的利益，意味着对生活在共同的历史人文背景下的人们的关切和认同。个体对他生活的国家会有亲近的倾向，会形成一种亲爱的态度，会爱他的国家和民族，会为自己的国家而自豪。他愿意维护国家民族的利益，当他的国家受到异族的侵略，侵略者侵占国土、毁坏家园，掳掠、强奸、杀戮，他的亲人、朋友、同胞受到伤害，他的家人、朋友、同胞的财产被掠夺，他痛苦、伤心、义愤填膺，于是勇敢地挺身而出，打击侵略者，将侵略者赶出自己的国家和家园。在国家受到侵略、受到威胁、受到侮辱的情况下，人们挺身而出，保卫国家维护国家的利益，甚至不惜牺牲自己的生命，这是一种亲社会的态度。

爱国行为是在爱国态度影响下形成的一种最重要的亲社会行为。罗素说："爱国主义是一种极为复杂的感情，它是从原始的本能和高度理智的信念建立起来的。由于对家庭、家属及朋友的爱而使我们特别要想保全我们自己的国家，使它不受侵略。"② 麦金泰尔相信爱国主义是一种重要的德性："爱国主义曾经是，现在也是一种德性。"③ "忠于祖国，忠于社会共同体——这仍然是不可改变的主

① 马基雅维利.君王论 [M].徐继业，译.北京：光明日报出版社，1996：3.
② 罗素.社会改造原理 [M].张师竹，译.上海：上海人民出版社，1986：30.
③ 麦金太尔.德性之后 [M].龚群，戴扬毅，等译.北京：中国社会科学出版社，1995：320.

要德性。"① 爱国不仅是一种情感，还可能成为一个人的德性。爱国行为是个体在爱国情感影响下形成的愿意为国家做出贡献，愿意维护国家利益的行为。一个人对于生活于其中的家园、国家的深厚的眷恋情感，一个人对于生活在同样的家园、国家中的亲人、朋友、邻居，以及以各种方式与自己建立起联系的人们的浓情蜜意，使他们愿意为国家、家园做出贡献，愿意在家园被毁坏、国家被侵略时做出贡献，甚至付出生命的行为均可归于爱国行为。

如果我们询问和了解人们对爱国行为的看法，问大家："你觉得爱国行为是怎样的呢？"我们得到最多的回答是爱国行为就是"保家卫国""抗击侵略""不危害祖国""奉献祖国"等。可以看到，人们对爱国行为的最基本的理解是在国家面临生死存亡的情况下，挺身而出、保卫祖国，维护国家利益的行为。在中国几千年的历史中，许多人为了维护国家利益挺身而出，甚至献出了自己的生命，这样的人，我们常常称之为爱国英雄。在中国几千年的历史中，涌现出了无数的爱国英雄，特别是在抗日战争中，涌现出了无数为国家民族利益牺牲生命的英雄，这些英雄绝大多数寂寂无闻，著名的有杨靖宇、左权、赵尚志、赵一曼、赵登禹、王铭章、张自忠、郝梦龄、李仙洲、戴安澜等，他们都为了抵御侵略者牺牲了自己的生命。

爱国英雄的壮举总是能够激起人们的崇敬和敬仰，并且激励人们努力为国家民族做自己最大的贡献。每当人们想起爱国英烈的英雄事迹，都会禁不住心情激荡、热泪盈眶。在特殊年代，保家卫国、为国牺牲的行为是毫无疑问的爱国行为；在和平年代，爱国行为是个体维护国家民族人民的利益，愿意为国家民族人民的利益付出努力的行为。通过自己的努力让国家变得更加强盛，改变贫穷落后的状况，让人民群众能够过上幸福生活的为国为民的行为，是每个人的使命，毋庸置疑也是爱国的行为。一个国家，从官员到公民都具有这样的为国为民的使命意识和爱国行为，这个国家就能够富强，人民生活就能幸福。

可以说，一个国家的官员或公务员特别需要具有为国为民的使命感和责任

---

① 麦金太尔. 德性之后 [M]. 龚群，戴扬毅，等译. 北京：中国社会科学出版社，1995：320.

感，并且具有为国家做贡献的实际行动，能够全心全意地为人民服务，这样的行为可以归为爱国的行为。对于一个官员而言，爱国与爱民一定是紧密地结合在一起的。我们不能说一个官员是爱国的，但是他是不爱民的，或者说一个官员是爱民的，但是他是不爱国的。人们熟悉的如焦裕禄、孔繁森等，是特别了不起的具有爱国爱民之心的好干部，他们具有为国为民的使命意识，也具有全心全意地为人民服务、为国家民族利益奋斗的实际行动，不贪图好处、不追求享乐，他们的行为是毫无疑问的爱国行为。

做官不努力维护或增进国家利益，不为民做主，不关注民众的福祉，不为民谋幸福，为了自己的私利损害国家民众利益，这样的行为不是爱国的行为，而是祸国殃民的可耻行为。如果国家干部关心的只是个人的私利和私欲，缺乏忧国忧民、为国为民、利国利民之心，不能全心全意地为人民服务为人民谋幸福，实在不是合格的国家干部，不配担任领导职务。焦裕禄、孔繁森等好干部阐释了一个官员爱国爱民为国为民的基本范式。作为一名国家干部，为国为民是自己应尽的职责，爱国爱民是官员应尽的义务。政府官员或公务员应向焦裕禄、孔繁森学习，了解百姓疾苦，了解民众需求，帮助百姓解决实际困难，全心全意地为人民服务为人民谋幸福，是值得称道和学习的爱国利民的行为。

作为一名军人，保家卫国是基本职责，是一种爱国行为，投敌卖国或临敌退缩逃避是可耻的行为。如果军人没有爱国之心，不能保家卫国，国家和领土就会被践踏，同胞就会受凌辱，而他们自己也会受侵害，显然军人特别需要具有爱国之心，能够誓死保家卫国。

对于普通公民而言，维护国家的利益和民族的良好形象，不做损害国家利益、民族形象的事情，这也是爱国的行为。人们教育好自己的子女，让孩子学习爱国的道理，形成爱国的意识，教导孩子不能出卖国家利益，这样的举动也可以归为爱国的行为。相反，一个人为了个人私利损害国家利益，毁坏国家形象，出卖国家利益，这样的行为是卖国害国的行为，这样的人被称为卖国贼。为了个人私利，借各种名义，以各种方式诋毁国家政府的政策措施，毁坏国家政府形象，肆意贬低自己的祖国，取笑自己的同胞，取悦敌对势力，以换取他人的关注或重视，都是卖国行为。每个国家、每个民族都有这样的出卖国家民族人民利益的败类，这些人的行为常常给国家和集体造成极大的损害，是国家民族的罪人，是人民的敌人，理应受到严惩。

爱国行为往往表现为三个方面：一是爱国行为一定是维护和增进国家民族利益、增进民众利益的行为，而不是损害国家民族民众利益的行为；二是爱国行为是一种为维护和增进国家民族民众利益而承担个人责任的行为；三是爱国行为是为维护和增进国家民族民众利益而自愿奉献甚至自我牺牲的行为。爱国行为是一种尽责的善，也是一种奉献的善。国家干部履行自己的职责，公民履行自己的义务，是一种爱国的尽责的善。如果一位官员兢兢业业、任劳任怨、真心实意地为民众谋福利，为国家富强、民族振兴付出努力，甚至献出了自己的生命，这样的行为是一种为国为民的奉献行为。一个官员尸位素餐，占据高位却不为民谋利，不为人民服务，或者只是为了自己的利益而投机钻营，这不是尽责敬业的行为，不是善的行为。

爱国是一种善的行为，而且是一种大善的行为。只有当一个国家的军人能够保家卫国，捍卫国家的领土完整，使国家的政权稳定，敌人无机可乘，人民才能安居乐业，过上安宁的生活。只有当一个国家的官员能够为国为民，公而忘私，勤勤恳恳地为国家社会做贡献，全心全意地为人民服务，而不是贪污受贿营私舞弊，他们才能不辜负民众的期待，才能造福一方，使民众过上更加幸福美好的生活。只有当一个公民能够自觉维护国家形象和国家利益，自觉承担维护国家民族利益的责任，而不是为了个人私利出卖国家利益，人民才不会被轻视，才能过上有价值、有尊严的生活。显然，当人们能够爱自己生存和生活的国家，每个人能够尽自己最大努力履行自己的职责，能够自觉维护国家民族利益，国家才能安定团结，人民才不会受到欺侮和凌辱，才能生活幸福，社会才能真正变得富强和谐。

第四节　慈善捐赠行为

慈善活动对于调节社会贫富差距、完善社会保障体系、帮助受灾贫困群体摆脱困境、促进社会共同富裕、构建社会和谐关系具有积极意义。各国都高度重视慈善事业，中国也不例外，还制定了专门法律促进社会的慈善事业，规范社会的慈善活动，鼓励人们的慈善捐赠行为。《中华人民共和国公益事业捐赠法》阐释公益的范围主要包括四个方面：一是救助灾害和救济贫困的活动，以及扶助困难个人的活动；二是有关促进教育、科学、文化、卫生、体育事业发展的活动；三是从事环保及社会公共设施建设方面的活动；四是促进社会进步和发展的其他公共福利事业。个人公益性质的行为都是利国利民的，救济贫困的活动或扶助困难个人的行为归属于公益捐赠行为，也属于善的行为。在发生灾害事件时进行救助的行为或救济贫困的行为，如果是针对特定个体的，是一种助人性质的善的行为，归于友善行为。

《中华人民共和国慈善法》界定个体的慈善活动不仅包括捐赠财物的行为，也包括提供服务的活动，个体的慈善活动包括扶贫济困、扶老救孤、恤病助残行为，救助在自然灾害、灾难事故等突发事件中受害群众的行为，防治污染、保护生态环境的行为，促进教育、科学、文化、体育事业的行为等。慈善活动需要人们出钱出力，属于助人性质的善的行为，通常不问动机，如果是针对特定个体的，可以归于友善行为。《中华人民共和国公益事业捐赠法》和《中华人民共和国慈善法》的目的是规范个人和组织的公益行为和慈善活动，也是倡导公益活动和慈善行为。

就个人而言，扶贫济困、扶老救孤、恤病助残的慈善捐赠行为是一种值得倡导的利他助人行为，也是值得弘扬的善的行为。在社会生活中，人们的慈善捐赠行为涉及的主要有：一是捐款捐物帮助贫困家庭，这些家庭经济上有困难，一时无法通过自己的努力解决生活困难状况。二是捐款资助贫困学生，学生家境贫困，无力承担学习和生活费用。三是捐款帮助遭受重大自然灾害的家庭或个人，比如在遭受地震、洪水等自然灾害后，需要得到帮助重建家园的家庭或个人。

从字面上看，"慈"意指仁慈、慈爱或仁爱，慈善意指仁慈的善、仁爱的善，慈善捐赠行为是指基于仁慈仁爱情感，对处于困境中的人们进行捐赠财物的帮助行为。从字面分析，慈善捐赠行为一定是受到人的仁慈仁爱情感驱动的捐赠财物的善的帮助行为，现实角度看，人的捐赠行为并非一定是由个体的仁慈仁爱情感驱动的，通常所谓的慈善捐赠行为可以分为三种：一是指慈善活动中的捐赠行为，即在慈善捐赠活动的现场，由慈善活动的场景或捐赠氛围驱动的捐赠行为，这是受外部环境影响的慈善捐赠行为；二是受到慈善活动能够达到特定目的的功利心驱动的捐赠行为；三是由慈善意识、慈善情感、慈善人格等慈善心理驱动的捐赠行为，受慈善或仁爱心理驱动，人们真心想帮助弱者，真心实意地扶贫济困、扶老救孤和恤病助残。这些捐赠行为尽管动机不同，但人们确实捐赠了自己的私有财物从而帮助了处于困境中的人，都是值得颂扬肯定的，所以笼统地将人们捐赠财物、扶危济困和帮助老弱病残的行为统称为慈善捐赠行为并无不妥。

人们生活在陌生人社会，并非完全地没心没肺、无情无义，人们渴望人间有真情，希望互爱互助，相互扶持。许多人会因为他人的贫困和不幸而心有戚戚，产生同病相怜的同情情感。所以，看似冷漠的人并非一定铁石心肠、冷漠无情，也可能是富有爱心、渴望助人的。当他看到他人遇到困境时，不仅出力，而且出钱，这种行为就是一种基于慈善心理的捐赠行为，是值得倡导的善的行为。有些人情感丰富，富有同情心、爱心，容易被他人的不幸触动，容易产生恻隐怜悯情感，而且他们有责任感，有正义感，关注关心他人。他们看到他人遭遇不幸而生活困难，看到他人因天火人祸而陷入困境，看到留守儿童缺衣少食缺乏关爱，看到重症病人的家属无计可施，会毫不犹豫地捐钱捐物帮助他们。

基于慈善情感的捐赠行为包括两个要素，一是从捐赠的驱动因素看，是出于怜悯同情、仁慈仁爱的善的情感，不是因为从众，不是受到裹挟，不是为了求得回报。二是从表现上来说，有实际的捐赠或捐助钱财物资的行为，是心甘情愿的捐赠行为。

人们如果真的是基于慈善情感捐赠财物，其捐赠行为的最根本驱动力就是善的情感，同情、仁爱情感都会使人对困境中的人们产生深深的关心关爱情感，并且产生奉献自己的力量去关怀守护的心理倾向。一个人具有仁爱情感，具有悲天悯人的气质或人格，使他能够感同身受地关注到他人的不幸和痛苦，仿佛每一个人的不幸和痛苦都与他息息相关，自然会产生怜悯同情的体验，也具有奉献自己绵薄力量帮助或资助老弱病残的仁爱仁义情怀。这样的人无疑是非常了不起的，他们对所有人都具有眷恋依恋、同情怜悯、情爱友爱、仁慈仁爱、慈爱博爱等善的情感，他们具有儒家所谓的君子或圣人的那种一体之仁的仁爱情感和仁义人格。在生活中，绝大多数人达不到这样的境界，只能做到有限的仁爱仁义。善的情感使他们具有给予或奉献的意愿，对处于不幸境地的人，他们的怜悯同情情感会使他们愿意捐赠财物帮助困境中的人。

人有守护本能，父母本能地会守卫和保护孩子。父母在呵护孩子的过程中，守护本能发展成为守护意识，有可能延伸到对所有孩子的保护倾向，并延伸到对族群中弱者和受害者的关爱照顾帮助倾向，甚至能够延伸到对生活在地球上的所有人的关爱帮助倾向。守护意识使人愿意承担守护家庭中弱势个体的责任，也能使人产生守护社会中的弱势成员的责任，愿意关怀和照顾社会的弱势群体，愿意捐赠财物帮助弱势人群摆脱困境。从深层次分析，守护意识是非常重要的驱动人的慈善捐赠行为的因素。

在几乎所有的优秀文化中，无私助人的行为都被认定为善行，应该受到褒奖。教育也鼓励人们助人，鼓励人们捐钱捐物帮助困难家庭和不幸的人。儒家文化弘扬重义轻利的价值观念，倡导智仁勇的君子人格追求，期待人们具有仁爱情感，也希望人们之间能够"不独亲其亲，不独子其子，使老有所终，壮有所用，幼有所长，鳏寡孤独废疾者，皆有所养"（《礼记·礼运第九》），做到"守望相助，疾病相扶持"（《孟子·滕文公上》）。中国人深受儒家优秀传统文化影响，许多人认同社会生活中的相亲相爱、互帮互助关系，认同君子人格追求，他们把捐赠财物扶危济困和帮助老弱病残看作自己的责任和义务，具有慈善捐赠的社会责任意识。

我们也要看到，有些人做出慈善捐赠行为可能带有功利目的。这种功利目的主要表现为：一是得到社会认同，得到精神奖励或他人的情感回馈。俗话说，助人乃快乐之本，慈善捐赠行为使人获得自豪感和价值感。慈善捐赠行为能够在一定程度上帮助受捐者脱困，使受捐者心存感激，也使捐赠者感到自豪。同时，捐赠财物的行为也体现了他的助人能力和社会担当，使人感受到具有承担社会责任和社会义务的能力，产生社会价值感。二是提高知名度，获得美誉。有些人在慈善捐赠时很高调，通过各种媒体宣传自己的慈善捐赠行为，这种方式起到了广告目的，能够提高知名度。企业家从事慈善捐赠活动的动机也要区分看待，有些企业家做慈善是为企业做宣传，提高企业的知名度；有些企业家做慈善则是确实想承担社会责任，为社会多做贡献。三是获得社会地位。慈善捐赠行为体现一个人有爱心、思想好，能够给个人加分。有些人会以慈善捐赠方式高调表现自己，给人留下好印象，为自己捞取政治资本、获得社会地位铺路。

功利倾向的慈善捐赠行为，细究起来，虽然具有功利性质，但是通常情况下，也是值得认可、值得倡导的。如果一个人或一个企业的慈善捐赠行为只是想承担社会责任，获得社会认同，这是值得肯定的行为，是确定的善的行为。即使一个企业参与慈善捐赠活动的目的是替企业做宣传，提高企业的知名度，为企业创造更大利润，也无可厚非。因为这样虽然有功利倾向，仍然可以看作有利于社会和有助于他人的善的行为。这样的企业是有良心的，是具有一定的社会担当的。

休谟说："慈善在其各种形式和表现中都有它的特殊的价值。因此，甚至慈善的弱点也是善良的和可爱的。"[1] 我们不能对人求全责备，所有的慈善捐赠行为，不管是出于慈善意识、慈善情感或慈善人格，还是带有明显的功利色彩，其结果都起到了扶贫济困、扶老救孤、恤病助残的效果，起到了有效应对自然灾害、事故等突发事件的效果，应该给予肯定，要看到人性的善良的层面。

---

[1] 休谟.人性论（下册）[M].关文运，译.北京：商务印书馆，1996：648.

2008 年四川汶川地震发生以后，看到灾区百姓的乐观精神和自救态度，看到中国人民支援灾区、捐款捐物的高昂热情，看到中国各地志愿者自费自发奔赴灾区支援灾民，特别是看到中国军人奔赴灾区帮助灾民，我们真的深受感动。这时身为中国人，我们会觉得，中国是一个伟大的国家，中华民族是了不起的民族。我也深刻地体会到，绝大多数中国人都是很善良的，是具有仁慈情感的，是愿意承担社会责任、愿意为社会作贡献、乐意无私奉献帮助他人的。

在平凡的生活中，绝大多数人都有机会在一个特定的时间点上，闪耀出其人性的善良高贵的一面。生活中，许多人愿意捐赠财物帮助他人，但是最后因为种种原因并没有真正出钱帮助他人。有善良的心地，但是没有做出善良的举动，需要帮助的人得不到应有的帮助，这是令人感到遗憾的事情。显然，愿意出钱帮助他人跟真的掏钱帮助他人不是一回事。善良的人们由于一次一次地彷徨与犹豫，错过了表达同情及帮助他人的机会，同情情感会越来越薄弱，人会变得越来越麻木冷淡。

现实中很多人都有捐助的意向，他们不是没有善意，而是不知道应该怎么样去捐助，正是因此才造成了许多盲目的捐助活动。一位被曝独居的贫困孩子获得的捐助超过百万元，男扮女装卖货救女者短短几天获得的捐助超过百万元，这说明，在中国愿意做慈善的人真的非常多。可以说，在大多数中国人的人格倾向中，根源特质是感性的和情感的，所以容易被触动和感动，容易产生同情怜悯的情感，愿意捐款捐物助人脱困。支付宝和微信都开通了许多公益捐助的渠道，可以针对性地捐款，这有利于他人和社会的慈善捐赠活动。

许多困境中的人由于没有受到关注，所以没有得到救助。一些身处困境的人没有得到慈善救助或有效帮助，如果据此就认定中国人缺乏爱心和善意，这个结论是片面的。也有人说中国人很自私，不愿意捐款，中国人的捐款数不是太多，这种说法是站不住脚的。从每年发布的中国慈善榜及有关报道，可以看到许多著名企业家通过捐赠金钱或股份等方式回馈社会，而且捐赠的数目是很大的。还有许多名不见经传的普通人默默无闻地参与着捐钱捐物的慈善活动。特别值得一提的是白方礼老人，他从 70 多岁开始蹬三轮车运货，将辛辛苦苦挣的钱用于捐赠助学，到 90 多岁去世时，累计捐款 30 多万元，而他自己和家人生活得并不宽裕。有些人默默地做着慈善，宁波的一位爱心人士，从 20 多年前开始，每年年底，都会用化名向当地慈善机构寄一笔捐款，累计捐款金额已超 1000 万元。这些人都是非常善良的，是非常了不起的。

在中国，善良的人是非常多的。关于中国人的捐助或捐赠的财物总额，其实是不可能算清楚的。有些单位组织的捐赠或捐助的资金是无法统计的，有些网友自发组织的捐助或捐赠，要得到准确统计数据也是有难度的。在计算捐赠或捐助资金的时候，还有一种情况不能忽视，那就是中国是一个人情社会，人们之间重亲情、重友情、重人情，亲戚朋友之间的捐助、捐赠或资助行为是非常普遍的，这样的资金可不可以算是捐赠资金呢？有人患了重病，在医院接受治疗，病人的亲戚朋友慷慨解囊给予帮助，这算不算一种捐赠或捐助的行为呢？根据公益事业捐赠法和慈善法的有关阐述，当亲戚、朋友、老师、学生、邻里家里发生重大事件，比如患重病、考上大学、结婚时，给予金钱或物质帮助应该属于慈善捐赠的行为。如果计算一下，这样的金额是多么庞大，又怎么能算得清楚呢？

中国人重视人情，重视亲戚朋友邻里之间的人情往来，绝对不是冷漠无情的。当发生大的灾难事件时，中国人表现出来的那种互助状况也足以说明这一点。汶川发生地震时，社会各界踊跃捐款，灾区受伤群众得到中国各地医疗机构的帮助，就足以说明中国人有爱心，愿意捐款帮助人，愿意为他人奉献。可以这么说，中国人愿意捐助自己熟悉的人，也愿意掏钱捐助给那些确实需要得到帮助的人。

对于患了重病的人，媒体会帮助呼吁，民间的善良好心人士会带头捐款并积极组织募捐，这样的方式也能够起到真正帮助困境家庭的作用。居民大病保险的有关措施，能够在一定程度上避免城乡居民因疾病陷入困难状态，但对于有些家庭，这是不够的。严重疾病由于医疗费用昂贵，即使医疗费能够基本得到报销，病人家庭需要负担的与住院治疗有关的费用和各种开销还是非常大的，往往很多家庭都不能够承受这样高昂的费用。这种情况下，通过单位募捐、媒体代捐等方式募捐，能够起到帮助病人及其家庭的作用。支付宝、微信上专门为那些患重病需要治疗的病人专项募捐，通过网上公示受捐者的真实信息，进行特定病人的对口捐款，专款专用，确保病人得到及时的治疗，这些方式起到了很好的效果。

在中国，慈善捐赠非常普遍，也有许多人在牵头做这个事情。当然，也出现了一些杂音，受到了这样那样的质疑。许多人会因为种种质疑而变得冷漠。在中国，绝大多数人都有慈善捐赠意向，也在真心诚意地做着慈善捐赠活动，他们的善的行为值得倡导和学习。只要人们内心有善意，有怜悯同情仁慈仁爱情感，愿意捐赠助人，扶贫济困、扶老救孤、恤病助残的工作就一定能做得更好，也能切实减少自然灾害、事故灾难等突发事件对人民群众的生活造成的负面影响。

第五节　孝的行为

孝的行为是最基本的善的行为，古人说"百善孝为先"，孝的行为无疑也是一种亲社会的行为。孝的观念在中国社会根深蒂固，如果一个人不孝，就会被他人鄙视的唾沫星子淹死。从心理学角度讨论"孝"的时候，通常指的是孝的心理和行为倾向，包括了孝的认知、孝的情感、孝的人格和孝的行为等。孝的认知指一个人内心关于孝的含义的思考，对长辈的需要和欲求的关注，以及头脑中有关孝的观念。孝的情感指一个人对于长辈，主要是对父母的关心、关爱、爱护的情感；孝的人格指个体表现出来的对长辈孝顺、敬重的人格特点；孝的行为通常指的是晚辈对长辈尽孝道的涉及帮助、安慰、分享等行为，比如能够奉养、关心、爱护、照顾、赡养父母等长辈，在父母等长辈去世以后祭奠他们等行为。

其他国家都没有像中国这样对孝的行为如此看重。在中国古代，如果孩子对父母不孝的话，父母甚至可以以此为由处死他们。《孝经·五刑》中写道："五刑之属三千，而罪莫大于不孝。要君者无上，非圣者无法，非孝者无亲。此大乱之道也。"（《孝经·五刑》）他们认为，不孝者连父母尊长都不敬，就会目无君上，诋毁圣者，这是天下会大乱的根源。在隋唐制定的律法中，不孝行径属于"十恶"范畴，必须严惩不贷。宋、元、明、清各个朝代都沿袭了这样的做法。

中国人对孝的重视，与中国古代思想家对孝的倡导有关，特别是与儒家思想家对孝的大力倡导息息相关。儒家对于孝的本质和行为有非常多的阐述，在《论语》中，对孝的问题讨论极多，认为孝是非常重要的品德。《论语》中说："孝弟也者，其为仁之本与！"（《论语·学而》）"孝慈，则忠。"（《论语·为政》）孝是仁慈仁爱情感产生的根源，能对父母孝的人，对人对国家也会抱有忠诚之心。孟子提出孝是五伦的核心，孝就体现在对长辈的态度上面，"事孰为大，事亲为大"（《孟子·离娄上》）。"仁之实，事亲是也；父之实，从兄是也。"（《孟子·离娄上》）有了孝，五伦才能得以维护，才能做到："父子有亲，君臣有义，夫妇有别，长幼有序，朋友有信。"（《孟子·滕文公上》）"入则孝，出则悌，守先王之道。"（《孟子·滕文公下》）"尧舜之道孝悌而已矣。"（《孟子·告子下》）尧舜圣治的核心就是让老百姓能够做到孝悌。可以看到，孟子高度重视孝，把孝看作所有德性的基础，是善或仁的核心表现。孝德思想在中国古代影响深远，宋代学者提出的孝悌忠信礼义廉耻八德中，孝德居首，是最重要的基础性德性。

《孝经》是儒家学者专门论述孝道的专著，是儒家最重要的经典之一，对孔子、曾子、孟子的孝道思想进行了系统阐释，其主题思想是强调孝的重要性，倡导行孝的理念。《孝经》提出以孝治天下，行孝道，就能形成仁爱的人际关系，就能治天下，达到天下太平的目的。《孝经》提出："夫孝，德之本也，教之所由生也。"（《孝经·开宗明义章第一》）"教民亲爱，莫善于孝。"（《孝经·广要道章第十二》）《孝经》对孝道的专门阐释，奠定了中国2000多年孝道伦理的基石。而其中，关于孝道重要性的阐释，即使其立足点是为了统治者稳固政治统治的目的，其历史价值和现实意义仍然不容置疑。毕竟对于普通民众来说，一辈子很短，政局混乱、社会动荡、战乱不断、经济凋敝、生活困顿，这样的生存形态不是人们想要的，而自己的孩子能够奉养自己，对自己敬重，安享天伦之乐又何尝不是人生幸福感的重要源泉？如果一个社会中大多数人能够安享天伦之乐，国家政局稳定，经济繁荣，人们生活安宁，没有作奸犯科、作乱犯上的事情发生，没有战乱，可以说就是一个太平盛世了。

儒家提倡孝道的最重要的目的是要推行仁政，引导民众对统治者有敬畏之心，"夫孝，始于事亲，中于事君，终于立身"（《孝经·开宗明义章第一》）。"其为人也孝弟而好犯上者，鲜矣。不好犯上而好作乱者，未之有也。君子务本，本立而道生。"（《论语·学而》）孝是君子立身之本，是其仁义德性的源泉。民众能够对父母孝，也就能够对统治者有敬畏，不会犯上作乱。这就从孝引申到了对君的忠和对官的敬，所以，孝的目的表面上看是为了维护父母的权威，引导老百姓对父母的权威绝对顺从，本质上，提倡孝是维护大众对统治者的敬畏与绝对的服从。对此目的，孟子进行了明确阐释："人人亲其亲，长其长，而天下平。"（《孟子·离娄上》）如果一个人对长辈、上级非常顺从，那么就天下太平了。

儒家认为孝的核心是做到"敬"，即对长辈恭敬，在《论语》中，孔子明确提出敬的重要："今之孝者，是谓能养。至于犬马，皆能有养。不敬，何以别乎？"（《论语·为政》）孔子提出孝不仅仅是赡养父母，家里的狗和马也会养着小狗小马，没有敬，怎么能够算孝？孝不仅仅是使父母生活有保障，孝还意味着对父母的尊敬。孟子提出尊是孝的最重要态度："孝子之至，莫大乎尊亲。"（《孟子·万章上》）对父母表达孝的最好方式是尊重父母，尊与敬并不能够截然区分，两者息息相关，所以，尊敬常常连用。从心理学角度看，尊敬是一种对人尊崇恭敬的态度，孝的尊敬态度意味着对父母长辈的尊崇恭敬，而不是颐指气使，态度粗暴。

在孝的行为方面，儒家的阐释更多。孔子强调孝是对父母意志的顺从："孟懿子问孝。子曰：'无违。'樊迟御，子告之曰：'孟孙问孝于我，我对曰：无违。'樊迟曰：'何谓也？'子曰：'生，事之以礼；死，葬之以礼，祭之以礼。'"（《论语·为政》）孔子认为孝是听父母的话，顺着父母，不能意气用事，不能顶撞父母。所以，孝总是与顺联系在一起，叫孝顺。孝顺还表现为不违背礼节，在父母生前能够以礼相待，在父母去世后，能够按时祭拜。"孟武伯问孝。子曰：'父母唯其疾之忧。'"（《论语·为政》）孝还表现为当父母患病时，能够分担痛苦。

孔子被尊为圣人并不是没有原因的，他具有极高的智慧，不是具有绝对化观念的人，他意识到父母也会犯错误、做错事，所以也提出，孩子可以"事父母几谏。见志不从，又敬不违，劳而不怨"（《论语·里仁》）。当明显感觉到父母不对时，可以提意见和建议，如果父母还是不听，就任劳任怨地做自己该做的事就行了。

在儒家看来，孝还意味着一个人能够让父母放心，不做出自毁的行为。孝也意味着能够继承先祖的志向，完成先祖的遗志，努力取得更高的成就，扬名立万，为父母祖先增光。"身体发肤，受之父母，不敢毁伤，孝之始也。立身行道，扬名于后世，以显父母，孝之终也。"（《孝经·开宗明义章第一》）孔子特别强调一个人在做到"孝"的同时，也要做到"悌"。《论语》中提出："弟子入则孝，出则弟，谨而信，泛爱众，而亲仁。"（《论语·学而》）"孝悌也者，其为仁之本与。"（《论语·学而》）悌是对兄长的敬重，对父母孝，同时对兄弟敬重，再则能够做到对上级敬、对国王忠，社会关系自然就理顺了。

孝意味着对父母的敬畏和顺从，不孝的情形或不孝行为就非常复杂了，包括了对父母的不敬畏、不听话、不顺从等。"故不爱其亲，而爱他人者，谓之悖德。不敬其亲而敬他人者，谓之悖礼。"（《孝经·圣治章第九》）孟子提出："不孝有三，无后为大，舜不告而娶，为无后也，君子以为犹告也。"（《孟子·离娄上》）孟子所谓"无后"的意思有几种解释，一种就是，不孝有多种，没有尽后辈的职责是最大的不孝，舜没有告诉父母就结婚了，没有尽到后辈对长辈的告知义务，由于他不在父母身边，也可以算是告诉父母了。另外一种解释就直白些，不孝有多种，没有后代是最大的不孝，舜没有告诉父母就结婚了，原因是害怕没有后代，所以，在他这种情况下，没有告诉跟告诉了没有两样。

中国古代的《二十四孝》印本中记载了许多与孝有关的故事，通过这些孝的故事了解孝的行为是一种非常直接和直观的方法。《二十四孝》全名为《全相二十四孝诗选集》，据传为元代郭居敬编录，也有说是他的弟弟郭守正编录的，另外一种说法是由郭居业撰选。该书收录了二十四个孝子故事，后来的印本大都配有图画，所以也称《二十四孝图》，其中的故事主要取材于西汉刘向编辑的《孝子传》，以及《艺文类聚》《太平御览》等。

如果对二十四孝故事中的孝行加以分析，可以看到有许多类型。其中，以特殊方式供奉父母、满足父母的需要、使父母开心快乐的故事最多，包括鹿乳奉亲、百里负米、拾葚异器、涌泉跃鲤、怀橘遗亲、哭竹生笋、卧冰求鲤、乳姑不怠、埋儿奉母等。它们的共同主题是父母想吃某种比较难吃到的食物，孝子就千方百计去搞到这种食物以满足父母的需要。如鹿乳奉亲讲的是郯子为满足父母食鹿乳的愿望，进深山、入鹿群，冒着生命危险取得鹿乳给父母。哭竹生笋讲的是晋时孟宗，母亲年老冬日思笋，孟宗往竹林中抱竹而泣，孝感天地，长出笋数茎，归作羹奉母。卧冰求鲤讲的是晋时王祥，失爱于父母，继母想吃鱼，时天寒地冻，祥解衣卧冰求鱼，双鲤跃出，持归供母。

孝子以特殊方式伺候父母，使父母开心的故事也很多，包括亲尝汤药、扇枕温衾、行佣供母、恣蚊饱血、尝粪忧心、涤亲溺器、戏彩娱亲等，这些故事的主题是孝子能够替父母着想，伺候父母，博父母开心。比如扇枕温衾讲的是汉时黄香，夏天暑热时，为父亲扇凉枕簟，冬天寒冷时为其暖被席。恣蚊饱血讲的是晋时叫吴猛的八岁小孩，夏夜时，自己赤身坐在父亲床前，任蚊虫叮咬，以免蚊子叮咬父亲。

顺遂父母是重要的孝行，相关的有孝感动天、芦衣顺母等故事。孝感动天讲的是五帝之一帝舜的传说，在父亲、继母、异母弟多次想害死他的情况下毫不忌恨，仍对父母恭顺、对弟弟疼爱，他的孝行感动了上天。芦衣顺母讲孔子弟子闵损，丧母后父继娶，继母所生二子衣棉絮，享受很好的待遇，而闵损仅衣芦花，父看到闵损在冬天冻得瑟瑟发抖，始知继母待闵损不义，父亲想休了继母，闵损劝阻了父亲，继母在感动之际终于悔改。

父母死后能够加以祭奠追念，不忘记父母的恩情，也是一种重要的孝行，相关的故事有刻木事亲、闻雷泣墓、卖身葬父等。闻雷泣墓讲的是魏时王裒，母亲去世后，因念母生前怕雷，每遇风雨雷电之时，就奔至墓所，跪拜告母勿惧。卖身葬父讲汉时董永父死家贫，不得不卖身贷钱葬父。偿工时，遇妇求为其妻，俱至主家，织锦缎三百匹，后辞永而去。我们看到这些故事都是讲孝子在父母离世后，厚葬他们、追念他们。

扼虎救父讲的是女儿奋不顾身保护救助父亲的行为，说的是晋时杨香十四岁时，父为虎拽去，香手无寸铁，踊跃向前，扼持虎颈，虎最后落荒而逃。弃官寻母讲的是宋时朱寿昌寻找生母尽孝道的行为，朱寿昌七岁时生母刘氏被嫡母出嫁，五十年母子音信不通，朱寿昌弃官寻找生母，找到母亲时她已七十多岁了。啮指痛心讲的是孔子弟子曾子，少年时入山打柴，家里来客，母咬指，曾参觉得心疼，知母呼唤自己，乃背柴返家，意谓母子情深，心灵感应，倡导知母心意，为母分忧的行为。

二十四孝故事的简单分类可以使我们看到孝的行为主要有供奉父母、伺候父母、顺遂父母、祭奠父母、保护父母等。在这些关于孝的故事中，有些并不可信，比如涌泉跃鲤、哭竹生笋、卧冰求鲤、埋儿奉母等，但是这些故事还是被大肆传扬，究其原因，还是编书者秉承了统治者的意图，期望用二十四孝故事引导人们奉孝行孝，知恩图报，尊敬奉事父母，达到最基本的尊老养老的目的，最终能使人们具有忠君思想。

在心理学研究领域，孝的认知、孝的情感、孝的行为也被研究者统称为孝道。杨国枢（1988）研究认为，孝道是以父母为对象的社会态度和社会行为的整合，包括尊亲恳亲、抑己顺亲、奉养祭念及护亲荣亲等四个因素。肖群忠（1997）认为孝道由爱心、敬意、忠德和顺行构成。侯欣一（1998）认为孝道包括敬养父母、精心照顾侍奉父母、和睦家庭、容隐父母过错、哀悼亡故父母、继承父母之志、为亲报仇等方面。范丰慧等（2009）的研究表明，当代中国人的孝道认知包括养亲尊亲、护亲荣亲、丧葬祭念和顺亲延亲等要素。可以看到，二十四孝故事认定的孝行与现代心理学的研究结论基本上是相一致的。

孝的行为之所以是最基本的善行，是因为孝的行为涉及与个体关系最亲近，也是对个体最有恩，为个体无私付出最多的父母亲，如果一个人连父母亲都不能善待的话，这个人就不会是一个有善意的人，而是一个无情无义、缺乏感恩意识、忘恩负义的人。当然，孝是相对的，在要求孩子孝的同时，父母也应当切实地承担起其应尽的责任和义务。真正的孝道的核心固然是孩子对父母等长辈的礼敬、恭敬、尊崇、顺从、奉养，能够关心、关注、照顾父母，孝道也不能缺了父母对孩子的慈爱、照顾、守护的责任和义务。如果父母不履行自己的职责，不善待孩子，父母自私自利，打骂、虐待、凌辱孩子，孩子不能奉行孝道也是情有可原的。

如果在家庭内部，一个人有孝心、践孝行，这样的个体在社会生活中对他人具有善意的可能性就会更大，他们更可能为人善良，与人为善。清朝王永彬在《围炉夜话》中说："常存仁孝心，则天下凡不可为者，皆不忍为，所以孝居百行之先；一起邪淫念，则生平极不欲为者，皆不难为，所以淫是万恶之首。"[①]一个人有孝亲之心，践孝亲之行，就有可能待人仁慈友善，这个逻辑是基本准确的。如果一个人连父母都不能善待的话，要他们对他人友善、有亲社会行为是相当困难的。

现代社会弘扬孝道提倡孝行是非常有必要的。古人把孝看作个体的所有善行的基础是有道理的，对于个体来说，这个世界上最亲密、最无私付出的往往是父母或家人，父母为孩子付出最多，作为孩子能够在年长后替父母着想，关心父母，奉养父母，显然是应该的。从心理本质上来讲，孝的基础是子女对父母长期的保护照顾的感恩情怀和回馈责任。孝行可以看作感恩情感的表现，也可以看作个体承担家庭责任的形式，是一种感恩和尽责的善。当父母年老，自我照顾变得困难，或者没有能力自我保护，获得生存资源变得困难的情况下，儿女承担照顾、保护、赡养的责任，这就是孝道或孝行了。

孝的行为体现了个体作为家庭成员承担家庭责任的义务，如果一个社会，人们普遍具有对长辈进行照顾、赡养的意识，他们更加有可能在国家需要他们的时候挺身而出承担社会责任，也更加可能对他人表现友善，并在他人处于困

---

① 王永彬.围炉夜话解读 [M].陈道贵，解读.安徽：黄山书社，2002：111.

境的时候，伸出援助之手。当然，现代社会倡导孝道孝行需要有现代特色，比如现代社会需要年轻人赡养照顾父母，经常回家探望父母，与父母共度假日，帮助父母做事，经常与父母沟通交流，教父母学习现代技术，关心父母的健康，带父母旅行等，这些都是孝的行为。

第六节　善的行为的养成机制

人的善的行为是如何形成和发展的，对其养成机制有许多研究和分析。根据道德心理学的有关研究，大致可以概括出关于道德行为养成的内发论、外铄论及内发与外铄相结合等三种观点解释。从语义学角度看，内发的意思是内部的生发，主要指个体的生理成熟及需要的激发。外铄的意思是外部的塑造，主要指环境及环境中与个体有关联的其他人的教育引导等外部影响。内发论的倡导者强调，人的道德行为形成和发展的力量源于人的内在需要，道德行为是在身心成熟基础上个人的内部需要促动的。个体的道德行为由生理的成长决定，当生理达到一定成熟度后，个体才有道德需要，道德行为才能养成，外部训练只能起到微弱作用。外铄论的倡导者强调，在个人道德行为形成过程中环境起到决定作用，道德行为的养成主要依靠外在环境和他人力量的影响，包括社会的要求或环境中特定事件的刺激，他人的影响和学校的教育引导，网络信息和网络有关活动的影响。社会的要求可以理解为特定的社会制度、规范的要求，他人的影响包括了教师和家长的有目的的教导、示范、指示、提醒、强化等。现在，大多数研究者认为单纯强调内发因素和单纯强调外铄影响的观点都是片面的，道德行为的养成是内发与外铄两种影响综合作用的结果。

从伦理学角度分析，善的行为属于道德行为。从心理学视角看，善的行为可以区分为本能善的行为、道义善的行为、情义善的行为、人格善的行为等。许多善的行为是复杂的善的心理影响的结果，爱国行为包含了道义善、情义善、人格善的成分，慈善捐赠行为、孝的行为包含了本能善、道义善、情义善等成分。善的行为养成有两种考量：一是个体习得一种新的善的行为；二是个体改变恶的或冷漠的行为方式，习得善的行为。个体习得善的行为可以认为是内发与外铄两种影响综合作用的结果。

从心理学角度分析，善的行为的内发影响主要包括两方面：一是善的行为的被动模仿和不自觉表现。个体年幼时，心智尚待健全，行为尚未定型，父母、老师及孩子接触的人物的榜样示范，会对孩子产生潜移默化的影响，孩子在内心不自觉地模仿榜样的善的行为模式，建构起善的榜样，会无意识地、不自觉地像榜样一样表现出善的行为。二是个体善的自觉需要和善的自觉举动。善的行为的发生源于个体的善的本能、善的认知、善的信念、善的情感及善的人格的综合影响，个体自觉形成善的心理，自觉表现善的倾向。

善的行为养成的外铄影响主要指：一是社会的要求。法律制度、道德规范明确了人的行为向度，明确了人的行为底线，规定了恶的行为及其惩罚措施，也提示了善的行为要求。二是教师和家长的教导、示范、指示、提醒、强化等，包括教师、父母的善的要求、善的示范、善的提醒、善的奖赏等。三是网络信息和网络有关的活动的影响。在网络化社会，网络环境、网络信息、网络化的各种形式的活动都对人的善的行为养成产生影响。

对大多数人来说，善的行为可能是多种动因综合作用的结果。获得认可或奖赏的功利目的、善的信念、感恩和同情情感、正义和仁义人格等都能导向善的行为。人一辈子的善的自觉修养过程会使人成为一个真正善的人，不仅有善的心理，也有善的原则和善的行为。恶的行为或冷漠行为要扭转过来绝非易事，需要个体内心形成善的认知、善的情感和善的人格等。

研究显示，善的行为的模仿学习可以在生理学上找到发生机制的依据，一种叫镜像神经元的细胞可能在行为模仿学习中起到了关键作用。里佐拉蒂（Rizzolatti）等研究人员发现，人类大脑中具有一种镜像神经元，这种神经元能够探测他人行为的意图和意义，也能反映他人的情绪，并传输有关信息。因为镜像神经元的作用，人们能够看懂他人的意图，能够真正感知到他人的内心感受，也能够模仿他人的痛苦神情，自动做出同情反应。镜像神经元使个体间能够实现交互性的具身模拟，可能是个体善的行为的模仿学习的生理基础。在社会生活中，当孩子看到他人的善恶行为时，他可能习得善的行为，也可能习得恶的行为，更可能两者兼有。而他们最终究竟会表现出善的倾向还是恶的倾向，则可能不仅与镜像神经元这样具有模仿作用的细胞有关，也与他们受到的环境影响或行为强化有关。

弗洛姆在他的《人类的破坏性剖析》的导论中说："心理学主流关心的是行为，而不是行为者，'心理的学问'变成了控制动物行为和人类行为的学问。"[①]行为主义心理学的研究具有积极意义，提供了重要的分析人善的行为的外铄影响的思路和方法。行为主义心理学的学习理论很好地阐释了行为的外铄性影响本质，基于巴甫洛夫经典条件反射和斯金纳操作条件反射的原理，伴随孩子的善意行为的强化会使孩子习得善的行为，伴随孩子的违规行为的奖励会使孩子胡作非为，做出恶的行为。

班杜拉的社会学习理论很好地阐释了个体恶的行为形成中的外铄特点。研究表明孩子的行为学习具有模仿倾向，他们会观察周围成年人的行为并加以模仿学习。许多重复研究证实班杜拉的研究结论具有普遍性。孩子的心灵仿佛一张白纸，他们的行为尚处于逐渐生成阶段，具有高度的可塑性，其行为具有极强的模仿性，需要依靠对成年人行为的观察以习得应对特定情境的行为模式。镜像神经元的研究表明模仿学习有生理机制，但同时也表明，为孩子树立学习榜样对善的行为养成起到非常重要的作用。班杜拉的实验在伦理上存在问题，那些习得攻击行为的儿童，他们的攻击倾向可能会成为他们的固定行为模式，这些儿童有可能因此变得更具有攻击性，成为恶的人。儿童一旦习得攻击性行为倾向，要扭转过来就会有相当大的难度。

去个性化的研究表明了人的善恶行为养成中的群体的影响机制，从心理学角度看，去个性化的过程，也是个性化的过程，在一个人失去原先自我的同时，架构出了一个新的自我，并且可能将他人标签化，将特定人群标签为去个性化的群体，这样就为其做出善恶行为创造了理由，使个人在去个性化的状态

---

① 弗洛姆.人类的破坏性剖析 [M].李穆，等译.北京：世界图书出版公司，2014：7.

下表现出独立个体时不会表现出的善恶行为。津巴多指出："当个人的身份隐藏在面具之下时，平常受到压抑的各种原欲的、暴力的、自私的冲动都会宣泄出来。"① 通常，去个性化的情况下，因为个体有机会匿名，而且其行为得到群体认同和强化，非理性的倾向会暴露无遗，他们的责任感会分散，表现出冲动和暴力倾向，甚至会变得无所顾忌，恣意妄为。

在皮亚杰的研究中，儿童遵守规则意识的发展与他人的教导息息相关，科尔伯格研究显示，儿童的道德判断与道德行为的发展受制于外部影响。巴-塔尔等（2002）研究显示，亲社会行为的发展分为六个阶段：一是强化下的顺从阶段，帮助行为基于具体的奖赏或具体的惩罚；二是顺从阶段，帮助行为基于权威的压力；三是伴回报的自发行为阶段，帮助行为与具体的回报相伴相成；四是规范行为阶段，帮助行为是为了遵守社会规范；五是普遍的互惠互利阶段，帮助行为由大家公认的交换原则引发；六是利他行为阶段，帮助行为纯粹基于利他目的，不期望任何的回报。巴-塔尔的研究表明，亲社会行为的发展，外部影响起到关键作用，年幼儿童的亲社会倾向主要受具体的奖赏影响，伴随儿童成长，其亲社会倾向受到权威影响，也受规范制约，也受到互惠互利的交互关系牵动。

当我们解释一个人的善的行为的养成机制时，既需要考察内发因素的影响，也要考察外部影响。对于儿童来说，年龄越小，外铄性因素对善的行为养成的影响越大。这是因为：一是年幼孩子的行为的可塑性强；二是父母教师等长辈对年幼的孩子的影响力更大；三是年幼孩子与父母教师有更多机会沟通交流和共同活动，父母教师有更多影响孩子的机会。对于年幼的孩子来说，其善的行为的外铄性影响来源于：

（1）家长和教师以身作则，为孩子树立善的行为的模仿榜样。家长和教师是孩子学习和模仿的主要榜样，家长和教师以身作则，能为孩子树立良好的学习榜样。一是孩子具有行为模仿需要。年幼孩子尚不知道应该如何为人处世，

---

① 津巴多.路西法效应：好人是如何变成恶魔的 [M].孙佩妏，陈雅馨，译.北京：生活·读书·新知三联书店，2010：414.

行为处于形成阶段，他们有强烈的行为学习需要和学习动机。二是家长、教师与孩子接触和互动机会最多，对孩子行为产生影响的机会最多。孩子的活动空间小，信息接收渠道狭窄，父母与教师对他们更易施加影响。三是家长和教师在孩子心目中具有极高地位。对于孩子来说，父母和教师是很了不起的，具有极高地位，深受孩子信任，最容易产生积极影响。四是父母和教师拥有控制和支配孩子的许多资源。父母和教师拥有影响孩子的诸多资源，孩子会希望通过自己的良好表现获得这些资源。

（2）家长和教师有意识地引导和训练孩子养成善的行为。孩子会非常愿意听从家长的意见和老师的教导，孩子身边重要的成年人的道德取向或规则要求会被孩子认同为自己必须遵守的规则或要求。既然孩子倾向于认同父母、老师等身边重要人物的道德要求，教师或家长有意识地引导和训练孩子善的行为能够产生立竿见影的效果。孩子会不自觉地模仿周围人的行为举止，家长和教师若不予以有意识的引导和训练，孩子就无法区别行为好坏，既可能习得善的行为，也可能形成不良行为。家长和教师能够在引导孩子认识到什么事可以做、什么事不可以做的过程中，帮助孩子养成善的行为习惯。教师和家长有意识地提出善的要求，有意识地引导孩子善的行为，对于孩子善的行为表现及时予以奖励，对孩子恶的行为及时提醒、阻止或惩罚，孩子就能够养成善的行为。

（3）家长和教师对孩子进行必要的规范教育和引导。孩子处于无规则意识状态，对于他们来说，行为的养成教育与社会规范的学习是相辅相成的，养成良好的行为有助于相关规范的习得，而规范的学习又能促成相关的良好行为的习得，并且能避免出现恶的行为。对于幼儿的社会规范教育和引导能促进其善的行为养成。规范教育和行为养成教育从幼儿时期抓起能事半功倍，家长和教师有这样的规范教育和行为养成教育的意识和能力非常重要。在孩子年幼时，老师和家长就对孩子讲清楚善的行为要求，要求他们懂规矩，在一定程度上习得基础的法律规范和道德规范，也注意习得基本的善意原则，可有望使儿童认识和习得一些与他人和谐友好相处的善意原则，逐步养成善意的行为方式。

（4）善的社会氛围和社会风气引领、诱导孩子形成善的行为。弗洛姆说：

"一个健全的社会使人在可把握的和可观察的领域内积极而又负责地参与社会生活，并且成为自己生活的主人。"① 现在的孩子通过电脑、手机、电视、书籍等途径，有更多的机会接触和了解社会，也有更多机会受到社会氛围和社会风气影响。健全社会善的氛围和风气制约着人们恶的行为倾向，也借助各种途径诱导孩子做出善的行为。如果年幼孩子生活在充斥着欺骗、凌辱、暴虐、邪恶的环境中，如果他们生存的环境已经没有规范可言，充斥着各种各样的潜规则，如果恶的行为没有受到惩罚反而有利可图，他们耳濡目染这些恶的行为，也会形成恶的行为倾向。孩子生活在善意的环境中——人们遵循善意原则，人们互相之间友善相待，互相帮助，分享合作，互利共赢，公平正义得到弘扬，善的行为得到褒奖，违规行为或恶的行为受到惩罚，那么孩子会形成善意，会养成善的行为。

孩子处于善的行为的形成和定型时期，在善的社会氛围和社会风气的熏陶下，家长和教师注重善的行为垂范，有意识地引导和训练孩子善的行为，注重孩子的社会规范教育，重视孩子善的行为的及时奖励和恶的行为的及时纠正，那么年幼儿童能够形成善的行为，其善的行为甚至能够逐渐成为习惯善的行为。习惯善的行为养成机制的核心是善的行为的有意识训练和善的社会规范教育，孩子年龄越小，有意识的善的行为养成训练越有效，父母和教师教育孩子遵循社会规范，遵循善的原则，也是在孩子年幼时，更能被接纳和遵循。

考察成年人善的行为养成机制，可以看到成年人善的行为可能受到不同的动因驱动，合群倾向、守护倾向、互惠倾向、感恩情感、同情情感、尽责倾向，以及正义人格和仁义人格在不同的善的行为中起着不同的作用。分享行为、合作行为主要受到一个人的合群倾向、互惠倾向、同情情感的驱动，同情情感、尽责倾向及正义人格和仁义人格会驱动一个人的助人行为，尽责倾向、正义人格是一个人的敬业行为和爱国行为的内因。仁义人格是许多善的行为的动因，是一个人的安慰行为、助人行为、利他行为的最核心原因。正义人格驱动一个

---

① 弗洛姆. 健全的社会 [M]. 孙恺祥，译. 上海：上海译文出版社，2018：234.

人的正义行为，是一个人助人、爱国的最重要动因，从许多侠义行为背后往往能够看到正义人格的影子。

个体善的认知的发展，明辨是非的良知和良心的发展极大地促进了个体善的行为倾向。人是有主观能动性的，成年人的良知和良心能使他们意识到自己的问题，愿意主动地自我改变，这样就能够形成善的心理，也能够有善的行为表现。一个人认识到应该帮助遇到困难的人，这是善的行为；但是不见得会去帮助他，如果他觉得帮助遇到困境的人是他的义务和责任，道义善使个体具有明辨是非的智慧和维护社会公平正义的勇气，这种道义善能够使善的认知有可能转化成为善的行为。在个体善的情感的发展过程中，如果个体具有关注关心他人的善的情感，具有对他人痛苦不幸的恻隐怜悯情感，具有对他人付出的感恩情感，具有关心关爱他人的仁慈情感，那么个体善的情感内化和稳定成为善的情感特征，成为善行的推动力量。良心驱动下由良知规定的个体的道义善、情义善、仁义善和正义善内化成为个体善的人格，是驱动个体善的认知转化成为善的行为的内在动力。个体善的人格发展，使个体具有公平公正、友善诚信、宽容慷慨等善的人格，具有维护社会公平正义的正义人格。个体具有仁义人格和正义人格，成为至善的高尚的人，能够使人成为真正善的人，会在他人需要帮助时做出善的举动。

单纯考察人恶的行为的发生机制，可以发现恶的行为是由各种内外部因素综合作用的结果，陷入不利的处境，缺乏善的认知、善的情感和善的人格，而且无法控制自己的欲望，都可能是人发生恶的行为的原因。从心理学角度看，绝大多数人恶的行为是由以下这些心理因素促成的：一是不能控制和约束自己的欲望；二是缺乏善的认知和观念，缺乏善的判断能力；三是缺乏感恩和同情情感，缺乏爱心，冷漠无情；四是人格不良，为人恶毒凶残，麻木不仁，缺乏正义和仁义等善的人格。

恶的行为的外部原因包括受到伤害的经历、家庭经济贫困、周围的暴力氛围、仇恨态度等。有的人恶的行为是由受到伤害以后的报复或报仇心理促成的。当人们受到伤害时，会希望伤害者受到惩罚，如果法律无法使害人者得到相应处罚，受伤害者就容易做出报复或报仇的举动。受伤害者的报复行为即使在当事人或旁观者看来情有可原，但是很可能是犯罪行为，甚至可能是恶的行为，要受到法律的制裁。菲利普·津巴多领导的研究小组的模拟监狱实验阐释了成年人恶的行为发生的外铄机制。在实验中，充当监狱看守的被试表现出了更多的暴虐攻击倾向，他们以打压、虐待那些充当囚徒的被试者为乐，充当囚犯的被试者则对应地表现出了明显的敌意倾向。津巴多通过实验提出路西法效应，指人们容易在恶劣环境影响下因人际之间的敌对关系而变得具有恶意并相互伤害。他说："实验真正的意义开始浮现，它强而有力地刻画出恶劣的系统与环境所产生的潜在毒害，能够让好人们做出有违本性的病态行为。"①

　　现代社会大力弘扬社会正气，注重营造善的社会氛围，对于人们崇尚善和追求善，形成善的行为具有特别巨大的推动作用。善的社会氛围在促进人们行善的同时，也会有一种抑制人们行恶的有效机制，这种机制使人们害怕行恶受到惩罚，害怕受到惩罚的恐惧心态将抑制人的恶的倾向。当一个社会缺乏一种使恶的行为受到惩罚、善的行为得到弘扬的机制，那么人们就容易善恶意识模糊，是非观念淡漠，就无法形成善的行为。

---

① 津巴多. 路西法效应：好人是如何变成恶魔的 [M]. 孙佩妏，陈雅馨，译. 北京：生活·读书·新知三联书店，2010：231.

第七章　善的人际关系及其形成机制

在适当的条件下，人类能够用平等、正义和爱的原则建立一种新的社会秩序。

——[美] 弗罗姆

人从一出生就生活在人际互动的关系形态中，并在人际关系中学习和成长，逐渐成为社会所希望的人，成为一个社会人。许多人都没有真正地意识到他人的存在，意识到社会的需要，他们生活在自我的世界，一直无法真正地融入自己所生活的社会，无法与人构建善的或爱的人际关系。阿德勒说："缺乏社会兴趣就相当于朝向无用的生命发展。"[①] 一个人只有在社会中，社会意识得到发展，开始真正地关注关心他人，意识到他人的需要，并且努力与他人构建善的或爱的和谐关系，才能具有真正的幸福感，才能成为社会人。

第一节　现代社会的人际关系

人从出生那一刻起就不仅仅是一个生物人，他需要生活于群体中，离开群体就几乎无法存活和成长。人类在地球上取得的巨大进步，也是人类群体共同合作和共同劳动的成果。人类需要在群体中与人互相沟通、互相依赖、互相鼓励、互相关爱。人渴望交往，害怕孤独，希望通过与他人交往来摆脱孤独，得

---

① 阿德勒. 阿德勒人格哲学 [M]. 罗玉林，等译. 北京：九州出版社，2004：8.

到守护或扶助。现代社会，人们构建了两种人际关系：一种是网络人际关系。网络人际关系是以互联网为媒介建立起来的人际交往关系。另一种是现实人际关系。现实人际关系是在现实的场合中，人们通过共同活动建立起来的人际关系。

在现实的生活中，一个人一辈子会与许许多多人有交集，但是绝大多数人之间只是擦肩而过，不会有交往和交流的机会；对于有些人，可能只有短暂的交往、交流和沟通的机会；对于少数人，会有频繁的交流和沟通。这样，我们可以把现实人际关系区分为陌生关系、熟悉关系及可能成为熟悉关系的准熟悉关系。

人们对于生活中的许多人，几乎没有交流或交流较少，即使有交流也不涉及敏感的诸如家庭状况、情感状态等信息，这些情况下的人际关系可以称为准熟悉关系。许多公众人物，我们通过各种公开报道认识他们，甚至对他们非常熟悉，但是他们根本就不知道我们是谁，我们与他们的关系是陌生关系，当然也可以算是准熟悉关系，是有可能变得让对方熟悉的关系。同事之间，可能很少甚至没有任何往来，只知道姓名，只能算是准熟悉关系。同事之间互相打招呼，有更多的交流活动，逐渐成为熟悉关系。邻居之间，低头不见抬头见，慢慢地会由陌生关系转化为准熟悉关系，逐渐转化成为熟悉关系。

人们生活在大多数人互相不交流、不沟通的陌生人社会，与绝大多数人的关系都属于陌生关系，少数人因为有交集，有沟通有交流，逐渐成为准熟悉关系，准熟悉关系会因为人们经常交流和沟通而成为熟悉关系。熟悉关系可以根据人们之间情感介入程度区分为社交关系、密切关系和亲密关系，熟悉关系也可能表现为冷漠关系、矛盾关系、冲突关系、侵害关系等不良人际关系，矛盾关系、冲突关系通常是情绪的和行为的，如果有恶的认识、情感介入，就可能成为敌意关系。

人们之间会互相打招呼、相互问候，但他们不一定知道对方的姓名，只是觉得熟悉，这是最常见的人际关系，可以称之为社交关系。当人们处于社交关系中时，很少有情感介入，通常不会对对方有情感关注，不会有眷恋情感。双方不会想念对方，即使许久不见，也不会主动联系，通常也不会有共同活动。亲戚、师生、同学、同事、邻居、伙伴间的交往关系中缺乏情感介入和经常性的共同活动时，就是一种社交关系。

人们之间不仅相互熟悉，也经常主动联系，而且还常常共同活动，会想念对方，这种关系称为密切关系。朋友之间的关系通常是一种密切关系。由于对朋友含义的理解有极大的个体差异，有的人把联系密切的人称为朋友，有的人把熟悉的人都称为朋友，所以，我们这里有必要对朋友的含义进行界定。我们认为可以把具有情感介入，相互之间具有关爱关系和眷恋情感的人们界定为朋友。亚里士多德说："与许多人交朋友，对什么人都称朋友的人，就似乎与任何人都不是朋友。"[1] 一个人把所有熟悉的人都称为朋友是不恰当的，具有眷恋关爱情感关系的人才能够称为朋友，所以，一个人的朋友不可能很多。亲戚、师生、同学、同事、邻居、伙伴之间经常联系，并且有情感介入，对对方有眷恋情感，这种情况下的人际关系成为朋友关系，也是密切关系。

家人、恋人、朋友之间由于经常联系、有共同活动和情感介入，对对方有深深的眷恋情感，愿意为对方付出，这样的人际关系称为亲密关系。亲密的朋友关系常常称为知己关系或知音关系，这意味着能够肝胆相照、惺惺相惜，当朋友有难时，能够相助，甚至能生死与共。人们处于亲密关系状态，会把对方看作自我的一部分，或者说是自我的延伸。父母亲常常把孩子看作自我的一部分，当孩子离家独立时，或者孩子有个三长两短时，会有撕心裂肺的痛苦和难受。夫妻之间也会互相把对方看作自我的一部分，丧偶时，会有自我被撕碎割裂的痛苦体验。恋人之间如果关系发展得足够好，也会把对方看作自我的一部分，当恋人分手时会伤心和痛苦。兄弟姐妹之间如果朝夕相处，关系也会特别亲密，相互间有深深的眷恋和关爱情感。

在人际交往中，属于亲密关系的人很少，有的人可能一位都没有。对于任何人来说，够得上称密切关系的人也不会很多，有的人甚至一位密友都没有。

---

[1] 亚里士多德. 尼各马可伦理学 [M]. 廖申白，译注. 北京：商务印书馆，2003：285.

古人说"相识满天下，知己有几人"，就是这个道理。有的人喜欢吹嘘说自己有许多密友，有许多知交，有许多朋友，我们只能当作在听一个故事。因为人们对到底怎样才算密友和知交的认识不同，要求不一致。许多人可能把那些我们称为熟悉关系的人都看作朋友或密友了。许多人因为熟悉的缘故，也许有交情，但未必能交心，或者有交心，但未必有交情，更不可能做到患难相助、生死与共。我们与许多人是社交关系，但只是泛泛之交，在社交关系中，人们之间往往没有交情，也不会交心。

在人的一生中，家人、朋友之间关系亲密，能够使人有真正的幸福感。如果一个人与其家人之间关系都特别疏远，或者处于敌对仇视状态，这个人不可能产生幸福感，也不可能心理健康。一个人能够交到几位关系密切甚至亲密的朋友是特别能让人感到幸福的事情，有许多人终其一生都孤独而不被人理解，这样的人是不幸的。培根说："缺乏真正的朋友乃是最纯粹最可怜的孤独；没有友谊则斯世不过是一片荒野。"[①]一个人没有关系密切或亲密的人沟通和交流，共同应对生活的挑战，是许多人难以摆脱烦恼与痛苦的原因。

在亲密关系、密切关系、社交关系间有一定的转换关系。处于社交关系的人，当他们进一步互相交往深入了解以后可以转化成为密切关系。如果是男女之间互相有好感的话，他们之间还可能碰撞出爱情的火花，发展成为恋人、爱人，逐渐建立亲密关系。反过来，处于亲密关系中的人也可能因为相互之间产生分歧矛盾而转化成为密切关系、社交关系，也可能因为矛盾激化而转化成为矛盾关系、冲突关系，甚至反目成仇，转化为敌对关系。父母与子女间反目成仇的比较少，但是因为各种利益纠葛而变得形同陌路的很多。夫妻之间因为各种矛盾各种纠葛而反目成仇成为敌对关系的不胜枚举。兄弟姐妹之间理应互相帮助，关系亲密，但是因为利益之争而成为矛盾关系和冲突关系的比比皆是。

人际关系转换通常是由思想认识的差异、相互的期望和要求的差异造成的，

---

① 培根.培根论说文集 [M].水天同，译.北京：商务印书馆，2003；95.

伯奈的人际关系形态可以解释这种差异。伯奈分析了人际关系的形式，最为常见的有四种典型的人际关系：

（1）我不好—你好关系。托马斯·哈里斯说："每个孩子在他最初几年的生活里，都会获得一个结论：我是不好的；而对父母的结论是：你们是好的。人类尽其一生尝试着了解所生存的世界和自我的意义，而这是最先懂得的一件事。这种'我不好—你好'的印象永远存在孩子脑里，影响他所做的每件事，是人类一生中最具有决定性的想法。"[①] 年轻人最容易产生自己的能力不行，思想观念不成熟，品德、性格、外貌、行为不够好的自我否定或不认可自我的心理状态。

（2）我不好—你不好关系。托马斯·哈里斯认为，儿童从我不好—你好人际关系形态很容易转变成为我不好—你不好的人际关系形态。如果儿童在成长过程中，发现周围重要的人，比如父母、老师都没有想象中那么好，他们与父母等周围重要他人的关系很可能会逐渐转化成为我不好—你不好的关系。

（3）我好—你不好关系。"小孩子若遭受他本来认为好的父母的长久虐待，就会转变至第三种态度——'我好—你不好'。"[②] 如果一个人发现周围的人，父母、老师、同学、同事不够好，觉得自己性格良好、能力不错、为人大方，就可能会产生我好—你不好的人际关系形态。

（4）我好—你也好关系。我好你也好是一种良好的人际交往态度。在这种人际交往关系中，人们相信自己有能力，性格良好，行为端正，有潜力实现人生目标。人们认为其他人也有能力，品德高尚、性格良好、行为端正。个体相信自己品德良好，是个好人，同时也相信其他人品德良好，也是好人。

伯奈认为，我好—你不好、我不好—你不好、我不好—你好这样三种人际关系普遍存在，是不健全的人际交往关系。这几类人际关系心理将会制约和影响人际关系发展，使他没有办法以善意的心态与人交往，也很容易造成人际之间的矛盾和冲突关系，甚至产生敌意。

在经济高速发展的背景下，社会物质财富空前丰富，许多人变得心平气和，

① 哈里斯.你好我也好 [M].洪志美，译.兰州：甘肃人民出版社，1988：46.
② 哈里斯.你好我也好 [M].洪志美，译.兰州：甘肃人民出版社，1988：61.

表现出友善、乐助、合群倾向。但物质财富的丰富，也使人们的消费欲望被最大程度地激发。鲍曼说："消费者市场不断向传统开战，欲望就是这场战争的主要武器。"[①] 消费欲望膨胀会导致人们注重自身的欲望满足而无法对他人有更多关注和关心。一个人的善良敌不过欲海横流，敌不过利欲熏心，敌不过利令智昏，一个人的善良、正义、理性、良心等德性很容易被侵蚀甚至荡然无存。受利益诱惑，人们的欲望膨胀使他们很容易在人际交往中具有明显的功利性，造成人际矛盾、冲突和敌意。

在社会成员流动加剧的陌生人社会，在循规蹈矩守规则的同时，面对人潮涌动的陌生群体，多数人选择小心翼翼地自我保护，陌生人很容易被提防，甚至被假想为敌，人际关系中具有敌对性。这种敌对性会导致："因为我们所珍惜的自我中的一部分受到损害而唤醒了愤怒的情感。"[②] 在陌生人社会生存，人们渴望建立善意相处的人际关系，能够抱团取暖，互相守护扶持，在激烈竞争的生存形态中立于不败之地，这使人们具有合群倾向，但人们的功利倾向使许多人无法做到与人为善，他们会认为周围人不够好，产生明显的戒备心理，甚至具有敌对心理，在伤害他人中获得价值感和满足感。

在信息技术高度发展的现代社会，伴随着智能制造技术的发展及智能工具的普及，在高度网络化和信息化的社会现实背景下，绝大多数人生活在以网络相关活动为主的生活形态下，造成人们心理的封闭性。全球疫情的蔓延，面对面交往和交流造成疾病传播的极大可能性，也使人们更加倾向于避免与人面对面的接触，生存更加依赖于网络。网络化生存是指人们对网络的依赖性增强，在以网络相关活动为主的形态下生活和生存。生活在网络时代，凭借一部智能手机、一台平板电脑或手提电脑，人们随时随地动动手指就可以浏览到发生在世界各地的各种各样的事情，也可以玩各种各样的游戏，欣赏丰富多彩的影视作品，甚至学习、工作都可以经由网络完成。网络相关活动成为人们的主要活动方式，网络化生存颠覆了传统的生活方式，也改变了人际交往方式，改变了

---

① 鲍曼. 被围困的社会 [M]. 郇建立，译. 南京：江苏人民出版社，2005：146.
② 库利. 人类本性与社会秩序 [M]. 包凡一，王源，译. 北京：华夏出版社，2003：190.

人际关系。

网络化生存对人们生活的影响主要表现为：一是网络化生存给人们的生活带来了极大便利。网络足以解决人们生活中面临的大多数问题，人们可以宅在家里，完成工作、娱乐、阅读、消费、交友等一系列活动。二是网络化生存满足了人们的大多数需要。基于网络化生存，人们获取信息、交友沟通、消遣娱乐等绝大多数需要都可以得到满足。三是网络化生存提供了丰富多样的休闲消遣方式，极大地丰富了人们的生活形态。四是网络化生存条件下，网络有关活动成为人们的主要生活活动方式。人们更愿意生活在网络中，通过网络了解世界、认识世界，通过网络与人交往，通过网络进行休闲娱乐。五是网络化生存使交流沟通变得更加便利。人们可以借助微信、QQ 等实现信息化交往，借助视频的远程交流实现即时交往。六是网络化生存条件下人们的情感表达方式变得更加多样化。借助网络，人们可以便捷地进行情感表达，表达自己对对方的想念、同情、感恩、关爱等情感。

现在的青少年出生于网络时代，生存于网络世界，无论是学习还是生活，网络化生存的影响都是巨大而且深远的。一是网络使青少年懂得更多。从小生存在网络时代的青少年，他们通过网络了解到更多关于世界、社会的信息，他们知道更多父辈、祖辈都不知道的知识和技术。二是现在的青少年对网络具有更大的依赖性。在青少年还没有足够能力抵抗外部诱惑的情况下，网络已经深入他们生活的方方面面，侵入他们心理的各个角落，在父母老师监管不力的情况下，许多青少年产生了网络依赖。三是网络依赖削弱了青少年在学校学习的积极性。许多青少年对网络的兴趣远胜过对于文化课的兴趣，对学习缺乏热情，没有积极性。四是网络依赖削弱了青少年人际交往的迫切性。网络依赖使青少年不必通过现实的人际交往也能有价值感、存在感，对于与人交往的兴趣降低。

网络化生存条件下，网络人际交往的即时性和便利性，使许多人更加倾向于与人建立网络人际关系，而不是现实的线下人际关系。人们的网络人际关系，可以分为陌生关系、社交关系、密切关系和亲密关系。在网络世界，人们之间可能是陌生的，甚至夫妻、家人之间沟通不畅的话，到了网上也会成为陌生关系。网络世界中，人们有时喜欢保持陌生关系，不是为了有利于沟通，而是有利于情感的随意宣泄，对陌生人比较容易宣泄不满和愤怒，没有什么风险，骂对方几句，甚至说出攻击性的言语也没有多大关系。

网络上，人们会建立家人群、朋友圈、粉丝群、工作群等，从而建立起网络交往关系。工作群中，人们通常只是就工作有关问题进行沟通和交流，处于社交关系，但有些人因为经常联系而成为密切关系和亲密关系。粉丝群中，粉丝之间通常只是准熟悉关系，如果粉丝群很大的话，绝大多数人处于陌生状态，少数粉丝之间因为经常联系、联络，能够建立密切关系和亲密关系。在朋友圈中，许多人交流少，只能算是社交关系，有些朋友之间经常交流和沟通，能够发展成为密切关系和亲密关系。家人之间的情况不一样，家人之间即使交流比较少，因为血缘关系的缘故，也处于密切关系状态，有些家人之间属于亲密关系。

在网络化社会，许多人只顾埋头玩手机，表现出低头症的倾向。低头症的英文是 phubbing，是由 phone（手机）和 snubbing（冷落）两个词语组成的，意指人们因为玩手机而冷落或忽视周围其他人的现象。低头症在行为上表现为低头玩手机或看电脑，认知上表现为注意、感知和思考的对象是手机或电脑上的内容，情感上表现为对他人的漠不关心和冷漠无情，人格上表现为退缩和逃避。所以，低头症也是社会冷漠的表现和原因。

网络化生存对人际交往心理的影响表现为：

一是网络的丰富资源削弱了人们的交友需要。丰富的网络资源足以满足人们娱乐休闲的需要，人们不像以往那样关注人际交往、在意人际关系，人际交往的重要性降低。人们对群体的依赖性明显降低，人们不再具有建构亲密人际关系的紧迫性。即使人们建立了工作群、学习群、家庭群等各种网络联系渠道，并不一定是为了更好地沟通和交流，也未必是为了建立更加亲密的情感关系，目的恰恰是避免见面，避免共同活动，只要通过群中发个信息或表情，就算是完成了交流和交际。

二是网络割裂了人际的情感联系。现实生活中，年轻人更依赖网络，通过网络休闲娱乐，通过网络交流沟通，传统的交往活动在年轻人生活中的重要性越来越弱。中老年人尚不能很好地适应网络化生活，和年轻人处于关系割裂状态，他们共同的活动机会更少了，也更少面对面地沟通交流，代沟越来越深，情感纽带变得越发脆弱，很难构架起深厚的眷恋关爱情感，难以建立亲密关系，很容易变得关系疏远。

三是网络化生存造成人们的退缩性格和逃避心理。网络满足了人们的许多需要，许多人变得更宅，他们躲在家里就能享受到丰富的网络资源，也能避免压力和负担，这使他们的性格变得更加容易退缩和逃避，避免与人面对面交往。许多人沉溺于网络世界无法自拔，产生网络依赖心理，离开网络就会烦恼、暴躁，无所适从，无法与人面对面进行正常交往。

四是网络化生存使人变得自我中心和待人冷漠。人们之间的面对面交往需要遵循人际交往的规则，需要关注对方的表情神态，需要做到设身处地、推己及人。网络虚拟性的交往可以避免面对面交往造成的一切麻烦和尴尬，人们青睐网络虚拟场景下的人际交往，因为可以不必太顾忌他人的感受，也可以避免关注关心他人，可以完全沉浸在自我满足的世界中。网络化生存使人变得更加自我关注、自我中心、自我本位，只关心满足自己的需要，对他人缺乏眷恋关爱情感，对他人漠不关心，甚至完全无视，成为"空心人"。

网络有着无与伦比的便利性，使人际交往跨越了距离和时间的障碍，但是网络人际交往也有其不可避免的局限性。人们之间缺乏了共同活动的机会，很难做到肝胆相照、毫无保留，人与人之间变得缺乏眷恋爱护情感，难以建立真正的亲密关系。在网络人际交往中，人们可以怀有善意，相信我好、你也好，互相不伤害，但因为更容易隐藏身份，更容易去个性化，变得具有欺骗性和迷惑性，更容易产生我好—你不好，你好—我不好及我不好—你不好的关系形态，因此，许多人在网络人际交往中，具有高度的警觉性和警惕性，很害怕上当受骗和被人伤害，很难做到真正的信任，人们甚至会隔空互骂，具有更加强烈的敌对性。在这种情况下，人们容易变得自我本位，难以做到对他人的关注关心关爱，容易变得对他人漠不关心，人际关系会变得更加冷漠。

第二节 人际矛盾与冲突

弗洛姆曾经提出了一个困扰了人们几千年的伦理学问题：人对于其他人而言究竟是狼还是羊？弗洛姆认为这个问题其实就是关于人性的善恶表述："人究竟是'狼'还是'羊'？就这个问题的更广泛、更普遍的方面而言，它只是西方神学和哲学思想中最基本问题之一的一种特殊表述。这个基本问题是：从根本上来讲，人是恶的、堕落的，或是善的、完满的。"① 如果我们说人对于其他人而言是羊，则意味着人们是善良友好的，人与人之间能善意相待，能够构建善的人际关系。如果说人对于其他人而言是狼，那么意味着人是恶的、堕落的，人与人之间充满矛盾和冲突，难以构建善的人际关系。

弗洛姆指出，人在社会化过程中，会形成三种人际关系：共生的关系，疏远、退缩和破坏的关系，爱的关系。②

弗洛姆解析了共生关系的本质："在共生的关系中，人与人建立了关系，但是失掉自立或从不能获得自立；他籍着变为其他人的一部分而避免孤独的威胁，在方式上不是'受别人吞并'便是'吞并别人'。"③ 在共生的关系中，双方联系过于紧密，甚至使个体失去了独立性，其中一个人可能已经完全生活在另外一个人的阴影里，或者说是躲在另外一人的背后生活，这样两个人都得以避免孤独的恐惧和危险。就像施虐狂和受虐狂，受虐狂往往自觉地或自动地生活在任由施虐狂或某个组织摆布的形态里。一方把对方看作自己的支配者、管理者、保护者，自己则心甘情愿地依附于对方，成为对方的附庸，被支配者不仅仅摆脱了孤独感和恐惧感，也可以建立亲密感。

弗洛姆提出："第二种关系则是疏远、退缩和破坏的关系。个人缺乏力量的感觉，可籍退避认为有威胁的人而加以克服。"④ 疏远、退缩和破坏的关系造成了人们之间的冷漠、矛盾和冲突的倾向，这种关系体现的社会性格是退缩性格

---

① 弗洛姆．人心：善恶天性 [M]．向恩，译．北京：世界图书出版公司，2019：4-5.
② 弗洛姆．自我的追寻 [M]．孙石，译．上海：上海译文出版社，2012：91.
③ 弗洛姆．自我的追寻 [M]．孙石，译．上海：上海译文出版社，2012：91-92.
④ 弗洛姆．自我的追寻 [M]．孙石，译．上海：上海译文出版社，2012：93.

和毁灭性格。退缩性格和毁灭性格经常交织混合在一起，但是有时也独立地发挥作用。弗洛姆提出："破坏性是退缩的积极形式；毁灭别人的冲动，是由于害怕被毁灭而产生的。因为退缩和破坏都是同一类关系的消极和积极形式，这两种形式常常以不同的比重相混合。"① 疏远、退缩和破坏的关系反映了人与人之间的距离感与情感关系的冷漠，体现了人与人之间存在的敌视、愤怒情绪，以及矛盾和冲突的气氛。

第三种关系是爱的关系，弗洛姆认为这是人际最理想的关系。弗洛姆写道："爱是与其他人以及与自己发生关系的富有创造性的形式。它含有责任、照顾、尊重和了解，以及对其他人成长和发展所抱的愿望。它是两个人之间在互相保留完整状况下的亲密表现。"② 弗洛姆认为爱有四个核心要素：对爱的对象负责任及承担家庭责任的态度，愿意互相照顾的心态，彼此尊重的态度，以及相互之间的了解和理解，这四个要素包括了爱的认知、爱的态度、爱的情感和爱的行为四个方面。弗洛姆认为现代人缺乏爱，所以祈求和渴望爱，但是并不懂得爱、不会爱，容易忽视或漠视爱，所以也很难获得真正的爱，无法摆脱生活的孤独感和空虚感，容易陷入生命或人生的迷惘状态，从而出现心理异常情况。

在弗洛姆的人际关系形态中，共生关系也是人际的依附关系，如果双方对于这样的依附关系是满意的，这样的关系就是和谐的。弗洛姆的"疏远、退缩和破坏的关系"可以区分为两种关系：一种是疏远关系，是一种自我封闭的、退缩的关系；另一种是矛盾关系，是对对方不满，甚至冲突或伤害的关系。弗洛姆的爱的关系是善的关系的主要形式，我们在阐述善的关系时会相对困难些，描述爱的关系时会容易些，弗洛姆的爱的关系是一种高要求的善的关系。

在网络时代，人们容易形成疏远关系。对于生活于核心家庭的独生子女，从小处于封闭的家庭环境中，通常除了学习就是玩电脑和手机，玩电脑和手机的时间更多，与同学共同活动的机会很少，也缺乏兄弟姐妹可以商量和玩耍，与人交往的经验相当缺乏。青少年儿童与父母之间能够形成一种共生关系，其

---

① 弗洛姆. 自我的追寻 [M]. 孙石，译. 上海：上海译文出版社，2012：93.
② 弗洛姆. 自我的追寻 [M]. 孙石，译. 上海：上海译文出版社，2012：94.

至完全依附于父母，但是因为常常依赖智能工具，交往的圈子更小、对象更少，人之间关系变得更加疏远。青少年儿童与父母的依附关系主要是经济上的，他们与父母之间的沟通和交流可能很少，关系未必亲密，反而可能比较疏远。

现在的孩子或年轻人变得更安静，因为他们更依赖网络。泰戈尔曾经说："人对他自己建筑起堤防来。"[①]他想表明的是人们会自我封闭，以自我保护。青少年选择网络化生存方式，获得了自我封闭的许多好处：一是可以避免自己受到严重伤害。人们在网络中，也可以通过欺骗对方、侮辱对方的方式伤害他人，但是与现实生活相比，人受到的伤害总是要小一些、少一些，不必担忧他人会对自己造成严重身体伤害。二是可以不在意他人的感受和表情。与人面对面交流时，需要考虑他人的感受，察言观色，尽量避免互相伤害；网络交往时，可以不在意和顾忌他人的反应，而且有更多缓冲时间和机会。三是网络化生存，给予自我理想化的机会。即使自己很弱小，很胆小，很脆弱，在网络上可以假装很强大、很坚强、很了不起。

网络使人变得自我封闭和具有退缩逃避的倾向，人与人之间似乎少了许多发生矛盾和冲突的机会。但即使在网络化生存的条件下，人与人之间仍然避免不了矛盾和冲突，仍然避免不了恶意和敌意，避免不了互相伤害。自我封闭的人，当他们愤怒时，因为压抑的缘故，会更具有敌意，更加不能控制自己的攻击性行为。在网络交往关系中，仍然有太多的网络恶意存在。网络恶意主要是言语恶意，如果放在现实生活中，足以引起严重冲突的话语，放在网络世界，影响就变小了。如果是玩游戏的话，大不了马上退出游戏，不与对方玩就可以了，反正不认识，伤害了也没有关系。

在网络化的交往环境中，人际的交往隔着屏幕，避免了肢体接触，如果有伤害，主要是言语上的，而且这种伤害基本上是人们能够控制的。所以，人们喜欢网络，喜欢通过网络与人交往。人们会变得更加被动，显得更加懒惰，会逃避工作、逃避学习、逃避与人交往，沉溺于网络世界，通过网络手段获得内

---

① 泰戈尔. 泰戈尔诗选 [M]. 郑振铎，译. 长沙：湖南人民出版社，1981：81.

心满足，获得价值感。沉浸于网络的年轻人不是社会需要的人，不是父母和老师期望的样子，这样的网络生活也不是年轻人自己真正想要的。青少年很容易产生两种矛盾与冲突：一是内心的矛盾与冲突。人们的理想自我与现实自我处于矛盾状态，现实自我可能惰性而被动、消极而逃避，理想自我则是要自我成长，出类拔萃和出人头地。二是人们之间的矛盾与冲突。沉浸于网络的青少年很容易与父母、老师的要求和期望相悖，因此发生严重的矛盾与冲突。

青少年即使不愿意面对现实，仍然需要面对现实的问题、现实的人、现实的人际关系。而无论是在网络还是在现实生活中，人之间的矛盾和冲突总是不可避免的。只是在网络环境中，人际矛盾和冲突比较简单，现实环境下的人际矛盾和冲突更加复杂，并且更加难以有效面对。

在社会生活中，人际矛盾普遍存在，即使在关系亲密的人之间，也会产生矛盾。人际矛盾，是人们因为观点不同、态度不佳、沟通不畅或者存在利益纠葛而对对方不满的人际关系状态。人际矛盾往往表现为不认同对方的思想观念，对对方有不满情绪，言语上流露出不认同对方的做法，也显露出不愿与对方交流和沟通的倾向。人际矛盾主要可以区分为五种：一是因为思想观念上的分歧产生的矛盾；二是由利益分配上的分歧造成的矛盾；三是因为付出或奉献的差异造成的矛盾；四是因为态度上的淡漠、粗暴等造成的矛盾；五是因为缺乏有效沟通，因误会而产生的矛盾。

人际冲突是人之间由于各种矛盾激化而产生敌意，导致态度敌视、言语和行为上互相攻击的人际关系状态。人际冲突通常是人际矛盾激化的结果，人际冲突通常表现于表情、言语和行为中，最主要的有三种形式：敌视态度、言语冲突和肢体冲突。这三种冲突在现实生活中经常发生，在网络环境中，不会有肢体冲突，但是可以有敌视态度和言语冲突。当人际矛盾激化时，矛盾的双方可能会怒目而视，表现出敌意。矛盾的双方互相爆粗口、恶意对骂可以看作言语冲突的表现。矛盾双方互相推搡、殴打对方，甚至动用器械、刀具互相伤害对方属于肢体冲突方式。人际的态度冲突、言语冲突可以长期存在，肢体冲突一般发生的时间会比较短暂，因为肢体冲突导致互相侵害，容易成为一种触犯法律规范的行为。

弗洛姆的关系形态中，破坏的关系是一种矛盾和冲突的关系形态，疏远的退缩关系是避免矛盾和冲突的关系形态。在共生的关系和爱的关系中，当双方要求不同、期望值错位时，也可能会导向矛盾和冲突。在共生的关系中，如果一方享受依附，但是另一方反对依附或厌倦于对方的依附，就会形成矛盾和冲突的关系。个体年幼时的依附是父母接受甚至享受的，但是当孩子成年后，如果仍然依附于父母，成为"啃老族"，也会成为父母的烦恼，亲子之间会产生矛盾和冲突。弗洛姆的爱的关系，如果一方是爱的，但另一方是缺爱的，当一方只是享受对方的奉献、付出，而没有相应的付出和奉献时，双方可能发展成为一种共生关系，爱的关系将会是不平衡的，甚至会导致矛盾和冲突的状态。

伯奈的人际关系形态可以做这样的解读：当人处于我好—你不好的人际关系状态时，会相信自己能力强、性格好、情商高、品德和行为良好，是个好人，而他人能力弱、性格差、情商低、品德和行为差，不是好人。他们可能孤芳自赏，充满优越感，会显得趾高气扬，甚至表现得专横跋扈，他们可能以高标准衡量和要求别人。当他们以自己的标准和要求衡量他人时，会导致人际的矛盾和冲突。

还有一种情况是，他们觉得自己比对方付出和奉献得更多，而对方对自己不够好，没有对等的付出，这样的情况下，个体也会对对方不满，从而产生矛盾。个体还可能觉得自己是正义的、道德的，对方是不正义的、不道德的，因此对对方横加指责，导致双方产生矛盾和冲突。

我不好—你好的关系形态与我好—你不好的关系形态，情况是一样的，只是角度不同而已。个体因为认同自己能力弱、情商低、品德和行为有问题，而对方能力强、情商高、品德和行为都很好，这样的情况下，他们如果能表现得谦卑，待人客气，人际关系就不太容易发生矛盾和冲突。显然，谦卑的态度是能够避免人际矛盾和冲突的，但是这种状况很难持久。所以，当对方态度不良，看不起自己，表现得颐指气使、专横跋扈，或者对方以高标准要求自己，提出过分要求时就会产生怨恨和愤怒，会对对方不满，导致双方产生矛盾和冲突。

当人们处于我不好—你也不好的关系形态下，一方觉得自己能力不强、情商不高、品德不良、思想观念不成熟，做得不够好，而对方也同样不好，如果对方也抱持同样的态度和看法，双方即使不产生矛盾和冲突，也不可能保持长久而和谐的关系，很可能会互相看不起。一旦产生利益纠葛，他们因为不相信自己，自卑感很强、很敏感而会觉得对方态度恶劣，就会有矛盾冲突产生。

当个体处于我好—对方也好、大家都好的人际关系状态，因为认同自己是好人，对方也是好人，双方能力都很强，情商、品德都不错，彼此都有相当的付出和奉献，人际关系容易是融洽的，不太容易发生矛盾和冲突。我好—你也好的关系是一种公平的关系形态，我的付出与你的付出一样多，所以是公平的。我好—你也好的关系也是一种和谐的关系，双方认同对方是好人，是具有善意的，不会伤害他人，不需要加以提防，所以相处会变得轻松和容易。如果双方更加理智和理性，认同我有好有不好，对方也有好有不好，就能平和地看待对方的不足，不会苛求对方，就能避免矛盾冲突，形成和谐关系。

我们将人们之间的关系区分为社交关系、密切关系和亲密关系，不同关系之间会发生错位。如果交往的双方认同处于社交关系，双方在没有利益纠葛、不发生利益矛盾和冲突的情况下，可以处于关系融洽的状态，可以做到很客气，能够做到善意相处。但是一旦双方发生利益矛盾，关系就会恶化。同事之间、邻居之间在没有利益冲突的情况下，可以做到客客气气地打招呼，一旦有一方感到对方占了自己便宜，或侵害了自己利益，就会产生矛盾冲突。

如果交往的双方处于密切关系状态，能够做到一定程度的利益共享，能够互惠互利，能够善意相处，做到互相关心，其关系是融洽的。但是，密切关系的双方也会对对方有更高期望和更高要求，一旦对方达不到这样的期望和要求，就会造成人际矛盾，甚至会产生冲突。密切关系的双方会期望对方的帮助，比如可能会向对方借钱，一旦对方不肯借、借得少或者借钱不还，双方关系就会恶化。

如果交往的双方处于亲密关系状态，双方不仅能够利益共享，而且能够做到真正的互相关爱。所以，通常情况下，亲密关系的双方能够达到真正关系和谐的状态。但是，当人们处于亲密关系时，往往对对方的要求和期望也会很高，有时是契约性质的，比如夫妻之间关系亲密，约定俗成地需要相互保持忠诚，当双方无法保持忠诚时，也会发生矛盾冲突，甚至产生严重的仇视和敌意，转化为敌意敌对关系，导致关系破裂。亲子之间的矛盾和冲突，往往是由父母对孩子的过高的期望和要求造成的，当然也可能反过来，孩子对父母的要求和期望过高也会发生亲子矛盾。父母不可能去苛求邻家的孩子，通常也不会与邻家孩子发生矛盾和冲突。关系亲密的人之间更容易互相伤害，人通常总是伤害关系最亲近的人，当个人情绪不佳时，一般不会找陌生人撒气，往往会找最亲密的人撒气。

人们在交往时可能会发生关系错位的状况，比如有些人觉得自己与对方是密切关系，而对方可能觉得双方不过是社交关系，在这种关系错位的情况下，由于期望不同，会发生矛盾冲突。

在发生矛盾和冲突的情况下，会发生人际关系转换，亲密关系、密切关系和社交关系之间可以相互转化。有些人会由亲密关系转化成为社交关系，最后甚至变成冲突的敌对关系。夫妻之间由亲密关系转换成冲突敌对关系的非常多，因为矛盾和冲突闹上法庭，双方大打出手的比比皆是。处于亲密关系或密切关系中的人，也会因为忽视对方或不自觉地自我封闭而引起矛盾和冲突。

当今，网络化生存导致了一些特殊的矛盾和冲突产生。人们在网络人际关系中的矛盾和冲突通常是由观点和思想上的差异造成的，而有些人的恶意做法和恶意态度，比如恶意谩骂或人肉搜索也会导致人际矛盾和冲突。网络化生存也会导致处于亲密关系的人们之间产生矛盾和冲突。比如学生的任务是学习，父母对他们的期望是好好学习，考取好成绩，上好学校，当学生迷恋网络而耽误学习时，矛盾和冲突将变得不可避免。

毛泽东在《矛盾论》中指出："不论是简单的运动形式，或复杂的运动形式，不论是客观现象，或思想现象，矛盾是普遍地存在着。"[①] 事物内部存在矛盾不

---

① 毛泽东. 毛泽东选集（第一卷）[M]. 北京：人民出版社，1991：306.

一定是坏事，因为矛盾恰恰是事物发展的动力："一切事物中包含的矛盾方面的相互依赖和相互斗争，决定一切事物的生命，推动一切事物的发展。没有什么事物是不包含矛盾的，没有矛盾就没有世界。"[①] 从辩证的角度看，因为矛盾是普遍存在的，人们之间因为不可避免地存在利益纠葛，有矛盾也是正常的、不可避免的，要完全消弭人际矛盾是困难的。人不是生活在真空环境，他们经常面临个人私利、他人利益及社会公共利益间的矛盾冲突与选择困扰。但是，最大程度地消除人们之间的分歧，最大程度地消弭人际矛盾，构建有助于避免矛盾冲突的社会环境是可能的，也是必要的。

第三节 心理学视角的和谐社会

随着科技的进步和发展，当今社会各方面都处于嬗变中，社会处于转型期，社会经济和生活发生了极大的改变，人们的行为方式、生活方式、价值体系都发生了明显的变化。在这样的转型期，一种最明显的变化是，人们接收的信息空前丰富，人们之间的接触机会，特别是间接接触的机会无限增多，人与人之间的联系变得便捷，人们的思想观念也变得多元化，而人们之间的关系变得不再单纯，也容易产生更多的利益纠葛。直观的感觉是，人们之间的交往方式增多了，人际空间变得拥挤了，但心理距离变得遥远了，人们之间仍然容易产生误会，仍然充满偏见，仍然容易产生矛盾和冲突、敌意和互相伤害。

人们生存在这个世界，绝大多数人的诉求是简单的，只是想要过幸福、安定、平静、平安的生活。许多人也切实地感到生活得幸福和美好，不仅安定富足，而且生活便利。但是生活不会完美，欺骗和谎言仍然普遍存在，尔虞我诈、互相算计的状况比比皆是，冷漠无情和自私自利也是普遍现象。弗洛姆在《逃避自由》中说："现代人所有的人际关系特征进一步加深了他的孤立及无能为力感。"[②] 现在，许多人仍然感到孤独和无助。

---

① 毛泽东. 毛泽东选集（第一卷）[M]. 北京：人民出版社，1991：305.
② 弗罗姆. 逃避自由 [M]. 刘林海，译. 北京：国际文化出版公司，2003：85.

　　人们普遍的心声是鞭挞恶并且最大程度地弘扬善，希望世界变得更加美好，社会变得更加和谐，人性变得更加友善。人们期望善得到弘扬，期望恶受到抑制，期望恶人受到惩罚。罗素说："在一个有希望的时代里，目前的大罪恶是可以忍受的，因为人们想着罪恶是会过去的；但是在一个疲惫的时代里，就连真正的美好也都丧失掉它们的滋味了。"[①] 人总是向往美好的生活，期望社会是和谐的，期望建设一个人与人之间能够和谐相处的善的社会。

　　关于理想社会的景象一直是思想家们热衷探求的问题。两千多年前，儒家思想家描绘了人们期望的美好和谐的社会情境，以孔子为代表的儒家思想家提出了以仁义为主旨的大同世界的理想社会，孔子眼中的大同世界是：天下为公、贤能当政、财富共享，善得到弘扬，恶受到抑制，人们之间相亲相爱，友善相待。根据《礼记》的描述，孔子描绘了大同世界的和谐景象："大道之行也，天下为公，选贤与能，讲信修睦。故人不独亲其亲，不独子其子，使老有所终，壮有所用，幼有所长，鳏寡孤独废疾者，皆有所养。"（《礼记·礼运第九》）孟子也提出类似期许，希望建设一个"人人亲其亲、长其长，而天下平"（《孟子·离娄上》）的太平世界，在这样的世界"出入相友，守望相助，疾病相扶持，则百姓亲睦"（《孟子·滕文公上》）。墨子提出"兼相爱、交相利"的人际理想关系，墨子希望"天下之人皆相爱，强不执弱，众不劫寡，富不侮贫"，做到"人与人相爱则不相贼""贵不敖贱，诈不欺愚"（《墨子·兼爱中》），形成所有人都能够相亲相爱、和谐共处的社会环境。

　　马克思、恩格斯将共产主义社会视为人类理想社会的形式，他们概述这种社会形态具有这样的特征："在共产主义社会高级阶段上，在迫使人们奴隶般地服从分工的情形已经消失，从而脑力劳动和体力劳动的对立也随之消失之后；在劳动已经不仅仅是谋生的手段，而且本身成了生活的第一需要之后；在随着个人的全面发展生产力也增长起来，而集体财富的一切源泉都充分涌流之后，——只有在那个时候，才能完全超出资产阶级法权的狭隘眼界，社会才能

---

① 罗素.西方哲学史（上）[M].马元德，译.北京：商务印书馆，1986：332.

在自己的旗帜上写上：各尽所能，按需分配！”①共产主义社会的最主要特征是，人们的物质需要和精神需要都将得到最大限度的满足。

探索理想社会，建设高度文明和高度民主的理想社会，是人类孜孜以求的目标。建设社会主义和谐社会是中国共产党于 2004 年提出的中国社会发展的战略目标。2004 年 9 月，中共十六届四中全会正式提出“构建社会主义和谐社会”的理念，党的十九大报告提出：“领导和团结全国各族人民，以经济建设为中心，坚持四项基本原则，坚持改革开放，自力更生，艰苦创业，为把我国建设成为富强民主文明和谐美丽的社会主义现代化强国而奋斗。”②

建设和谐社会的理念深入人心，成为中国特色社会主义理论的主要方面，和谐的理念成为社会主义核心价值观的重要准则。和谐社会的建设是要达到民主法治、公平正义、诚信友爱、充满活力、安定有序、人与自然和谐相处的社会形态。和谐社会的理想体现了中国人民建设更加健全美好的理想社会的心理诉求，和谐社会不仅是社会达到民主法治、安定有序的和谐状态，也是人与社会、人与大自然的关系和谐，社会高度文明，社会公平正义得到自觉维护，社会充满生机活力的状态，也是诚信友善、相亲相爱的和谐状态。

和谐是中国传统文化的优秀内核，中国的传统文化，特别是儒家文化极其重视和谐的理念，提出“和为贵”的思想，《论语》里强调了和的重要性，提出“礼之用，和为贵”（《论语·学而》）。孟子更明确地提出：“天时不如地利，地利不如人和。”（《孟子·公孙丑下》）“和”的本义有两方面：一是指和味，即调味；二是指和声，即调声。在“和”的本义基础上：“引申出协调、和谐、适中、和解等多种含义。”③中国人民自古以来就向往“和”追求“和”，现在，中国人民仍然崇尚“和”的理念，希望世界能够“和”，希望世界人民能够“和”，也在脚踏实地地实践中国社会的“和”。“谐”意味着心意相通，互相融合，友好合作。

---

① 中共中央马克思恩格斯列宁斯大林著作编译局.马克思恩格斯选集(第三卷)[M].北京：人民出版社，1972：12.
② 习近平.决胜全面建成小康社会　夺取新时代中国特色社会主义伟大胜利——在中国共产党第十九次全国代表大会上的报告[M].北京：人民出版社，2017：12.
③ 汪凤炎，郑红.中国文化心理学[M].广州：暨南大学出版社，2005：130.

在现实背景下，可以从几个层面对和谐的含义进行阐释。一是人与社会的和谐。社会具有健全的规范，社会规范能够起到维护社会和谐稳定的作用。而人也能遵守社会规范，具有道德意识，奉公守法，维护社会规范，达到人与社会的和谐状态。二是人与大自然的和谐。人们具有生态文明意识，努力营造良好的生态环境，在物质财富方面不是贪婪地予取予求，而是有序索取，达到人与大自然关系的和谐状态。三是人内心的和谐。人们品德良好，理智自控，心境平和，情绪平静，同情感恩，仁慈正义，自制克制。四是人际关系的和谐。人们之间关系融洽协调，人们有更多善意，能友善相待，友好相处，愿意沟通合作共赢互助，人们不算计，敌意很小，即使有矛盾冲突，也能协调解决。

从个人心理发展角度分析，和谐意味着人们的认知、观念、情感、人格得到健全发展，具有负责担当、公平正直、善良仁慈、诚实守信等心理特性，人与人之间能够做到宽容厚道、感恩同情、关爱仁义、友善奉献、共赢分享。

从心理学角度进行分析，和谐社会是人们形成和谐心理，构建和谐人际关系，人与自然、人与社会形成和谐关系的社会。建设和谐社会的关键是形成和谐社会形态下的和谐心理，我们分析了和谐社会下的和谐心理的大致形态：

一是在和谐社会，人们具有社会意识和集体意识，愿意承担社会责任和个人责任。在和谐的社会形态下，社会各方利益得到合理平衡，在保证国家、集体利益的前提下，个人利益得到充分保障，人们具有社会意识，能自觉地维护国家利益、民族利益、集体利益，不会为了满足个人私欲做出损害国家集体利益的事情。人们能够自觉地处理好个人利益与集体利益、社会利益的关系，当个人利益与集体利益、社会利益发生矛盾时，能够服从集体利益和社会利益。人们具有责任意识，愿意承担家庭责任和社会责任，愿意为社会做出无私奉献。

二是在和谐社会，人们形成了法治观念，具有遵纪守法的意识。在和谐的社会形态下，社会具有健全的法律规范并能得到有效实施，人们不敢违法犯罪，因为当人们违法犯罪时，就会受到法律制裁。依法治国的理念得到绝大多数人的认同，人们的法治观念和法律意识逐渐增强，更加自觉地遵守和维护社会规范。社会形成依法办事的氛围，人们形成依法办事的意识，形成遵循法律的关系，避免侵害和伤害。社会安定有序，充满生机活力，经济活动得到保障，经济发展态势较好，人们获得良好的生活保障和医疗保障，具有心理上的安全感和安定感。

三是在和谐社会，人们形成公平正义观念，遵循公平正义原则。在和谐的社会形态下，制度设计能够遵循公平正义原则，社会规范具有维护社会公平正义的机制，能够保证做到公平公正。社会规范能够给予每个人充分的自由，赋予每个人良好的发展机会，保证人们能够活得有尊严、有价值，内心有满足感和幸福感。罗素说："制度，如果给予某些阶级的机会比较别的阶级特别多，在处境比较不幸的人看来，就不会再认为它是公平的；虽然比较幸运的人还在热烈地保卫着它们。"[①] 在和谐社会，人们很少受到不公正的对待，当人们遭遇不公正的事情时，社会具有扭转这种不公平的机制。人们内心具有公平公正的认知和信念，愿意遵循公平公正原则，愿意自觉地维护社会的公平正义，具有正义人格，愿意保证社会资源得到公平公正的分配。

四是在和谐社会，人们形成道德意识，自觉遵守道德规范。在和谐的社会形态下，道德规范得到认同，人们具有道德意识和良好的道德品质，遵守道德底线，维护社会公序良俗。人们具有明确的是非观念，具有道德感，不会违反道德规范，自然地认同违反道德规范是可耻可恶的表现。人们内心充满正气，有良知和良心，能知行合一，不仅自觉遵守社会道德规范，也能维护社会的道德原则。人们理智克制，能够自觉地控制自己的不合理欲望，不会为了满足个人私欲，违反道德规范。如果有人违反道德规范，会受到社会舆论的谴责，会使人产生巨大的心理压力，使人感到羞耻和惭愧。

五是在和谐社会，人们具有善的心理，崇尚善的行为。在和谐的社会形态下，社会形成扬善惩恶的制度和举措，具有崇善扬善的舆论环境，人们向往善、追求善，形成了清晰的善的认识和观念，相信这个社会不会忽视善，相信善举

[①] 罗素. 社会改造原理 [M]. 张师竹，译. 上海：上海人民出版社，1986：11.

必定会受到嘉奖，恶行必定会受到惩罚。在崇善的社会氛围中，人们浸润在善意氛围中，善的情感得到熏陶，人们具有同情心和正义感，懂得感恩，会关心他人。在扬善的社会氛围下，人们内心形成善的意识，愿意遵循善的原则，愿意维护社会公平正义；人们形成善的人格，表现为善良、诚信、负责、宽厚，人们愿意与人为善，善意待人，会尽职尽守，乐意奉献乐于助人，愿意与人合作共赢。

弗洛姆曾经设想过心理学视角的健全社会。他认为在健全社会，人与社会形成和谐关系，人们的合理需要得到最好的满足，具有社会参与意识，承担社会责任，真正成为社会的一员。人的良心和良知得到最大程度的发展，贪婪、剥削、占有、自恋等不良品质没有机会使个人获得私利，能够得到最大程度的抑制。人们最大程度地消除了敌意，群体成员具有善意，友爱相处，互帮互助。我们要建设的和谐社会正是弗洛姆描述的健全社会，现在和谐社会的建设已经取得良好成效。法治建设受到重视，法律规范得到完善，社会形成了良好的道德氛围，具有了扬善罚恶的社会机制，依法治国的理念已深入人心，人们普遍具有法治意识并形成了遵纪守法观念，绝大多数人具有道德意识，能遵守道德规范，能维护社会公平正义，能自觉遵循善意原则，能关注关心关爱他人，能做到合作分享、互利共赢，注重形成人际善意相待互帮互助的和谐关系。

第四节　人际善的关系

和谐社会是绝大多数人能达到内心和谐的社会，也是能够形成人与自然、人与社会的和谐及人与人之间的和谐的社会。人与社会、人与自然的关系和谐与人际关系和谐息息相关，人与自然、人与社会的关系和谐能够促进人际关系和谐。人与自然、人与社会的关系和谐建立在人们遵循法律规范和遵守道德规范的基础之上。法律是国家层面制定的并且需要强制执行的规范体系。健全的法律规范规定了人们的行为，使人们不能肆意破坏和损害自然环境，不能损害或侵占国家、社会、集体、个人利益，不能危害社会和伤害他人。健全的法律规范维护社会的和谐秩序，保证社会的公平公正，维护社会的公平正义，维护人们的平等权利。

《新时代公民道德建设实施纲要》简明扼要地阐释了法律和道德间千丝万缕的紧密联系："法律是成文的道德，道德是内心的法律。"[1] 文件强调法治建设与道德建设有机结合的必要性："要发挥法治对道德建设的保障和促进作用，把道德导向贯穿法治建设全过程，立法、执法、司法、守法各环节都要体现社会主义道德要求。"[2] 人与自然、人与社会的和谐关系得到维护，需要人们具有道德意识，遵守道德规范。社会公德能够促进人与自然、人与社会保持和谐关系，是社会文明程度的重要标志，《公民道德建设实施纲要》界定了社会公德，提出："社会公德是全体公民在社会交往和公共生活中应该遵循的行为准则，涵盖了人与人、人与社会、人与自然之间的关系。"[3] 文件同时强调了社会公德对于维护人与自然、人与社会之间和谐关系的意义："社会公德在维护公众利益、公共秩序，保持社会稳定方面的作用更加突出，成为公民个人道德修养和社会文明程度的重要表现。"[4]

法律和道德保证人与自然、人与社会维持和保持和谐关系，人与自然、人与社会的关系和谐有助于促进人际形成和谐关系。

人际和谐的关系是一种遵循法律规范的关系，人们之间形成法的关系。法律以明确的规范约束人们的行为，防止人们违法犯罪，抑制人的恶的行为，避免人们互相伤害，保障人的权利，维护社会的稳定。人际和谐关系建构在遵循社会法律规范的构架下，需要社会政治文明得到高度发展，社会具有健全的法制，人们具有法律意识。人们遵纪守法，人们之间发生的各种关系建立在遵纪守法的前提下，人们不会触犯法律，不会伤害他人，不会损害他人利益。

人际和谐的关系是一种遵循道德规范的关系，人们之间形成德的关系。道

---

① 新时代公民道德建设实施纲要 [N]. 人民日报，2019-10-28.
② 新时代公民道德建设实施纲要 [N]. 人民日报，2019-10-28.
③ 公民道德建设实施纲要 [N]. 人民日报，2001-10-25.
④ 公民道德建设实施纲要 [N]. 人民日报，2001-10-25.

德以社会约定俗成的方式，形成人们之间应该遵循和遵守的规范体系。法律规范与道德规范不一致，但是可能有交集。个体有意伤害他人或损害他人利益的行为可能会触犯法律，也往往同时违背道德。个体无意中伤害他人或损害他人利益的行为可能触犯法律，但是不一定违背道德。个体违背道德的行为可能同时触犯法律，也可能不触犯法律。许多行为违反道德，但是不一定触犯法律。

　　和谐的人际关系形态下，人们遵守道德规范，形成基于德的约束和德的自律的和谐关系，人们之间不会互相伤害，损害他人利益。人际基于德的和谐关系包括三个层面：

　　一是礼的关系。礼的关系是由道德意识主导的以礼相待的人际关系，包括礼貌关系、礼让关系、礼敬关系等。儒家思想家重视礼、强调礼，构建了系统的礼的原则和要求。《论语·为政》写道："道之以政，齐之以刑，民免而无耻；道之以德，齐之以礼，有耻且格。"单纯以法律约束民众的行为，民众能够避免违法犯罪，但是不见得有羞耻心理。如果在道德的框架下，引导民众谨守礼仪，民众能有羞耻感，也能遵守道德规范。《论语·学而》写道："礼之用，和为贵。"礼能够促进人际关系的和谐。《论语·颜渊》中说："非礼勿视，非礼勿听，非礼勿言，非礼勿动。"这是人有礼貌懂礼貌的体现，礼貌关系使人们彼此尊重，不会无缘无故地互相侮辱和伤害。礼让关系指人际之间谦让不争的关系。礼敬关系是人际交往中由恭敬态度主导的相互尊重的人际关系。礼貌、礼让、礼敬等体现了人际之间以礼相待的关系，是一种和谐和气的文明的人际关系。

　　二是善的关系。善的关系是人们在遵循善意原则下建构起来的人际关系。在善的关系中，人们遵循尊重原则、互惠原则、诚信原则、公平公正原则等善的原则。在善的关系形态下，人们具有善的认知、善的观念、善的情感和善的人格；人们具有善意，具有同情怜悯情感，彼此善意相待；人们关注关心对方、理解包容、互帮互助、合作分享、互利共赢。善的关系一定也是一种礼的关系，礼貌、礼让、礼敬也属于善的行为。

　　三是爱的关系。爱的关系是建立在相互之间关爱爱护基础上的人际关系，是人们互相关心关爱的关系形态。爱的关系不仅指家人之间的亲密关系，父母、老师对孩子或学生的慈爱关系，夫妻之间的爱情关系，也指人们之间的友爱关系、爱护关系。爱的关系的最高境界是基于仁义原则的仁爱关系，是由人的仁义人格主导的爱的关系。但具有仁义人格的人很少，人很难达到仁义人格的境界，人们之间难以建立仁爱关系。即使人们之间建立了仁爱关系，通常也不是对等的关系，而是从属的关系。

和谐的人际关系建立在守法的基础上，人们具有法律意识，形成基于法律规范的人际关系，法律制约人们的行为，抑制人们的不合理欲望，抑制人们损人利己的倾向，避免人们之间的互相伤害和互相损害。和谐的人际关系也建立在循德的基础上，人们具有道德意识，具有公平公正的信念。人与人之间形成基于德的交往关系，人们具有礼的意识，人与人之间能够做到礼貌、礼让、礼敬的关系。人们具有善的心理，形成善的认知、观念、情感和人格，人们之间形成善意相待的交往关系。人们具有爱的情感，人与人之间能形成基于爱的关注、关心、关爱的交往关系。

人际和谐的关系是人们之间遵循礼的要求、具有善的意识、具有爱的情感的以礼相待、友善相处、互帮互助、相互关心关系。人际和谐的关系本质上是一种善的关系，也是一种友善关系。2013 年 12 月，中共中央办公厅印发的《关于培育和践行社会主义核心价值观的意见》，正式明确提出了社会主义核心价值观的三个层面的内容和要求，个人层面的核心价值准则主要是爱国、敬业、诚信、友善等，友善是社会主义核心价值观的个人层面的重要准则，是新时代人们应该形成的核心价值准则。

中国传统文化中特别强调构建友善关系，《论语》提出人们之间应该构建见弟般的友善关系："四海之内，皆兄弟也。"（《论语·颜渊》）《孟子》主张人们应该友善相待："取诸人以为善，是与人为善者也。故君子莫大乎与人为善。"（《孟子·公孙丑上》）"出入相友，守望相助，疾病相扶持。"（《孟子·滕文公上》）亚里士多德把友善看作最重要的德性之一，他对友善的本质进行了分析，认为友善与友爱相似但不同，因为友善中通常不包含对交往对象的感情。他指出友善最核心的特征是使人快乐而不是使人痛苦，友善的人"总是为着高尚和有益的目的而努力使人快乐而努力不使人痛苦"①。他认为友善的这种使人快乐的方式不是一种谄媚，更不是一种乖戾，而且友善往往并不仅仅是针对亲朋好友的，而是指向所有人的。

《说文解字》中解释友："同志为友。《周礼》注曰'同师曰朋，同志曰友。'从二又相交。二又，二人也。善兄弟曰友，亦取二人而如左右手也。"②《说文解字》对善的注释为："善，吉也。""吉，善也。"③ 可以看到，友即"友好"，善即"善意""善良"，友善本义为待人友好具有善意。《礼记·儒行》中说："温良者，仁之本也。"(《礼记·儒行》) 仁的德性的根本是温和良善，其现实特性表现为待人良善友好，仁是友善的人格本质，友善是仁的态度倾向和行为特征。

从心理学角度分析，友善本质上是人与人之间友好相待的心理倾向，这种倾向也称为友善态度，是基于人们善的认知、善的观念、善的情感、善的人格的愿意为对方带来快乐和给予帮助的心理和行为倾向。友善关系意味着人们之间友好相待，对对方怀着善意，不会伤害对方，愿意为对方带来快乐或者带来实质的物质上或精神上的帮助。日常生活中，当一个人对他人真诚微笑时，我们认为他的态度是友善的，可以说真诚微笑是最基础最基本的友善态度。在心理学研究领域，诸如人们的合群、合作、助人、分享、安慰等具有利他性质的亲社会行为，从受惠者角度来说，都可以称为友善行为。

具体分析，友善关系大致可以分为五类：一是人们之间态度友好的关系，表现为真诚微笑、谦虚有礼、恭敬礼让。二是人们之间互相鼓励互相安慰的关系，人们能够给予对方精神上的支持，能够做到互相鼓励和互相安慰。三是感恩互惠的关系，互相有感恩心理，能够做到感恩图报。四是互利共赢、合作分享的关系，双方能够考虑对方的利益，做到互利共赢、合作分享，不会占对方便宜。五是互帮互助的关系，人们能够给予对方物质上的帮助，能够付出体力、财力来互帮互助。人们的友善关系，都有一个核心特征，就是不能损害到第三

---

① 亚里士多德. 尼各马可伦理学 [M]. 廖申白，译注. 北京：商务印书馆，2003：117.
② 许慎. 说文解字 [M]. 段玉裁，注. 上海：上海古籍出版社，1981：228.
③ 许慎. 说文解字 [M]. 段玉裁，注. 上海：上海古籍出版社，1981：203.

方的利益，特别是不能损害社会或国家的利益。

友善关系通常是双向对等的，意味着双方都表现出友善倾向，都表现得态度友好、互相安慰、互相鼓励、感恩互惠、互利共赢。友善关系可能是单向不对等的，表现为一方安慰鼓励对方，另一方接受这种安慰鼓励，或者一方帮助对方，另一方接受这种帮助并且表示感谢，这种情况下因为双方具有友善态度，仍然属于友善关系。如果一方态度友好，另一方态度淡漠，或者一方鼓励安慰，另一方感到反感，或者一方帮助对方，另一方不愿互帮互助，或者一方愿意互利共赢合作分享，另一方不愿意互利共赢合作分享，都不能够建立友善关系。

日常生活中，友善关系表现得非常普遍，是人们期望形成的关系。不友善关系会给人们带来诸多痛苦和伤害，是绝大多数人深恶痛绝的。人际不友善关系表现为：一是冷漠关系。人与人之间缺乏关注关心，毫不相干，相互之间几乎没有任何形式的交流和沟通。二是矛盾关系。一方态度友好，另一方态度冷漠，一方帮助对方，而另一方缺乏感恩心理不愿互帮互助，人们因为态度不同或利益之争均会导致产生矛盾，不仅相互不理睬，而且互有不满情绪。三是冲突关系。人们之间因为利益矛盾而产生冲突或斗争，相互之间产生敌意，恶意攻击，互相伤害。四是侵害关系。人们在人际交往中侵害他人的利益，损人利己，或者互相损害对方利益。人们之间关系冷漠、充满矛盾冲突，争斗或斗争不断，相互侵害，这不是和谐的人际关系，也不是友善的人际关系。

人们通常不愿意孤立存在，而是愿意融入群体，与群体成员友好相处，互相合作、互相帮助、互相关心、互相守护。人们的合群倾向是构建友善关系的重要原因。合群倾向也表现为对人的友好热情，能够对人微笑，主动地问候，力所能及地助人，有感激感恩心理。微笑是最基本的善意举动，也是能构建人际友善关系的最简单方式。微笑能够打破人际关系的隔阂，拉近陌生人之间的心理距离，使人们之间关系融洽，使人们具有互相关注关心的可能性。如果一个人见到亲戚、朋友、同学、邻居，或者遇到陌生人，不仅没有微笑招呼，而是冲对方吐口水，或者轻蔑地哼哼，他们之间就不能构建友善关系，相反会形成一种充满恶意的互相侮辱伤害的矛盾冲突关系。

人们秉持以礼相待、谦和礼让、互相尊重、诚实守信、公平公正的态度，有助于建立友善关系。人们之间互相关心关注对方，给予对方精神上的鼓励和物质上的支持，能够使人感受到精神上的力量，使人有勇气面对困难、压力和痛苦，也能勇敢面对他人的伤害，谋取公平公正的待遇，增进人们之间的友善关系。在人们极度痛苦和伤心的情况下，一个关切的目光、一个温暖的拥抱、一句安慰鼓励的话语、一个握手和拍肩的动作都有可能给予对方极大的力量，减轻对方的痛苦和伤心。得到这样的关切和关爱是人们构建友善关系的最大好处。一个人忽视他人的感受，漠视他人的痛苦，嘲笑他人的不幸，或者在对方痛苦伤心绝望的情况下还起哄奚落谩骂都不是友善的行为，会造成人际矛盾和冲突。

第五节　人际爱的关系

弗洛姆提出，当我们从个人与世界的特殊关系形式中看待人们的交往关系时，可以看到人际之间形成的共生关系，疏远、退缩和破坏的关系，爱的关系等三种关系形式，曹玉文将这三种关系形式解析为共生性关系、疏远性关系和友善性关系，这样的解读也是合理的。笔者认为最合适的解读是共生性关系、疏远—退缩—破坏关系、友善或爱的关系，这样的解读能够基本包括人与人之间的关系形式。在共生关系形态中，如果双方对依附与被依附的关系形态感到满意，可以形成一种和谐的亲密关系。父母与子女之间、夫妻之间容易形成这样的共生关系，但是，如果子女已经长大，父母希望他们能够独立自主、自力更生，这样的共生关系会出现裂痕，会产生矛盾和冲突。夫妻之间如果因为其中一方对这样的依附关系不满意、不满足，也会产生矛盾和冲突。如果是亲戚、朋友之间，产生共生关系是不正常的，也通常不能够维持太久，很容易因为其中一方的不满意而产生矛盾冲突。

弗洛姆所谓的退缩—破坏的关系包括了退缩—退缩关系、退缩—破坏关系和破坏—破坏关系。如果说羊是倾向于退缩的，狼是倾向于破坏的，退缩—退缩的关系就是羊与羊之间的关系，在人际间，如果人们像羊一样是退缩的，相互疏远，避免与人接触，这样形成的是疏远性关系，表面上是和谐的，可以避免矛盾和冲突，但也是冷漠的，人们相互间抱持冷漠态度，并不是一种和谐的社会关系。退缩—破坏的关系是羊与狼的关系，也是不和谐的关系，如果一个人像羊一样退缩，像羊一样懦弱，在人际关系中，被狼性交往对象欺凌，这样的关系不会是和谐的。破坏—破坏的关系，就是像狼与狼之间的攻击破坏关系，当人们相互间像狼一样具有攻击性和破坏性，因为各种纷争纠葛而产生矛盾冲突，互相侵犯伤害的话，显然不是和谐的关系。

在弗洛姆的三种关系形态中，最理想的关系是爱的关系。弗洛姆写道："爱是与其他人以及与自己发生关系的富有创造性的形式。它含有责任、照顾、尊重和了解。"[①] 按照弗洛姆的羊与狼的关系逻辑，人际爱的关系是一种类似于羊与羊之间的关系，也是人与人之间的友善关系。显然，羊与羊之间达不到人类所谓的友善的状态，也不会有爱的表现。友善或爱是人类特有的相处方式。在弗洛姆看来，爱是人与人之间的一种高尚情感，表现为积极奉献或乐意付出的态度或行为。在爱的关系形态中，互相抱持关注关心关爱态度，愿意为对方奉献和付出，这样的关系形态可以达到真正的和谐。

弗洛姆认为在健全的社会，或者在和谐的社会，人们之间能够构建爱的关系。弗洛姆以心理学视野探讨了他眼中的健全社会中人们的内心和谐和人际爱的关系状态，他说："在一个精神健全的社会里，人们没有机会将贪婪、剥削、占有、自恋这类品质用于获取更大的物质利益或提高个人的威望；按照良心行事被当作基本的、必要的品质，而机会主义和无原则则被看作自私的行为；个人参与社会事务，社会的事因而也成了个人的事，个人同他人的关系与他同自己的关系不再是分离的。此外，一个健全的社会使人在可把握的和可观察的领域内积极而又负责地参与社会生活，并且成为自己生活的主人。精神健全的社

---

① 弗洛姆. 自我的追寻 [M]. 孙石，译. 上海：上海译文出版社，2012：94.

会促进了人与人之间的团结，不仅允许而且鼓励成员友爱相处；精神健全的社会促进每个人在其工作中进行创造性活动，激励人们充分运用其理性，使人能够通过集体的艺术和仪式表达出自己内心深处的需要。"①弗洛姆主张通过社会变革，使人类理性和良知得到发展，达到爱的关系状态："理性与良心成了指导他行为的原则，他的目的是建立一个由友爱、正义、真理维系的社会，一个崭新的真正属于人类的家园，以代替他那不可挽回地失去了的大自然中的家。"②在健全社会，每个人都有可能最大限度地发展自己的潜能，成为具有充分理性、具有爱的情感的人。"这意味着这样一种社会：每个成员的理性都得到了发展，能客观地看待自己、他人和自然，看到这些的本来面目，而不是被孩子气的狂妄或偏执歪曲了的图景。这意味着这样一种社会：每个成员的独立性都得到发展，知道善与恶的区别，能够自己做出选择，有信念而不仅仅是意见，有信仰而非迷信或模糊的希望。这意味着大家合力构建了这样一种社会：每个成员都能够去爱自己的孩子，爱邻居，爱一切人，爱自己，爱自然界的一切；每个成员都能够感到与万物合一，却又不失掉其个性和完整性；每个成员都能用创造而不是用毁灭来超越自然。"③

弗洛姆相信人本主义伦理学的目的是要让人能够自爱且爱人，能够具有向善的动力和能力。他说："人本主义伦理学的最高价值不是舍己，也不是自私，而是自爱；不是否定个人，而是肯定真正的自我。人要想对价值获得信心，则须了解他自己以及了解他的本性是否具有向善和自发创造的能力。"④一个人的自爱不是为了自私和占有，而是一个人的自我价值肯定，这种自我价值的肯定是在一个人与他人的紧密联系及对他人的爱的基础上实现的："相信自己的存在，自己需要与他人建立关系，需要兴趣、爱和世界相一致，并在此基础上确立安全感、同一感和信心，而不是将此建立在占有欲和控制欲的基础上，从而

---

① 弗洛姆.健全的社会 [M].孙恺祥，译.上海：上海译文出版社，2018：234.
② 弗洛姆.健全的社会 [M].孙恺祥，译.上海：上海译文出版社，2018：303.
③ 弗洛姆.健全的社会 [M].孙恺祥，译.上海：上海译文出版社，2018：306.
④ 弗洛姆.自我的追寻 [M].孙石，译.上海：上海译文出版社，2012：5.

成为自己占有物的奴隶。"①

弗洛姆批评了现代人对待爱的矛盾心态。现代人一方面缺乏爱，所以祈求和渴望爱；另一方面不懂爱、不会爱，忽视爱或漠视爱，常常把诸如名誉、金钱、权势等看得比爱更重要、更有价值。人们不肯花精力去学习爱的艺术，却花许多时间去钻研所谓的经济上的成功和政治上的成就。这样做使人们失去了生活的意义感和价值感，无法升华自己的生命，不能真正获得他人的尊重，也无法摆脱生活的孤独感和空虚感，甚至会使不少人陷入生命或人生的迷惘状态，导致心理的疯癫形态。在和谐的人际关系形态下，人们能够摆脱自我中心、自私自利的心理状态，能够重视与人构建和谐美好的交往关系，在这样的情形下，爱成为可能。在和谐的人际关系形态中，人们懂得爱，重视爱，懂得爱的艺术，愿意付出时间和精力去建构爱和维护爱，不会把名誉、金钱、权势看得比人际交往中的情感更为重要。

和谐社会有助于人们形成对等的爱的关系，双方相互间有爱的情感和爱的行为倾向。和谐的家庭环境中，家人之间能够做到相亲相爱、互相关心，建构起相互依恋、相互守护的爱的关系。父母等长辈与孩子之间的爱的方式是不一样的，父母对孩子的爱主要是慈爱，也有亲爱，孩子对父母的爱主要是亲爱。父母爱孩子，不管自己有多么辛苦，仍然尽心尽力地照顾孩子，避免他受到伤害，教育他做人的道理。孩子体会到父母对自己的爱，体会到父母养育自己的不容易，体会到父母等长辈对自己的关怀、爱护、守护，他们尊敬父母，在长大有了一定的能力后，不忘长辈对自己的关爱，他们关心和照顾父辈和祖辈，经常去看望他们，给他们买吃的，陪他们聊天，给他们做家务。父母有慈爱，孩子懂孝顺，家庭成员相亲相爱，这样就构架了和谐的家庭环境。在这样的家庭环境中生活和成长，一个人的心态容易是和谐的，家庭成员间充满了爱的情感。

家人之间相亲相爱的关系是一种和谐的爱的关系，是一种亲爱关系。亲戚

---

① 弗罗姆.占有还是存在 [M].李穆，等译.北京：世界图书出版公司，2015：158-159.

之间由于长期共同生活，在生活过程中互帮互助，互相安慰、鼓励，也能够形成亲爱关系。邻居之间、朋友之间也可能因为互相的依恋依赖而产生亲爱关系。亲爱关系的产生基础是双方的天长日久的接触亲近，在交往过程中形成的依赖依靠的行为倾向，使人具有依恋对方的情感倾向。

恋人之间、夫妻之间形成相互吸引、相互依恋的情爱关系，也会因为日久天长的相处而产生依赖、依恋的亲爱关系。恋人之间的情感关系建立在性吸引、性关系之上，但是如果单纯只有性吸引性关系，是没有爱的情欲关系，是一种因欲而产生的情感关系。而恋人之间互帮互助、互相依赖的关系，能够形成相亲相爱的情爱关系，也能够产生亲爱关系。夫妻之间通常有更多共同生活的机会，在共同生活中，能够形成相互依赖的亲爱关系，这样的爱的关系是和谐的关系。

在现实社会中，朋友有许多种，有互相利用的朋友，有兴趣相同的朋友，有价值观相同的知己，有心意相通的知音，有相亲相爱的朋友等。许多人的朋友交往建立在互相利用的关系上，在朋友缺乏利用价值的情况下，或在朋友之间发生利益纠葛的情况下，容易翻脸，发生矛盾冲突。和谐的朋友关系是友好友善的关系，朋友之间不仅能做到互帮互助，相互安慰鼓励支持，甚至能够发展成为友爱的关系，一种亲密朋友之间互相依恋，互相关注关心关爱，相互依恋相互守护，重情重义相亲相爱的友爱关系。

亲子间爱的关系可以是双向对等的，父母爱孩子，孩子也爱父母，这是和谐的爱。亲子间爱的关系也允许单向不对等，父母爱孩子，孩子不爱父母，这时，父母虽然不会收回爱，但是会很伤心。情人之间、夫妻之间、朋友之间爱的关系通常必然是双向对等的，否则会失衡而破裂。夫妻之间的双向对等的爱的关系会因为有一方失爱而变得不和谐，甚至成为矛盾冲突关系，如果双方都失爱的话，会成为冷漠关系或敌意关系。

仁爱是一种单向不对等的爱，仁爱关系的对象不明确，可能是每个值得怜悯同情的人，并且是不定向的爱的关系。一个人有爱心、重情感、负责任、有正义感，他就能够在他人遇到困难的时候产生怜悯同情情感，有仁慈情怀，具有守护的意愿，愿意无私地帮助他们，这样，他与被爱者建构了暂时的仁爱关系，这种仁爱关系不是固定不变的，很容易转移到另一个对象。仁爱的对象往往是身处困境中的人，可能是每个人。儒家所希望的"仁者爱人"和墨家思想家倡导的"兼爱交利"，都是对象不明确地指向所有人的爱，是一种博爱或大爱，儒家和墨家都希望人们构建一种大爱或博爱的关系，即一种不定向的仁爱关系。

亚当·斯密在《道德情操论》中说："在出于热爱、感激、友谊和尊敬而相互提供了这种必要帮助的地方，社会兴旺发达并令人愉快。所有不同的社会成员通过爱和感情这种令人愉快的纽带联结在一起，好像被带到一个互相行善的公共中心。"[1]和谐社会的爱的关系是人们之间合作分享、互帮互助、相亲相爱、奉献牺牲的关系。和谐社会也意味着许多人具有仁爱情感，能够使他们与那些需要得到帮助的人之间构建一种基于仁慈情感的仁爱关系。

第六节　善的人际关系的形成机制

菲利普·津巴多领导的研究小组在斯坦福大学心理系大楼地下室的模拟监狱内实施的实验，意图阐释善恶发生的规律，解析人际善恶关系的心理机制。津巴多研究小组在当地报纸上征集志愿者参与实验研究，探究囚禁状态下人们对监狱管理者的态度和被监管者心理行为的改变。实验时间为两周，志愿者每天能得到15美元的报酬，这在当时可以说是相当不错的报酬。应征者接受面试，通过一系列心理测试，其中24名被认为非常健康、没有心理问题的人被选中作为被试。其中9人在实验中充当囚犯，分为3组，关在3个囚室；12人充当狱卒，轮班监管囚犯；余下3人从事管理等方面的工作。志愿者被告知，如果充当囚犯，他们会被剥夺公民权利，并且只能得到最低限度的饮食和最低程度的医疗保健。志愿者都愿意充当囚犯，希望从这一经历中得到人生的一些特殊体验。

充当囚犯的被试被要求某个周日待在家里，这一天，津巴多说服当地警局

---

[1]　斯密.道德情操论[M].蒋自强，钦北愚，朱钟棣，等译.北京：商务印书馆，2003：105.

的两位真警察陪同，逐个逮捕了9名被试，他们被带到斯坦福大学心理系大楼地下室的模拟监狱，充当狱卒的被试已经等在那里。充当囚犯的被试到达模拟监狱后，接受了监狱规范的学习。被试们很快适应了自己的囚犯或狱卒角色，第一天，大家还相安无事。但这些囚犯第二天便发起了抗争，开始拒绝服从狱卒的命令。狱卒采取了各种措施控制局面，强迫囚犯做俯卧撑，脱光他们的衣服，拿走他们的饭菜、枕头、毯子和床，让他们清洗马桶，有些人被关禁闭。最后局面逐步失控，囚犯和狱卒逐步超出了一些预设行为的界限，出现了严重的互相敌对的情形，狱卒表现出了真正的虐待和施暴倾向，许多囚犯受到伤害，充当囚犯的一些志愿者处于心理崩溃状态，要求提前退出实验。到了第六天，当津巴多的同事（后来成为他妻子）克里斯蒂娜受邀来到实验场所观看实验场景时，克里斯蒂娜看到充当囚犯的志愿者戴着头套，被威逼着排队上厕所的情景时，感到非常震惊，对该项实验造成的人的心理的负面影响提出了强烈的质疑，津巴多也看到了研究中被试表现出来的日益鲜明的攻击倾向和心理崩溃状态，于是提前中止了实验。

在津巴多的实验中，充当狱卒的被试表现出了更多的暴虐攻击倾向，他们以打压、虐待那些囚犯被试为乐，囚犯被试则对应地表现出了明显的敌意倾向。津巴多的实验表明，人们容易在恶劣环境影响下因人际敌对关系而变得具有恶意并相互伤害，他把这种现象称为路西法效应——上帝最宠爱的天使路西法在受到诱惑后堕落成了魔鬼。

个人的性情并不像我们想象的那般简单，善恶之间并非不可逾越，环境的压力或群体的影响会让平时看起来友善的人做出可怕的恶的行为。当津巴多的实验开始之时，两组被试没有任何区别，都是日常生活中的普通人，但是几天时间以后，由于他们扮演的角色不同，他们之间已经变得没有共同语言，行为也有了明显差异。充当囚犯的被试表现出了更多的敌意倾向，他们怀疑分组并不是随机的，感到狱卒个子比他们要高。而充当狱卒的被试表现出了更多的暴虐攻击倾向，他们以打压、虐待那些充当囚犯的被试为乐。

津巴多的实验可以解释很多问题。一个看起来充满善意的人为什么会在特殊的恶意环境下变得狂暴恶毒，许多人在面对恶行时为什么会显得无动于衷？津巴多的实验有助于我们解释这些现象。津巴多的实验表明人们容易受到恶劣环境的影响而变坏作恶，他也提出了使人们变得更善良的方法，认为有公平公正信念、负责任、特立独行的人能够反对任何不公正的制度，他们不会为了个人人身安危而放弃自己的原则，他们能够顶住压力，抵抗诱惑，抵抗路西法效应。津巴多的实验后来被改编成为电影，较新版本的电影取名《死亡实验》，也翻译为《叛狱风云》。通过电影人们可以更加直观地认识到人性的丑恶、暴虐的倾向，可以看到人际矛盾逐渐演变为激烈冲突的过程。

在津巴多的实验中，当志愿者选择了某个角色后，他们的心理会产生微妙变化。那些充当狱卒的被试会认同自己是好人，他们不自觉地将那些充当囚犯的被试看作坏人。当这些充当囚犯的志愿者在触怒狱卒的时候，充当狱卒的被试运用了严酷控制的方法加以应对，而且在他们用这些严酷方法对付充当囚犯的志愿者的时候，角色意识实现了真正的转换，他们真的把对方看成了应该受到严厉惩罚的坏人，觉得对方罪有应得，理应受到惩罚。但那些充当囚犯的志愿者被惩罚时，他们并没有真正地把自己看成是坏人，他们只是认为自己只是在做实验。所以，两组被试角色认同的矛盾使冲突不可避免地产生了。

津巴多想通过实验知道人究竟是如何变坏的，想要探究其中的规律，而从实验过程看，也确实产生了一些有价值的结论。当我们作为局外人对这些当事人进行判断和分析时，情势会显得明晰一些。作为当事人来说，可能想法会有些不一样，比如那些充当狱卒的志愿者会认为他们对那些假囚犯的处罚是必要的，囚犯因为犯法受到惩罚是罪有应得。而那些充当囚犯的志愿者会认为自己的反抗理所当然，因为自己原本就没有犯罪，完全不应该受到尤端的处罚。所以，表面上看，角色定位的错误是造成这些实验对象发生矛盾冲突的重要原因，而在现实生活中，人们恰恰就存在这样的心理倾向，把自己看作好的、对的，自己是好人，把自己人关系圈中的家人、朋友看作好的、对的，而把那些陌生的人看作错的、不好的，是坏人，至于那些曾经有过劣迹的人更加容易被看作错的、坏的。在津巴多的实验中，那些志愿者就是这样想的，可见，人们对自己会有明显的好人认同倾向，而对陌生人、有劣迹的人有一种坏人认同倾向。

在津巴多的斯坦福监狱实验中，恶劣的环境和错误的认识是催生人的恶意倾向和邪恶行为，导致人际矛盾冲突的最重要因素。津巴多认为"经过时间的洗礼，实验真正的意义开始浮现，它强而有力地刻画出恶劣的系统与环境所产生的潜在毒害，能够让好人们做出有违本性的病态行为"[①]。

在生活中，只要有人际交往，就不可避免地会有人际矛盾和人际冲突。无论是陌生人之间，还是至亲骨肉之间都不可避免地会有矛盾和冲突。人际矛盾与冲突，人们的敌意或恶的关系是以下这些因素综合作用的结果：

一是不良环境的影响。恶劣的境遇造成人的恶的心理状态和恶的行为倾向的路西法效应普遍存在，这是造成人们之间的矛盾和冲突，造成人们互生敌意的重要因素。善不能得到好报，恶却有利可图，在这样的社会环境下，人们会利欲熏心，为获取个人利益而表现出敌意。

二是错误认识的影响。人们缺乏公平公正意识，凡事都表现得自我中心，将他人之得看作自己之失，容不得他人比自己强。他们较少考虑他人利益，总是追求自己利益的最大化，不能设身处地、推己及人，造成人际矛盾和冲突，造成人们之间的敌意。

三是不良个性的影响。在具有唯我独尊、自私自利、贪婪愚蠢、心胸狭隘、唯利是图等不良人格的情况下，人们会互相算计，互相利用，互相伤害，互相攻击，人与人之间将充满矛盾冲突，造成敌意伤害。

四是消极的情绪情感的影响。迅速变化的社会使许多人对于自己的前途和命运感到难以把握，人们在这种情况下特别容易心浮气躁，变得神经质，难免对他人态度恶劣、情绪暴躁，从而造成人际矛盾、冲突和敌意。

五是错误态度的影响。一些人在与他人相处过程中，处于一种盲目的自尊状态，他们很少能够以平等态度待人，他们对待他人颐指气使，把他人看得比

---

① 津巴多.路西法效应：好人是如何变成恶魔的 [M].孙佩妏，陈雅馨，译.北京：生活·读书·新知三联书店，2010：231.

自己地位低下，不尊重他人，结果造成矛盾冲突。有些人则因为对自己某些方面缺乏自信而产生掩饰心理，也易产生人际矛盾和冲突。

从心理学的角度分析，矛盾、冲突或敌意是人们在恶劣的社会情境下，不良的人格、错误的认知和观念、消极的情绪情感及不良的态度综合作用的结果。

善的关系或爱的关系的形成机制可以表述为：在健全的法制和道德规范的制约下，人们形成法治观念和道德意识，具有善的认知、积极的情绪、善的情感和善的人格，能够做到自觉遵守社会规范，习得善意原则，并且自觉遵循善意原则的结果。当善意原则成为个体信奉并且坚守的价值规范和行为准则，个体不管身处何种状态都能够有善意、有爱心，具有同情心和懂得感恩，能够反抗不公平和非正义，能够设身处地和与人为善。

《新时代公民道德建设实施纲要》提出："坚持发挥社会主义法治的促进和保障作用，以法治承载道德理念、鲜明道德导向、弘扬美德义行，把社会主义道德要求体现到立法、执法、司法、守法之中，以法治的力量引导人们向上向善。"① 社会具有健全的法律制度和社会治理，社会重视法治建设，完善法律规范，强化人们的法律意识，引导人们遵纪守法，法治的力量能够抑制人们的恶的倾向，能够有效避免互相伤害相互侵害，法治的力量能引领人们向上向善，有助于人们之间形成遵守法律规范的关系。

《新时代公民道德建设实施纲要》还提出："坚持马克思主义道德观、社会主义道德观，倡导共产主义道德，以为人民服务为核心，以集体主义为原则，以爱祖国、爱人民、爱劳动、爱科学、爱社会主义为基本要求，始终保持公民道德建设的社会主义方向。"② 文件同时要求："坚持提升道德认知与推动道德实践相结合，尊重人民群众的主体地位，激发人们形成善良的道德意愿、道德情感，培育正确的道德判断和道德责任，提高道德实践能力尤其是自觉实践能力，引导人们向往和追求讲道德、尊道德、守道德的生活。"③ 社会重视公民道德建设，

---

① 新时代公民道德建设实施纲要 [N]. 人民日报，2019-10-28.
② 新时代公民道德建设实施纲要 [N]. 人民日报，2019-10-28.
③ 新时代公民道德建设实施纲要 [N]. 人民日报，2019-10-28.

注重培养人们健全的道德观念，激发人们善良的道德意愿和道德情感，指导人们形成正确的道德判断和道德责任，引导人们遵循集体主义原则，倡导为人民服务，有助于人们形成遵循道德规范的关系，有助于人们在守德的基础上善意相处。

在人们的消费欲望被最大程度地激发的现实背景下，在自我欲望本位的驱使下，人容易自我中心、自私自利，无视公平正义，甚至肆意损害国家集体利益，谋取个人私利。法律规范和道德约束能使人们的膨胀欲望得到有效抑制，避免人们因欲望膨胀而利欲熏心、利令智昏。在法律健全、社会道德得到弘扬的氛围下，人们形成健全的法律意识和道德意识，能够具有善的认知和观念，具有与人为善的意愿，人们之间能形成遵循法律和遵守道德的关系，愿意遵循善的原则，善得到弘扬，爱受到推崇，能形成真诚友善互敬友爱的人际关系。

人具有主观能动性，当人们具有善的人格，就能够抵抗恶的倾向，使人不会被动地恶，相反会主动地与人为善，改变人际间的恶的倾向。津巴多在总结其实验结果时认为，诸如智慧、勇气、人道、正义、节制、超越等美德有助于人们抗拒恶，津巴多提出的六个能够对抗恶的美德，涵盖和整合了儒家和古希腊哲学的善的德性。

个体打破自我心理封闭，主动沟通的努力有助于构建善的人际关系。人们放下手机，离开电脑，打破心理封闭，做到心理开放，关注关心周围的人，与周围的人主动地接近、沟通、交流，有助于建立善意相待的关系。自我心理开放的最有效、最简便的方式是运用身体语言，如目光注视、微笑、问候等，这些能消除人际封闭，显示人的善意态度。通过电子邮件、微信、QQ、写信、打电话等方式对人表达善意，都可以成为自我开放的方式，是建构善的关系的基本方式。共同活动的经历，如学习活动、体育锻炼、志愿服务、工作合作等能够使人相互认识、相互了解，也使人们有机会通过合作共赢、互利分享的体验，形成善意相处的人际关系。

个体对人关注关心的情感介入有助于架构善的人际关系。情感介入，意味着对人关注关心关爱的情感形态及善于表达关爱的心理形态。情感介入意味着个体将兴趣从自己身上转移到他人身上，避免了自我封闭和自我关注，避免了自我中心，学会关心他人的感受和体会，善于与他人情感共鸣，不会伤害和贬低人，在他人有需要时，给予支持、鼓励和帮助，建立善的和爱的人际关系。一个人不可能不对自己感兴趣，但不能只对自己感兴趣。如果人们只是对自己有兴趣，将不可避免地造成人际障碍，甚至造成人际矛盾和冲突。

个体对他人爱的倾向能够获得爱的回馈，有助于建立善的或爱的关系。马克思曾经写道："我们现在假定人就是人，而人同世界的关系是一种人的关系，那么你就只能用爱来交换爱，只能用信任来交换信任，等等。如果你想得到艺术的享受，那你就必须是一个有艺术修养的人。如果你想感化别人，那你就必须是一个实际上能鼓舞和推动别人前进的人。你同人和自然界的一切关系，都必须是你的现实的个人生活的、与你的意志的对象相符合的特定表现。"[1]人性的本质确实如此，善能够换得善，爱能够唤醒爱，遵循善意原则，与人为善，真心关注关心关爱他人，善的情感与爱的情感付出能够使人得到善与爱的回馈。

任何人都没有足够的把握改变他人，使他人变得友善，但每个人都有十足的把握让自己变得友善，只要对人不那么地冷漠无情，只要咧开嘴巴对人真诚地微笑，并在力所能及的情况下对人伸出援助之手，冷漠的坚冰就会溶解，人际关系就会变得和谐、有善意。而在一个人成年后都有自我反省和自我改变的能力，只要有决心和信心，有勇气和毅力，就能够避免贪婪和抵御诱惑，摒弃偏见和卸下仇恨，避免矛盾冲突，消除敌意，构建友善友爱的关系。

期望人们生活的世界绝对和谐是不可能的，但是人们如果有更多善意，努力消弭矛盾，避免冲突，同舟共济地共同应对挑战，就能够构建美好幸福生活。党的十九大报告中呼吁："各国人民同心协力，构建人类命运共同体，建设持久和平、普遍安全、共同繁荣、开放包容、清洁美丽的世界。"[2]生于这个时代，

---

① 中共中央马克思恩格斯列宁斯大林著作编译局.1844年经济学哲学手稿[M].北京：人民出版社，2014：142.

② 习近平.决胜全面建成小康社会　夺取新时代中国特色社会主义伟大胜利——在中国共产党第十九次全国代表大会上的报告[M].北京：人民出版社，2017：58-59.

人们需要具有与人为善、与自然为善的意识，具有让世界更美好的意识，通过共同努力建设人类命运共同体。

鲍曼说："所有的人都需要幸福，而且，所有的人都追求幸福；确切地说，我们所有的人都会行进在我们希望会把我们引向幸福的道路上。"[①] 每个人都希望过幸福的生活，绝大多数人都希望这个社会更加公正和谐、世界更具善意。人们向往善和追求善，内心有良知良心的种子。但是，一个人的善是可以的，一群人的善也是可能的，所有人的善是不太可能的；一瞬间的善是容易的，一段时间的善也是可能的，一辈子的善是非常不容易做到的。所以，要达到善真的是非常困难的。善不是一个人能够完成的任务，也不是一群人能够完成的任务。

每个人从自己做起，形成善的意识，向往善、追求善，善就成为可能。每个人从自己做起，努力变善，变得有爱心，这样的改变不需要借助外力，只要用心，只要有情，只要有志，就能够达成。

在特定的时刻，人性总是能闪耀出它璀璨的光芒。人性的善意光辉常常让我们感动，并给予我们向往善和追求善的信心和勇气。当小学生受到身绑炸药的暴徒威胁时，一位老师、一位乡村干部挺身而出，舍身守护救助孩子；当一名司机在高速公路上被凌空飞来的铁块砸中胸膛，在生命的最后时刻镇定地将客车开到路边停稳；一位老师在汽车撞向学生的瞬间，勇敢将学生推开而自己的双腿则不幸被碾压；公交车着火时，许多路人冒着生命危险争相上前救助乘客；许多人将钱寄给无人照顾、靠挖野菜维生的孩子；自然灾害发生时，许多人踊跃捐助财物帮助素不相识的人；疫情发生时，许多医护人员、志愿者奋战在第一线，忘我地抗击疫情。这些平凡人的善意举动使我们深受感动，并使我们也愿意加入善意的队伍，去弘扬善和实践善。即使在普通的日子里，一个真诚的微笑、一句暖心的问候、一声诚挚的谢谢、一个微小的帮助，也能让人感到温暖、激发善意。

---

① 鲍曼 . 被围困的社会 [M]. 郇建立，译 . 南京：江苏人民出版社，2005：122.

　　我们每个人都仍然能被善的精神、善的行为感动得心潮澎湃，我们感到这个世界上善良的人、高尚的人真是非常多，他们隐藏在人群中，淹没在人流中，但是会随时随地出现在我们每个人的身边。我们也相信，绝大多数人向往美好、追求崇高，愿意遵循善的原则生活，愿意对他人有善意，愿意无私奉献，愿意奉献一份绵薄力量去构建理想的善的社会，建设理想中的美好世界。我们相信，只要人们多付出一些努力，这个世界将会变得更加美好、更加和谐，人与人之间的关系将会更加友善，甚至能够构建爱的关系，而人们的生活也将会更幸福。

第八章　善的心理的教育机制与教育方式

善良的、忠心的、心里充满着爱的人不断地给人间带来幸福。

——[美] 马克·吐温

现实中，许多家长和老师往往更关注孩子的学习表现，家长最关心的是孩子的学习成绩是不是优秀、考试成绩在班级中的排名、有没有希望考上更好的学校。在孩子善的教育方面，许多家长是处于矛盾状态的，并不敢刻意地要求孩子善良。家长担心孩子太善良会被欺负、受伤害，他们更关心孩子能否自我保护，会不会被人欺负、伤害。当听到孩子被其他小朋友欺负的时候，许多家长往往不是教育孩子要与人为善包容大度，而是会埋怨指责孩子无能，有些家长会教导和要求孩子以牙还牙、以暴制暴。在社会现实中，人际之间的关系有时像是一种狼性的关系，是互相提防、利用、竞争、冷漠、敌意的关系，而不是信任、互助、共赢的关系。这样的状况不是我们希望看到的。檀传宝提出："德育的基础正是要教会学生做人。所以诸如公平、正直、诚实、勤劳、勇敢、仁爱等等德目应当成为中小学德育的奠基性内容。"[①] 德育的基础是要教会学生做人，关键是要让学生懂得与人善意相处的道理。善是德育的奠基性内容，善的教育应该在促进学生学会做人上发挥更加积极的作用。

---

① 檀传宝 . 学校道德教育原理 [M]. 北京：教育科学出版社，2014：103.

第一节 善的教育价值

当问家长："你希望孩子成为善良的人吗？"绝大多数家长都会给出肯定的回答。当问家长："你曾经明确地教导你的孩子，要他成为一个善良的人，成为一个高尚的人吗？"许多家长很犹豫，感到不好回答，因为他们不会也不曾特别明确地对孩子提过这样的要求。当问家长："你曾经教导你的孩子，要他们不要做坏事，不要成为一个恶的人吗？"绝大多数家长也会给出肯定的回答。分析家长的心理，他们不会明确地教导孩子善良、高尚的原因在于：一是自己也达不到这样的状态，所以没有底气对孩子提这样的要求；二是家长当然希望孩子成为善良的人，但也担心孩子太善良会被利用、受欺骗、受伤害。如果孩子成为一个恶的人，成为一个坏人，最后受到法律的制裁，这是家长不愿意看到的。他们希望孩子是一个聪明的好人，既是善的，又有足够的智慧明辨是非，不会因上当受骗而受到伤害，但是要孩子达到这样的状态是很难的，所以许多家长不敢教孩子善。

如果在一个社会，大家都是友善的，人际间互相伤害的事件就不太可能发生，家长的安全感就会提升，他们会明确要求自己的孩子有爱心、有善意，品格高尚、待人友善。一个客观的事实是，在任何社会环境下，总是会有相当一部分人是有恶意的，会为了个人私欲伤害他人。所以，家长对孩子的安全担心并非多余的，如果孩子心地善良，心思单纯，他们受到伤害的可能性会大大增加。

日常生活中，人们常说："人善被人欺，马善被人骑。"一个人如果太善良，容易被他人当作太懦弱而易招致他人欺负，也更容易被心怀叵测的人欺骗利用，似乎印证了人真的不能太善良。英国哲学家培根在论及善时，强调善的人不能软弱和易欺："我们要努力利人，但是不要作人们的面貌或妄想的奴隶；因为若是那样，就是易欺或柔懦了；易欺或柔懦是拘囚诚实的人的。"[①]既然善的人更加

---

① 培根．培根论说文集 [M]．水天同，译．北京：商务印书馆，1983：44．

容易受利用被伤害，人们自然也不愿意进行善的自我修养，也不愿意教育孩子成为善良的人了。许多人不愿意成为对人心怀善意的人，但也未必愿意成为恶的人，只是担心自己太善良的话，就会成为任人宰割的羔羊。许多家长不会因为孩子不善良而忧虑，却更有可能因为孩子太善良而担忧，所以他们不敢明确地要求孩子成为善的人。因为不善的话，只要孩子不作恶，会降低受害的风险，但是孩子太善的话却是要承担很大的受伤害风险的。既然善容易使人受到伤害，这样就产生了一些疑问：对于个体来说，善具有教育价值吗？

通常价值指有利、有用、得益等含义，善的价值也需要从是否有用、能否得益角度加以衡量。对于善的教育价值的评价，需要从个人价值和社会价值加以考量，涉及三个方面：一是善的教育对于个体自身的价值；二是善的教育对于他人的价值；三是善的教育对于社会的价值。那么，个体在善的教育下形成善的心理是有价值的吗？评价善的教育的个人价值涉及两个层面：一是善的教育对于个体培养和形成善的心理和行为的价值，即善的教育是否有助于个体形成善的信念、善的情感、善的人格、善的动机等善的心理，是否有助于个体养成善的行为；二是在善的教育基础上形成善的心理和善的行为是否对自身有利。

休谟说："一切道德思辨的目的都是教给我们以义务，并通过对于恶行的丑和德性的美的适当描绘而培养我们以相应的习惯，使我们规避前者、接受后者。"[①] 善的教育有助于人们形成道德观念和法治意识，有助于人们明辨是非善恶，形成善的心理和养成善的行为，有助于提高人的道德素质，提高社会的文明程度。人的道德素质的核心在于：一是具有法律观念和道德意识，能够遵纪守法，不危害社会，不侵害集体利益，不伤害他人；二是具有善的意识、善的情感和善的人格，具有善的认知和观念，具有良心和良知，明辨是非，具有感恩同情情感，具有正直、善良、诚信、仁慈的人格。三是遵循善的原则，能够做出有利于构建和谐关系的善的行为，构建起友善友爱的和谐关系。善的教育使人成为善良的人，成为具有良好道德素质的人，善的教育有助于人们之间形

---

① 休谟. 道德原则研究 [M]. 曾晓平，译. 北京：商务印书馆，2001：23.

成法的关系和德的关系，使人们做到遵纪守法、遵纪守规，维护社会公平正义，从而极大地提升社会的文明程度，所以，善的教育对社会来讲是有价值的。

善的教育能够使人形成善的心理和善的行为，这对于自身而言价值何在？如果善是能够使个体获益的，对于个体是有利的，可以认定善对自身是有价值的。如果善是不利于个体的，不能使个体获益的，可以认定善是毫无价值的甚至是有害的。善的行为不是为自身谋利的，善是个体的奉献心理和付出行为。如果以是否能够获利得益作为评估依据，善的心理和善的行为对于自身来讲通常是毫无价值的，甚至是不利的、有损的。善需要个体的奉献心理和付出行为，是需要个体奉献财物、付出精力和体力甚至牺牲生命的心理倾向和行为表现。

善不是直接对个体有利的，不能直接使个体得利，善最重要的价值源于精神层面，就像功利主义伦理学家相信的那样，善可以增进个人的幸福感。心理学的研究也显示，善是增进个体的幸福感的重要方式。Otake 等（2006）的研究表明，个体的友善倾向能够增加其快乐体验；Buchanan 和 Bardi（2010）的研究表明，个体善的行为能增进其幸福感，提高其生活满意度；Aknin（2013）对慈善性助人行为的研究表明，善意举动具有增益情感的效果；Trew 和 Alden（2015）的研究显示，善意行为能帮助个体消除负性情绪和增进积极情绪；孙俊才、寻凤娇、刘萍等（2019）研究显示，利他重感情的高善良特质在个体情绪调节中具有内隐优势，是促进心理健康的重要因素。善的行为意味着需要个体的奉献和付出，这样的行为因为使他人获益，能提升个人的社会存在感，使个体获得自豪感、成就感，从而产生价值感。社会对善的人也会有相应的奖励，会给予积极评价，比如我们现在有道德模范奖、感动中国人物奖等奖励善的举动的奖项，这不仅增进了个体的自豪感和价值感，也能提高个体的幸福感。善的心理使人产生好人善人的自我认同，作为一个社会人而言，这样的自我认同可以增进个体的价值感。因此，个体的善的心理和善的行为对于自身而言是有价值的。

善的教育能够使人们意识到需要以善意方式待人处世，以善意待人的方式换回他人的善意相待，个体才能融入社会，构建和谐人际关系。弗洛姆相信善使个人融入群体，成为群体成员，以摆脱个人的孤独和无助，善是构建健全和谐社会道德体系的最重要方式。"人需要与自身之外的世界相联系，以免孤独。感到完全孤独和孤立会导致精神崩溃，恰如肉体饥饿会导致死亡。"① "为了克服孤独与无能为力感，个人便产生了放弃个性的冲动，要把自己完全消融在外面的世界里。"② 弗洛姆相信人们具有善意、具有爱的情感才能建构健全和谐的社会，所以他要求人们："知道善与恶的区别……每个成员都能够去爱自己的孩子，爱邻居，爱一切人，爱自己，爱自然界的一切。"③

个人想增进价值感，奉行善、避免恶，为他人和社会做贡献是一种有效方式。人生的价值感来源于多方面，兴趣的满足、能力的提升、事业的成功、婚姻的美满、家庭的幸福等都能增进个人的价值感，而善的行为，为他人和社会奉献的行为能够使个体感到自己的存在并非可有可无，自己的人生具有真正的价值。泰戈尔说："为理想，为祖国，为人性的善而生活的人，生命具有广阔的意义。对他来说，痛苦在某种程度上已成为次要的，过着善的生活就是过着美满的生活。"④ 人们能够从爱的情感和善的举动中获得价值感，这种价值感源于个人被他人认可、被社会认可的心理需求，源于一个人能够服务于他人，为他人作贡献和被需要的内在动机和社会价值。

善对于自身的价值是在个体与他人、社会的关系状态中体现出来的。可以说，对于每个人来说，都希望生活得有安全感、幸福感，都希望他人是善的有爱心的，不是恶的、残忍的、冷漠的，不会伤害到自己和自己的家人。约翰·穆勒认为应该在幸福追求与内在修养、知识理性与情感熏陶之间求得平衡，他的功利主义的基本原则是："幸福是行为规则的检验标准和生活的目的。"⑤ 他明确指出，要谋求幸福，就要构建人与人之间的美好感情："感情的培养成为我的伦理和哲学信念的重点。我的思想和志趣越来越重视有助于达到这个目的的任何

---

① 弗洛姆. 逃避自由 [M]. 刘林海，译. 北京：国际文化出版公司，2002：12.

② 弗洛姆. 逃避自由 [M]. 刘林海，译. 北京：国际文化出版公司，2002：20.

③ 弗洛姆. 健全的社会 [M]. 孙恺祥，译. 上海：上海译文出版社，2018：306.

④ 泰戈尔. 人生的亲证 [M]. 宫静，译. 北京：商务印书馆，2001：37.

⑤ 穆勒. 约翰·穆勒自传 [M]. 吴良健，吴衡康，译. 北京：商务印书馆，1982：87.

事物。"① 在谋求幸福、追求人生价值的心理诉求下，善对于个体而言是具有绝对的价值的，因为如果一个人有善的心理、能够做出善的举动，就能够带给他人幸福感，而他人也同样能够带给他幸福感，这样的社会人人与人为善，社会关系和谐友善。而善对于他人和社会的价值恰恰也是体现在这里，善的人不会伤害他人，愿意无私地帮助他人，无私地为社会做出贡献，对于他人和社会而言，善不仅能够使人们生活得有安全感，还能够使处于困境中的人得到有效的帮助，善是绝对具有价值的。善具有个人价值，也具有社会价值，善可以增进个人的幸福感，善也可以增进他人的幸福感，善有助于构建社会生活中人们之间的和谐关系。

善的教育使人具有善的意识，也使人具有法治观念和道德意识，能够维护社会公序良俗，维护社会公平正义，最大限度地抑制恶和避免恶。个体伤害他人的恶行不仅毁掉了他人的生活，也同时毁掉了自己的生活，甚至毁灭了自己的生命。个体损害他人和社会利益的行为也终将受到法律的严厉惩罚。恶行给自己、他人和社会都会造成损害，如果一个人具有法治观念和道德意识，理性自制，有同情怜悯之心，有爱心有正义感，有仁慈善良人格，他会珍视他人的生命，不会肆无忌惮地伤害他人，他将也有机会过平静、平常、平凡和平安的生活。如果人们意识到自己及其孩子不会被无端地伤害，他们的利益不会被无理地侵害，他们的内心将会有更高的安全感，也将获得更大的幸福感。

弗洛伊德说："在整个人类的发展进程中，如同在个人的发展进程中一样，唯有爱才是促进文明的因素。因为它使人从利己主义走向利他主义。"② 善的人能够摆脱自我中心和自私自利倾向，由利己主义者转化成为利他主义者，成为社会需要的成熟健康的人。如果人们普遍具有善的意识和爱的情感，能够摆脱利己主义倾向，就会是利他的，这有助于社会变得和谐，人们的关系变得友善。

善对于社会的价值是巨大的，一种文化能够得到传承和弘扬，一个民族能

---

① 穆勒 . 约翰·穆勒自传 [M]. 吴良健，吴衡康，译 . 北京：商务印书馆，1982：88.
② 弗洛伊德 . 弗洛伊德后期著作选 [M]. 林尘，张唤民，陈伟奇，译 . 上海：上海译文出版社，1986：110.

够生存和繁衍的重要基础之一是人们具有善的倾向，善使人们能够团结和凝聚在一起，维护社会稳定秩序，这样一方面有助于抵御外敌的侵犯，另一方面对于提高社会生产力、发展经济亦有利。世界上绝大多数国家，特别是发达国家都重视道德教育，在道德教育的范畴中倡导善和要求善。善的教育主要关注和重视两个层面：一是对待国家社会的层面，重视学生的爱国情感和爱国态度的教育，教育学生遵守社会公序良俗；二是对待他人的层面，重视学生善的观念的教育，善的情感、善的人格、善的态度的培养，善的行为的养成。新加坡政府发布的公民价值观的核心除了强调国家意识、家庭观念以外，重点强调要人们做到关怀扶植、尊重个人。有些国家要求学生每天上学都要唱国歌以培养其爱国情感和爱国态度，还要宣读誓约，其主要内容为效忠国家、尊崇法治、维护人权、尊奉平等、民族团结、公平公正等价值观。

善是社会和谐发展的核心要素，善对于个人来说有巨大的价值。善的社会关系对于个人、社会来说都是非常重要的，当发生天灾人祸时，或者在日常生活情境中，善的社会关系使人们愿意伸出援助之手，使那些处于困境中的人能够得到真正有效的帮助。善的社会关系有助于人们之间互相帮助、相互守护、合作共赢，有助于构建和谐的家庭关系，建构和谐的社会氛围。儒家文化把仁爱看作为人处世的至高原则，阳明心学要求人们致良知和知行合一，要求人们自我修养成就君子德性，形成"一体之仁"的社会情感。道家要求人们清心寡欲、远离邪恶，避免受欲望诱惑做出恶行。墨家的善的要求比儒家还高，要求人们兼爱互利。佛教要求人们众善奉行诸恶莫作，关爱帮助所有人，不能伤害他人。伦理学家更是毫无疑问无一例外地将善看作社会伦理关系的基本点，是社会关系和谐架构的基石，也是人们幸福生活的最根本源泉。

善对个人是有价值的，善的教育对社会是有意义的，但许多教师和家长并没有意识到善的教育的重要价值。我们看到，许多人显得功利而自私自利，许多人因为怕惹麻烦而对受伤的老人和孩子无动于衷，莘莘学子因为鸡毛蒜皮的小事而对同学显露恶意实施残忍伤害，年轻女孩仅仅为了泄愤而对比她更弱的孩子施以伤害……我们应该考量教育中存在的忽视善的教育的问题，应该认识到善具有教育价值，善的教育能够培养出社会需要的具有好的能力和好的德性的人，能避免培养出具有德性缺陷的人，使青少年具有善意，而不是对他人怀有恶意和对社会抱有敌意，不会做出伤害他人或损害他人社会利益的事情。

这个世界，善的人更多，但恶的人也不在少数，恶的伤害事件也时有发生，而一个恶的人可能会改变善的许多人的命运，这是令人难过和痛苦的事实。即使在大学生群体中，也发生了一些恶性伤害事件。对于这样的事件，大家都在思考，为什么这些接受过高等教育的学子会如此残忍地伤害自己的同学，对自己的同学痛下杀手？大多数人倾向于认为原因是他们太年轻，太情绪化、太容易冲动了，所以会因为鸡毛蒜皮的小事而对同学下毒手。其实根本的原因在于：一是这些学生缺乏基本的规则意识，不能遵循和遵守基本的法律规范；二是这些学生缺乏善的心理，即缺乏善的认知、善的信念、善的情感和善的人格。归根结底，大学生伤害他人的原因主要在于，他们从小没有受到很好的善的教育，没有被教导基本的道德规范、法律规范和善的原则，所以缺乏道德和法律的底线意识，缺乏与人为善的意识和待人的善意情感。

人的恶的行为改变的通常不只是受害者一个人的命运，还改变了相关者的命运。所以，恶的人即使不像善的人那么多，但是只要有恶的人存在，许多人就会感到痛苦和难受。从现实的角度看，恶的人自己的命运也就此改变。显然，无论从个人角度还是社会角度而言，善都是有价值的，如果人们都是善的，就不会发生伤害的事件，人们就不会受到伤害。所以倡导善是重要的，教育善是必要的。如果那些施以毒手的大学生接受了良好的善的教育和熏陶，具有法治观念和道德意识，或者内心具有一丝丝的善意，哪怕具有一点点公平正义的意识、一点点的恻隐之心和怜悯之情、一点点的悲天悯人的情怀，害人杀人的悲剧就不会发生。

建设和谐美好社会，需要教育善、倡导善和弘扬善，需要培养人们具有法治观念和道德意识，需要人们遵守和维护社会公序良俗，需要引导人们遵守社会公德、职业道德和家庭美德，以避免摩擦冲突和欺骗伤害发生。建设和谐美好社会，需要人们遵循善的价值准则，具有感恩、同情的社会情感，具有仁慈公正正义的人格特征。建设和谐美好社会，需要引导人们形成善良友好、友善友爱的人际态度，需要教育和引导人们构架基于法和德的善的人际关系。人们有善意，有爱心，关心他人，对他人充满同情，愿意帮助他人，愿意与人共赢分享，愿意兢兢业业工作，愿意为国家民族奉献力量，社会才能真正和谐，人们才会更有安全感和更有幸福感，生活也会带给人们更多希望和期待。显然，我们应该在学校教育中更加关注善的教育，更加重视青少年的善的心理的培养和善的行为的引导，这样，善的价值准则才能深入人心，才能成为人们的行动指南，社会才会变得更加和谐，而每个人也能够生活得更加具有安全感和幸福感。

第二节　善的教育要求

在中国历史上，各派思想家都相信善具有个人价值和社会价值，都极力倡导善的自我修养和善的教育，期望构建人之间善意相待的社会。古代许多朝代的统治者深受儒家、道家思想影响，相信善有助于维护社会稳定和人际和谐，为了维护社会稳定，为了维护统治阶级的利益，大力倡导道德教育，倡导善的学习和善的修养。

儒家思想家深信善的教育非常重要，个体善的学习或善的修养的目的是消除人性中的恶的倾向，形成善的德性，达到至善境界，成为德行良好的人。个体接受德教、学习礼义，才能成为有道德守规矩的人，个体不习礼的话，无法成为社会需要的人。德教、礼教的核心是让人学习社会规范，维护社会道德，明辨是非善恶，成为善的人，不做伤害他人危害社会的事情。孔子认为德教具有维护社会稳定，营造友善的社会氛围的作用。孔子说："道之以政，齐之以刑，民免而无耻。道之以德，齐之以礼，有耻且格。"（《论语·为政》）孟子强调德教的重要，他主张："设为庠序学校以教之。"（《孟子·滕文公上》）荀子提出："不富无以养民情，不教无以理民性。"（《荀子·大略》）重视道德教育，教育民众习得礼义，民众会具有明辨是非善恶的羞耻心，也能够遵守社会规范，甚至成为品德高尚的人，不会做出伤害他人的出格事情。

《礼记·大学》明确提出德教的目的和要求是要让人们达到至善境界："大学之道，在明明德，在亲民，在止于至善。"除此之外，也提出格物、致知、诚意、正心、修身、齐家、治国、平天下的八目教育路径，明确了大学教育的要求，也明确了善的教育要求和善的学习路径。儒家的"大学"是一种大格局的学习，意指一个人必须有崇高理想和远大抱负，学习的理想和目标不能是功利的，不能只顾眼前的个人利益，而是应该心系天下，培养至善人格，具有仁慈情怀，具有正义人格，有能力开万世太平，谋众生福利。

从教育学范畴看，教书育人的根本是重视道德教育，最重要的目的和要求是培养人形成善的心理和养成善的行为。道德教育即德育或德教，"德育是教育者按照一定社会或阶级的要求，有目的、有计划、系统地对受教育者施加思想、政治和道德影响，通过受教育者积极的认识、体验、身体力行，以形成他们的品德和自我修养能力的教育活动。简而言之，德育就是教师有目的地培养学生品德的活动"[①]。可以说，道德教育是提高人们的法治意识和道德观念、道德情感和道德品德的活动，也是提高人们的善的意识、熏陶人们的善的情感、培养人们善的人格、养成人们善的行为的教育活动。

在古代，善是道德教育的核心主题，是儿童启蒙读物的核心内容，中国古代通过教导儿童学习《三字经》《千字文》等启蒙读物熏陶善和教化善，通过四书五经的教育宣传善和弘扬善。《三字经》相传是南宋时王应麟为了教育本族子弟编写的启蒙教材，后被广泛用作蒙学教材，其内容在不同历史时期稍有修改，清末民初时章太炎的增订本在近世流传最广。《三字经》中大量内容涉及儿童应该遵循的社会规范，提出了明确的善的教育要求，曾经是对年幼儿童进行道德教化和善的教育的重要启蒙教材。

《三字经》写道："人之初，性本善，性相近，习相远。苟不教，性乃迁，教之道，贵以专。"[②]我们看到，文中开宗明义地提出进行善的教育，对于塑造人

① 王道俊，王汉澜．教育学[M]．北京：人民教育出版社，1989：330.
② 王应麟，等．三字经·百家姓·千字文·弟子规[M]．姚彦汝，译．北京：北京联合出版公司，2015：2.

的善的本性具有重要意义。《三字经》也阐明了善的教育要求，提出善的教育要求是让孩子学礼知义，懂得做人的道理，成为社会需要的有用的人。

中国古代颁布了各种劝善的书籍和文章，以达到明确善、教育善的目的，古代劝善一类著述，明确规定了善的要求，也特别明确地界定了人们必须避免的恶的行径。道教的"三圣经"——《太上感应篇》《文昌帝君阴骘文》《关圣帝君觉世真经》都明确提出了对善的要求，而且特别强调了要求规避的恶行。有些善书由乡绅、士人、地方官员编纂，有些甚至由帝王亲自参与编纂，如明太祖的《大诰》、清康熙的《圣谕十六条》、雍正朝的《圣谕广训》等都是帝王参与编作的善书。士人撰著的善书特别多，《琴堂谕俗编》是将宋代郑玉道的《谕俗编》、彭仲刚的《谕俗续》合编而成的教化地方风气的善书，明代袁黄的《了凡四训》、颜茂猷的《迪吉录》等也是比较著名的善书。许多通俗文学作品，如冯梦龙编撰的《喻世明言》《警世通言》《醒世恒言》（"三言"）和凌濛初编撰的《初刻拍案惊奇》《二刻拍案惊奇》（"二拍"）中，也大力宣扬善的思想，重视善的教化作用。这些善有关的书籍明确提出了善的要求和恶的表现，使善的观念深入人心，对人们的思想行为起到了导引作用。

新中国成立以后，社会主义道德建设受到高度重视，社会主义的道德要求受到人们认同，"雷锋精神"引领了人民群众的崇善向善的道德倾向，"铁人精神"引领了人民群众的尽职尽责的职业取向，"焦裕禄精神"引领了党员干部为人民服务的行为倾向，鼓励和鼓舞着人民群众的善的心理和行为倾向，整个社会洋溢着助人为乐、互帮互助、爱岗敬业、乐于奉献的积极的社会氛围。邓小平曾经总结提出："我们建国以后的十多年中，由于党和政府的正确领导，社会风气是健康的。在党的教育下成长起来的青少年，绝大多数怀抱崇高理想，热爱社会主义祖国，积极响应党和政府的号召，捍卫人民利益，维护社会秩序，处处表现良好的献身精神和守纪律精神。青少年的这种风气和整个社会的风气互相影响，互相促进，受到全国人民和各国人士的赞许。"[1]

---

① 邓小平. 邓小平文选（第二卷）[M]. 北京：人民出版社，1994：177.

但在接下来的十多年里，学校教育秩序受到破坏，社会道德建设受到严重损害。在中国实施改革开放的基本国策后，在重视物质文明建设的同时，精神文明建设也受到重视，社会主义的道德要求逐渐清晰。国家充分意识到了精神文明建设的重要性，意识到了法治建设的必要性，邓小平说："我们这么大一个国家，怎样才能团结起来、组织起来呢？一靠理想，二靠纪律。组织起来就有力量。没有理想，没有纪律，就会像旧中国那样一盘散沙。"[①] 人们有理想、有纪律，行为才会符合社会规范，人际关系才会和谐。一个社会，人们有理想却没有纪律，不遵守社会规范，理想就会蜕变成欲望，人们会变得没有道德底线，人际之间的关系不可能变得和谐。

2001 年，我国提出了"以德治国"的发展方略，把"德治"提高到与"法治"同等重要的地位，道德建设和道德教育受到高度重视，善的教育受到极大关注，善的教育要求逐渐明确。道德建设之所以受到重视，善的教育之所以受到关注，与现实生活中一些领域和一些地方存在的道德失范，人们受功利心驱动，私欲膨胀，善意缺失，社会冷漠息息相关。2001 年 10 月，中共中央发布《公民道德建设实施纲要》（简称《纲要》），对现实社会生活中存在的一些道德失范现象进行了总结："我国公民道德建设方面仍然存在着不少问题。社会的一些领域和一些地方道德失范，是非、善恶、美丑界限混淆，拜金主义、享乐主义、极端个人主义有所滋长，见利忘义、损公肥私行为时有发生，不讲信用、欺骗欺诈成为社会公害，以权谋私、腐化堕落现象严重存在。"[②]

为了在建设社会主义物质文明的同时更好地建设社会主义的精神文明，提高社会的文明程度，提高公民的道德素质，道德建设的有关文件明确提出了道德建设的任务和要求。《纲要》明确了公民道德建设的基本要求，不仅要求人们树立崇高的共同理想，形成正确的世界观、人生观、价值观，也要"大力倡导'爱国守法、明礼诚信、团结友善、勤俭自强、敬业奉献'的基本道德规范，努力提高公民道德素质，促进人的全面发展，培养一代又一代有理想、有道德、

---

① 邓小平.邓小平文选（第三卷）[M].北京：人民出版社，1993：111.
② 公民道德建设实施纲要 [N] 人民日报，2001-10-25.

有文化、有纪律的社会主义公民。"①

《纲要》强调要求在全社会倡导爱国守法、诚信友善、敬业奉献的基本道德规范，文中指出，公民道德建设要以为人民服务为核心，以集体主义为原则，以社会公德、职业道德、家庭美德等的构建为着力点。《纲要》倡导以文明礼貌、助人为乐、爱护公物、保护环境、遵纪守法为主要内容的社会公德，倡导以爱岗敬业、诚实守信、办事公道、服务群众、奉献社会为主要内容的职业道德，倡导以敬老爱幼、男女平等、夫妻和睦、勤俭持家、邻里团结为主要内容的家庭美德。《纲要》提出的社会公德、职业道德、家庭美德等涉及的具体道德内容的核心是，要求人们遵循善的原则和奉行善的行为。

2006年10月，党的十六届六中全会提出了构建社会主义核心价值体系的要求。2012年11月，党的十八大报告中明确提出了社会主义核心价值体系的教育要求，提出"倡导富强、民主、文明、和谐，倡导自由、平等、公正、法治，倡导爱国、敬业、诚信、友善，积极培育和践行社会主义核心价值观"②。2013年12月，中共中央办公厅印发了《关于培育和践行社会主义核心价值观的意见》（简称《意见》），正式明确提出了社会主义核心价值观的三个层面的内容和要求，个人层面的核心价值准则是爱国、敬业、诚信、友善等。

《意见》明确提出善的教育要求："培育和践行社会主义核心价值观要从小抓起、从学校抓起。"③《意见》也提出了一些具体的培育友善价值准则的措施，要求："以城乡社区为重点，以相互关爱、服务社会为主题，围绕扶贫济困、应急救援、大型活动、环境保护等方面，围绕空巢老人、留守妇女儿童、困难职工、残疾人等群体，组织开展各类形式的志愿服务活动，形成我为人人、人人为我的社会风气。"④《意见》中还要求："以诚信建设为重点，加强社会公德、职业道德、家庭美德、个人品德教育，形成修身律己、崇德向善、礼让宽容的道德

---

① 公民道德建设实施纲要 [N]. 人民日报，2001-10-25.
② 坚定不移沿着中国特色社会主义道路前进　为全面建成小康社会而奋斗 [N]. 人民日报，2012-11-08.
③ 中共中央办公厅. 关于培育和践行社会主义核心价值观的意见 [N]. 人民日报，2013-12-24.
④ 中共中央办公厅. 关于培育和践行社会主义核心价值观的意见 [N]. 人民日报，2013-12-24.

风尚。"①

2017 年，中国共产党的十九大报告中提出了"为中国人民谋幸福，为中华民族谋复兴"②的初心和使命，这是非常崇高的理想和追求，也是非常明确的目标和要求。报告中明确提出加强公民道德建设，激励人们崇德向善的要求："激励人们向上向善、孝老爱亲，忠于祖国、忠于人民。加强和改进思想政治工作，深化群众性精神文明创建活动。"③

党的十九大报告强调："社会主义核心价值观是当代中国精神的集中体现，凝结着全体人民共同的价值追求。"④报告提出："深入实施公民道德建设工程，推进社会公德、职业道德、家庭美德、个人品德建设。"⑤同时指出："必须坚持马克思主义，牢固树立共产主义远大理想和中国特色社会主义共同理想，培育和践行社会主义核心价值观，不断增强意识形态领域主导权和话语权，推动中华优秀传统文化创造性转化、创新性发展，继承革命文化，发展社会主义先进文化，不忘本来、吸收外来、面向未来，更好构筑中国精神、中国价值、中国力量，为人民提供精神指引。"⑥可以看到，善的教育受到高度重视，善的教育要求得以明确。

2019 年发布的《新时代公民道德建设实施纲要》明确了新时代公民道德建设的总体要求，提出要："着眼构筑中国精神、中国价值、中国力量，促进全体人民在理想信念、价值理念、道德观念上紧密团结在一起，在全民族牢固树立中国特色社会主义共同理想，在全社会大力弘扬社会主义核心价值观，积极倡

---

① 中共中央办公厅.关于培育和践行社会主义核心价值观的意见 [N].人民日报，2013-12-24.
② 习近平.决胜全面建成小康社会　夺取新时代中国特色社会主义伟大胜利——在中国共产党第十九次全国代表大会上的报告 [N].北京：人民出版社，2017：1.
③ 习近平.决胜全面建成小康社会　夺取新时代中国特色社会主义伟大胜利——在中国共产党第十九次全国代表大会上的报告 [M].北京：人民出版社，2017：43.
④ 习近平.决胜全面建成小康社会　夺取新时代中国特色社会主义伟大胜利——在中国共产党第十九次全国代表大会上的报告 [M].北京：人民出版社，2017：42.
⑤ 习近平.决胜全面建成小康社会　夺取新时代中国特色社会主义伟大胜利——在中国共产党第十九次全国代表大会上的报告 [M].北京：人民出版社，2017：43.
⑥ 习近平.决胜全面建成小康社会　夺取新时代中国特色社会主义伟大胜利——在中国共产党第十九次全国代表大会上的报告 [M].北京：人民出版社，2017：23.

导富强民主文明和谐、自由平等公正法治、爱国敬业诚信友善，全面推进社会公德、职业道德、家庭美德、个人品德建设，持续强化教育引导、实践养成、制度保障，不断提升公民道德素质，促进人的全面发展，培养和造就担当民族复兴大任的时代新人。"[①] 建设和谐文明社会，培养人的诚信友善的价值准则是公民道德建设的主要要求。

从心理学的角度进行分析，爱国、敬业、诚信、友善等个人层面的价值准则都与人的善的认知、善的情感和善的人格有关，这些价值准则对应的像爱国行为、敬业行为、友善行为都是亲社会的善的行为。培养人的社会主义核心价值观的爱国、敬业、诚信、友善等价值准则，就需要强化德育，完善德育内容，明确德育的要求，明确善的教育要求，重视德育的善的教育实践。在现实社会，善的教育受到高度重视，善的教育具有巨大的社会价值，明确善的教育要求，重视并落实善的教育具有现实的必要性。

第三节　善的教育内容

在现实生活中，人们面临这样一个问题：应该教育孩子成为什么样的人？美国有研究者曾经对家长提出一个问题："你希望你的孩子变成什么样的人？"他们以为家长会最关注孩子的学习表现，结果却大相径庭。研究者对学生家长展开调查，他们让家长自由发表意见，结果家长们列出了许多希望孩子形成的品质。最后得出的最高评分的品质依次是：自信，负责任、可信赖，好奇心、求知欲，独立、自主，能与其他孩子和谐相处，富有同情心，心地善良、体谅他人，学习努力，获得高分，和善、脾气好。家长并没有把孩子的学习表现摆在最重要的位置，相反，孩子健全性格的培养被家长放在最重要的位置上了，可以看到家长最希望培养孩子与人为善的品质，在得到最高评分的品质中，"能与其他孩子和谐相处""富有同情心""心地善良、体谅他人""和善、脾气好"等都属于善的心理或表现。

---

① 新时代公民道德建设实施纲要 [N]. 人民日报，2019-10-28.

　　从孩子上幼儿园开始，在对孩子的教育中，中国的家长和教师可能会比较现实，往往最关心的是孩子的智能发展，关注他们的学习成绩，希望孩子有更好的心智和能力，有更佳的学业表现、更好的发展前途，却并不特别重视孩子的善的教育。这个问题体现在四个方面：一是在学校的教育中，遵守法律和道德规范的教育没有受到足够重视，教师不清楚不同年龄段学生应学习哪些社会规范。学生不清楚自己应该学习和遵守哪些规则，缺乏规则意识，就容易做出违反规范的行为。二是教师和家长都不是特别关注和重视孩子的善的教育。家长和教师并没有特意去教育和要求孩子遵循善意原则，也没有特别重视孩子的善的行为的训练和养成，不太重视孩子的善的情感的熏陶和善的人格的培养。三是德育评价方式有欠缺，学生善的表现未受到充分重视。虽然学校对学生的善的表现有一定要求，也会有一定的德育加分，但是在学生的综合评价中，学生的学业评价显然更受重视和处于重要地位，学生的善的心理和表现通常难以客观量化，所以很难受到重视。四是无论是家长还是教师都更加关注学生的学习表现或智能发展。学习成绩好的学生得到的机会更多，而善的心理因为无法量化、不能衡量，不是影响学生升学就业的核心要素，善的教育和善的学习也就自然容易被忽视。

　　我们相信善的教育具有个人价值，也具有社会价值，重视善的教育既是社会的要求，也是个体成长的需要，善的教育理应受到重视，所以，我们需要研究善的教育内容，探究善的教育机制，探索善的教育方式。

　　原教育委员会于 1993 年正式颁布的《小学德育纲要》将德育内容规定为：热爱祖国的教育、热爱中国共产党的教育、热爱人民的教育、热爱集体的教育、热爱劳动和艰苦奋斗的教育、努力学习和热爱科学的教育、文明礼貌遵守纪律的教育、民主与法治观念的启蒙教育、良好意志与品格教育、辩证唯物主义观点的启蒙教育。1995 年颁布的《中学德育大纲》规定的德育内容与《小学德育大纲》大致相同。德育的核心是培养青少年爱国、爱党、爱集体、爱人民，形成良好品德，能够遵纪守规，奉公守法。可以看到，中小学生的德育大纲界定的德育内容大多数属于善的范畴，所以德育大纲基本明确了善的教育内容。

2001年发布的《公民道德建设实施纲要》确定了道德建设的主要内容，文件中提出为人民服务是社会主义道德建设的核心，遵循集体主义原则、爱祖国、爱人民是道德建设的基本要求和基本内容："从我国历史和现实的国情出发，社会主义道德建设要坚持以为人民服务为核心，以集体主义为原则，以爱祖国、爱人民、爱劳动、爱科学、爱社会主义为基本要求，以社会公德、职业道德、家庭美德、个人品德为着力点。在公民道德建设中，应当把这些主要内容具体化、规范化，使之成为全体公民普遍认同和自觉遵守的行为准则。"①

2019年发布的《新时代公民道德建设实施纲要》明确了新时代公民道德建设的总体要求，提出了公民道德建设的主要内容，强调要："推动践行以文明礼貌、助人为乐、爱护公物、保护环境、遵纪守法为主要内容的社会公德，鼓励人们在社会上做一个好公民；推动践行以爱岗敬业、诚实守信、办事公道、热情服务、奉献社会为主要内容的职业道德，鼓励人们在工作中做一个好建设者；推动践行以尊老爱幼、男女平等、夫妻和睦、勤俭持家、邻里互助为主要内容的家庭美德，鼓励人们在家庭里做一个好成员；推动践行以爱国奉献、明礼遵规、勤劳善良、宽厚正直、自强自律为主要内容的个人品德，鼓励人们在日常生活中养成好品行。"②公民道德建设的核心是要使人们成为具有爱国奉献、明礼遵规、勤劳善良、宽厚正直、自强自律等优良品德的好公民。

从善的教育角度分析，社会公德的核心内容是人与人之间形成法的关系和德的关系，人们能够做到遵纪守法、文明礼貌和助人为乐；职业道德的核心内容是人在工作岗位上能爱岗敬业、忠于职守、尽责尽守，真心诚意地为人民服务，做到诚实守信、公正公道、热情友好、奉献他人；家庭美德的核心内容是家庭成员和邻里之间构建德的关系，做到家庭内部尊老爱幼、夫妻和睦，邻居之间守望相助；个人品德的核心不仅是具有爱国爱集体的情感特征，也表现为具有遵纪守规、待人宽容厚道、公正正直、善良友善等态度特征。

2006年10月，党的十六届六中全会提出建设社会主义核心价值体系的道

---

① 公民道德建设实施纲要 [N]. 人民日报，2001-10-25.
② 新时代公民道德建设实施纲要 [N]. 人民日报，2019-10-28.

德建设任务；2012 年 11 月，党的十八大报告提出通过倡导富强、民主、文明、和谐，自由、平等、公正、法治，爱国、敬业、诚信、友善，积极培育社会主义核心价值观；2013 年 12 月，中共中央办公厅印发了《关于培育和践行社会主义核心价值观的意见》，正式明确提出了社会主义核心价值观的三个层面的内容和要求。个人层面的价值准则明确要求人们具有爱国、敬业、诚信、友善等价值和行为倾向。友善是社会主义核心价值观的核心准则之一，是个人层面最重要的人际交往的准则。

从心理学角度看，友善价值准则是善的价值准则在人际交往关系中的体现，是影响人际交往态度的核心因素。善的价值准则是个体善的意识和观念发展的结果，也是善的认知发展的极高境界，是个体认同善并且遵循善的坚定信念，也是个体评价善和衡量善的主观标准。善的教育内容核心是学习善意原则，形成善的价值准则。人们形成和习得善的价值准则，绝对不是容易的事情。对于绝大多数成年人来说，对他们进行有组织的、系统的善的价值准则教育是非常困难的。对成年人来说，善的社会氛围对其有一定的影响，但是主要靠成年人的自我教育和自我塑造的内修学习，需要他们能够控制自私自利的欲望，培养善的意识、熏陶善的情感和形成善的人格，认同和遵循善的原则。对于青少年而言，则完全有可能在家长和教师的影响下，在系统的学校教育影响下学习善的规则，习得善的原则，培养善的价值准则。

对于青少年来说，习得善的价值准则是善的学习目的，也是善的学习核心内容，能直接促进学生形成友善价值准则。青少年习得善的价值准则，才能遵循善的原则，具有善的意识，形成善的人格，真正成为善的人。善的价值准则是善的信念的核心要素，其前提是学习法律规范和道德规范，习得善的原则，善的原则内化成为善的价值准则。法律规范和道德规范的学习是青少年成为善的人的基础，青少年形成法治观念和道德意识，才能明辨是非，具有善恶观念和善的信念，避免做出伤害他人的恶的行为。价值准则是个体内化生成的行为处世时坚定奉守的原则。法律规范和道德规范内化成为行为处世的准则，善的原则固化为个体认定行为处世时必须坚定奉守的价值准则，个体才能有稳定的善的心理状态和善的行为表现，才能真正成为善人和好人，避免成为恶人罪人。

善的价值准则的学习内容包括了法律规范和道德规范的学习内化、善意原则的学习内化和至善原则的学习内化三个层次。

第一个层次是学习法律规范和道德规范，习得遵纪守规的社会规范。法律规范和道德规范是约束人们的思想和行为的规范，人们遵纪守规才能使人际关系和谐，才能维护良好的社会秩序。法律规范能够约束人们，避免做出严重伤害他人和危害社会的行为。道德规范不仅能够约束人们伤害他人和危害社会的行为，也让人们意识到自己应该承担的责任和应尽的义务。法律规范往往制定得非常细致，很具体、很明确，条文内容繁多复杂，涉及面广，除非专业人士，一般人不可能了解透彻，要一个人完全掌握法律条文是非常困难的事情。即使在青少年时期进行系统教育，要青少年学习法律条文，记住每点条文也是不现实的。道德规范往往比较模糊，不会像法律规范那么明确和具体。所以，对于青少年在成长过程中应该学习哪些法律规范和道德规范，无论家长还是老师，甚至是教育领域的专家都不是非常清楚。所以，青少年学习的不是所有的规范，而是学习法律和道德的最基本的规范或规则，最重要的是学习避免成为一个坏人、恶人或罪人的规范。这些基本规范可以说就是法律和道德的底线，触犯了就会受到惩罚。青少年通过学习法律和道德的基本规范，形成法治观念和道德意识，具有基本的判断和辨别是非善恶的能力，具有避免做坏事成为坏人恶人罪人的意识，也能够形成做坏事做坏人可耻的意识，才会在做坏事做错事时产生羞耻感或罪恶感。

不能伤害他人，不能损害他人利益，不得危害社会，是青少年应该习得的最基本的法律规范和道德规范，也是作为社会人的法律和道德底线。遵守法律和道德的底线，底线的要求内化成为人们的底线原则，体现了一个人的良知。法律规定的是人的行为底线，一旦触犯就会受到惩罚。道德的底线更复杂些，明确了个体维护他人社会利益的要求，约束了人们伤害他人和侵害社会利益的行为，也明确了一个人应该承担的责任和义务。青少年学习遵纪守规的道德和法律底线，然后将其内化成为最基本的行为处世的价值准则，有助于形成遵纪守规的行为原则，也有助于形成善的行为原则。

第二个层次是学习善意原则，善意原则内化成为善的价值准则。善意原则限定了人们在社会生活中和谐相处的心理和行为的善意取向。善意原则是社会生活中的善的要求的内化的原则。生活中的善意原则通常是笼统的，不会被明确界定，父母、教师可能会大致知道些，但不会知道得太清楚。在哲学思想和伦理学研究中，可以发现关于善的要求和原则的诸多描述。比如，孔子和孟子等儒家思想家要求人们做君子，有仁爱，做到温良恭俭让；王阳明要求人们致良知，知行合一；墨家要求人们兼爱交利；柏拉图要求人们正义、自制和勇敢；亚里士多德要人们慷慨、温和、友善、诚实、公正等；亚当·斯密希望人们有良心、有同情感等；弗洛姆要人们分享、奉献和爱等。我们可以列举出许多善的原则，像合群、守护、互惠、互助、诚信、尊重、同情、感恩、仁爱、公正、正义等，这些善的原则反映了人们之间和谐相处的要求和规范。

道德规范与善意原则无法严格区分，善意原则也属于道德规范，但比较模糊，无法明确界定，也不可能硬性规定。青少年习得善意原则，然后内化成为善的价值准则，成为学生的善的核心信念，他们就会形成成为善人、好人的意识，具有善的情感和善的人格，愿意做善的事。在现代社会，最核心的善意原则包括互惠原则、诚信原则、友善原则、尊重原则、公平正义原则、同情原则、知恩图报原则、仁慈仁爱原则等。在日常生活中，像微笑、道谢、道歉等人们习以为常的简单举动都是重要的善的态度和善的行为，也可以认同为善意原则，即微笑原则、道谢原则、道歉原则等。从这些原则的心理特性加以区分，微笑原则、同情原则、知恩图报原则、仁慈仁爱原则等归于情义善有关的原则，互惠原则、诚信原则、尊重原则、友善原则、公平正义原则及道谢原则、道歉原则等均可归于道义善的原则，可以说，学习善意原则其实就是习得社会生活中的情义善原则和道义善原则。一个人是否遵循情义善原则和道义善原则，不受明文规定的条款制约，而是受人的主观意愿支配。

从心理学角度讲，习得善意原则并将其内化成为善的价值准则，青少年才会有善的信念、善的情感，才能够形成善良、正直、诚信、宽厚、宽恕、仁慈等善的人格。青少年遵循法律规范和道德规范，遵循善的价值准则，才能表现出诸如合群、分享、助人、合作、孝顺、尽责、敬业、爱国等亲社会行为。在社会生活中，对于大多数人来说，难以做到一丝不苟地遵循善意原则，大多数人会不自觉地或多或少地遵循善意原则，这是善的表现，也是良知和良心的体现。如果一个人总是能够遵循社会的法律规范和道德规范的要求，做出善恶评判和行为选择，我们说这样的人是遵纪守规的人。如果一个人总是能够遵循善意原则进行善恶判断和做出善的行为选择，我们会认定他是有良知良心的人，是具有道义善和情义善的人。如果善意原则内化成为善的价值准则，个人能够遵循善的价值准则要求自己，这样的人是有希望达到至善状态的，会始终遵循原则和善的价值准则。

第三个层次是学习仁义原则和正义原则等至善原则并将其作为善的价值准则，这样的人能达到至善境界。这个层次的要求是非常高的，青少年几乎达不到这个层次，甚至对于成年人来说，也只有极少数人能够在一定程度上达到这个层次，大部分只能达到有限仁义和有限正义的程度。社会的法律规范和道德规范，社会生活中与人为善的原则内化成为个人行为处世的善意原则，个人就具有了认知和分辨是非善恶的准则并做出善恶判断的标准和依据，个人就有了形成情义善和道义善的内心基础，以及形成仁义人格和正义人格的基础。人们在接受德育的过程中，在自我修养的基础上，感恩原则、同情怜悯原则等情义善的原则有可能在一定程度上发展成为仁慈仁爱的仁义原则，互惠原则、诚信原则、尊重原则、合作共赢原则、公平公正原则等道义善的原则也是一样，可能在一定程度上发展成为公平公正的正义原则。仁义原则和正义原则成为人的善的价值准则，成为人的稳定的善的信念，个人如果能够始终遵循仁义原则和正义原则，就具有了正义人格和仁义人格。具有正义人格和仁义人格是高尚善的境界，要达到这样的境界，显然是极难的。

善的价值准则反映了社会对人的思想道德和行为方式的要求，规定了人际间友善和谐相处的情感取向和行为举止的基本要求，规定了人们社会生活中对工作、对集体、对国家的恰当态度。人们不知道自己应该如何与自然相处，也不知道应该如何与他人相处，表现得损人利己、危害社会，社会秩序就会混乱，社会生活就不会和谐。善的价值准则的学习内化使个体具有遵守社会规范的意识，能够遵循善意原则，不至于成为一个违法乱纪的恶人，而且能够自觉地与人为善，关注和关心他人。善的价值准则的学习内化使个体具有是非观念，能够进行恰当的道德判断或善恶评价。青少年习得符合社会生活要求的法律和道德的底线要求，成为遵纪守规的人，不会成为他人心目中的恶人。青少年习得符合社会生活要求的善意原则，把社会生活的善的要求内化成为自觉遵循的善意原则，具有遵循善意原则和维护善意原则的价值准则，才能待人有善意，乐于助人，成为具有善的情感和善的人格的人。倘若青少年在成长过程中，能够习得仁义原则和正义原则，仁义善和正义善成为他们自觉遵循的价值准则，就能形成仁义人格和正义人格，就能达到至善境界，一种高尚善的境地。

第四节　善的心理的教育机制

从心理学角度说，善是一种复杂的心理现象，探讨善的心理的教育机制，涉及多个层面，包括善的认知和观念的教育、善的情感的熏陶、善的人格的培养，也涉及善的行为的养成，还涉及人际善的关系和爱的关系的形成和维系。探讨善的心理的教育机制，需要从教师和家长等教育者角度考量，更需要从作为被教育者的学生角度加以考量。

青少年善的心理发展通常包含了两种形式：一是善的心理的渐变式发展；二是善的心理的突变式发展。善的认知、善的观念、善的情感、善的人格等善的心理的发展方式可能是渐变式的，也可能是突变式的。每个人多多少少都会有善的心理，即使看起来仿佛处于绝对自我自私的状态，整天只是为自己或自己家人的利益而蝇营狗苟，甚至看似穷凶极恶、残忍无比的人，也会有善的心理的表现。在生活中，许多人在为自己的生存而努力的同时，也关注关心他人，关切关爱他人，无私地为他人付出和奉献，他们具有善的心理，可以称为善的人，其中的少数人甚至能够具有仁义人格和正义人格，达到接近至善的状态。

　　善的心理的发展机制，有内发论、外铄论，以及内发和外铄结合论等多种理论。从心理学角度而言，可以看到善有不同层面，青少年的善的心理的形成机制也要从各个层面加以分析。善的认知发展不是一个简单的过程，是从自我欲望本位导向的利己善的认知阶段发展到自我情感本位的利人善的认知阶段、自我责任本位的遵循道德和法律的底线的善的认知阶段和遵循善意原则的认知阶段，以及社会责任本位的遵循公平公正原则的善的认知阶段。

　　根据青少年善的认知的发展规律，可以将青少年的善恶判断的心理机制区分为四个层次，即遵循利己原则的善恶判断、遵循道德和法律底线原则的善恶判断、遵循善意原则的善恶判断、遵循公正原则和仁爱原则的善恶判断。青少年在善的认知和善恶判断的基础上形成善的观念，这是在青少年心智发展到一定水平基础上，伴随着认知水平的提高和认识能力的发展，选择性吸收外界善恶信息，接收家长和教师的善恶观念的灌输，建立在观点选择基础上的内化学习过程。青少年的善的价值准则是善的观念的核心，其形成机制大致可以分为三个层次：一是习得道德规范和法律规范，习得遵纪守规的规范；二是习得善意原则，善意原则内化成为善的价值准则；三是习得仁义原则和正义原则，仁义原则和正义原则内化成为善的价值准则。

　　青少年善的情感的发展不是简单的内发性或外铄性的影响的结果，他们的同情感、恻隐心等善的情感有赖于先天内发的同情、恻隐倾向的激发，但羞恶情感、感恩情感、正义感、仁爱情感等情感不是单纯受先天因素影响的自然成长的结果，社会文化、家长引导、教师教育的影响不容小觑。青少年的善的情感发生的心理机制在于能够关注点转移，挣脱自我关注自我欲望本位的自私倾向，能够关注他人的不幸遭遇，理解他人的痛苦心情，并且因他人的不幸境遇和痛苦情绪触发怜悯同情仁慈情感。青少年从自我欲望满足的桎梏中摆脱出来，从自怨自艾的痛苦情绪中挣脱出来，放下内心痛苦情结，将关注目光从自身问题转向他人，转向芸芸众生，感同身受他人的痛苦不幸，会萌发同情和感恩情感，甚至能萌生正义感和仁慈仁爱情感。

　　从心理学角度加以总结，善的人格是外部影响与内修努力的结果，需要个体能够最大限度地抑制和消除不合理欲望和不必要需求，形成善的意识和具有遵循善意的主观意愿，具有舍弃小我、胸怀天下的仁慈情怀和仁义倾向，具有追求崇高的英雄气概和维护公平正义的道德义务，具有坚定追求正义和表达仁义的主观意志。个体关注关心社会、关心关爱他人、无私付出和自愿奉献的过程是仁义人格内修的基本路径，个体维护社会公平正义的道德责任和道德义务，会使个体在成长的过程中受英雄的榜样引领，具有追求榜样人格的崇高理想，具有维护社会公平正义的道德责任和道德义务的道义善，这样就具有了内修形成正义人格的极大可能性，个体具有追求正义和表达仁义的坚定意志，成为个体塑造仁义人格和正义人格的潜在正能量和巨大动力。

青少年善的人格的发展，从心理的层面分析，是理想人格的同化过程，从人与社会的关系层面而言，是个体社会化的过程，是个体在与他人的互动过程及社会实践中，将他人和社会的善的要求同化成为自己的人格特征和行为倾向的过程。善的人格的社会化的核心是善的人格的同化过程，是青少年认知、理解并认同社会的善的有关规范和要求，运用内省方法了解自己不合乎社会规范和要求的心理特征和行为方式，改变这些不合乎社会规范和要求的心理特征和行为方式，内修形成合乎社会规范和要求的心理特征和行为倾向的过程。

青少年善的心理的发展不是善的认知、善的观念、善的情感、善的人格的独立发展，而是善的认知、善的观念、善的情感、善的人格的综合发展，善的人格的形成和发展，不是生理和心理成长的自然结果，而是在善的认识、善的观念和善的情感发展的基础上，受善的动机驱动，是在善的人格理想追求过程中的自我塑造的内修学习的结果。个体的善的认知发展成为善的认知特征、个体的善的情感发展成为善的情感特征，个体的善的认知、善的观念、善的情感影响下的善的行为方式逐渐定型，逐渐形成善的行为特征和行为倾向，这种行为特征和行为倾向也称为态度特征。个体发展形成善的认知、善的观念、善的情感、善的人格，具有善的行为特征和行为倾向，成为一个真正善的人。

青少年善的心理学习机制，既可能是内发性的，也可能是外铄性的，青少年善的心理的成长方式往往是内发性的生长、外铄性的影响有机结合基础上的内修学习的结果。在青少年善的心理的形成过程中，许多因素发挥了积极的作用：他们具有模仿他人的善恶倾向的生理基础；他们在对榜样行为的模仿过程中形成善的或恶的倾向；伴随他们的心智成长，善的认识能力得以提升，有可能促进善的社会意识的发展；善的社会意识的发展使青少年能挣脱过度自我关注的倾向，对他人的关注关心促进了其善的情感发展；青少年自我成长的坚强意志和道德提升的内修努力促进了他们的善的人格的发展。

从教育的角度而言，善的心理教育意味着要培养青少年善的意识、熏陶善的情感、塑造善的人格、养成善的行为习惯，但青少年善的意识、善的观念、善的情感、善的人格和善的行为的教育和养成不是孤立割裂的。结合王阳明的四大学规，青少年善的心理的教育机制可以概括为：

一是要求青少年立志。青少年立志成为善的高尚的人，立志成为高尚的君子，这样的志向对于他们自觉遵守法律和道德规范，摆脱欲望诱惑，形成自制克制人格，形成善的认知、善的情感、善的人格具有积极意义。

二是引导青少年勤学。勤学可以使青少年通过学习提高思想认识，提高道德判断能力、明辨是非善恶的能力和善的意识，形成遵纪守法的观念、善的观念、善的意识。勤学也是要引导和要求青少年学好知识、培养能力，能为国家和民族做出更大贡献。

三是提醒青少年改过。改过是要引导和提醒青少年通过自我剖析，分析自己的所作所为，反省自己的问题，了解自己的过错，提醒和要求他们坚决改正错误，努力形成善的心理和善的行为。

四是鼓励青少年向善。要引导和鼓励青少年与人为善，引导他们关注关心关爱他人，自觉培养和内修善的意识、善的情感和善的人格，遵循善意原则，遵循仁义原则和正义原则。向善也要求青少年承担个人责任和社会责任，愿意承担为国家、社会做出贡献的责任。

家长、教师是青少年善的教育的最重要外铄性因素，对孩子善的心理的形成和发展起到了决定性的作用。因为孩子从小依赖父母的守护和养育，在孩子最初的成长岁月，父母对孩子的善的心理的引导教育的影响几乎是全天候的。

当教师介入孩子的学习，家长和教师对孩子的善的引导和教育影响可以形成一种更强有力的合力。儿童的可塑性强，越是年幼的孩子越是容易接受家长、教师的教育影响，家长教师对孩子的善的期望和要求容易内化成为孩子的向善的自觉要求，所以，对儿童的善的教育能够产生立竿见影的效果，能够在儿童幼小的心灵中播种下向善的种子。所以，善的教育要尽可能地低龄化，要在孩子还小的时候就埋藏下善的种子。

教师和家长精心选择教学内容，引导青少年阅读和了解名人和伟人的事迹，在孩子幼小的心灵中埋下学习的榜样，树立向往和追求善的理想，将有助于孩子形成善的思想观念和善的价值准则。通过那些适合孩子欣赏的影视作品及孩子喜欢玩的游戏，对孩子施加善的影响，为孩子树立追求和模仿的榜样，引导孩子树立向往善和追求善的坚强意志。

在孩子年幼时，引导和教育他们立志，最好的路径是榜样的示范。一是帮助孩子树立学习和模仿的榜样。家长和教师，特别是幼儿园教师和中小学教师要为孩子树立善的学习榜样，自己也要成为孩子的榜样。家长和教师也可以通过读物或影视作品等途径为孩子寻找、确定学习模仿的榜样。二是鼓励孩子模仿榜样的坚定意志。在家长和教师的教育引导下，让孩子愿意像榜样那样克服各种困难。三是引导孩子形成模仿榜样的自觉意识和主动态度，主动观察和分析榜样的言行举止，自觉模仿榜样的思想观念和行为方式。

家长和教师也要从小引导和教育孩子养成勤奋学习的习惯，通过学习提高认识和分析问题的能力，提高孩子善的认知和判断能力，引导和教育孩子明是非、辨善恶。勤奋学习的习惯一旦养成，将会使孩子终身受益，使孩子具有为他人为社会作贡献的自信和勇气，也有助于孩子成为对社会、对他人有用的人。

家长和教师也要在考虑孩子接受能力的前提下，重视社会的法律规范和道德规范的教育，不仅要提高孩子的道德意识和法治观念，也要养成孩子遵纪守规的习惯。在孩子还小时进行法治教育和道德说教，他们还没有形成错误观念，没有养成不良嗜好，向他们灌输善的意识，能使他们头脑中建立善的思想观念的雏形。当家长和教师发现孩子出现违规违纪的行为及不道德的行为时，应及时提醒和纠正，并且教导他们正确的行为方式，使孩子从小养成善的行为习惯。对孩子善的表现的及时强化能够起到固化善的心理和行为的积极作用。当孩子做出伤害他人的行为时，父母和老师应及时制止、批评、教育或惩罚孩子，有助于相关规则的习得和价值准则的内化。

对于高年级学生，特别是对于大学生来说，善的教育要取得成效，需要依靠更加科学有效的教育引导，但主要依靠学生自身的努力，需要学生在善的人格理想的引领下，在对崇高善的追求下进行自我反省和自我塑造。内修学习是善的最重要的自我教育方式，是个体了解自己的心理特点，确定善的追求基础上自我塑造善的心理特征，扭转不良心理状态和改变不良心理特征的心理过程。善的心理的内修学习可能是无意识的、不自觉地模仿榜样的过程，也可能是有意识的自我修养和自我强化的过程。

善是一种复杂的心理和行为现象，单纯用生理成熟和心理成长的视角阐释善的发展的心理机制，或者单纯用巴甫洛夫的经典条件反射、斯金纳的操作条件反射、班杜拉的社会学习观点去解释个体的善的学习过程，都是片面的。善的认知、善的情感的发生和发展，既是个体的生理成熟和心理成长的结果，也是教育和训练的结果。青少年善的教育需要经由立志、勤学、改过、尚善等途径内化社会规范，形成规则意识，有效控制不合理欲望，关注关心他人的不幸，并且具备充分的善意，能同情他人的痛苦经历和遭受的不公待遇，具有自我人格修养的坚定意志和自觉意识，能做出善的内修努力，能成为具有善的人格的人，能自觉地避免成为恶人、罪人。

第五节　善的心理的教育方式

《公民道德建设实施纲要》提出公民道德建设的指导思想是："坚持党的基本路线、基本纲领，重在建设、以人为本，在全民族牢固树立建设有中国特色社会主义的共同理想和正确世界观、人生观、价值观，在全社会大力倡导'爱国守法、明礼诚信、团结友善、勤俭自强、敬业奉献'的基本道德规范，努力提高公民道德素质，促进人的全面发展。"①《新时代公民道德建设实施纲要》提出："把立德树人贯穿学校教育全过程。学校是公民道德建设的重要阵地。要全面贯彻党的教育方针，坚持社会主义办学方向，坚持育人为本、德育为先，把思想品德作为学生核心素养、纳入学业质量标准，构建德智体美劳全面培养的教育体系。加强思想品德教育，遵循不同年龄阶段的道德认知规律，结合基础教育、职业教育、高等教育的不同特点，把社会主义核心价值观和道德规范有效传授给学生。"② 可以看到，新的发展时期，道德建设和道德教育受到极大重视，我们应该研究道德教育方法，落实道德教育要求，使学校道德教育真正产生实效。

2014 年，教育部下发《关于全面深化课程改革　落实立德树人根本任务的意见》，提出要重视培养青少年的核心素养，要求"明确学生应具备的适应终身发展和社会发展需要的必备品格和关键能力，突出强调个人修养、社会关爱、家国情怀"③，教育要"增强思想性，有机融入社会主义核心价值观的基本内容和要求，全面传承中华优秀传统文化，弘扬社会主义法治精神，充分体现民族特点，培养学生树立远大理想和崇高追求，形成正确的世界观、人生观、价值观"④。通过教育，要使"社会主义核心价值观内化为学生的精神追求，外化为实实在在的自觉行动"⑤。立德树人的道德建设和道德教育的核心是要培养青少年的道德素养，善的心理是青少年的核心道德素养。学校教育要高度重视道德建设，重视青少年善的心理的教育和培养，促进青少年形成善的意识、善的情感和善的人格。

青少年善的认知、善的动机、善的情感、善的人格、善的行为的发展，需要仰仗环境的积极影响，需要营造善意的社会环境，需要教师和家长施加积极的教育影响，需要学生的主动认同和自觉塑造。对青少年善的心理的教育和培

① 公民道德建设实施纲要 [N]. 人民日报，2001-10-25.
② 新时代公民道德建设实施纲要 [N]. 人民日报，2019-10-28.
③ 关于全面深化课程改革落实立德树人根本任务的意见 [N]. 中国教育报，2014-04-25.
④ 关于全面深化课程改革落实立德树人根本任务的意见 [N]. 中国教育报，2014-04-25.
⑤ 关于全面深化课程改革落实立德树人根本任务的意见 [N]. 中国教育报，2014-04-25.

养，要遵循以下教育原则：

一是规范教育与关爱守护相结合。绝大多数家长能够做到关爱守护孩子，但也不应忽视对孩子的管教，要教育孩子学习社会的道德规范和法律规范，使他们从小就形成行为的道德底线和法律底线。家长和教师对孩子的关爱守护要与规范教育和合理管教相结合，要避免溺爱孩子，提高孩子明辨是非的能力，对孩子违背社会规范的行为要及时制止和纠正，使孩子具有遵守社会规范的意识。

二是善意原则的教育与善的行为养成相结合。教师和家长重视引导和教育青少年习得善意原则，同时也要重视引导学生养成善的行为方式，使孩子能够在遵循善意原则的同时，形成善的行为方式，真正做到善良诚信、与人为善、乐于助人，不损人利己，不伤害他人。

三是以身作则的垂范与偶像示范相结合。教师和家长要以身作则，为孩子树立良好的学习榜样。教师和家长也要关注孩子的价值追求，关注孩子的偶像追求和偶像崇拜倾向，利用偶像的榜样示范引导孩子树立正确的价值观，引导孩子形成向往善和追求善的积极意识和高尚情操。

四是善的教育与善的实践活动相结合。教师和家长要通过形式多样的教育活动，教导孩子习得善意原则和遵循善意原则，同时也要鼓励孩子参加志愿者活动、慈善活动等，引导孩子关注关心他人，形成热心公益、关注生态、乐于奉献、懂得分享的亲社会倾向，形成同情、感恩、关爱等社会情感。

五是善意引导与善的情感熏陶、善的人格培养相结合。教师和家长既要重视培养孩子善的意识，也要关注孩子善的情感的熏陶和善的人格的培养，在引导孩子遵循善的原则的同时，培养孩子形成公正正直的态度，仁慈仁爱的情感，具备善良、正直、宽容、负责、诚信等人格特征。

六是善的教育与自觉的内修努力相结合。学生具有内化善的观念、培养善的情感和塑造善的人格的主观意识，通过自觉的内修努力才能真正形成善的心理。教师和家长在教育引导学生培养善的意识、善的情感和善的人格的过程中，要引导学生掌握善的内修方法，激发学生善的自我修养的动力，学生通过善的内修努力才能内化善的价值准则，塑造善的人格和培养善的情感。

青少年善的心理的教育和培养，需要家长和教师的共同努力，教师和家长重视沟通交流，统一思想认识，形成合力，才能产生积极的教育影响，也能够避免教师与家长的教育影响产生抵消的状况。家长和教师的教育要求与社会的要求相统一，才能真正把孩子培养成为社会需要的人。具体来说，家长和教师对青少年的善的心理的教育可以从以下方面着手：

第一，要教导青少年基本的法律规范和道德规范，使他们能遵纪守规，形成法治观念和道德意识。《新时代公民道德建设实施纲要》指出："推进全民守法普法，加强社会主义法治文化建设，营造全社会讲法治、重道德的良好环境，引导人们增强法治意识、坚守道德底线。"[①] 法治教育和道德建设要从娃娃抓起，在孩子还不能完全理解社会规范的要求时，家长和教师就应经常提醒他们遵守社会规范，提高他们明辨是非善恶的能力，提高遵纪守规的意识。当孩子入学后，家长和教师更要重视引导青少年了解并遵守道德和法律的底线，经常提醒和要求他们遵守社会规范，遵守学校的各项规章制度，要求他们不能伤害他人、危害社会，引导青少年形成法治观念和道德意识，指导他们形成基本的维护社会公平正义的意识。

第二，要以身作则成为青少年的学习榜样，也要引导他们学习英雄人物和时代楷模的事迹，形成正确的价值观，培养核心价值准则。家长和教师是孩子成长和发展的导师，是青少年最重要的模仿和学习的对象，教师和家长应该遵守社会规范，遵循社会公序良俗，遵循待人处世的善意原则，不能做出损害他人和社会利益的举动，努力成为青少年学习的榜样。家长和教师的遵纪守规的表现及善意待人的要求和示范会在儿童的大脑中烙下印记，能孕育力量，成为青少年的善的心理的形成和发展的强大驱动力。《新时代公民道德建设实施纲要》提出："要精心选树时代楷模、道德模范等先进典型，……广泛宣传他们的先进事迹和突出贡献，树立鲜明时代价值取向，彰显社会道德高度。"[②] 教师要

---

① 新时代公民道德建设实施纲要 [N]. 人民日报，2019-10-28.
② 新时代公民道德建设实施纲要 [N]. 人民日报，2019-10-28.

精心选择时代楷模、道德模范等先进典型，向青少年宣传时代楷模和英雄人物的先进事迹，鼓励青少年学习他们的事迹，引导青少年通过学习提高思想认识，树立正确的价值观，培养爱国、敬业、诚信、友善等社会主义核心价值观。

第三，要引导青少年学习中华传统美德，重视自身道德修养，培养深厚民族情感，树立崇高善的理想和塑造崇高善的人格。《新时代公民道德建设实施纲要》提出："中华传统美德是中华文化精髓，是道德建设的不竭源泉。……弘扬古圣先贤、民族英雄、志士仁人的嘉言懿行，让中华文化基因更好植根于人们的思想意识和道德观念。深入阐发中华优秀传统文化蕴含的讲仁爱、重民本、守诚信、崇正义、尚和合、求大同等思想理念，深入挖掘自强不息、敬业乐群、扶正扬善、扶危济困、见义勇为、孝老爱亲等传统美德。"① 教师和家长要引导青少年学习优秀传统文化，继承优秀传统文化的道德精髓，通过对国家民族的历史认知和现实理解，培养深厚的民族情感，形成爱国意识、培养爱国情感。要指导青少年继承优秀文化传统，形成崇善扬善的心理倾向，帮助他们树立崇高善的理想，促进他们逐渐认同并积极塑造崇高人格，逐步形成仁爱正义、同情友善、见义勇为、扶危济困、惩恶扬善、孝老爱亲等善的心理和行为。

第四，要组织青少年积极参加社会公益活动，形成服务社会意识，自觉培养善的心理，养成善的习惯。《新时代公民道德建设实施纲要》提出："深入推进学雷锋志愿服务。学雷锋和志愿服务是践行社会主义道德的重要途径。要弘扬雷锋精神和奉献、友爱、互助、进步的志愿精神，围绕重大活动、扶伤救灾、敬老救孤、恤病助残、法律援助、文化支教、环境保护、健康指导等，广泛开展学雷锋和志愿服务活动，引导人们把学雷锋和志愿服务作为生活方式、生活习惯。推动志愿服务组织发展，完善激励褒奖制度，推进学雷锋志愿服务制度化常态化，使'我为人人、人人为我'蔚然成风。"② 家长和教师要引导青少年参加力所能及的社会公益活动和志愿者活动，学习和弘扬雷锋精神，通过参加助人利他的社会实践活动，引导和要求青少年形成诸如友爱、奉献、分享、合作、

① 新时代公民道德建设实施纲要 [N]. 人民日报，2019-10-28.
② 新时代公民道德建设实施纲要 [N]. 人民日报，2019-10-28.

助人等善的心理和善的习惯。家长和教师要在青少年参加公益活动和志愿者活动的过程中，指导他们形成服务社会的意识，培养他们的社会责任感，引导他们关注关心关爱他人，帮助他们逐步培养同情感、正义感、责任感等善的情感。

第五，要重视日常生活和学习中的积极引导，指导青少年领会善意原则，将善意原则认同内化成为善的价值准则。在日常的学习和生活中，教师和家长在重视孩子规则意识的培养的同时，也要引导和教育他们认识和领会人际交往中的善意原则，引导他们将善意原则认同内化成为善的价值准则，逐步形成尽责和奉献的意识，使青少年愿意为自己、为他人、为社会做出更大贡献。家长和教师要在孩子成长的过程中，逐步灌输给孩子善意原则，要求孩子在与同学、老师和他人交往时遵循礼让原则、礼敬原则、礼貌原则，在人际交往时，遵循尊重原则、互惠原则、感恩原则、友善原则、合作分享原则、互利共赢原则，指导青少年逐步认同善意原则，能够自觉自愿遵循善意原则，成为真心实意待人友善、友爱的人。

第六，要指导青少年掌握善的自我修养方法，引导他们通过内修努力形成善的观念，培养善的情感，塑造善的人格。《新时代公民道德建设实施纲要》中要求青少年"从英雄人物和时代楷模身上感受道德风范，从自身内省中提升道德修为，不断修身立德，打牢道德根基"①。教师和家长要引导青少年学习时代楷模和英雄人物的先进事迹，感受他们的道德风范，汲取道德发展的养分，形成追求善、向往善、塑造善的道德根基，具有自我塑造善的人格、形成善的观念和培养善的情感的内部动力。要鼓励青少年重视自身德行修养，教育他们掌握善的自我修养方法，通过内省方法认识自己的问题和不足，通过内修努力提高道德认识，提升道德修为，形成善的价值准则，培养高尚情操和美好情怀，塑造健全人格，逐步培养善良、诚信、负责、正直、公正、正义、感恩、同情、仁爱等善的性格，逐步成长成为社会希望的具有仁义人格和正义人格的高尚的人。

---

① 新时代公民道德建设实施纲要 [N]. 人民日报，2019-10-28.

青少年善的心理的培养和教育需要营造善的社会氛围，形成善的社会环境，营造善的网络空间，只有整个社会具有善的氛围，只有整个社会具备惩恶扬善的机制，善的教育才能受到重视并取得成效。崇尚善、向往善和追求善是我们希望教育能够激发出的青少年内在的善的动力，在私欲膨胀的环境中，人容易偏离道德理想的方向，容易被欲望蒙蔽理性的双眼。理解社会规范，掌握社会规范，学习社会规范，知道哪些事情可以做，哪些事情不可以做，是一个人善的学习的最重要基础。各种各样恶的举动、种种不文明的行为，都体现了人们缺乏规则意识和行为教养的倾向。强调善的教育，也是要做出努力，不仅将人们的功利心纳入合情合理的轨道，也要让人们能够在利与义之间做出更加恰当、更加高尚的抉择。

从教师和家长的角度来看，往往会有疑虑：在教育孩子善良，与人为善的时候，可能会暗藏一种风险——孩子可能更加容易上当受骗，更加容易成为恶的牺牲品。显然，教师和家长对青少年施行善的教育时，不仅要强调遵守社会规范，要善良友善，要向往崇高，也需要帮助青少年提高思想认识，提高心智水平，提高明辨是非善恶的智慧和能力，使他们在社会生活中做到清醒理性，遇事沉着冷静，善于与父母老师沟通商量，不轻信，不受利诱，不被蒙蔽欺骗。

一般而言，青春期以前的孩子能力还比较弱，大多数都愿意听父母和老师的话，父母和教师在这一阶段进行善的心理的教育能够起到积极作用。从青春期开始，青少年的关注点会发生重大转变，他们更加关注自我形象，也特别渴望社会认同，希望得到同伴的认同和异性的认同。伴随青春期发育的生理改变也带给青少年更多困扰，使他们容易情绪化，容易变得烦躁或暴躁，如果父母、教师与他们沟通不畅，他们得不到足够的理解和支持，逆反心理会特别强烈。一旦师生之间、亲子之间产生矛盾对立，教育说理会显得苍白无力。对于处于青春期的学生，教师和家长应该有更多耐心、更多善意，也应该加强沟通，能真正关心和理解青少年的需求，鼓励和支持他们勇敢面对各种挑战，能引导和帮助他们克服各种挫折和困难，教师和家长真正成为学生的良师益友，青少年也会有动力和能力做出内修努力，真正成为社会需要的德才兼备的人。

　　成年人的道德教育或善的教育要产生切实的效果，基本上要靠个体的自我教育和自我改变，仰仗其规则意识的提升、善意原则的内化及德性的自我塑造，仰仗个体社会意识的发展及对他人的关注关心关爱，仰仗个体善的人格的内修努力。成年人善的内修努力能够真正起到使人变善的目的，能使人具有善的意识、善的情感和善的人格，并且表现出善的举动。儒家的德性自我反省的方法、道家的功过格的方法是非常有效的善的自我教育和自我内修的方法。对于成年人来说，讲道理、摆事实未必能够起到效果，除非他们已经意识到自己的问题，并且愿意通过内修努力来提高自身修养，成为一个好人。社会生活中倡导依法治国理念，制定明确的规范，制订并实施奖励和处罚措施，营造惩恶扬善的社会氛围，倡导善的价值准则，严格依照社会规范要求约束人们的行为，抑制违法违规行为，抑制人们的恶的冲动，并且使人愿意遵循社会规范或善的原则生活，能避免人们做出恶的行为，也能鼓励更多人成为善的人。

　　人要达到大公无私的大善境界或仁义正义的至善境界是困难的，一个人认识社会的善的要求，通过自我修养达到有限的善的状态是完全可能的，要做到小善的状态也是容易的。任何人都没有足够的能力改变世界，也没有足够的把握改变他人，但每个人都有能力让自己变得友善，不要那么冷漠无情，只要咧开嘴巴对人真诚地微笑，并在力所能及的情况下向人伸出援助之手即可。当人们能够这样做的时候，人际冷漠的坚冰就会融化，人际关系就会变得和谐。人们都有自我反省和自我改变的能力，只要有决心和信心，有勇气和毅力，就能够避免贪婪和抵御诱惑，摒弃偏见和卸下仇恨，变得更友善、更有爱心、更有正义感，甚至能形成正义人格和仁义德性。

　　如果一个社会，人们奉公守法、维护公平正义，人们有智有情有义，有同情心、知恩图报、仁慈仁爱，人们友善诚信、互惠互利、互帮互助，人们会生活得有安全感和幸福感。亚当·斯密在《道德情操论》中说："人类社会的所有成员，都处在一种需要互相帮助的状况之中，同时也面临相互之间的伤害。在出于热爱、感激、友谊和尊敬而相互提供了这种必要帮助的地方，社会兴旺发达并令人愉快。所有不同的社会成员通过爱和感情这种令人愉快的纽带联结在一起，好像被带到一个互相行善的公共中心。"① 当越来越多的人意识到善是重要的，向往美好、追求崇高，并且形成善的价值准则，愿意遵循善意原则生活，愿意对他人有善意，愿意无私地为他人、为社会做贡献，我们相信善终究会汇成一股滔滔的洪流，使人们在生活中总是能感受到人性崇高的光辉。这种信念使我们对社会充满了信心，并且愿意奉献自己的一份绵薄力量去建设善的社会。如果有更多的人愿意满怀善意地对待其他人，有爱心并且维护公平正义，这个世界将会变得更美好，社会将会变得更和谐，人们的生活也将变得更幸福。

---

① 斯密. 道德情操论 [M]. 蒋自强，钦北愚，朱钟棣，等译. 北京：商务印书馆，2003：105.

参考文献

[1]   阿德勒.阿德勒人格哲学[M].罗玉林,等译.北京:九州出版社,2004.

[2]   阿德勒.理解人性[M].陈太胜,陈文颖,译.北京:国际文化出版公司,2001.

[3]   艾森博格.爱心儿童[M].巩毅梅,译.成都:四川教育出版社,2006.

[4]   柏拉图.柏拉图全集[M].王晓朝,译.北京:人民出版社,2002.

[5]   柏拉图.理想国[M].张竹明,译.南京:译林出版社,2015.

[6]   鲍曼.被围困的社会[M].郇建立,译.南京:江苏人民出版社,2005.

[7]   贝克.东方哲学的故事[M].赵增越,译.北京:中国盲文出版社,2002.

[8]   边沁.道德与立法原理导论[M].时殷弘,译.北京:商务印书馆,2000.

[9]   边沁.立法理论[M].李贵方,等译.北京:中国人民公安大学出版社,2004.

[10]   布卢姆.善恶之源[M].青涂,译.杭州:浙江人民出版社,2015.

[11]   曹玉文.弗洛姆的动态社会性格理论[J].北京大学学报,1996(3):104-110.

[12]   查普林,克拉威克.心理学的理论与体系[M].林方,译.北京:商务印书馆,
       1984.

[13]   陈琦,刘儒德.当代教育心理学[M].北京:北京师范大学出版社,1997.

[14]   陈琴.4—6岁儿童合作行为认知发展特点的研究[J].心理发展与教育,2004
       (4):14-18.

[15]   陈巍.同感等于镜像化吗?——镜像神经元与现象学的理论兼容性及其争议
       [J].哲学研究,2019(6):96-107.

[16]   陈欣银,Rubin K H,李丹,等.中国和西方儿童的社会行为及其社会接受性
       研究[J].心理科学,1992(2):1-7.

[17] 达尔文.物种起源 [M].周建人，叶笃庄，方宗熙，译.北京：商务印书馆，1991.

[18] 狄更斯.双城记 [M].石永礼，赵文娟，译.北京：人民文学出版社，1993.

[19] 丁峻，陈巍.具身认知之根：从镜像神经元到具身模仿论 [J].华中师范大学学报，2009（1）：132-136.

[20] 董仲舒.春秋繁露 [M].周桂钿，译注.北京：中华书局，2011.

[21] 董仲舒.春秋繁露新注 [M].曾振宇，傅永聚，注.北京：商务印书馆，2010.

[22] Elliot Aronson，等.社会心理学 [M].侯玉波，等译.北京：中国轻工业出版社，2005.

[23] 范丰慧，汪宏，黄希庭，等.当代中国人的孝道认知结构 [J].心理科学，2009，32（3）：751-754.

[24] 范丽珠."善"作为中国的宗教伦理 [J].甘肃理论学刊，2007（6）：29-34.

[25] 弗兰克.活出意义来 [M].赵可式、沈锦惠，译.北京：生活·读书·新知三联书店，1991.

[26] 弗罗姆.爱的艺术 [M].陈维纲，陈维正，林和生，等译.成都：四川人民出版社，1986.

[27] 弗罗姆.生命之爱 [M].罗原，译.北京：工人出版社，1988.

[28] 弗罗姆.逃避自由 [M].刘林海，译.北京：国际文化出版公司，2002.

[29] 弗罗姆.占有还是存在 [M].李穆，等译.北京：世界图书出版公司，2015.

[30] 弗洛姆.健全的社会 [M].孙恺祥，译.上海：上海译文出版社，2018.

[31] 弗洛姆.人类的破坏性剖析 [M].李穆，等译.北京：世界图书出版公司，2014.

[32] 弗洛姆.人心：善恶天性 [M].向恩，译.北京：世界图书出版公司，2019.

[33] 弗洛姆.生命之爱 [M].王大鹏，译.北京：国际文化出版公司，2003.

[34] 弗洛姆.为自己的人 [M].孙依依，译.上海：上海三联书店，1988.

[35] 弗洛姆.自我的追寻 [M].孙石，译.上海：上海译文出版社，2012.

[36] 弗洛伊德.弗洛伊德后期著作选 [M].林尘，张唤民，陈伟奇，译.上海：上海译文出版社，1986.

[37] 弗洛伊德.精神分析引论新编[M].高觉敷，译.北京：商务印书馆，1987.

[38] 弗洛伊德.论文明[M].徐洋，译.北京：国际文化出版公司，2000.

[39] 伏尔泰.哲学辞典[M]（上册）.王燕生，译.北京：商务印书馆，1991.

[40] 戈布尔.第三思潮：马斯洛心理学[M].吕明，译.上海：上海译文出版社，1987.

[41] 戈布尔.第三思潮——马斯洛心理学[M].吕明，陈红雯，译.上海：上海译文出版社，2006.

[42] 葛洪.抱朴子内篇全译[M].顾久，译注.贵阳：贵州人民出版社，1995.

[43] 郭本禹，崔元辉，陈巍.经验的描述——意动心理学[M].济南：山东教育出版社，2010.

[44] 郭象.庄子注疏[M].成玄英，疏.北京：中华书局，2011.

[45] 郭晓飞.佛教的善的思想的心理诠释[J].心理学探新，2020（4）：291-295.

[46] 郭晓飞.弗洛姆的善的思想述评[J].绍兴文理学院学报，2019（5）：81-87.

[47] 郭晓飞.工作场所侵犯行为的研究：形式、影响因素和预防措施[J].绍兴文理学院学报，2013（5）：99-104.

[48] 郭晓飞.善的本质：基于内隐观的分析[J].绍兴文理学院学报，2014（5）：42-47.

[49] 郭晓飞.庄子情欲本质及其调节的心理思想管窥[J].心理科学，2007，30（1）：244-246.

[50] 郭晓飞.自我控制行为研究综述[J].心理学（人大复印资料），2002（10）：58-61.

[51] 哈里斯.你好我也好[M].洪志美，译.兰州：甘肃人民出版社，1988.

[52] 黑格尔.法哲学原理[M].范杨，张企泰，译.北京：商务印书馆，1979.

[53] 侯欣一.孝与汉代法制[J].法学研究，1998（4）：133-146.

[54] 胡发稳，张智，崔松，等.初中生的自尊、受益者特征与亲社会行为的关系[J].社会心理研究，2009(1)：6-11，84.

[55] 黄涛.从"心理现象"到"善"——布伦塔诺的价值论思想及其心理学基础[J].

北京师范大学学报（社会科学版），2006（4）：53-57.

[56] 霍布斯．利维坦 [M]．黎思复，黎廷弼，译．北京：商务印书馆，1986.

[57] Jerry M. Burger. 人格心理学 [M]．陈会昌，等译．北京：中国轻工业出版社，2000.

[58] 焦国成．"善"语词考源 [J]．伦理学研究，2013（2）：28—34.

[59] 焦丽颖，杨颖，许燕，等．中国人的善与恶：人格结构与内涵 [J]．心理学报，2019，51（10）：1128-1142.

[60] 教育部基础教育司．中小学德育工作文献规章要览 [M]．北京：人民教育出版社，1998.

[61] 金盛华．社会心理学 [M]．北京：高等教育出版社，2005.

[62] 津巴多．路西法效应：好人是如何变成恶魔的 [M]．孙佩妏，陈雅馨，译．北京：生活·读书·新知三联书店，2010.

[63] 康德．判断力批判 [M]．邓晓芒，译．北京：人民出版社，2002.

[64] 克雷奇，克拉奇菲尔德，利维森，等．心理学纲要 [M]．周先庚，林传鼎，张述祖，等译．北京：文化教育出版社，1981.

[65] 寇彧，付艳，马艳．初中生认同的亲社会行为的初步研究 [J]．心理发展与教育，2004，20（4）：43-48.

[66] 寇彧，付艳，张庆鹏．青少年认同的亲社会行为：一项焦点群体访谈研究 [J]．社会学研究，2007（3）：154-173.

[67] 寇彧，张庆鹏．青少年亲社会行为的概念表征研究 [J]．社会学研究，2006（5）：169-187.

[68] 寇彧，赵章留．小学4—6年级儿童对同伴亲社会行为动机的评价 [J]．心理学探新，2004（2）：48-52.

[69] 寇彧．如何评价青少年群体中的亲社会行为 [J]．教育科学，2005（1）：41-43.

[70] 库利．人类本性与社会秩序 [M]．包凡一，王源，译．北京：华夏出版社，2003.

[71] 库利．社会过程 [M]．洪小良，译．北京：华夏出版社，2000.

[72] 兰德，等．自私的德性 [M]．焦晓菊，译．北京：华夏出版社，2007.

[73] 勒庞.乌合之众：大众心理研究 [M].冯克利，译.北京：中央编译出版社，2005.

[74] 李伯黍，燕国材.教育心理学 [M].上海：华东师范大学出版社，1993.

[75] 李丹.影响儿童亲社会行为的因素的研究 [J].心理科学，2000，23（3）：285-288.

[76] 李零.郭店楚简校读记 [M].北京：北京大学出版社，2002.

[77] 李守奎，洪玉琴.扬子法言译注 [M].哈尔滨：黑龙江人民出版社，2003.

[78] 李醒民.“善”究竟是什么？ [J].社会科学论坛，2011（8）：15-30.

[79] 梁踌继.增一阿含经 [M].北京：线装书局，2012.

[80] 廖全明，郑涌.不同训练方法对小学生分享行为影响的实验研究 [J].心理科学，2007，30（6）：1351-1355.

[81] 刘俊田，林松，禹克坤.四书译注 [M].贵阳：贵州人民出版社，1992.

[82] 刘俊文.唐律疏议 [M].北京：法律出版社，1999.

[83] 刘文，杨丽珠.社会抑制性与父母教养方式对幼儿利他行为的影响 [J].心理发展与教育，2004，20（5）：6-11.

[84] 罗尔斯.正义论 [M].何怀宏，何包钢，廖申白，译.北京：中国社会科学出版社，2016.

[85] 罗国杰，宋希仁.西方伦理思想史 [M].北京：中国人民大学出版社，1985.

[86] 罗国杰.中国传统道德 [M].北京：中国人民出版社，1995.

[87] 罗国杰.新中国道德建设的回顾与展望 [J].齐鲁学刊，2002（2）：5-10.

[88] 罗利，周天梅.中学生感恩与主观幸福感的关系：抗挫折能力与社会支持的中介作用 [J].心理发展与教育，2015，31（4）：467-474.

[89] 罗素.社会改造原理 [M].张师竹，译.上海：上海人民出版社，1986.

[90] 罗素.我的哲学的发展 [M].温锡增，译.北京：商务印书馆，1985.

[91] 罗素.西方哲学史 [M].马元德，译.北京：商务印书馆，1986.

[92] 洛伦兹.攻击与人性 [M].王守珍、吴月娇，译.北京：作家出版社，1987.

[93] 马基雅维利.君王论 [M].徐继业，译.北京：光明日报出版社，1996.

[94] 马斯洛，等．人的潜能和价值 [M]．林方，主编．北京：华夏出版社，1987．

[95] 马斯洛．动机与人格 [M]．许金声，等译．北京：华夏出版社，1987．

[96] 马斯洛．动机与人格 [M]．许金声，等译．北京：中国人民大学出版社，2013．

[97] 马斯洛．人性能达的境界 [M]．林方，译．昆明：云南人民出版社，1987．

[98] 麦金太尔．德性之后 [M]．龚群，戴扬毅，等译．北京：中国社会科学出版社，1995．

[99] 麦金太尔．谁之正义？何种合理性？[M]．万俊人，吴海针，王今一，译．北京：当代中国出版社，1996．

[100] 梅．爱与意志 [M]．冯川，译．北京：国际文化出版公司，1987．

[101] 孟伟．身体、情境与认知——涉身认知及其哲学探索 [M]．北京：中国社会科学出版社，2015．

[102] 米奇利．邪恶 [M]．陆月宏，译．南京：江苏人民出版社，2012．

[103] 摩尔．伦理学原理 [M]．陈德中，译．北京：商务印书馆，2018．

[104] 莫顿．论邪恶 [M]．文静，译．郑州：河南大学出版社，2017．

[105] 穆勒．功利主义 [M]．徐大建，译．上海：上海人民出版社，2008．

[106] 穆勒．约翰·穆勒自传 [M]．吴良健，吴衡康，译．北京：商务印书馆，1982．

[107] 尼布尔．道德的人与不道德的社会 [M]．蒋庆，阮炜，等译．贵阳：贵州人民出版社，2009．

[108] 尼采．论道德的谱系·善恶之彼岸 [M]．谢地坤，等译．桂林：漓江出版社，2000．

[109] 尼采．尼采散文选 [M]．钱春绮，译．天津：百花文艺出版社，1995．

[110] 尼采．善与恶的彼岸 [M]．梁余晶，王娟，任晓晋，译．北京：光明日报出版社，2007．

[111] 尼采．善与恶的彼岸 [M]．唐译，编译．长春：吉林出版集团有限责任公司，2014．

[112] 倪愫襄．善恶论 [M]．武汉：武汉大学出版社，2001．

[113] 诺伊曼．深度心理学与新道德 [M]．高宪田，黄水乞，译．北京：东方出版社，

1998.

[114] 培根 . 培根论说文集 [M]. 水天同，译 . 北京：商务印书馆，2003.

[115] 佩塞施基安 . 用于积极心理治疗的东方故事——冒险一试的勇气 [M]. 明太，明谊，译 . 北京：社会科学文献出版社，1997.

[116] 彭聃龄 . 普通心理学 [M]. 北京：北京师范大学出版社，2012.

[117] 皮亚杰 . 儿童的道德判断 [M]. 傅统先，陆有铨，译 . 济南：山东教育出版社，1984.

[118] 皮亚杰 . 生物学与认识 [M]. 尚新建，杜丽燕，李浙生，译 . 北京：生活·读书·新知三联书店，1992.

[119] 普济 . 五灯会元 [M]. 苏渊雷，点校 . 北京：中华书局，2002 年 8 月版 .

[120] 秦峰，许芳 . 黑暗人格三合一研究述评 [J]. 心理科学进展，2013，21（7）：1248–1261.

[121] Roger R.hock. 改变心理学的 40 项研究 [M]. 白学军，等译 . 北京：中国轻工业出版社，2004.

[122] 荣格 . 探索心灵奥秘的现代人 [M]. 黄奇铭，译 . 北京：社会科学文献出版社，1987.

[123] 色诺芬 . 回忆苏格拉底 [M]. 吴永泉，译 . 北京：商务印书馆，2001.

[124] 沙莲香 . 社会心理学 [M]. 北京：中国人民大学出版社，1987.

[125] 沙少海，徐子宏 . 老子全译 [M]. 贵阳：贵州人民出版社，1993.

[126] 尚荣，徐敏，赵锐 . 了凡四训 [M]. 北京：中华书局，2016.

[127] 石里克 . 伦理学问题 [M]. 孙美堂，译 . 北京：华夏出版社，2001.

[128] 叔本华 . 爱与生的苦恼 [M]. 陈晓南，译 . 北京：中国和平出版社，1986.

[129] 叔本华 . 处世智慧 [M]. 林康成，译 . 哈尔滨：哈尔滨出版社，2002.

[130] 叔本华 . 伦理学的两个基本问题 [M]. 任立，孟庆时，译 . 北京：商务印书馆，1996.

[131] 司汤达 . 论爱情 [M]. 刘阳，等译 . 天津：天津人民出版社，1992.

[132] 斯宾诺莎 . 伦理学 [M]. 贺麟，译 . 北京：商务印书馆，1997.

[133] 斯莱文 . 教育心理学 [M]. 姚海林，等译 . 北京：人民邮电出版社，2004.

[134] 斯密 . 道德情操论 [M]. 蒋自强，钦北愚，朱钟棣，等译 . 北京：商务印书馆，2003.

[135] 斯密 . 道德情操论 [M]. 谢宗林，译 . 北京：中央编译出版社，2011.

[136] 宋希仁 . 西方伦理思想史 [M]. 北京：中国人民大学出版社，2004.

[137] 孙俊才，寻凤娇，刘萍，等 . 高善良特质在情绪调节行动控制中的内隐优势 [J]. 心理学报，2019，51（7）：781–794.

[138] 孙中山 . 孙中山全集 [M]. 第六卷 . 北京：中华书局，1985.

[139] 泰戈尔 . 人生的亲证 [M]. 宫静，译 . 北京：商务印书馆，2001.

[140] 檀传宝 . 学校道德教育原理 [M]. 北京：教育科学出版社，2014.

[141] 梯利 . 伦理学概论 [M]. 何意，译 . 北京：中国人民大学出版社，1987.

[142] 汪受宽 . 孝经译注 [M]. 上海：上海古籍出版社，2007.

[143] 王登峰，崔红 . 中国人人格量表（QZPS）的编制过程与初步结果 [J]. 心理学报，2003，35（1）：127–136.

[144] 王海梅，陈会昌，谷传华 . 关于儿童分享的研究述评 [J]. 心理科学进展，2004，12（1）：52–58.

[145] 王建平，喻承甫，曾毅茵，等 . 青少年感恩的影响因素及其机制 [J]. 心理发展与教育，2011，27（3）：260–266.

[146] 王丽，岑国桢，李胜男 . 6～12岁儿童道德移情、助人行为倾向及其关系的研究 [J]. 心理科学，2004，27（4）：781–785.

[147] 王丽娟 . 明清劝善书的社会教化思想研究 [D]. 长春：东北师范大学，2005.

[148] 王倩 . 西方善恶概念的历史演变 [J]. 法制与社会，2008（10）：235–236.

[149] 王绍光，刘欣 . 信任的基础：一种理性的解释 [J]. 社会学研究，2002（3）：23–39.

[150] 王守仁 . 王阳明全集 [M]. 徐枫，等点校 . 天津：天津社会科学院出版社，2015.

[151] 王永彬 . 围炉夜话解读 [M]. 陈道贵，解读 . 合肥：黄山书社，2002.

[152] 魏玉桂，李幼穗 . 不同移情训练法对儿童分享行为影响的实验研究 [J]. 心理科

学，2001，（24）：557–562.

[153] 伍新春 . 儿童发展与教育心理学 [M]. 北京：高等教育出版社，2004.

[154] 西田几多郎 . 善的研究 [M]. 代丽，译 . 北京：光明日报出版社，2009.

[155] 肖峰 . 中学生助人方式的决策问题研究 [J]. 心理学报，1995（3）：295–301.

[156] 肖群忠 . 夫孝，德之本也：论孝道的伦理精神本质 [J]. 西北师大学报，1997（1）：29–34.

[157] 谢湘，堵力 . 北大清华再争状元就没有希望 [N]. 中国青年报，2012–05–03.

[158] 辛志凤，蒋玉斌，等 . 墨子译注 [M]. 哈尔滨：黑龙江人民出版社，2003.

[159] 休谟 . 道德原则研究 [M]. 曾晓平，译 . 北京：商务印书馆，2001.

[160] 休谟 . 人性论 [M]. 关文运，译 . 北京：商务印书馆，1980.

[161] 休谟 . 人性论 [M]. 关文运，译 . 北京：商务印书馆，1996.

[162] 徐友珍 . 甘地传 [M]. 武汉：湖北辞书出版社，1996.

[163] 许慎 . 说文解字注 [M]. 段玉裁，注 . 上海：上海古籍出版社，1981.

[164] 亚里士多德 . 尼各马可伦理学 [M]. 廖申白，译注 . 北京：商务印书馆，2003.

[165] 亚里士多德 . 形而上学 [M]. 吴寿彭，译 . 北京：商务印书馆，1983.

[166] 杨丽珠，胡金生 . 不同线索下 3~9 岁儿童的情绪认知、助人意向和助人行为 [J]. 心理科学，2003，26（6）：988–991.

[167] 杨柳桥 . 庄子译注 [M]. 上海：上海古籍出版社，2012.

[168] 杨强，叶宝娟 . 感恩对青少年生活满意度的影响：领悟社会支持的中介作用及压力性生活事件的调节作用 [J]. 心理科学，2014，37（3）：610–616.

[169] 杨天宇 . 礼记译注 [M]. 上海：上海古籍出版社，2010.

[170] 俞可平 . 走向善治 [M]. 北京：中国文史出版社，2016.

[171] 喻承甫，张卫，曾毅茵，等 . 青少年感恩与问题行为的关系：学校联结的中介作用 [J]. 心理发展与教育，2011，27（4）：425–433.

[172] 詹姆斯 . 詹姆斯集 [M]. 万俊人，陈亚军，编选 . 上海：上海远东出版社，2004.

[173] 张伯源 . 变态心理学 [M]. 北京：北京大学出版社，2005.

[174] 张和云，赵欢欢，许燕 . 中国人善良人格的结构研究 [J]. 心理学探新，2018，

38（3）: 221-227.

[175] 张利燕，侯小花. 感恩：概念、测量及其相关研究 [J]. 心理科学, 2010, 33（2）: 393-395.

[176] 张栻. 张栻全集 [M]. 杨世文，王蓉贵，点校. 长春：长春出版社，1999.

[177] 张文新. 儿童社会性发展 [M]. 北京：北京师范大学出版社，1999.

[178] 张载. 张载集 [M]. 章锡琛，点校. 北京：中华书局，1978.

[179] 赵章留，寇彧. 儿童四种典型亲社会行为发展的特点 [J]. 心理发展与教育，2006，22（1）: 117-121.

[180] 中共中央文献研究室. 毛泽东文集 [M]. 北京：人民出版社，1999.

[181] Aknin L B, Barrington-Leigh C P, Dunn E W et al. Prosocial Spending and Well-being: Cross-cultural Evidence for a Psychological Universal[J]. Journal of Personality and Social Psychology, 2013,104(4): 635-652.

[182] Batson C D, Batson J G, Todd R M et al. Empathy and the Collective Good: Caring for One of the Others in a Social Dilimma[J]. Journal of Personality and Social Psychology, 1995, 68(4): 619-631.

[183] Baughman H M, Dearing S & Giammarco E et al. Relationships between Bullying Behaviours and the Dark Triad: A Study with Adults[J]. Personality and Individual Differences, 2012(52): 571-575.

[184] Bowlby J. Attachment and Loss: Vol.1[M]. New York: Basic Books. 1969.

[185] Bradmetz J & Gauthier C. The Development of Interindividual Sharing of Knowledge and Belifes in 5-to 9-Year-Old Children[J]. European Journal of Genetic Psychology, 2005, 166(1): 317-332.

[186] Buchanan K E & Bardi A. Acts of Kindness and Acts of Novelty Affect Life Satisfaction[J]. Journal of Social Psychology, 2010, 150(3): 235-237.

[187] Carlo G, Knight G P & Eisenberg N et al. Cognitive Processes and Prosocial Behaviors among Children: The Role Affective Attribution and Reconciliations[J]. Development Psychology, 1991(27): 456-461.

[188] Costa P T & McCrae R R. Primary Traits of Eysenck's P-E-N System: Three-and Five-factor Solutions[J]. Journal of Personality and Social Psychology, 1995, 69(2): 308-317.

[189] Digman J M. Personality Structure: Emergence of the Five-factor Model[J]. Annual Review of Psychology, 1990(41): 417-440.

[190] Eisenberg N & Miller P. Prosocial Development in Adolescence: A Longitudinal Study[J]. Development Psychology, 1991(27): 849-857.

[191] Eisenberg N, Carlo G & Murphy B et al. Prosocial Development in Late Adolescence: A Longitudinal Study[J]. Child Development, 1995(66): 1179-1197.

[192] Eisenberg N. Consistency and Development of Prosocial Dispositions: A Longitudinal Study[J]. Child Development, 2000(70): 1360-1372.

[193] Gwen R. Gender Differences in Patterns of Association Between Prosocial Behavior, Personality, and Externalizing Problems[J]. Journal of Research Personality, 2007(6): 1-10.

[194] Hochschild A R. Emotion Work: Feeling Rules, and Social Structure[J]. American Journal of Sociology, 1979(85): 555-575.

[195] Jackson M & Tisak M S. Is Prosocial Behavior a Good Thing? Development Changes in Children's Evaluation of Helping, Sharing, Cooperating, and Comforting[J]. Journal of Development Psychology, 2001(19): 349-367.

[196] James Q. Wilson G & Kelling L. The Police and Neighborhood Safety[J]. Journal of The Atlantic Monthly, 1982(4): 22-38.

[197] John O P, Naumann L P & Soto C J. Paradigm Shift to the Integrative Big Five Trait Taxonomy: History, Measurement, and Conceptual Issues[M]// John O P, Robins R W & Pervin L A (Eds.). Handbook of Personality: Theory and Research(Third Ed.). New York: Guilford Press, 2008.

[198] Jonason P K, Li N P & Teicher E A. Who is James Bond? The Dark Triad as an Agentic Social Style[J]. Individual Differences Research, 2010, 8(2): 111-120.

[199] Judje T A, LePine J A & Rich B L. The Narcissistic Personality: Relationship with Inflated Self-ratings of Leadership and with Task and Contextual Performance[J]. Journal of Applied Psychology, 2006(91): 762–776.

[200] Julia K & John C G. Parent's Use of Inductive Discipline: Relations to Children's Empathy and Prosocial Behavior[J]. Child Development, 1996(67): 3263–3277.

[201] Kerig P K & Stellwagen K K. Roles of Callous-unemotional Traits, Narcissism and Machiavellianism in Childhood Aggression[J]. Journal of Psychopathology and Behavioural Assessment, 2010(32): 343–352.

[202] Krebs D & Hesteren F V. The Development of Altruism: Toward an Integrative Model[J]. Development Review, 1994, 14(2): 103–158.

[203] Krueger R F, Hicks B M & McGue M. Altruism and Antisocial Behavior: Independent Tendencies, Unique Personality Correlates, Distinct Etiologies[J]. Psychological Science, 2001, 12(5): 397–402.

[204] Ladd G W, Profilet S M. The Child Behavior Scale: A Teacher-report Measure of Young Children's Aggressive, Withdrawn, and Prosocial Behaviours[J]. Developmental Psychology, 1996(32): 1008–1024.

[205] Latane B & Darley J. Group Inhibition of Bystander Intervention[J]. Journal of Personality and Social Psychology, 1968(10): 215–221.

[206] McCrae R R, Costa P T & Busch C M. Evaluating Comprehensiveness in Personality Systems: The California Q-Set and the Five-factor Model[J]. Journal of Personality, 1986(54): 430–446.

[207] McCullough M E, Emmons R A & Tsang J. The Grateful Disposition: A Conceptual and Empirical Topography[J]. Journal of Personality and Social Psychology, 2002, 62(1): 112–127.

[208] Mussen P. Editor Handbook of Child Psychology[M]. Fourth Edition. Vol. IV. New York: John Wiley & Sons, 1983.

[209] Noller P, Law H & Comrey A L. Cattell, Comrey, and Eysenck Personality Factors

Compared: More Evidence for the Five Robust Factors?[J]. Journal of Personality and Social Psychology, 1987(53): 775–782.

[210] O'Boyle E H, Forsyth D R & Banks G C et al. A Meta–analysis of the Dark Triad and Work Behavior: A Social Exchange Perspective[J]. Journal of Applied Psychology, 2012, 97(3): 557–579.

[211] Otake K, Shimai S & Tanaka–Matsumi J. Happy People become Happier Through Kindness: A Counting Kindnesses Intervention[J]. Journal of Happiness Studies, 2006, 7(3): 361–375.

[212] Paulhus D L & Williams K M. The Dark Triad of Personality: Narcissism, Machiavellianism, and Psychopathy[J]. Journal of Research in Personality, 2002(36): 556–563.

[213] Rosenberg E L. Levels of Analysis and the Organization of Affect[J]. Review of General Psychology, 1998, 34(2): 247–270.

[214] Rushton J P & Winener J. Altruism & Cognition Development in Children[J]. Social and Children Psychology, 1975(14): 341–349.

[215] Rushton J P, Chrisjohn R D & Fdkken G C. The Altruistic Personality and the Self–report of Altruism Scale[J]. Personality and Individual Difference, 1981(2): 293–302.

[216] Rushton J P. Social Learning Theory and the Development of Prosocial Behavior[M]// Eisenberg N (ed.). The Development of Prosocial Behavior. London: Academic Press, 1982.

[217] Rutter M. A Children's Behaviour Guestionnuire for Completion by Teacher: Preliminary Finding[J]. Journal of Child Psychology and Psychiatry, 1967(8): 1–11.

[218] Shantz C U. Social Congnition[M]// Mussen R H, Flavell J H & Markman E M(Eds.). Handbook of Child Psychology. New York: Wiley, 1983.

[219] Sternberg R J. A Triangular Theory of Love[J]. Psychological Review, 1986(93): 119–135.

[220] Sternberg R J. Construct Validation of a Triangular Love Scale[J]. European Journal of

Social Psychological, 1997(27): 313–335.

[221] Trew J L & Alden L E. Kindness Reduces Avoidance Goals in Socially Anxious Individuals[J]. Motivation and Emotion, 2015, 39(6): 892–907.

[222] Turk D C, Shaw L C, Kelin R T. Information Function of Empathic Emotion: Learning that We Value the Other's Welfare[J]. Journal of Personality and Social Psychology, 1995, 68(2): 300–313.

[223] Twenge J M, Baumeister R F & DeWall N C et al. Social Exclusion Decreases Prosocial Behavior[J]. Journal of Personality and Social Psychology, 2007, 92(1): 56–66.

[224] Wispe L G. Positive Forms of Social Behavior: An Overview[J]. Journal of Social Issues, 1972, 28(3): 1–19.

[225] Wrightsman L S. Measurement of Human Nature[J]. Psychological Reports, 1964(14): 743–751.

[226] Wu J & Lebreton J M. Reconsidering the Dispositional Basis of Counterproductive Work Behavior: The Role of Aberrant Personality[J]. Personnel Psychology, 2011(64): 593–626.

[227] Zahn–Waxker C, Ralke–Yarrow M & King R A. Child Rearing and Children's Prosocial Initiations toward Victims of Distress[J]. Child Development, 1979, 50(2): 319–330.

后　记

　　一个人选择善这样一个主题进行研究是需要很大勇气的。因为善这个主题是哲学和伦理学研究的核心，似乎早有定论，已经不需要我们再费时费力加以分析和研究。但是仔细地思量，我们看到，善的问题似乎并没有被阐释清楚，人们对到底什么是善、什么是恶的问题还存在模糊的认识，对于应该如何教育和培养青少年形成善的心理和善的行为，也有加以深入探析的必要。何况，在新时代，我们面临更加复杂的善的问题。虽然科技和经济高速发展，社会物质财富极大地丰富，大多数人已经不必为衣食住行等基本的生存需要而担忧或烦恼，但是社会冷漠、人际冲突、坑蒙拐骗、暴力伤害等恶的或不善的现象仍然普遍存在，极大地降低了人们的生活幸福感。所以，政府层面高度重视和谐社会的建设，重视提高社会文明程度，重视社会道德建设，高度重视培养社会主义核心价值观，要求人们，特别是青少年形成诸如爱国、公正、诚信、友善、敬业等价值准则。从这样的现实看，研究善的心理，探索青少年善的心理教育是有意义的。何况在心理学研究领域，善的问题并不是像我们通常所想象的那么一目了然，基于心理学的视角研究善的本质，探索善的心理培养机制，探索青少年善的教育方式是有必要的。

　　当我在多年前选择善这样一个研究主题时，还有一个特别大的心结：我是不是研究善这样一个主题的适合的人，或者更加明确地说，我是不是一个善的人，有没有资格研究善这样一个主题？一个研究善的人，最起码自己应该是善的人。如果自己没有善的认知、善的动机、善的情感、善的人格和善的行为，将无法看清善，无法做到公平正义，无法客观地评判善恶是非，又怎么有资格研究善的本质呢？所幸，我自认为是具有善意的人，而我学习和研究心理学的动机并不仅仅是以心理学谋生，而是期望通过内修努力使自己成为更好的人，或者用著名心理学家马斯洛的术语来说，成为自我实现的人。我学习和研究心理学，就是希望自己能够成为更好的人，达到个人心理成长的天花板。而我教心理学课程，也是为了同样的目的，希望我的学生能够成为更好的人，有更加高尚的人格、更加美好的情感、更加和谐的人际关系、更加优秀的才能，从而过上更加幸福的生活。

我所困惑和怀疑的还有一个问题：我有没有能力研究善这样一个主题？我确实曾怀疑自己是否有足够能力胜任善这样一个研究主题。当我想到，我有那种对人的内心世界的敏锐的感知能力，是一个富有同情心、感恩之心的人，也是一个富有正义感、责任感的人，而且善良友好、乐于助人，最终我相信自己有能力探究善的本质。当我将善这样一个问题作为我的研究对象，通过梳理先哲们对善的科学探究，通过总结现代学者关于善的思考和解析，通过心理学角度的思考和分析，确实在一定程度上窥见了善的本质和规律。而在研究过程中，在反省和思索自己所能够做出的善意思考和善意举动的同时，善的情感和善的品质也得以根深蒂固地内化，这样的善的内修努力也助力我成为更具善意的人，这是研究的额外好处。

人的自私自我的本性必然造成善的人格局限和行为阻力，人很难达到仁义和正义兼备的至善境界，但是人性还是具有向善的先天基础和行善的后天动能，会向往善和追求善，会心怀善意和做出善的举动。我研究善恶心理与善的教育，既是想要从心理学角度揭示善恶本质，也是希望教育工作者能够具有善的意识，成为善的人，能够为青少年树立学习榜样，希望教育工作者具有善的教育意识，能够教育和引导青少年成为具有善的心理的人，引导他们养成善的行为习惯，为营造善的社会环境做出每个人最大的努力。如果研究成果能够使教育工作者认清善恶本质，认识到善的教育的重要性，能够遵循善的规律对青少年进行善的教育引导，无疑是最大的收获。如果研究能触动到人们的敏感神经，使更多人愿意在辛苦生存的世界对人多存一份善意，既是心之所愿，也是研究所能获得的最大价值。即使只是使一些人愿意做到最基本的善，如对人微笑，友好地打招呼，力所能及地助人，不伤害他人和危害社会，也是非常不错的收获了。撇开这样的效果，就自己而言，因为探究善的本质和规律而变成一个更好的人、更具有善意的人、更心平气和的人，我也心满意足了。

郭晓飞

2022 年 12 月